[illegible]

女九明年貳拾柒歲 [illegible]

男明爾年貳拾伍歲 [illegible]

男思社年貳拾貳 白丁

[illegible]

男明孝年壹拾伍歲 白丁

[illegible]

敦煌社會歷史文獻釋録第一編

策劃、主編：郝春文

英藏敦煌社會歷史文獻釋録

第九卷

郝春文、周尚兵、陳于柱、董大學、聶志軍、王曉燕、杜立暉 編著

助編：趙貞、游自勇、宋雪春、趙晨欣、劉屹

社會科學文獻出版社
SOCIAL SCIENCES ACADEMIC PRESS (CHINA)

本書第九卷　係

國家社會科學基金重大項目（10&ZD080）
上海市哲學社會科學規劃重大課題
國家社會科學基金一般項目（04BZS004）
北京市社科規劃項目、北京市教委重點項目
（SZ201110028012）

敦煌社會歷史文獻釋録

凡例

一　本書係大型文獻圖集《英藏敦煌文獻》的文字釋録本。其收録範圍、選擇内容均與上書相同。但增收該書漏收的部分佛教典籍以外文獻；對於該書未收的佛經題記，因其具有世俗文書性質，亦予增收；對於該書所收的部分佛經，本書則予以剔除。凡屬增收、剔除之文書，均作説明。

二　本書的編排順序係依收藏單位的館藏編號順序排列。每號文書按正背次序排列，背面以『背』（V）表示。文書正背之區分均依文書原編號。發現原來正背標錯的情況，亦不改動，但在校記中加以説明。

三　凡一號中有多件文書者，即依次以件爲單位進行録校。在每件文書標題前標明其出處和原編號碼。

四　每件文書均包括標題、釋文兩項基本内容；如有必要和可能，在釋文後加説明、校記和有關研究文獻等内容。

五　文書的擬題以向讀者提供儘量多的學術信息爲原則，凡原題和前人的擬題符合以上原則者，即行採用；不符者則重新擬題。

六　凡確知爲同一文書而斷裂爲兩件以上者，在校記中加以説明；若能直接綴合，釋文部分將徑録綴合後的釋文。

七　本書之敦煌文獻釋文一律使用通行繁體字釋録。釋文的格式採用兩種辦法，對有必要保存原格式的文書，以忠實原件、反映文書的原貌爲原則，按原件格式釋録；沒有必要保存原格式的文獻，則採用自然行釋録。原件中之逆書（自左向右書寫），亦不改動；一件文書寫於另一件文書行間者，分别釋録，但加以説明。保存原格式的文書，原文一行排不下時，移行時比文書原格式低二格，以示區别。

八　釋文的文字均以原件爲據，適當吸收前人的研究成果。如已發表的釋文有誤，則徑行改正，並酌情出校。

九　同一文書有兩種以上寫本者，釋録到哪一號，即以該號中之文書爲底本，以其他寫本爲參校本；有傳世本者，則以寫本爲底本，以傳世本爲參校本。

一〇　底本與參校本内容有出入，凡底本中之文字文義可通者，均以底本爲准，而將參校本中之異文附於校記，以備參考。若底本有誤，則保留原文，在錯誤文字下用（）注出正字；如底本有脱文，可據他本和上下文義補足，但需將所補之字置於［］内；改、補理由均見校記。

一一　原件殘缺，依殘缺位置用（前缺）、（中缺）、（後缺）表示。因殘缺造成缺字者，用

□表示，不能確知缺幾個字的，上缺用□表示，中缺用□表示，下缺用□表示，一般佔三格，但有時爲了保持原文格式，可適當延長，視具體情況而定。

一二　凡缺字可據別本或上下文義補足時，將所補之字置於□內，並在校記中說明理由；原文殘損，但據殘筆劃和上下文可推知爲某字者，徑補；無法擬補者，從缺字例；字跡清晰，但不識者照描，在該字下注以『（？）』，以示存疑；字跡模糊，無法辨識者，亦用□表示。

一三　原書寫者未書完或未書全者，用『（以下原缺文）』表示。

一四　原件中的俗體、異體字，凡可確定者，一律改爲通行繁體字；有些因特殊情況需要保留者，用（　）將正字注於該字之下。

一五　原件中的筆誤和筆劃增減，徑行改正；出入較大的保留，用（　）在該字之下注出正字，並在校記中說明理由。

一六　原件中的同音假借字照録，但用（　）在該字之下注出本字。

一七　原件有倒字符號者，徑改；有廢字符號者，不録；有重疊符號者，直接補足重疊文字；均不出校。有塗改、修改符號者，只録修改後的文字；不能確定哪幾個字是修改後應保留的，兩存之。有塗抹符號者，能確定確爲作廢者，不録；不能確定已塗抹的文字，則照録。原寫於行外的補字，徑行補入行內；不能確定補於何處者，仍照原樣録於夾行中。

一八　原件中的衍文，均保留原狀，但在校記中注明某字或某字至某字衍，並説明理由。

一九　文書中的朱書和印跡，均在説明中注明。

二〇　本書收録與涉及的敦煌文獻，在標明其出處時，使用學界通用的略寫中文詞和縮寫英文詞，即：

『斯』：倫敦英國國家圖書館藏敦煌文獻斯坦因（Stein）編號

『北敦』（BD）：北京中國國家圖書館藏敦煌文獻編號

『Ch BM』：倫敦英國國家博物館藏敦煌絹紙畫編號

『Ch IOL』：倫敦英國印度事務部圖書館藏敦煌文獻編號

『S. P』：倫敦英國國家圖書館藏敦煌文獻木刻本斯坦因（Stein）編號

『伯』：巴黎法國國立圖書館藏敦煌文獻伯希和（Pelliot）編號

『Дх.』：聖彼得堡俄羅斯聯邦科學院東方文獻研究所藏敦煌文獻編號

『Φ.』：聖彼得堡俄羅斯聯邦科學院東方文獻研究所藏敦煌文獻弗魯格（Флуг）編號

目録

斯二〇四九＋伯四九九四　毛詩鄭箋（豳風七月—小雅鹿鳴之什）

釋文

（前缺）

流火，九月授衣。箋云：將言女功之事（始）〔一〕，故有（又）本於此也〔二〕。春日載陽〔三〕，有鳴倉庚〔四〕。女執懿筐〔五〕，遵彼微行，爰求柔桑。倉庚〔六〕，離黃也〔七〕。懿筐〔八〕，深筐也〔九〕。微行〔一〇〕，牆下徑也〔一一〕。五畝之宅〔一二〕，樹之以桑〔一三〕。箋云〔一四〕：載之言則也〔一五〕。陽〔一六〕，溫也〔一七〕。溫而倉庚又鳴〔一八〕，可蠶之候〔一九〕。柔桑，稺桑〔二〇〕。蠶始生〔二一〕，宜稺桑也〔二二〕。春日遲遲，采蘩祁祁〔二三〕。女心傷悲〔二四〕，殆及公子同歸〔二五〕。遲遲，舒緩也。繁（蘩）〔二六〕，皤蒿也〔二七〕，所以生蠶〔二八〕。祁祁〔二九〕，衆多也〔三〇〕。傷悲〔三一〕，感事苦也〔三二〕。春女嗁〔三三〕，秋士悲〔三四〕，感其物化〔三五〕。迨（殆）〔三六〕，始也〔三七〕。及〔三八〕，與也〔三九〕。豳公子躬率其民〔四〇〕，同時出〔四一〕，同時歸〔四二〕。箋云：春女悲感陽氣而思男〔四三〕，〔秋〕〔士〕〔感〕〔陰〕〔氣〕〔而〕〔思〕〔女〕〔四四〕，是其物化〔四五〕，所以悲也〔四六〕。悲則有欲與公子同歸之志〔四七〕，欲嫁〔焉〕〔四八〕。女感事苦而生此志〔四九〕，是謂《豳風》〔五〇〕。

七月流火〔五一〕，八月萑葦〔五二〕。薍爲萑，葭爲葦。豫畜萑葦〔五三〕，可以爲曲也〔五四〕。箋云：將言女功自始至成，故亦有（又）本於此之也〔五五〕。蠶月條桑〔五六〕，取彼斧斨，以伐遠陽（揚）〔五七〕，猗彼女桑。斨，方銎也。遠，枝遠〔五八〕。陽（揚）〔五九〕，條楊（揚）〔六〇〕。榆（揄）而束之曰猗〔六一〕。女桑，柔桑〔六二〕。箋云：條桑，枝落者采其葉也〔六三〕。女桑，〔少〕

〔枝〕〔六四〕，長條少（不）枝〔六五〕。落〔者〕〔六六〕，束而不（采）採（之）也〔六七〕。七月鳴⿰月鳥（鵙）〔六八〕，八月載績。鵙，伯勞〔六九〕，將寒之候〔七〇〕。載〔績〕〔七一〕，絲事畢而麻〔事〕起矣〔七二〕。玄，黑而有赤〔七三〕。朱，染纁〔七四〕。陽，明也。祭服，玄衣纁裳〔七五〕。箋云：伯勞鳴，將寒之候〔七六〕，五月則鳴。豳土晚寒〔七七〕，鳥物之後（候）從其氣焉〔七八〕。〔凡〕〔染〕〔者〕〔七九〕，春暴練〔八〇〕，夏玄（纁）纁（玄）〔八一〕，秋染夏。爲公子裳，候厚其所貴而説之〔八二〕。載玄載黃，我朱孔陽，爲公子裳。

四月莠（秀）葽〔八三〕，五月鳴蜩，八月其穫，十月隕蘀。不榮而實曰莠（秀）葽〔八四〕。葽，草也。蜩，蟬也〔八五〕。穫，禾可穫〔八六〕。隕，隧（墜）〔八七〕。蘀，落也。箋云：《夏小正》曰〔八八〕：『四月，王員（萯）秀葽〔八九〕』。其是乎？莠（秀）葽〔九〇〕、鳴蜩〔九一〕、穫禾〔九二〕、隕蘀〔九三〕，四者物成將寒之候〔九四〕，物成自莠（秀）葽始也〔九五〕。一之日于貉〔九六〕，取彼狐狸〔九七〕，爲公子裘。于貉，取彼狐狸皮〔九八〕。狐貉之厚以居，孟冬則天子始裘〔九九〕。箋云：于貉，往搏貉以自爲裘〔一〇〇〕，狐狸以供尊者〔一〇一〕。言此時寒宜助女功〔一〇二〕。二之日其同，載纘武功。言私其豵〔一〇三〕，獻豜于公。纘，繼〔一〇四〕。功，事〔一〇五〕。〔豕〕一歲曰豵〔一〇六〕，三歲曰豜。大獸公之，小獸私之。箋云：其同者，君臣及民因習兵事〔一〇七〕，俱出田獵〔一〇八〕。不用仲冬，亦豳土晚寒〔一〇九〕。豕生三歲曰豵也〔一一〇〕。

五月螽（斯）斯（螽）動股〔一一一〕，六月沙（莎）鷄振羽〔一一二〕，七月在野，八月在宇，九月在戶，十月蟋蟀入我牀下。螽（斯）斯（螽）〔一一三〕，蚣蝑〔一一四〕。沙（莎）鷄羽〔成〕〔一一五〕，振訐之〔一一六〕。箋云：〔自〕七月在野至十月入我牀下〔一一七〕，皆謂蟋蟀〔一一八〕。言此二（三）物之始此〔一一九〕，著將寒之有漸〔一二〇〕，非卒來〔一二一〕。穹窒熏鼠，塞向墐戶。穹，窮。窒，塞也。向，北出牖〔一二二〕。墐，塗也。庶人蓽戶。箋云：爲此〔四〕者以備寒也〔一二三〕。嗟我婦子，曰爲改歲，入此室處。箋云：『曰爲改歲』者〔一二四〕，歲終〔一二五〕。而『一之日觱發，二之日栗列（烈）』〔一二六〕，當避寒氣而入穹窒墐戶之室而居〔一二七〕。至此而女功止也〔一二八〕。

六月食鬱及奧（薁）〔一二九〕，七月亨葵及叔（菽）〔一三〇〕，八月剥棗。十月穫稻，爲此春酒，以介眉壽。鬱，棣屬〔一三一〕。〔薁〕〔一三二〕，〔蘡〕〔薁〕〔也〕〔一三三〕。剥，擊也。春酒，凍醪也。眉壽，豪眉〔一三四〕。箋云：介，助也〔一三五〕。既以鬱下及棗助男功也〔一三六〕，〔又〕穫稻〔而〕釀酒以助其養老之具〔一三七〕，此之謂豳〔雅〕〔一三八〕。七月食瓜，八月斷壺，九月叔苴。采荼新樗〔一三九〕，食我農夫。壺，瓠〔一四〇〕。叔，拾〔一四一〕。苴，麻〔子〕也〔一四二〕。樗，惡木〔一四三〕。箋云：瓜瓠之畜取〔一四四〕，麻實之摻（糝）〔一四五〕，乾荼之菜，惡木之薪，亦所以助男〔功〕養農夫之具也〔一四六〕。

九月築場圃，春夏爲圃，秋冬爲場。箋云：場圃同地耳〔一四七〕，物生之時，耕治之以種菜茹〔一四八〕，至物成〔一四九〕，築堅以爲場也〔一五〇〕。十月納禾稼，黍稷重穋，禾麻叔（菽）麥〔一五一〕。後熟曰重〔一五二〕，先熟曰穋。箋云：納，内也。治之於場而内之園（囷）倉〔一五三〕。嗟我農夫！我嫁（稼）既同〔一五四〕，上入執于功（宮）宮（功）〔一五五〕。入爲上，出爲下。〔箋〕〔云〕〔一五六〕：既同，言已聚〔一五七〕，可以入都邑之宅〔一五八〕，治宮〔中〕之事〔一五九〕。於是時，男之野功畢也〔一六〇〕。晝爾于茅，霄（宵）爾索綯〔一六一〕，霄（宵）〔一六二〕，夜。綯，絞也。箋云：爾，汝也〔一六三〕。當晝日往取茅歸〔一六四〕，夜作綯索〔一六五〕，以待時用之〔一六六〕。亟其乘屋，其始播百穀。乘，升也。箋云：亟，急也〔一六七〕。乘，治也。十月定星中〔一六八〕，急當治野廬之屋。其始播百穀，謂祈來年也〔一六九〕。二之日鑿冰沖沖，三之日納于陵陰〔一七〇〕。四之日其蚤，獻羔祭韭。冰盛水腹，則命取冰於山林。沖沖，鑿冰之意。凌陰，凌室也〔一七一〕。箋云：古者，日在北陸而藏冰，西陸朝覿而出之。祭司寒而藏之，獻羔而啓之。其出之也，朝之禄位，賓、客（食）〔一七二〕、喪、祭，於是用之〔一七三〕。《月令》：仲春，天子乃獻羔開冰，先廌（薦）寢廟〔一七四〕。《周禮》：冰人之職〔一七五〕，夏，班冰掌事〔一七六〕。秋，刷。上章備寒，故此章備暑。言后稷先公〔一七七〕，禮教備之也〔一七八〕。九月肅霜，十月條（滌）場〔一七九〕。朋酒斯饗，曰煞羔羊〔一八〇〕。肅，縮也。霜始降而收縮萬物〔一八一〕。滌，掃也〔一八二〕。場功畢入〔一八三〕。兩尊曰朋〔一八四〕。〔饗〕〔者〕〔一八五〕，鄉人以狗，大〔夫〕加以羔羊〔一八六〕。箋云：十月，人事既訖〔一八七〕，男〔女〕俱畢〔一八八〕，無飢寒之憂，國君閑於政事而饗群臣也〔一八九〕。躋彼公堂，稱彼兕觵（觵）〔一九〇〕，萬壽無彊〔一九一〕！公堂，學教（校）也〔一九二〕。觵（觵），所以誓衆〔一九三〕。彊〔一九四〕，境也〔一九五〕。箋云：於饗而正齒值（位）〔一九六〕，故困（因）〔時〕而誓焉〔一九七〕。飲酒既樂，〔欲〕大壽無彊〔一九八〕，是謂之豳頌也〔一九九〕。

《〔七〕〔月〕》〔八〕〔章〕〔二〇〇〕，〔章〕〔十〕〔一〕〔句〕〔二〇一〕。

《鴟鴞》，周公救亂也。成王未知周公之志，〔公〕乃爲詩以遺王〔二〇二〕，名之曰《鴟鴞》〔二〇三〕。未知周公之志者〔二〇四〕，未知其欲攝政之意也〔二〇五〕。

鴟鴞鴟鴞！既取我子，無毀我室。興也。鴟鴞，寧鴂也〔二〇六〕。無毀我室〔二〇七〕，我功之堅故〔二〇八〕。〔寧〕煞二子〔二〇九〕，不可毀我周室〔二一〇〕。箋云：重言鴟鴞鴟鴞者〔二一一〕，將述其意〔之〕所欲言〔二一二〕，丁寧之志〔二一三〕。室，猶巢也。鴟鴞言：既取我子者〔二一四〕，幸無毀我〔巢〕〔二一五〕。〔我〕〔巢〕積日累功〔二一六〕，作之甚苦，故欲愛惜之〔二一七〕。時周公以武王之喪〔二一八〕，欲攝政以成周道〔二一九〕，致太平之功〔二二〇〕。管〔二二一〕、葵（蔡）等流言於國云〔二二二〕：『公將不利於孺子。』成王未知其意〔二二三〕，而多罪其屬黨。興者，喻此諸侯乃世臣之子孫〔二二四〕，其祖父以勤勞有此官位土地〔二二五〕。今若誅煞之〔二二六〕，幸無絶其官位〔二二七〕、〔奪〕其土地〔二二八〕。王意欲誚公，此之由然者也〔二二九〕。恩斯懃斯〔二三〇〕，鬻子之閔斯！恩，愛。鬻，穉〔二三一〕。閔，病也。鬻子〔二三二〕，成王也。箋云：鴟鴞之意，殷〔勤〕於此〔二三三〕，穉子當哀閔之。取鴟鴞子者〔二三四〕，恒於穉子〔二三五〕。以喻諸侯之先臣〔二三六〕，亦殷懃〔於〕此〔二三七〕，成王亦宜哀閔之。迨天之未陰雨，徹彼桑土，綢繆牖戶。迨，及。徹，剥〔二三八〕。桑土，桑棍（根）〔二三九〕。〔箋〕〔云〕〔二四〇〕：綢繆，猶纏綿〔二四一〕。此鴟鴞自説作巢至苦善如是〔二四二〕，喻諸侯之先臣〔二四三〕，亦乃及文武未定天下〔二四四〕，積日累功，以固定此官位與土地也〔二四五〕。今女下民，或敢侮予！箋云：余〔二四六〕，我也〔二四七〕。至苦如是〔二四八〕。今汝在我巢下大（之）人〔二四九〕，寧有敢侮慢欲毀之者〔二五〇〕？意欲志（恚）怒之〔二五一〕，以喻諸侯之先臣固定此官位土地〔二五二〕，之（亦）不欲見其絶奪〔二五三〕。

予手拮據，予所捋荼，予所畜祖〔二五四〕，予口卒屠（瘏）〔二五五〕。拮據〔二五六〕，戟挶〔二五七〕。荼，萑苕〔二五八〕。祖〔二五九〕，爲〔二六〇〕。屠（瘏），〔病〕〔也〕〔二六一〕。手口皆偏〔二六二〕，故免于大鳥之難〔二六三〕。箋云：此言作之至苦〔二六四〕，故能功堅〔二六五〕，人不得取其子也〔二六六〕。曰予未有室家。謂我未有失（室）家〔二六七〕。箋云：我〔作〕之至苦如是者〔二六八〕，我未有室家之故〔二六九〕。

予羽譙譙，予尾消（翛）消（翛）〔二七〇〕。譙譙，然煞〔二七一〕。消（翛）消（翛）〔二七二〕，敝（敝）也〔二七三〕。哀閔之〔二七四〕。箋云：手口既病，羽尾又煞敝（敝）〔二七五〕，言〔己〕勞苦甚也〔二七六〕。

予室翹翹，風雨之所飄颻〔二七七〕，予維音之嘵嘵〔二七八〕。翹翹，危也。嘵嘵，懼也。箋云：巢之翹翹而危，以其所託枝條弱〔二七九〕。以喻今我子孫不肯（肖）〔二八〇〕，故使我家道危〔二八一〕。風雨喻成王〔二八二〕。維音嘵嘵〔二八三〕，恐懼告訴之意也〔二八四〕。

《鴟鴞》四章，章五句。

《東山》，周公東征也。周公東征，三年而歸，勞來歸士〔二八五〕，大夫美之，而作是詩也〔二八六〕。一章言其貌〔二八七〕，二章言〔其〕思〔二八八〕，三章言其室家之望汝〔二八九〕，四章樂男女之得以及時〔二九〇〕。君子美之〔二九一〕，故序其情而閔其勞〔二九二〕，所以悅也〔二九三〕。『悅以使人〔二九四〕，民忘其死』，其維《東山》乎〔二九五〕？成王既得《金縢》〔之〕書〔二九六〕，親迎周公。周公歸，攝政。三監及淮夷畔〔二九七〕，周公乃東伐之〔二九八〕，三年而後歸爾〔二九九〕。分別章〔意〕

者〔三〇〇〕，言周〔公〕於是志意中（申）〔三〇一〕，美而詳之〔三〇二〕。

我徂東山，滔滔不歸〔三〇三〕。我來自東，零雨其濛。滔滔，言久〔三〇四〕。濛濛然〔三〇五〕，雨很（貌）〔三〇六〕。箋云：此四句者，厚（序）歸士之情〔三〇七〕。我往之東山既久勞矣，歸〔又〕道遇雨濛濛然〔三〇八〕，是左右善（苦）之甚〔三〇九〕。我東曰歸，我心西悲。公族有喪〔三一〇〕，公親素服，不舉樂，爲之變，如其倫之喪〔三一一〕。箋云：我〔在〕東〔山〕常曰歸〔三一二〕，曰歸〔三一三〕，我心則念西而悲〔三一四〕。剬彼裳衣〔三一五〕，勿士銜枚〔三一六〕。士，事〔三一七〕。枚，徵（微）也〔三一八〕。箋云：勿，猶無〔三一九〕。爾剬彼裳衣而來〔三二〇〕，〔謂〕〔兵〕〔服〕〔也〕〔三二一〕。〔亦〕初無行陣銜枚之事〔三二二〕，言前〔定〕〔也〕〔三二三〕。《春秋傳》曰：『美陣也〔三二四〕。』蜎蜎者蜀〔三二五〕，烝在桑野〔三二六〕。蜎蜎者〔三二七〕，蜀貌〔三二八〕。蜀〔三二九〕，桑〔蟲〕〔也〕〔三三〇〕。〔烝〕〔三三一〕〔寘〕〔也〕〔三三二〕。箋云〔三三三〕：蜀獨（蜎）獨（蜎）然獨行〔三三四〕，久處〔桑〕〔野〕〔三三五〕，〔有〕〔似〕〔勞〕苦〔三三六〕。古者〔聲〕寘（寘）〔三三七〕、填、塵同也〔三三八〕。敦彼獨宿，亦在車下。箋云：敦敦然〔獨〕〔宿〕〔於〕〔車〕下〔三三九〕，此誠有勞〔苦〕〔之〕〔心〕〔三四〇〕。

我徂東山，滔滔不歸。我來自東，零雨其濛。蜾（果）蠃（蠃）之實〔三四一〕，亦施於宇。伊威在堂〔三四二〕，蕭（蠨）蛸在戶〔三四三〕。町畽鹿場，熠燿霄（宵）行〔三四四〕。蜾（果）蠃（蠃），栝樓〔三四五〕。伊威，委黍〔三四六〕。蕭（蠨）蛸，長踦〔三四七〕。町畽，鹿跡〔三四八〕。熠燿〔三四九〕，鄰（燐）〔三五〇〕。鄰（燐）〔三五一〕，熒（熒）火也〔三五二〕。箋云：此五物者，家無人則生〔三五三〕，令人感思。不可畏也，伊可懷也。箋云：伊當作繄（繄）〔三五四〕，繄（繄）猶是也〔三五五〕。懷，思〔三五六〕。室中久無人〔三五七〕，故有此五物，吾是不足於畏〔三五八〕，可思也〔三五九〕。

我徂東山，滔滔不歸。我來自東，零雨其濛。灌（鸛）鳴于垤〔三六〇〕，婦歎于室。洒掃穹窒（窒）〔三六一〕，我征聿至。垤〔三六二〕，蟻塚〔三六三〕。天將陰雨〔三六四〕，則穴處先知之〔三六五〕。灌（鸛）好水〔三六六〕，則長鳴而喜也〔三六七〕。箋云：灌（鸛）〔三六八〕，水鳥〔三六九〕，〔將〕〔陰〕〔雨〕則鳴〔三七〇〕。行者於陰雨尤苦〔三七一〕，婦人尤念之〔三七二〕，則歎於室〔三七三〕。穹，窮。窒，塞〔三七四〕。〔洒〕〔三七五〕，灑〔三七六〕。掃〔三七七〕，〔拚〕〔也〕〔三七八〕。穹窒，鼠穴〔三七九〕。我君子行役〔三八〇〕，述其日月，今且〔至〕矣〔三八一〕。言婦人望之也〔三八二〕。有敦瓜苦，烝在栗薪。敦，敦（專）專也〔三八三〕。烝，衆也。言〔我〕心苦〔三八四〕，事又苦也。箋云：此又言婦〔人〕思其君子之居處〔三八五〕。團團然如瓜之繫綴焉〔三八六〕。瓜之辯（瓣）有苦〔者〕〔三八七〕，以喻其心〔苦〕〔也〕〔三八八〕。烝，塵〔三八九〕。栗，折（析）也〔三九〇〕。言君子〔又〕〔久〕見使折（析）薪於野〔三九一〕，〔於〕當（事）〔尤〕〔苦〕〔也〕〔三九二〕。古者聲栗、列（裂）同〔三九三〕。我（自）不（我）自（不）見〔三九四〕，于今三年。

我徂東山，滔滔不歸。我來自東，零雨其濛。箋云：凡先著此四句者，皆爲〔序〕歸士之情也〔三九五〕。蒼庚于飛〔三九六〕，熠燿其羽。箋云：蒼庚仲春而鳴，嫁娶之候〔三九七〕。熠燿其羽，〔羽〕鮮明也〔三九八〕。歸士始行之時，新合人禮〔三九九〕，今還，故極敘其情以相悅樂之〔四〇〇〕。〔之〕〔子〕〔于〕〔歸〕〔四〇一〕，〔皇〕〔駁〕〔其〕〔馬〕〔四〇二〕。〔黄〕〔白〕〔曰〕〔皇〕〔四〇三〕。〔騂〕〔白〕〔曰〕〔駁〕〔四〇四〕。〔箋〕〔云〕〔四〇五〕：〔之〕〔子〕〔于〕〔歸〕〔四〇六〕，〔謂〕〔始〕〔嫁〕〔時〕〔也〕〔四〇七〕。〔皇〕〔駁〕〔其〕〔馬〕〔四〇八〕，〔車〕〔服〕〔盛〕〔也〕〔四〇九〕。親結其離（縭）〔四一〇〕，九十其儀。離（縭）〔四一一〕，婦人之褘〔四一二〕。母戒女禮〔四一三〕，施衿結帨〔四一四〕。九十其儀，言多儀〔四一五〕。箋云：女嫁，父母既戒之，庶母又申勑之〔四一六〕。九十其儀，〔喻〕丁寧之多〔四一七〕。其新孔嘉，其舊如之何！言久長之道〔四一八〕。箋云：嘉，善〔四一九〕。其新來之時甚善〔四二〇〕，至今則久矣，不知其如何〔四二一〕。又極厚（序）其情〔四二二〕，樂而戲之也〔四二三〕。

《東山》四章，章十二句。

《破斧》，美周公也〔四二四〕，周大夫以惡四國焉。惡四國者，惡其流言欲毀周公也〔四二五〕。

既破我斧，又缺我斨。墮（隋）銎曰斧〔四二六〕，方銎曰斨〔四二七〕，人之所用〔四二八〕。禮義〔四二九〕，國家〔之〕所用〔四三〇〕。箋云：四國流言，既破毀我周公，又損傷我成王〔四三一〕，以此二者爲大罪也〔四三二〕。周公東征，四國是皇。四國，管、蔡、商、奄〔四三三〕。皇，庭（匡）〔也〕〔四三四〕。箋云：周公既反攝政，東征此四國〔四三五〕，誅其君罪，正其民人而已〔四三六〕。哀我人斯，亦孔之將！將，大也。箋云：此言周公之哀我下人〔四三七〕，其德亦甚大也。

既破我斧，又缺我奇（錡）〔四三八〕。鑿屬曰奇（錡）。周公東征，四國是訛（吪）〔四三九〕。訛（吪），化〔四四〇〕。哀我人斯，亦孔之嘉！箋云：嘉，善〔四四一〕。

既破我斧，又缺我銶。〔木〕〔屬〕〔曰〕〔銶〕〔四四二〕。周公東征，四國是遒。遒，固也。箋云：遒，僉（斂）〔四四三〕。哀我人斯，亦孔之休！休，美〔四四四〕。

《破斧》三章，章六句。

《伐柯》，美周公也〔四四五〕，周大夫刺朝廷之不知〔也〕〔四四六〕。成王既得雷雨大風之變，〔欲〕迎周公〔四四七〕，而朝廷群臣猶或於管蔡之言〔四四八〕，不知周公之聖德，疑於王欲迎之禮〔四四九〕，是以刺之也〔四五〇〕。

伐柯如之何〔四五一〕？匪斧不尅〔四五二〕。柯，斧柄〔四五三〕。禮義者，亦治國之柄〔四五四〕。箋云：尅〔四五五〕，能也。伐柯之道，唯斧乃能尅之〔四五六〕。此以類求其類〔四五七〕。以諭王欲迎周公〔四五八〕，當使賢者先往也〔四五九〕。

娶妻如之何〔四六〇〕？匪媒不得。媒，所以周（用）禮〔四六一〕。治國不能用禮則不安。箋云：媒者能通二姓之言，定人室家之道〔四六二〕。以論王欲迎周公〔四六三〕，當先使曉王與周公之意〔者〕又先任（往）也〔四六四〕。

伐柯伐柯，其則不遠。以其所願兮上交於下〔四六五〕，以其所願兮下事於上〔四六六〕，不逮（遠）求也〔四六七〕。箋云：則，法也〔四六八〕。伐柯者必用柯，其大小長矩（短）近取法於柯〔四六九〕，所謂不遠求〔四七〇〕。王欲迎周公，使還，其〔道〕之（亦）不遠〔四七一〕，於人心足以知之也〔四七二〕。

我覯之子，邊（籩）豆有踐〔四七三〕。踐，行列狠（貌）〔四七四〕。箋云：覯，見也。之子，是子也，斥周公〔四七五〕。王〔欲〕迎周公〔四七六〕，當設饗燕之撰（饌）〔四七七〕，行至〔則〕歡樂以悅之〔四七八〕。

《伐柯》二章，章四句。

《九域（罭）》〔四七九〕，美周公也，周大夫刺朝廷之不知〔也〕〔四八〇〕。

九域（罭）之魚〔四八一〕，鱒魴。興也。九域（罭）〔四八二〕，總（緵）罟〔四八三〕，小魚之罟〔四八四〕。鱒魴，大魚〔四八五〕。箋云：〔設〕九域（罭）之罟〔四八六〕，乃得鱒魴之魚〔四八七〕，言取物各有器〔四八八〕。興者，喻王欲迎周公之來，亦當有其禮也〔四八九〕。

我覯之子，袞衣繡裳〔四九〇〕。覯〔四九一〕，見也〔四九二〕。所以見周公有聖德〔四九三〕。袞衣〔四九四〕，卷龍也。箋云：今王欲迎周公〔四九五〕，當以上公之服往見之。

鴻飛遵渚，鴻，不宜循渚〔四九六〕。箋云：鴻，大鳥〔四九七〕，不宜與鳧鷖之屬飛而循渚，比喻周公以今與凡人處東都之邑〔四九八〕，亦失其所〔四九九〕。公歸無所，於汝信處〔五〇〇〕。周公未得禮迎也〔五〇一〕。再宿曰信。箋云：信，誠也。時東都之人欲留周公不去〔五〇二〕，故曉之云：『〔公〕西歸而無所居〔五〇三〕，則可就汝成（誠）處〔五〇四〕，是〔東〕都〔五〇五〕。今公當歸服（復）其位〔五〇六〕，不得〔留〕也〔五〇七〕。』

鴻飛遵陸，陸，非（飛）鴻之所宜止〔五〇八〕。公歸不服（復）〔五〇九〕，於汝信宿〔五一〇〕！宿，〔猶〕處〔也〕〔五一一〕。

是以有袞衣兮〔五一二〕，無以我公歸兮，無知以公之道〔五一三〕。箋云：是，〔是〕〔東〕〔都〕〔也〕〔五一四〕。以東都之人欲周公留爲之〔君〕〔五一五〕，故云『是以有袞衣』〔五一六〕。胃（謂）成王所賚來袞衣〔五一七〕，顧其封周公於此〔五一八〕。以此袞衣今（命）留之〔五一九〕，無以公西歸之〔五二〇〕。無使我心西悲兮〔五二一〕！箋云：周公西歸，東都之人〔心〕悲〔五二二〕，思（恩）德之至也〔五二三〕。

《九域（罭）》四章〔五二四〕，〔一〕〔章〕〔四〕〔句〕〔五二五〕，〔三〕〔章〕章三句〔五二六〕。

《狼跋》〔五二七〕，美周公也〔五二八〕。周公攝政，遠則四國流言，近則王不知，周大夫美其不失其聖〔也〕〔五二九〕。不失其聖者，聞流言不或（惑）〔五三〇〕，成王不如（知）不恕（怨）〔五三一〕，終立其志，成周之王功，致太平〔五三二〕，復成王之位，又留之爲太師〔五三三〕，終始無愆，聖德音（著）焉〔五三四〕。

狼跋其狐（胡）〔五三五〕，載疐其尾。興也。跋，獵（躐）〔五三六〕。疐，跲也。老狼者（有）狐（胡）〔五三七〕，進則獵（躐）其狐（胡）〔五三八〕，退則跲其尾，進退有難，然而不失其猛。箋云：興者，喻周公進則獵（躐）其狐（胡）〔五三九〕，猶始欲攝政，四國流言，避之東都〔五四〇〕。退則跲其尾，胃（謂）後復成王之位〔五四一〕，而老，成王又留之。如是〔五四二〕，聖德無玷缺。公孫碩膚，赤寫（舄）几几〔五四三〕。公孫，成王〔五四四〕，豳公之孫〔五四五〕。碩，大也〔五四六〕。膚，美也。赤舄，人君之盛〔屨〕〔也〕〔五四七〕。几几，絇狠（貌）〔五四八〕。箋云：〔公〕〔五四九〕，周公〔五五〇〕。孫，讀當如『公遜（孫）于齊』之『遜（孫）』〔五五一〕。遜（孫）〔五五二〕，遯也〔五五三〕。周公攝政，七年致太平〔五五四〕，復成王之位，遜（孫）遯避此成功之大衆美〔五五五〕。欲老，成王又留之，以爲太師〔五五六〕，履赤寫（舄）則几几然也〔五五七〕。

狼疐其尾，載跋其狐（胡）〔五五八〕。公孫碩膚，德音不瑕。瑕，過也。箋云：不瑕者〔五五九〕，言不可疵瑕也。

《狼跋》四（二）章〔五六〇〕，章四句。

鹿鳴之什故訓傳第十六〔五六一〕　毛詩小雅　鄭氏箋

《鹿鳴》，燕群臣嘉賓也。既飲食之，又實弊（幣）帛筐篚〔五六二〕，以將其厚意，然後忠臣嘉賓得盡其心矣。飲之而有弊（幣），酬弊（幣）也。食之而有弊（幣），侑弊（幣）也。

呦呦鹿鳴，食野之苹。興也。〔苹〕〔五六三〕，蓱也。鹿得苹〔五六四〕，呦呦然鳴而相呼，懇誠發乎中心〔五六五〕，興嘉樂賓客〔五六六〕，當有懇誠相招呼竹（以）盛（成）禮也〔五六七〕。箋云：苹，藾蕭草也〔五六八〕。我有嘉賓，鼓瑟吹笙〔五六九〕。吹笙鼓簧，承筐是將。簧，笙也。吹笙而簧鼓矣〔五七〇〕。筐，篚屬〔五七一〕，所以行弊（幣）帛也。箋云：承，猶奉也。《書》曰『厥篚玄黃』也〔五七二〕。人之好我，示我周行。周，至也〔五七三〕。行，道也。箋云：『示』當作『寘』，〔寘〕〔五七四〕，置也。周行〔五七五〕，周之〔列〕〔位〕〔也〕〔五七六〕。好，猶善也。人有以德善我者，我則置之〔於〕〔周〕〔之〕烈（列）位〔五七七〕。言己唯賢是用〔五七八〕。

鹿鳴呦呦〔五七九〕，食野之蒿。蒿，藍也〔五八〇〕。我有嘉賓，德音孔昭。視人不恌〔五八一〕，君子〔是〕〔則〕是傚〔五八二〕。恌，揄（愉）也〔五八三〕。是則是傚，言可法傚〔五八四〕。箋云：德音，先王道德之教〔五八五〕。孔，甚也〔五八六〕。昭，明也。視，古『示』字〔五八七〕。飲酒之禮，於旅也語。嘉賓之語先王之（德）教甚其明〔五八八〕，可以示天下之民，使之不揄（愉）於禮義〔五八九〕。是乃君子所法傚，言其賢者也〔五九〇〕。我有旨酒，嘉賓以（式）燕以敖〔五九一〕。敖，遊也〔五九二〕。

呦呦鹿鳴，食野之芩。芩，草也。我有嘉賓，鼓瑟鼓琴。鼓瑟鼓琴，和樂且湛。湛，樂之久者也〔五九三〕。我有旨酒，以燕樂嘉賓之心。樂（燕）〔五九四〕，安也。夫〔不〕〔能〕致其樂〔五九五〕，則不能得甚（其）志〔五九六〕，不能得其志，則嘉賓不能竭其力矣〔五九七〕。

《鹿鳴》三章，章八句。

《四牡》，勞使臣之來也。有功而見知則悅也〔五九八〕。文王爲西伯之時，叅分天下〔有〕其二〔五九九〕，以服事殷。使臣以王事往來於其職〔六〇〇〕，於其來〔六〇一〕，陳其功苦以歌樂之。

四牡騑騑，周道倭遲〔六〇二〕。騑騑，行不止之貌。周道，〔岐〕周之道〔六〇三〕。倭遲〔六〇四〕，歷遠之貌〔六〇五〕。〔箋〕〔云〕〔六〇六〕：文王率諸侯撫叛國〔六〇七〕，而朝聘乎紂〔六〇八〕，故〔周〕〔公〕作樂〔六〇九〕，以〔歌〕文王之道〔六一〇〕，爲後世法也〔六一一〕。豈不懷歸？王事靡盬，我心傷悲！盬，不堅固〔六一二〕。懷〔六一三〕，思。歸者，私恩也〔六一四〕。靡〔盬〕者〔六一五〕，公義〔六一六〕。傷悲者，情思〔六一七〕。箋云：無私恩，非孝子〔六一八〕；無公義，非忠臣〔六一九〕。君子不以私害公，不以家事辭王事。

四牡騑騑，嘽嘽駱馬。嘽嘽，喘息之貌〔六二〇〕。馬勞則喘〔息〕〔六二一〕。白馬黑鬛（鬣）曰駱也〔六二二〕。豈不懷歸？王事靡盬，不皇啟處〔六二三〕！皇〔六二四〕，暇。啓，跪也〔六二五〕。臣受命〔六二六〕，舍弊（幣）于禰乃行也〔六二七〕。

翩翩者鵻，載飛載下，集于苞栩。鵻，夫丕〔六二八〕。箋云：夫丕〔六二九〕，之（鳥）鳥（之）慤謹者也〔六三〇〕。人皆愛之，〔可〕〔以〕不勞〔六三一〕，猶則〔飛〕〔則〕下〔六三二〕，止〔於〕栩木〔六三三〕。諭人雖無事〔六三四〕，其可獲安乎〔六三五〕？感厲之〔六三六〕。王事靡盬，不皇將父〔六三七〕！將，養〔六三八〕。

翩翩者鵻，載飛載止，集于苞杞。杞，苟（枸）檵也〔六三九〕。王事靡盬，不皇將母〔六四〇〕！

駕彼四駱，載驟駸駸。駸駸，驟貌也〔六四一〕。豈不懷歸？是用作歌，將母來諗！諗，念也。父兼尊親之道。母至親而尊不至。箋云：諗，告也。君勞使臣，述序其情〔六四二〕。女曰〔六四三〕：我豈不思歸〔乎〕〔六四四〕？〔誠〕〔思〕〔歸〕〔也〕〔六四五〕。故作此歌〔六四六〕，以養父母之志，來告於君〔六四七〕：人〔之〕思〔六四八〕，恒思親者〔六四九〕，再言將母，易（亦）其情者〔六五〇〕。

《四牡》五章，章五句。

《皇皇者華》，君遣使臣也。送之以禮樂，言遠而有光華焉〔六五一〕。言臣出使，揚君之美〔六五二〕，以延其譽於四方〔六五三〕，則爲不辱君命者也〔六五四〕。

皇皇者華，于彼原隰。皇皇，猶煌煌也〔六五五〕。高平曰原。下濕曰隰。忠臣奉使，能光君命〔六五六〕，無遠無近，如華不以高下易其色也〔六五七〕。箋云：無遠無近，唯所之則然也〔六五八〕。駪駪征夫，每懷靡及。駪駪，衆多貌〔六五九〕。征夫，行人〔六六〇〕。每，雖也〔六六一〕。懷，和〔六六二〕。箋云：《春秋外傳》曰：『懷思（和）爲母（每）懷〔六六三〕。』和當爲〔私〕〔六六四〕，衆行人既受君命〔六六五〕，當速行。〔使〕每人懷其私相啓（稽）留〔六六六〕，則於事將無所及者〔六六七〕。

我馬維駒，六轡如濡。箋云：如濡，言鮮澤〔六六八〕。載馳載驅，周爰諮諏〔六六九〕。忠信爲周。訪問於善爲咨〔六七〇〕。咨事爲諏。箋云：爰，於也。丈（大）夫出使〔六七一〕，馳驅而行〔六七二〕，見忠信之賢人，則訪問〔六七三〕，求其善道〔六七四〕。

我馬維騏，六轡如絲。言調忍也〔六七五〕。載馳載驅，周爰咨謀。咨事之難易爲謀也〔六七六〕。

我馬維駱，六轡沃若。載馳載驅，周爰咨度。咨禮義可（所）宜爲度也〔六七七〕。

我馬維駰，六轡既均。陰白雜毛曰駰。均，調〔六七八〕。載馳載驅，周爰咨詢。親慼之謀爲詢〔六七九〕。兼此五者，雖有忠（中）和〔六八〇〕，當自爲（謂）『無〔所〕及於事〔六八一〕，及於事乃成於六德〔六八二〕。箋云：忠（中）和〔六八三〕，謂忠信〔六八四〕。五者：咨也，諏也，謀也，度也，詢也。雖得此於忠信之賢人〔六八五〕，猶當云『已將無〔所〕及於事〔六八六〕，則成六德』〔六八七〕。言慎其事〔六八八〕。

《皇皇者華》五章，章四句。

《棠（常）棣》〔六八九〕，燕兄第（弟）也〔六九〇〕。閔管蔡之失道，故作《棠（常）棣》焉〔六九一〕。周公弔二叔之不滅（咸）〔六九二〕，而使兄第（弟）〔之〕〔恩〕踈（疎）〔六九三〕。召公爲作此詩〔六九四〕，而歌之以親〔六九五〕。

棠（常）棣之華〔六九六〕，鄂不韡韡〔六九七〕。興也。棠（常）棣〔六九八〕，棣也〔六九九〕。鄂，〔猶〕鄂〔鄂〕〔然〕〔七〇〇〕，言外發〔七〇一〕。韡韡，光明也。箋云：承華者曰鄂〔七〇二〕，不當作逝（柎）〔七〇三〕。逝（柎）〔七〇四〕，鄂足〔七〇五〕，得華之光明貌〔七〇六〕，韡韡然〔七〇七〕。興者，喻第（弟）以敬事兄，兄以榮覆第（弟），恩義〔之〕顯亦韡韡然〔七〇八〕。故（古）聲不〔七〇九〕、拊（柎）同也〔七一〇〕。凡今之人，莫如兄第（弟）。聞棠（常）棣之言爲今也〔七一一〕。箋云：聞棠（常）棣之言〔七一二〕，始聞棠（常）棣〔華〕鄂之説〔七一三〕。如此，則人之恩親〔七一四〕，無如兄第（弟）之最厚也〔七一五〕。

死喪之威，兄第（弟）孔懷。威，畏也〔七一六〕。懷，思也。箋云：死喪，可畏怖之事，唯兄第（弟）之親甚相思〔念〕〔七一七〕。原隰裒矣，兄第（弟）求矣。裒，聚也。求矣〔七一八〕，言求兄第（弟）〔相〕〔助〕〔也〕〔七一九〕。箋云：原隰以相與聚居之故〔七二〇〕，〔故〕能定高下之名〔七二一〕，猶兄第（弟）相求〔七二二〕，故能立榮顯之名〔七二三〕。

鶺鴒在原〔七二四〕，兄第（弟）急難。鶺鴒〔七二五〕，雍渠〔七二六〕，飛則鳴，行則搖，不能自舍爾〔七二七〕。急難，言兄第（弟）之相救於急難〔七二八〕。箋云：雍渠〔七二九〕，水鳥。而今在原，失其〔常〕處〔七三〇〕，則飛則鳴，求其類，天性〔也〕〔七三一〕。猶兄第（弟）之於急難。每有良朋，況也永歎。況，兹也〔七三二〕。〔永〕〔七三三〕，〔長〕〔也〕〔七三四〕。箋云：每，雖也〔七三五〕。良，善也。當急難之時〔七三六〕，雖有善同門來，兹對之長歎而已〔七三七〕。

兄第（弟）鬩于牆，外御其侮（務）〔七三八〕。鬩，很也〔七三九〕。御，禦也〔七四〇〕。〔務〕〔七四一〕，〔侮〕〔也〕〔七四二〕。兄第（弟）雖內鬩而外御侮〔七四三〕。每有良朋，烝也無戎。烝，填也〔七四四〕。戎，相也。箋云：當急難之時，雖有善同門來，久〔也〕猶無相助〔己〕者〔七四五〕，右（古）聲填〔七四六〕、寘（窴）〔七四七〕、塵同也〔七四八〕。

喪亂既平，既安且寧。雖有兄第（弟），不如友生。兄第（弟）尚恩怡怡然〔七四九〕，朋友以義切切節節然〔七五〇〕。箋云：平，猶正也。安寧之時，以禮義相硺（琢）磨〔七五一〕，則友生急也〔七五二〕。

儐爾籩（籩）豆〔七五三〕，飲酒之飫。儐，陳也〔七五四〕。飫，私也。不脱屨升堂謂之飫〔七五五〕。箋云：〔私〕〔者〕〔七五六〕，圖非常之事。若議大疑於堂，則〔有〕飫禮焉〔七五七〕。聽朝爲公也〔七五八〕。

兄第（弟）既具，和樂且孺。九族合會曰和〔七五九〕。孺，屬也。王與親戚燕則上（尚）平（毛）〔七六〇〕。箋云：九族，從〔己〕上至高祖〔七六一〕、下及玄孫之親〔七六二〕。屬者，以昭穆相次序者〔七六三〕。

妻子好合，如鼓琴（瑟）瑟（琴）〔七六四〕。箋云：好合〔七六五〕，志意合也〔七六六〕。合者〔七六七〕，如鼓琴（瑟）瑟（琴）之聲應〔和〕之〔七六八〕。王與族人燕，則宗婦内宗之屬，亦從王后於房中焉〔七六九〕。兄第（弟）既翕，和樂且湛〔七七〇〕。翕，合也〔七七一〕。

宜爾室家〔七七二〕，樂爾妻帑〔七七三〕。帑，子也。箋云：族人和，則得保安樂其家中之大小者也〔七七四〕。是究是圖，亶其然乎！究，深也〔七七五〕。圖，諸（謀）也〔七七六〕。亶，信也。箋云：女深謀之〔七七七〕，信其如是乎〔七七八〕。

《棠（常）棣》八章〔七七九〕，章四句。

《伐木》，燕朋友故舊也。自天子已下至于庶人〔七八〇〕，未有不須友以成者也〔七八一〕。親親既睦〔七八二〕，友賢不棄，不遺故舊，則民德歸厚矣。

伐木丁丁，鳥鳴嚶嚶。興也。丁丁，伐木聲也〔七八三〕。嚶嚶，驚懼也。箋云：丁丁、嚶嚶，相切真（直）之（也）〔七八四〕。言昔日未居王位〔七八五〕，在農之時，與友生於山巖，伐木爲勤苦之事，猶以道德相功（切）政（正）〔也〕〔七八六〕。嚶嚶，兩鳥聲〔七八七〕。其鳴之志〔七八八〕，似於有友道然〔七八九〕，故連言也〔七九〇〕。出自幽谷，遷于喬木。幽，深也〔七九一〕。喬，高也。箋云：遷，徙也〔七九二〕。謂鄉之（時）時（之）鳥〔七九三〕，出從深谷，今移處高木也〔七九四〕。嚶其鳴矣，求其友聲。君子雖居遷於高位〔七九五〕，不可以忘其朋友。箋云：嚶其鳴矣，遷處高木者也〔七九六〕。求其友聲，求其尚在深谷者也〔七九七〕。其相得〔七九八〕，則復鳴嚶嚶然〔七九九〕。

相彼鳥矣，猶求友聲。矧伊人矣〔八〇〇〕，不求友生？矧，況也。箋云：相，視也。鳥尚知居高木呼其友也〔八〇一〕，況是人乎，可不求之也〔八〇二〕？神之聽之，終和且平。箋云：以可否相增減，曰和平齊等也。此言心誠〔求〕〔之〕〔八〇三〕，神若聽之，使得如其志〔八〇四〕，則友終相與和而齊功〔八〇五〕。

伐木滸滸〔八〇六〕，釃酒有藇。滸滸〔八〇七〕，柹（柿）貌也〔八〇八〕。以〔匡〕曰釃〔八〇九〕。以藪曰湑。藇，美貌。箋云：此言前者伐木滸滸之人〔八一〇〕，〔今〕則有酒而釃之〔八一一〕，本其心故〔八一二〕。既有肥羜，以速諸父。羜，未成羊〔八一三〕。天子〔謂〕〔同〕〔姓〕諸侯〔八一四〕、諸侯謂同姓大夫皆曰父〔八一五〕。異姓則稱舅。國君友其賢臣，大夫友其宗族之仁者〔八一六〕。箋云：速，召也。有酒有羜，今以召〔族〕人飲酒者矣〔八一七〕。寧適不來，微我不顧〔八一八〕。微，無也。箋云：寧古（召）之〔八一九〕，適自不來，無使言我不顧念也〔八二〇〕。

於粲洒掃〔八二一〕，陳饋八簋〔八二二〕。粲，鮮明貌。圓曰簋〔八二三〕。天子八簋〔八二四〕。箋云：粲然已灑擴矣〔八二五〕，陳其黍稷矣〔八二六〕，謂爲食禮也〔八二七〕。既有肥牡，以速諸舅。寧適不來，微我有咎。咎，過也〔八二八〕。

伐木于阪，釃酒有衍。衍，美貌也〔八二九〕。箋云：此言伐木于阪，亦本之〔也〕〔八三〇〕。邊（籩）豆有踐〔八三一〕，兄第（弟）無遠。箋云：踐，陳列貌也〔八三二〕。兄第（弟），父之黨、母之黨也〔八三三〕。民之失德，乾餱（餱）以愆〔八三四〕。餱（餱），食也。箋云：失德，謂見謗訕也〔八三五〕。民當（尚）以乾餱（餱）之食獲過於人〔八三六〕，況天子之饌，反可以恨兄第（弟）乎〔八三七〕？故不當遠也〔八三八〕。

有酒湑我，無酒酤我。湑，莤之也〔八三九〕。酤，一宿酒〔八四〇〕。箋云：酤，買〔八四一〕。之（此）挨（族）人陳王之恩也〔八四二〕。王有酒〔則〕濟（泲）莤之〔八四三〕，三（王）無酒則酤買之〔八四四〕，要欲厚於挨（族）人也〔八四五〕。坎坎鼓我，蹲蹲舞我。蹲蹲，舞貌。箋云：爲我擊鼓坎坎然〔八四六〕，爲我興舞蹲蹲然〔八四七〕，謂以燕（樂）樂己〔八四八〕。迨我暇矣，飲此湑矣。箋云：迨，及也。此又述王意也〔八四九〕。王曰：及我今之閑暇〔八五〇〕，共飲是湑酒〔八五一〕。欲其無不醉之意也〔八五二〕。

《伐木》六章，章六句。

《天保》，下下報上〔也〕〔八五三〕。君能下下以成其政，則臣歸美以報其上焉〔八五四〕。下下，謂《鹿鳴》至《伐木》〔八五五〕，皆君所以下臣也。臣亦宜歸美於王，以崇君之尊而福禄之，以答其歌也〔八五六〕。

天保定爾，亦孔之固。固，堅也。箋云：保，安也〔八五七〕。爾，女也。女，〔王〕〔也〕〔八五八〕。天〔之〕保（安）定女〔八五九〕，亦甚〔堅〕固矣〔八六〇〕。俾爾單厚，何福不除。俾，使也〔八六一〕。單，信也。或曰：單，厚也〔八六二〕。除，閫（開）也〔八六三〕。箋云：單，盡也。天使女盡厚天下之民〔八六四〕，何福而〔不〕開〔八六五〕！言皆開出以予之〔八六六〕。俾爾多益，以莫不庶。庶，衆也。箋云：莫，無也。使女每物益多〔八六七〕，是以故無不衆者也〔八六八〕。天保定爾，俾爾戩穀。罄無不宜〔八六九〕，受天百禄。戩，福也〔八七〇〕。穀，禄也〔八七一〕。罄〔八七二〕，盡也。箋云：天使女所福禄之人〔八七三〕，謂群臣也〔八七四〕。其舉事盡得其宜，受天之多禄矣〔八七五〕。降爾瑕（遐）福〔八七六〕，維日不足〔八七七〕。箋云：瑕（遐）〔八七八〕，遠也。天又下予女以廣遠之福〔八七九〕，使天下者（溥）蒙之〔八八〇〕，後（汲）後（汲）然如日不足也〔八八一〕。天保定爾，以莫不興。箋云：興，盛也。無不盛者，使萬物皆盛，草木暢茂，禽獸碩大者也〔八八二〕。如山如阜，如岡如陵。言其廣厚〔八八三〕。高平曰陸。大陸曰阜〔八八四〕。大阜曰陵。箋云：此言其福委（禄）禄（委）積高大也〔八八五〕。如川之方至，以莫不增。箋云：川之方至，謂其水縱長之時〔八八六〕，萬物之牧（收）皆增多者〔八八七〕。〔吉〕〔蠲〕〔爲〕〔饎〕〔八八八〕，〔是〕〔用〕〔孝〕〔享〕〔八八九〕。〔吉〕〔八九〇〕，〔善〕〔八九一〕。〔蠲〕〔八九二〕，〔絜〕〔也〕〔八九三〕。〔饎〕〔八九四〕，〔酒〕〔食〕〔也〕〔八九五〕。〔享〕〔八九六〕，〔獻〕〔也〕〔八九七〕。〔箋〕〔云〕〔八九八〕：〔享〕〔八九九〕，〔謂〕〔將〕〔祭〕〔祀〕〔也〕〔九〇〇〕。礿（礿）祠烝嘗〔九〇一〕，于公先王。春曰礿（祠）〔九〇二〕，夏曰祠（礿）〔九〇三〕，秋曰嘗，冬曰烝〔九〇四〕。公，事也。箋云：公，先公，謂后稷至諸盤（盩）〔九〇五〕、至不窋〔九〇六〕。君曰卜爾，萬壽無彊〔九〇七〕。君，先君也〔九〇八〕。尸所以象神〔九〇九〕。卜，予也〔九一〇〕。箋云：『君曰卜〔爾〕』者〔九一一〕，尸嘏主人，傳神辭也。神之弔矣，詒爾多福。弔，至也〔九一二〕。詒，遺也。箋云：神之至者〔九一三〕，宗廟致敬，鬼神著矣，此之謂也〔九一四〕。民之質矣，日用飲食。質，成也。箋云：成，平也。民事平，以禮飲食相樂而〔已〕也〔九一五〕。群黎百姓，徧爲爾德〔九一六〕。百姓，百官挨（族）姓〔九一七〕。箋云：黎，衆士（也）〔九一八〕。謂群臣百姓〔九一九〕，徧爲女之德〔九二〇〕。言則而衆（象）之〔九二一〕。如月之絙〔九二二〕，如日之升。絙〔九二三〕，弦也〔九二四〕。升，出也。言俱進〔九二五〕。箋云：〔月〕上弦而就盈〔九二六〕，日始出而就明也〔九二七〕。如南山之壽，不騫不崩。騫，虧也〔九二八〕。如松柏之茂，無不或承〔九二九〕。箋云：或之言背（有）〔也〕〔九三〇〕。如松柏之支（枝）葉常茂盛〔九三一〕，〔菁〕〔菁〕〔然〕相承不衰落也〔九三二〕。

《天保》六章，章六句。

《采微（薇）》〔九三三〕，遣戍役也〔九三四〕。文王之時，西有昆夷之患，北有玁允（狁）之難〔九三五〕。以天子之命，命將率將率〔九三六〕，遣戍役〔九三七〕，以守衛中國。故詞《采薇》以遣之〔九三八〕，《出車》以勞還，《杕杜》以勤歸〔九三九〕。文王爲西伯，服事殷之時〔九四〇〕。昆夷，西戎也。天子，殷王〔九四一〕。戍，守也。西伯以殷王之命〔九四二〕，命其屬爲將率，將戍役御西戎及北狄之難〔九四三〕，歌《采微（薇）》以遣之〔九四四〕。《〔杕〕〔杜〕》以勤歸者〔九四五〕，以其勤勞之故〔九四六〕，於其歸〔九四七〕，〔歌〕《杕杜》〔以〕休息之也〔九四八〕。

采微（薇）采微（薇）〔九四九〕，微（薇）亦作止〔九五〇〕。微（薇）〔九五一〕，菜也〔九五二〕。作，生也。箋云：〔西〕〔伯〕〔將〕〔遣〕〔戍〕〔役〕〔九五三〕，〔先〕與之朝（期）以采微（薇）之時〔九五四〕。今微（薇）生矣〔九五五〕，先輩可以行也〔九五六〕。重言之『采微（薇）采微（薇）』者〔九五七〕，丁寧行期也〔九五八〕。曰歸曰歸，歲亦暮止〔九五九〕。箋云：暮〔九六〇〕，晚也。曰女何時歸乎〔九六一〕？何時歸乎〔九六二〕，亦歲晚之時乃得歸〔九六三〕。又丁寧期皈〔九六四〕，定其心也。靡室靡家，玁允（狁）之故〔九六五〕。〔不〕〔皇〕〔啓〕〔居〕〔九六六〕，〔玁〕〔狁〕〔之〕〔故〕〔九六七〕。玁狁，北狄〔也〕〔九六八〕。箋云：〔北〕〔狄〕〔九六九〕，今凶（匈）奴也〔九七〇〕。靡，無也〔九七一〕。皇〔九七二〕，瑕（暇）也〔九七三〕。啓，跪也。古者師出不踰時〔九七四〕，今微（薇）生而行〔九七五〕，歲晚及（乃）得歸〔九七六〕，使女無室家〔夫〕〔婦〕之道〔九七七〕，不暇跪危居者〔九七八〕，有玁狁之難，故曉之者〔九七九〕。

采微（薇）采微（薇）〔九八〇〕，微（薇）亦柔止〔九八一〕。柔，始生也〔九八二〕。箋云：柔，謂曉之時也〔九八三〕。曰歸曰歸，心亦憂止。箋云：憂者〔九八四〕，憂其歸期將晚也〔九八五〕。憂心烈烈〔九八六〕，載飢載渴。箋云：烈烈，憂貌〔九八七〕。則飢則渴，言甚苦也〔九八八〕。我戍未定，靡使歸聘〔九八九〕！聘，問也。箋云：定，止也。我方守於〔北〕狄〔九九〇〕，未得止息，無所使歸問〔九九一〕。言所以憂也〔九九二〕。

采微（薇）采微（薇）〔九九三〕，微（薇）亦剽止〔九九四〕。少而剽也〔九九五〕。箋云：剽，謂少堅急（忍）時也〔九九六〕。曰歸曰歸，歲亦陽止。陽，歷陽月也〔九九七〕。箋云：十月爲陽〔九九八〕。時川（巛）用事〔九九九〕，嫌於無陽，故名此月爲陽也之〔一〇〇〇〕。王事靡盬，不皇啓處〔一〇〇一〕。箋云：盬，不堅固也〔一〇〇二〕。處，猶居也〔一〇〇三〕。憂心孔疚，我行不來！疚，病也〔一〇〇四〕。來，至也。箋云：我，戍役人自我也〔一〇〇五〕。來，猶及（反）也〔一〇〇六〕。已還家曰來〔一〇〇七〕。

彼薾（爾）維何〔一〇〇八〕？維棠（常）之華〔一〇〇九〕。薾（爾），華盛也〔一〇一〇〕。棠（常），棠（常）棣也。箋云：此言彼薾（爾）薾者〔一〇一一〕，乃棠（常）棣之華〔一〇一二〕，以興將率車馬服飾之〔盛〕也〔一〇一三〕。彼路斯何？君子之車。箋云：斯，此也。君子，謂將率也〔一〇一四〕。戎車既駕，四牡業業。業業然，牡（壯）也〔一〇一五〕。豈敢定居？一月三捷。捷，勝也。箋云：定，止也。將率之志，往至所征戍之地〔一〇一六〕，不敢止而居處以自安也〔一〇一七〕。往〔則〕庶乎一月之中三月（有）勝功〔一〇一八〕，謂侵也〔一〇一九〕，伐也，戰〔也〕〔一〇二〇〕。

駕彼四牡，四牡騤騤。君子所依，小人所腓。騤騤，彊貌〔一〇二一〕。腓，避也〔一〇二二〕。箋云：腓當作疪（庇）〔一〇二三〕。此言戎車者，將率之所依乘，戍役之所疪（庇）倚也〔一〇二四〕。四牡翼翼，象弭魚服。翼翼，閑也。象弭，弓反末也〔一〇二五〕，所以解紛也〔一〇二六〕。魚服，魚皮也。箋云：弭，弓反末彆也〔一〇二七〕，以象骨爲之〔一〇二八〕，以助御者解轡紛〔一〇二九〕，宜滑也。服，矣（矢）服者〔一〇三〇〕。豈不日戒〔一〇三一〕，玁狁孔棘。箋云：戒〔一〇三二〕，警勑軍事也〔一〇三三〕。孔，甚也〔一〇三四〕。棘，急也。言君子小人，豈不日相警戒也〔一〇三五〕。〔誡〕〔日〕〔相〕〔警〕〔戒〕〔也〕〔一〇三六〕。玁狁之難甚急，豫述其苦以勸之也〔一〇三七〕。

昔我往矣，楊柳依依。今我來思，雨雪霏霏。楊〔柳〕〔一〇三八〕，蒲柳也〔一〇三九〕。霏霏，甚貌〔一〇四〇〕。箋云：我來，謂戍止而始及（反）時也〔一〇四一〕。止（上）三軍（章）言〔戍〕〔役〕〔一〇四二〕，〔次〕〔二〕〔章〕〔言〕將率之行〔一〇四三〕，故此章重序其往反之時〔一〇四四〕，極言其苦以說焉也〔一〇四五〕。行道遲遲，載飢載渴〔一〇四六〕。遲遲，長遠貌〔一〇四七〕。箋云：行反在於道路〔一〇四八〕，猶飢渴，言至苦〔一〇四九〕。我心傷悲，莫知我哀！君子能盡人之情，故人忘其死也〔一〇五〇〕。

《采微（薇）》六章〔一〇五一〕，章八句。

《出車》，勞還率也。遣將率及戍役〔一〇五二〕，同時歌同時歸也〔一〇五三〕，欲其同心〔一〇五四〕。反而勞之〔一〇五五〕，異欲歌異日〔一〇五六〕，殊尊卑〔一〇五七〕。《禮記》曰：『賜君子小人不同日。』此其義者〔一〇五八〕。

我出我車，于彼牧矣。出車就馬於牧〔地〕〔一〇五九〕。箋云：上我，殷王〔一〇六〇〕。下我，將率自謂也〔一〇六一〕。西伯以天子之命，出我戎車於所牧之地，將使我出征伐也〔一〇六二〕。自天子之所〔一〇六三〕，謂我來矣。箋云：自，從也。有人從王所〔來〕〔一〇六四〕，謂我來矣〔一〇六五〕。謂以王命召己〔一〇六六〕，〔將〕〔使〕〔我〕爲將率〔一〇六七〕。先出戎車〔一〇六八〕，乃召將率〔一〇六九〕，將率尊也。召彼僕夫，謂之載矣〔一〇七〇〕；王事多難，維其棘矣。僕夫，御夫也〔一〇七一〕。箋云：棘，急也。棘王命〔召〕〔己〕〔一〇七二〕，己即召僕夫〔一〇七三〕，使裝載衣物而往〔一〇七四〕。王之事多難〔一〇七五〕，其召我必急，欲疾趨之〔一〇七六〕。此序其志（忠）歎（敬）也〔一〇七七〕。

我出我車，于彼郊矣。設此旐矣，建彼旄矣。龜、蛇曰旐。旄，干旄也〔一〇七八〕。箋云：設旐者，屬之於干旄（旄）〔一〇七九〕，而建之我（戎）車〔一〇八〇〕。將車（率）既受命〔一〇八一〕，行乃華（乘）馬（焉）〔一〇八二〕。牧地，在遠郊者〔一〇八三〕。彼旟旐斯，胡不旆旆？鳥隼曰旟。旆旆，流（旒）垂者〔一〇八四〕。憂心悄悄，僕夫況萃（瘁）〔一〇八五〕。箋云：況，茲也。將率既受命，行而憂，臨事而懼〔一〇八六〕。御夫則茲益燋（憔）悴〔一〇八七〕，憂〔其〕馬之不政也〔一〇八八〕。

王命南仲，往城于方〔一〇八九〕。出車彭彭，旂旐英英〔一〇九〇〕。王，殷王也〔一〇九一〕。南仲，〔文〕王〔之〕屬也〔一〇九二〕。方，〔朔〕〔方〕〔一〇九三〕，近玁狁〔之〕國〔一〇九四〕。彭彭，四馬貌〔一〇九五〕。交龍曰旂〔一〇九六〕。英英〔一〇九七〕，鮮明〔一〇九八〕。箋云：王使南仲爲〔將〕率〔一〇九九〕，往築城於朔方〔一一〇〇〕，爲軍壘以御狄難也〔一一〇一〕。天子命我，城彼朔方。赫赫南仲，玁狁于襄。朔方，北方〔一一〇二〕。赫赫〔一一〇三〕，盛也〔一一〇四〕。襄，除也。箋云：此我，我戍役也〔一一〇五〕。戍役築壘〔一一〇六〕，而美其將率，自此出征者也〔一一〇七〕。

昔我往矣，黍稷方華。今我來思，雨雪載塗。王事多難，不皇啓居〔一一〇八〕。塗，凍始釋也〔一一〇九〕。箋云：黍稷方華者〔一一一〇〕，朔方〔之〕地六月時也〔一一一一〕。以〔此〕時始出壘征伐玁允（狁）〔一一一二〕，因伐西戎，至春凍始釋而來反，其澗（間）非有休息〔一一一三〕。豈不懷〔歸〕〔一一一四〕？畏此簡書。簡書，戒命〔一一一五〕。鄰國有急〔一一一六〕，以簡策相告〔一一一七〕，則奔命投（救）之〔一一一八〕。

喓喓草蟲，趯趯阜螽。箋云：草蟲鳴，阜螽跳躍而從之〔一一一九〕，天性也。諭近西戎之諸侯〔一一二〇〕，聞南仲既征玁狁〔一一二一〕，將伐西戎之命，則跳躍而嚮望之〔一一二二〕，如阜螽之聞草蟲鳴焉〔一一二三〕。草蟲鳴〔一一二四〕，晚秋之時也〔一一二五〕。此以其時見而興也〔一一二六〕。未見君子，憂心忡忡。既見君子，我心則降。箋云：君子，斥南仲也〔一一二七〕。降，下也〔一一二八〕。赫赫南仲，薄伐西戎。

春日遲遲，卉木萋萋。蒼庚喈喈〔一一二九〕，采繁（蘩）祁祁〔一一三〇〕。執誶獲醜〔一一三一〕，薄言還歸〔一一三二〕。卉，草也。誶〔一一三三〕，辭也。箋云：誶〔一一三四〕，言〔一一三五〕。醜，衆也。伐西戎以凍始釋時及（反），朔方之壘〔一一三六〕，息戍〔役〕〔一一三七〕，至此時而歸京師，稱美時物以及事〔一一三八〕，喜而詳之〔一一三九〕。〔執〕〔誶〕〔一一四〇〕，執其可至言問〔及〕所獲之衆以歸者〔一一四一〕，當獻之〔也〕〔一一四二〕。赫赫南仲，玁允（狁）于夷〔一一四三〕。夷，平也。箋云：平者，平之於王也〔一一四四〕。此時亦伐西戎〔一一四五〕，獨言平玁允（狁）者〔一一四六〕，玁允（狁）

大〔一一四七〕，故以爲始、以爲終之也〔一一四八〕。

《出車》六章，章八句。

《杕杜》〔一一四九〕，勞還役也〔一一五〇〕。役〔一一五一〕，戍役也〔一一五二〕。有杕之杜〔一一五三〕，有睆其實〔一一五四〕。興也。既睆〔一一五五〕，〔實〕白（貌）也〔一一五六〕。杕杜猶得其時蕃滋〔一一五七〕，役夫勞苦〔一一五八〕，不得盡其天性也〔一一五九〕。王事靡盬，繼嗣我日。箋云：嗣，續也。王事無不堅固，我行役嗣續其日月〔一一六〇〕。言常勞苦，無休息〔一一六一〕。日月陽止，女心傷悲（止）〔一一六二〕，征夫皇止〔一一六三〕！箋云：十月爲陽〔一一六四〕。皇，暇也〔一一六五〕。婦人思望其君子，陽月之時已憂傷矣〔一一六六〕。行夫如今已閒暇且歸也〔一一六七〕，而尚不〔得〕歸〔一一六八〕，故序其男女之情以説之〔一一六九〕。陽月而思望之者〔一一七〇〕，以初時云『歲亦暮小止』者矣〔一一七一〕。有杕之杜〔一一七二〕，其葉萋萋〔一一七三〕。王事靡盬，我心傷悲。箋云：心傷悲者〔一一七四〕，念其君子於今勞苦也〔一一七五〕。卉木萋止，女心悲止，征夫歸止！室家踰時則思之也〔一一七六〕。陟彼北山，言采其杞。王事靡盬，憂我父母。箋云：杞，非菜也〔一一七七〕，而升北〔山〕采之者〔一一七八〕，託有事以望君子也〔一一七九〕。檀車幝幝，四牡痯痯〔一一八〇〕，征夫不遠！檀車，役車也〔一一八一〕。幝幝，弊貌〔一一八二〕。痯痯〔一一八三〕，罷貌也〔一一八四〕。箋云：不遠者，言其來近〔一一八五〕。匪載匪來，憂心孔疚〔一一八六〕。箋云：匪，非〔一一八七〕。疚，病也。君子至期不裝載也〔一一八八〕，意不爲來〔一一八九〕。我念之，憂心甚病〔一一九〇〕。期逝不至，而多爲恤〔一一九一〕。逝，往也〔一一九二〕。恤，恤憂也〔一一九三〕。遠行不必如期，室家之情以期望也〔一一九四〕。卜筮偕止〔一一九五〕，會言近止，征夫爾止〔一一九六〕！卜之筮之，會人占之也〔一一九七〕。爾〔一一九八〕，近也〔一一九九〕。箋云：偕〔一二〇〇〕，俱也〔一二〇一〕。會，合也。或卜之，或筮之，俱占之〔一二〇二〕。合言於摇（繇）爲近〔一二〇三〕，征夫如今近耳〔一二〇四〕。

《杕杜》四章〔一二〇五〕，章七向（句）〔一二〇六〕。

《魚麗》，美萬物盛多，能偹禮也。文、武以下《天保》以上治內〔一二〇七〕，《采微

（薇）》以下治外〔一二〇八〕，始於憂勤〔一二〇九〕，終於逸樂，故〔美〕萬物盛多〔一二一〇〕，可以告於神明矣〔一二一一〕。内爲（謂）諸夏〔一二一二〕；外謂夷狄也〔一二一三〕。告於神明者，於祭祀而歌之也〔一二一四〕。

魚麗於罶。鱨鯊〔一二一五〕。麗，歷也。罶，曲梁也〔一二一六〕，寡婦之笱（笱）〔一二一七〕。鱨，楊也〔一二一八〕。鯊，鮀也〔一二一九〕。太平而後微物衆多〔一二二〇〕，取之有時〔一二二一〕，用之有道，則萬物莫不多矣〔一二二二〕。古者不風不暴，不行火〔一二二三〕；草木〔不〕〔折〕不槎〔一二二四〕，斤斧不入山林〔一二二五〕。材（豺）祭獸然後故（殺）〔一二二六〕，獺祭魚然後漁〔一二二七〕，鷹祭隼〔擊〕然後内尉（罻）羅設〔一二二八〕，是以天子不合圍，諸侯不掩群〔一二二九〕，大夫不麋（麛）不卵〔一二三〇〕，士不隱寒（塞）〔一二三一〕，庶人〔不〕數罟〔一二三二〕。罟必四寸，然後入澤梁〔一二三三〕。故山不童，澤不竭，焉（鳥）獸魚鼈皆得其然也〔一二三四〕。君子有酒，旨且多。箋云：酒美而此魚又多也〔一二三五〕。

魚麗于罶，魴鱧。鱧，鯇也〔一二三六〕。君子有酒，多且旨。箋云：酒多而此魚又美也〔一二三七〕。

魚麗于罶，鰋鯉。鰋，鮎〔一二三八〕。君子有酒，旨且有。箋云：酒美而此魚又有〔一二三九〕。

物其多矣，維其嘉矣。〔箋〕〔云〕〔一二四〇〕：〔魚〕〔既〕〔多〕〔一二四一〕，〔又〕〔善〕〔也〕〔一二四二〕。

〔物〕〔其〕〔旨〕〔矣〕〔一二四三〕，〔維〕〔其〕〔偕〕〔矣〕〔一二四四〕。箋云：魚既美〔一二四五〕，又齊等〔一二四六〕。

物其有矣，維其時矣。箋云：魚既有〔一二四七〕，又得其時〔一二四八〕。

《魚麗》六章，其三章章四句〔一二四九〕，〔三〕〔章〕〔章〕〔二〕〔句〕〔一二五〇〕。

《南陔》，孝子相戒以養也。《白華》，孝子之絜白也〔一二五一〕。《華黍》，時和歲豐，宜黍稷也。有其義而亡其辭〔一二五二〕。此二（三）篇者〔一二五三〕，《鄉飲酒》〔一二五四〕、《燕禮》則用焉〔一二五五〕，乃（曰）『笙入〔一二五六〕，立于縣中〔一二五七〕，奏《南陔》、《白華》、《華黍》』是也。孔子論時《詩》〔一二五八〕，雅、頌各得其所，其時在耳〔一二五九〕。篇弟（第）當在於此〔一二六〇〕，遭戰國及秦之世而亡之，〔其〕義則與〔衆〕篇之義合編〔一二六一〕，故存。至毛公爲詁訓傳〔一二六二〕，乃分衆篇之〔義〕〔一二六三〕，各置於〔其〕篇端〔一二六四〕，云又闕其亡者，以見在爲數。故推改什首，遂通爾〔一二六五〕，而〔下〕非孔子之舊制也〔一二六六〕。

《鹿鳴之什》〔十〕篇五〔十〕〔五〕章〔一二六七〕，三百十五句〔一二六八〕。

毛詩卷第九（一二六九）

説明

此件由斯二〇四九和伯四九九四綴合而成，徐俊最早指出此二寫卷前後銜接，可以綴合（參見《敦煌詩集殘卷輯考》，中華書局，二〇〇〇年，四六四頁）。綴合後的文書首部殘缺，尾部完整，共二四七行，存有《豳風・七月》至《小雅・鹿鳴之什》毛詩經傳和鄭箋的內容，中間題有『鹿鳴之什故訓傳第十六毛詩小雅鄭氏箋』，尾題『毛詩卷第九』，卷背則爲『諸雜記字』。全卷書法良好，有界欄，經文單行大字書寫，傳、箋雙行夾注，中間亦多有脱漏之處。卷中『民』字或改爲『人』，或缺筆，或不諱；『世』字或不諱，或改『葉』字『世』部爲『云』，總體來看避諱并不嚴格，許建平推斷其抄寫時代應不會早於盛唐時期（參見《敦煌經籍敘録》，中華書局，二〇〇六年，一七〇至一七一頁；《敦煌經部文獻合集》，中華書局，二〇〇九年，七三八頁）。

潘重規先生云此件雖『文多訛誤』，但『勝處亦復不少』，『大抵《釋文》別本異文，多可與敦煌卷子相證』。現知敦煌文獻中對此件有校勘價值的有五件：斯一三四號，首尾均缺，起《豳風・七月》序文《周公遭變》之『變』，訖『禾麻叔麥』；斯一四四二號，首尾均缺，起《豳風・鴟鴞》『予所捋荼』之『荼』，訖《豳風・狼跋》序文『美周公也』之『周』；伯二五一四號，首缺尾全，起《小雅・鹿鳴》『鼓瑟吹笙』之『吹笙』，訖『非孔子之舊也』，尾題『毛詩卷第九』；伯二五七〇號，首尾均缺，起《小雅・出車》『不皇啓居』傳文『以〔此〕時始出壘征伐玁允（狁）』之『始出壘』，訖《小雅・南陔》

等序『有其義而亡其辭也』之『辭也』，尾題『毛詩卷第九』；Дх.一〇六八號，首尾均缺，起《鹿鳴之什故訓傳第十六》『也，鹿得蓱』，訖『簧筐而簧』。有關這五件文書的詳細抄寫情況，可參看《敦煌經部文獻合集》第二册所收《毛詩傳箋》（豳風—小雅鹿鳴之什）的『題解』部分（中華書局，二〇〇九年，七三七至七四〇頁）。

以上釋文以斯二〇四九+伯四九九四爲底本，以現在通行的《十三經注疏》中之《毛詩正義》（中華書局，一九八〇年）（稱其爲甲本）、斯一三四（稱其爲乙本）、斯一四四二（稱其爲丙本）、伯二五一四（稱其爲丁本）、伯二五七〇（稱其爲戊本）、Дх.一〇六八（稱其爲己本）參校，所有異文一一列出，以供參考。

校記

〔一〕『事』，當作『始』，據甲、乙本改，『事』爲『始』之借字。

〔二〕『有』，當作『又』，據甲、乙本及文義改，『有』爲『又』之借字；『於』，乙本同，甲本作『作』；『也』，乙本同，甲本無。

〔三〕『春日載陽』，據甲、乙本補。

〔四〕『有鳴倉庚』，據甲、乙本補。

〔五〕『女執』，據甲、乙本補；『筐』，甲本同，乙本作『匡』，『匡』本有『筐』義。

〔六〕『倉庚』，據甲、乙本補。

〔七〕『離黃也』，據甲、乙本補。

〔八〕「懿筐」，據甲本補；「筐」，乙本作「匡」，「匡」本有「筐」義。
〔九〕「深筐也」，據甲本補；「筐」，乙本作「匡」，「匡」本有「筐」義。
〔十〕「微行」，據甲、乙本補。
〔一一〕「牆下徑也」，據甲、乙本補。
〔一二〕「五畝之宅」，據甲、乙本補。
〔一三〕「樹之以桑」，據甲本補，乙本作「樹之桑」。
〔一四〕「箋云」，據甲、乙本補。
〔一五〕「載之言則也」，據甲、乙本補。
〔一六〕「陽」，據甲、乙本補。
〔一七〕「温也」，據甲、乙本補。
〔一八〕「温」，據甲、乙本補。
〔一九〕甲、乙本「候」後有「也」字。
〔二〇〕「桑」，甲本作「桑也」，乙本作「桑者也」。
〔二一〕「蠶始生」，甲本同，乙本無。
〔二二〕「宜穉桑」，甲本同，乙本無；「也」，甲、乙本無。
〔二三〕「采蘩祁祁」，據甲本補；「蘩」，乙本作「繁」，「繁」爲「蘩」之借字。
〔二四〕「女心傷悲」，據甲、乙本補。
〔二五〕「殆及公」，據甲、乙本補，据底本之注，底本之「殆」，当作「迨」。
〔二六〕「繁」，當作「蘩」，據甲、乙本改，「繁」爲「蘩」之借字。

〔二七〕『皤』，甲本作『白』，乙本作『藩』。
〔二八〕『以生蠶』，據甲、乙本補。
〔二九〕『祁祁』，據甲、乙本補。
〔三〇〕『衆多也』，據甲、乙本補。
〔三一〕『傷悲』，據甲、乙本補。
〔三二〕『感事苦也』，據甲、乙本補。
〔三三〕『春』，據甲、乙本補；『啼』，甲、乙本作『悲』。
〔三四〕『悲』，甲本同，乙本作『思』。
〔三五〕『化』，甲、乙本作『化也』。
〔三六〕『迨』，當作『殆』，據甲、乙本改，『迨』爲『殆』之借字。
〔三七〕『始也』，據乙本補，甲本作『始』。
〔三八〕『及』，據甲、乙本補。
〔三九〕『與也』，據甲、乙本補。
〔四〇〕『豳公子躬率其民』，據甲、乙本補。
〔四一〕『同時出』，據甲本補，乙本脱。
〔四二〕『同時』，據甲、乙本補；『歸』，乙本同，甲本作『歸也』。
〔四三〕『悲』，甲、乙本無，應係衍文，當删。
〔四四〕『秋士感陰氣而思女』，據甲、乙本補。
〔四五〕『其物化』，據甲、乙本補。

〔四六〕『所以悲也』，據甲、乙本補。

〔四七〕『悲』，據甲、乙本補；『有欲』，甲、乙本均作『始有』。

〔四八〕『焉』，據甲、乙本補。

〔四九〕『苦而生此志』，據甲、乙本補。

〔五〇〕『是謂《豳風》』，據甲本補，乙本作『此謂《豳風》』。

〔五一〕『七月流』，據甲、乙本補。

〔五二〕『雈』，底本、乙本原寫作『藋』，甲本作『萑』，《敦煌經部文獻合集》認爲『藋』爲『雈』之俗字，此從之，《敦煌經部文獻合集》還認爲『萑』爲誤字，但據《康熙字典》，『萑』字亦可通，且『雈』同『萑』。以下同，不另出校。

〔五三〕『畜』，甲本同，乙本作『蓄』，均可通；『雈葦』，據乙本補，甲本作『萑葦』。

〔五四〕『可以爲曲也』，據甲本補；『曲』，乙本作『苗』，『苗』爲『曲』之借字。

〔五五〕『有』，當作『又』，據甲、乙本改，『有』爲『又』之借字；『本』，甲本同，乙本脱；『於此』，據甲本補，乙本作『於此者』；『之也』，甲、乙本無，應爲補白。

〔五六〕『桑』，據甲、乙本補。

〔五七〕『陽』，乙本作『楊』，當作『揚』，據甲本改，『陽』、『楊』均爲『揚』之借字。

〔五八〕『遠』，甲、乙本作『遠也』。

〔五九〕『陽』，乙本作『楊』，當作『揚』，據甲本改，『陽』、『楊』均爲『揚』之借字。

〔六〇〕『楊』，乙本同，當作『揚』，據甲本改，『楊』爲『揚』之借字；甲、乙本『揚』後有『也』字。

〔六一〕『桷』，甲、乙本作『角』，當作『捔』，據文義改，《敦煌經部文獻合集》認爲『桷』是因『扌』、『木』不分而造成的俗字。

〔六二〕「柔」，甲本作「荑」，乙本作「夷」；「桑」，乙本同，甲本作「桑也」。

〔六三〕「者」，乙本同，甲本無。

〔六四〕「少枝」，據甲、乙本補。

〔六五〕「少」，當作「不」，據甲、乙本改。

〔六六〕「者」，據甲、乙本補。

〔六七〕「不採」，當作「采之」，據甲、乙本改；「也」，甲、乙本無。

〔六八〕「䳌」，當作「䳗」，據甲、乙本改。

〔六九〕「労」，乙本同，甲本作「労也」。

〔七〇〕「將寒之候」，甲、乙本無，《敦煌經部文獻合集》認爲係衍文，當刪。

〔七一〕「績」，據甲、乙本補。

〔七二〕「絲」，底本原寫作「糸」，據《集韻》，「絲」或省作「糸」；「事」，據甲、乙本補。

〔七三〕「赤」，甲、乙本均作「赤也」。

〔七四〕「染」，乙本同，甲本作「深」，誤；「纁」，底本原寫作「纁」，爲「纁」之增傍俗字，甲本作「纁也」，乙本作「勳」，誤。以下「纁」字同此，不另出校。

〔七五〕「纁」，乙本作「熏」，「熏」爲「纁」之借字。

〔七六〕甲、乙本「候」後有「也」字。

〔七七〕「土」，甲、乙本作「地」。

〔七八〕「後」，當作「候」，據甲本改，「後」爲「候」之借字。

〔七九〕『凡染者』，據甲、乙本補。

〔八〇〕『暴』，底本原寫作『⿰糸暴』，是因下文『練』而成的類化增旁俗字。

〔八一〕『玄纁』，當作『纁玄』，據甲本改；『纁』，甲本同，乙本作『熏』，『熏』爲『纁』之借字。

〔八二〕『候』，甲、乙本均無，《敦煌經部文獻合集》疑爲衍文；『其』，甲本作『於其』，乙本作『於』；『之』，甲本作『也』，乙本作『者』。

〔八三〕『莠』，當作『秀』，據甲、乙本及底本注文改，『莠』爲『秀』之借字。

〔八四〕『莠』，當作『秀』，據甲、乙本及底本注文改，『莠』爲『秀』之借字。

〔八五〕『蟬』，甲、乙本作『螗』。

〔八六〕『禾可』，甲本同，乙本作『亦』，誤；『穫』，甲、乙本作『穫也』。

〔八七〕『隧』，當作『墜』，據甲本改，乙本作『墜也』。

〔八八〕『曰』，甲、乙本無。

〔八九〕『員』，當作『萯』，據甲、乙本改，《敦煌經部文獻合集》釋作『負』，并認爲是『萯』之借字，非是；『秀』，乙本作『莠』，『莠』爲『秀』之借字。

〔九〇〕『莠』，當作『秀』，據甲、乙本改，『莠』爲『秀』之借字；『葽』，甲、乙本均作『葽也』。

〔九一〕『蜩』，甲、乙本均作『蜩也』。

〔九二〕『穫禾』，甲本作『穫禾也』，乙本作『禾穫也』。

〔九三〕『蘀』，甲、乙本均作『蘀也』。

〔九四〕『者』，乙本同，甲本作『者皆』；『成』，甲、乙本作『成而』；乙本『候』後有『也』字。

〔九五〕『莠』，當作『秀』，據甲、乙本改，『莠』爲『秀』之借字；『也』，甲、乙本無。

〔九六〕『狢』，乙本同，甲本作『貉』，《敦煌經部文獻合集》認爲『狢』是『貉』之後起換旁字。以下『狢』字同此，不另出校。

〔九七〕『狸』，乙本同，甲本作『貍』，《敦煌經部文獻合集》認爲『狸』是『貍』之後起換旁字。以下『狸』字同此，不另出校。

〔九八〕『取彼』，甲、乙本作『謂取』；『狐狸』，甲本同，乙本作『狐狸貉』，疑底本、甲本均脱『貉』字；『皮』，甲本作『皮也』，乙本作『之皮也』。

〔九九〕『則』，乙本同，甲本無。

〔一〇〇〕『搏』，甲本同，乙本作『捕』；『以自爲裘』，甲本作『以自爲裘也』，乙本作『自以爲裘也』。

〔一〇一〕『供』，乙本同，甲本作『共』，均可通。

〔一〇二〕『此』，乙本同，甲本作『此者』；『功』，甲本同，乙本作『功者』。

〔一〇三〕『⿰犭從』，乙本同，甲本作『豵』，據《集韻》，『⿰犭從』爲『豵』之或體。以下『⿰犭從』字同此，不另出校。

〔一〇四〕『繼』，甲本同，乙本作『繼也』。

〔一〇五〕『事』，甲、乙本均作『事也』。

〔一〇六〕『豕』，據甲、乙本補。

〔一〇七〕『事』，乙本同，甲本脱。

〔一〇八〕『獵』，甲本作『也』，乙本作『獵也』。

〔一〇九〕『土』，乙本同，甲本作『地』，《敦煌經部文獻合集》認爲當作『地』，按兩件抄本均作『土』，或者別有依據，不宜輕易判斷孰是孰非；『寒』，甲、乙本均作『寒也』。

〔一一〇〕『歲』，乙本同，甲本無，《敦煌經部文獻合集》認爲當以甲本爲是；『也』，乙本作『者也』，甲本無，疑爲補白。

〔一一一〕『螽斯』，當作『斯螽』，據甲、乙本改。

〔一一二〕『沙』，當作『莎』，據甲、乙本改，『沙』爲『莎』之借字。

〔一一三〕『螽斯』，當作『斯螽』，據甲、乙本改。

〔一一四〕『蝑』，甲、乙本作『蝑也』。

〔一一五〕『沙』，當作『莎』，據甲、乙本改，『沙』爲『莎』之借字；『成』，據甲、乙本補。

〔一一六〕『振』，乙本同，甲本作『而振』；『誶』，甲本作『訊』，乙本作『迅』，『誶』、『訊』可互通，『訊』又通『迅』，故『誶』、『訊』、『迅』三字均可通；『之』，甲本同，乙本作『之矣』。

〔一一七〕『自』，據甲、乙本補。

〔一一八〕『蟀』，甲、乙本均作『蟀也』。

〔一一九〕『二』，當作『三』，據甲、乙本改；『始』，乙本同，甲本作『如』。

〔一二〇〕『之』，乙本同，甲本無。

〔一二一〕『非卒來』，甲本作『非卒來也』，《敦煌經部文獻合集》指出乙本此處無，但在下句箋文『爲此四者以備寒』下有此三字，認爲是脱於此而補於彼者。

〔一二二〕『牖』，甲、乙本均作『牖也』。

〔一二三〕『四』，據甲、乙本補；『也』，甲、乙本無。

〔一二四〕『曰』，甲本同，乙本脱。

〔一二五〕『歲』，甲本同，乙本脱。

〔一二六〕『粟』，甲本同，本書第一卷將乙本釋作『粟』，誤；『列』，當作『烈』，據甲、乙本改，『列』爲『烈』之借字。

〔一二七〕『入』，乙本同，甲本作『入所』；『居』，乙本同，甲本作『居之』。

〔一二八〕『至』，甲本同，乙本脱；『也』，甲本無，乙本作『者者也』。

〔一二九〕『奥』，當作『薁』，據甲、乙本改，『奥』爲『薁』之借字。

〔一三〇〕『烹』，甲、乙本均作『亨』，均可通；『叔』，乙本同，當作『菽』，據甲本改，『叔』爲『菽』之借字。

〔一三一〕『禕』，甲、乙本無，《敦煌經部文獻合集》認爲係衍文，當刪；『屬』，甲本同，乙本作『屬也』。

〔一三二〕『薁』，據甲、乙本補。

〔一三三〕『蘡薁也』，據甲本補，乙本脱『薁』字。

〔一三四〕『眉』，甲、乙本作『眉也』。

〔一三五〕『助也』，甲本同，乙本脱。

〔一三六〕『下』，甲本同，乙本無；『男功也』，甲本作『男功』，乙本作『男之功』。

〔一三七〕『又』、『而』，據甲、乙本補；『具』，甲本同，乙本作『具也』。

〔一三八〕『此之』，乙本同，甲本作『是』；『雅』，據甲、乙本補，乙本『雅』後有『者』字。

〔一三九〕『新』，甲、乙本作『薪』，均可通；『槫』，甲、乙本作『樗』，均可通。『傳』中『槫』字同此，不另出校。

〔一四〇〕『瓠』，甲、乙本均作『瓠也』。

〔一四一〕『拾』，甲、乙本均作『拾也』。

〔一四二〕『子』，乙本脱，據甲本補。

〔一四三〕『木』，甲、乙本均作『木也』。

〔一四四〕『畜』，甲本同，乙本作『蓄』，均可通；『取』，甲、乙本無，《敦煌經部文獻合集》認爲係衍文，當刪。

〔一四五〕『摻』，當作『糝』，據甲、乙本改。

〔一四六〕『功』，甲本亦脱，據乙本補；『也』，甲本無，乙本作『者也』。

〔一四七〕『耳』，乙本同，甲本作『自』，阮校據相臺本改作『耳』。

〔一四八〕『耕』，甲本同，乙本作『和』；『種』，甲本同，乙本作『種養』。

〔一四九〕『至物成』，甲本作『至物盡成熟』，乙本作『物盡成』。

〔一五〇〕『也』，甲、乙本無。

〔一五一〕『叔』，乙本同，當作『菽』，據甲本改，『叔』爲『菽』之借字。

〔一五二〕乙本止於此句。

〔一五三〕第一個『之』字，甲本無；『園』，底本先寫『圍』，復於地脚改作『園』，當作『困』，據甲本改；『倉』，甲本作『倉也』。

〔一五四〕『嫁』，當作『稼』，據甲本改，『嫁』爲『稼』之借字。

〔一五五〕『于』，甲本無；『功宫』，當作『宫功』，據甲本改。

〔一五六〕『箋云』，據甲本補。

〔一五七〕『聚』，甲本作『聚也』。

〔一五八〕『入』，甲本作『上入』。

〔一五九〕『中』，據甲本補；『事』，甲本作『事矣』。

〔一六〇〕『也』，甲本無。

〔一六一〕『霄』，當作『宵』，據甲本改，『霄』爲『宵』之借字。

〔一六二〕『霄』，當作『宵』，據甲本改，『霄』爲『宵』之借字。

〔一六三〕「汝」，甲本作「女」，時「女」通「汝」。
〔一六四〕「當」，甲本作「女當」。
〔一六五〕「綯」，甲本作「絞」。
〔一六六〕「之」，甲本無。
〔一六七〕「也」，甲本無。
〔一六八〕「十」，甲本作「七」，阮校已指出「七」爲「十」之誤；「中」，甲本作「將中」，《敦煌經部文獻合集》認爲「將」字係衍文，當删。
〔一六九〕「祈來年也」，甲本作「祈來年百穀于公社」。
〔一七〇〕「陵」，甲本作「凌」，「陵」通「凌」。
〔一七一〕「淩」，甲本作「冰」。
〔一七二〕「客」，當作「食」，據甲本改。
〔一七三〕「是」，甲本作「是乎」。
〔一七四〕「廌」，當作「薦」，據甲本改；「廟」字底本爲古文。
〔一七五〕「冰」，甲本作「凌」。
〔一七六〕「班」，甲本作「頒」，「頒」爲「班」之借字。
〔一七七〕「言」，甲本無。
〔一七八〕「之」，甲本無，《敦煌經部文獻合集》認爲「之」字爲衍文，其實更可能爲使雙行對齊而添加的補白文字。
〔一七九〕「條」，當作「滌」，據甲本改。
〔一八〇〕「煞」，甲本作「殺」，「煞」有「殺」義。

〔一八一〕『始』，甲本無。

〔一八二〕『掃也』，甲本脱，阮校曾據相臺本補此二字。

〔一八三〕『入』，甲本作『入也』。

〔一八四〕『尊』，甲本作『樽』，均可通。

〔一八五〕『饗者』，據甲本補。

〔一八六〕『夫』，據甲本補。

〔一八七〕『人』，甲本作『民』，底本係避唐太宗諱而改；『既訖』，甲本無。

〔一八八〕『女』，據甲本補。

〔一八九〕『閑』，甲本作『閒』，《敦煌經部文獻合集》指出『閑』爲『閒』之借字；『嚮』，甲本作『饗』，『嚮』當讀作『饗』；『也』，甲本無。

〔一九〇〕『鱑』，甲本作『觥』，《敦煌經部文獻合集》釋作『鱑』，并指出俗『鱑』從『光』，此字應爲抄寫者誤將『角』字寫成了『魚』字。『傳』中『鱑』字同此，不另出校。

〔一九一〕『彊』，甲本作『疆』，『疆』通『彊』。

〔一九二〕『教』，當作『校』，據甲本改，『教』爲『校』之借字。

〔一九三〕『衆』，甲本作『衆也』。

〔一九四〕『彊』，甲本作『疆』，『疆』通『彊』。

〔一九五〕『境』，甲本作『竟』。

〔一九六〕『嚮』，甲本作『饗』，『嚮』當讀作『饗』；『值』，當作『位』，據甲本改。

〔一九七〕『困』，當作『因』，據甲本改；『時』，據甲本補。

〔一九八〕『欲』，據甲本補；『彊』，甲本作『竟』，《敦煌經部文獻合集》認爲當作『竟』。
〔一九九〕『之』，甲本無；『也』，甲本無。
〔二〇〇〕『七月八章』，據甲本補。
〔二〇一〕『章十一句』，據甲本補。
〔二〇二〕『公』，據甲本補。
〔二〇三〕『鴞』，甲本作『鴞焉』。
〔二〇四〕『周』，《敦煌經部文獻合集》漏録。
〔二〇五〕『也』，甲本無。
〔二〇六〕『寧』，甲本作『鸋』。
〔二〇七〕『無』，甲本作『無能』，《敦煌經部文獻合集》認爲底本脱『能』字；『室』，甲本作『室者』。
〔二〇八〕『我』，甲本無；『功』，甲本作『攻』；『之堅』，甲本作『堅之』；『故』，甲本作『故也』。
〔二〇九〕『寧』，據甲本補；『煞』，甲本作『亡』。
〔二一〇〕『可』，甲本作『可以』。
〔二一一〕『鴟鴞鴟鴞』，甲本作『鴟鴞』，甲本文義較順。
〔二一二〕『之』，據甲本補。
〔二一三〕『志』，甲本作『也』。
〔二一四〕『既』，甲本作『已』，均可通。
〔二一五〕『巢』，據甲本補。
〔二一六〕『我巢』，據甲本補。

〔二一七〕『欲』，甲本無；『之』，甲本作『之也』。
〔二一八〕『以』，甲本作『竟』，《敦煌經部文獻合集》認爲當從甲本。
〔二一九〕『以』，甲本無。
〔二二〇〕『太』，甲本作『大』，時『太』通『大』。
〔二二一〕『管』，甲本作『管叔』。
〔二二二〕『葵』，當作『蔡』，據甲本改，甲本『蔡』後有『叔』字；『於國』，甲本無。
〔二二三〕『未』，甲本作『不』。
〔二二四〕『侯』，甲本作『臣』，《敦煌經部文獻合集》認爲『臣』字義長。
〔二二五〕『祖父』，甲本作『父祖』。
〔二二六〕『煞』，甲本作『殺』，『煞』有『殺』義。
〔二二七〕『幸』，甲本無；『官』，甲本脱。
〔二二八〕『奪』，據甲本補。
〔二二九〕『者也』，甲本無，《敦煌經部文獻合集》指出此二字應是爲使雙行對齊而添加的補白文字。
〔二三〇〕『懃』，甲本作『勤』，均可通。
〔二三一〕『⿰禾遲』，《敦煌經部文獻合集》認爲是『穉』之俗字，按『⿰禾遲』同『穉』，『穉』爲『稺』之異體字，甲本作『稚』，均可通。以下『⿰禾遲』字同此，不另出校。
〔二三二〕『饕』，甲本作『稚』，《敦煌經部文獻合集》指出據《毛傳》通例，此處當作『穉』。
〔二三三〕『勤』，據甲本補。
〔二三四〕『取』，甲本作『此取』。

〔二三五〕「恒於穉子」，甲本作「言稚子也」，阮校認爲「恒」、「言」當以「指」字爲是。

〔二三六〕「侯」，甲本作「臣」。

〔二三七〕「懃」，甲本作「勤」，均可通；「於」，據甲本補。

〔二三八〕「剥」，甲本作「剥也」。

〔二三九〕「棍」，當作「根」，據甲本改，甲本「根」後有「也」字。

〔二四〇〕「箋云」，據甲本補。

〔二四一〕「緜」，甲本作「緜也」。

〔二四二〕「善」，甲本無，應係衍文，當删。

〔二四三〕「喻」，甲本「以喻」；「侯」，甲本作「臣」。

〔二四四〕「乃」，甲本無，《敦煌經部文獻合集》認爲「乃」字係衍文，當删。

〔二四五〕「也」，甲本無。

〔二四六〕「余」，甲本無，《敦煌經部文獻合集》指出「余」與經文所用「予」不同，經文原當作「余」，在鄭箋後被改作「予」。

〔二四七〕「我也」，甲本無。

〔二四八〕「至苦如是」，甲本作「我至苦矣」。

〔二四九〕「汝」，甲本作「女」，時「女」通「汝」；「在」，甲本無；「大」，當作「之」，據甲本改；「人」，甲本作「民」，「人」爲「民」之諱改字。

〔二五〇〕「者」，甲本作「者乎」。

〔二五一〕「志」，當作「恚」，據甲本改。

〔二五二〕『侯』，甲本作『臣』。

〔二五三〕『之』，當作『亦』，據甲本改。

〔二五四〕『畜』，甲、丙本作『蓄』，均可通；『祖』，甲、丙本作『租』。丙本首起此句。

〔二五五〕『屠』，當作『瘏』，據甲、丙本改，『屠』爲『瘏』之借字。以下同，不另出校。

〔二五六〕『拮據』，甲本同，丙本作『桔据』，『桔据』爲『拮據』之借字。

〔二五七〕『戟』，丙本同，甲本作『撠』；『搨』，甲、丙本作『搨也』。

〔二五八〕『雚』，丙本同，甲本作『萑』，『雚』同『萑』；『茗』，甲、丙本均作『茗也』，底本『茗』右下側有一倒乙符號。

〔二五九〕『祖』，甲、丙本作『租』。

〔二六〇〕『爲』，甲本同，丙本作『爲也』。

〔二六一〕『病也』，據甲、丙本補。

〔二六二〕『手口皆偏』，甲、丙本均作『手病口病』。

〔二六三〕『故』，甲、丙本均作『故能』；『于』，甲、丙本均作『乎』；『難』，甲本同，丙本作『難也』。

〔二六四〕『此』，甲本同，丙本作『我此』。

〔二六五〕『功』，甲本作『攻』。『故能功堅』至『至苦』，丙本脱。

〔二六六〕『也』，甲本無。

〔二六七〕『失』，當作『室』，據甲本改，『失』爲『室』之借字。

〔二六八〕『作』，據甲本補。

〔二六九〕『我』，丙本同，甲本作『曰我』；『之』，甲本同，丙本脱。

〔二七〇〕『消消』，丙本本書第六卷釋作『倄倄』，據甲本校作『翛翛』，《敦煌經部文獻合集》釋作『脩脩』，按丙本之字形在『倄』和『脩』字之間，《敦煌經部文獻合集》考證《詩》本當作『脩脩』，信而有據，此從其說，將『消消』校改爲『脩脩』，『消』爲『脩』之借字。『傳』中『消消』同此，不另出校。

〔二七一〕『然』，甲、丙本無，應係衍文，當刪；『煞』，甲、丙本作『殺也』，『煞』有『殺』義。

〔二七二〕『消消』，原件第二個『消』用重文符號表示，《敦煌經部文獻合集》釋作『消』，漏録第二個『消』字。

〔二七三〕『敝』，當作『敝』，據甲本改，丙本作『弊』，亦可通。

〔二七四〕『哀閔之』，甲、丙本無，《敦煌經部文獻合集》認爲係衍文，當刪。

〔二七五〕『尾』，甲本同，丙本作『翼』；『煞』，甲、丙本作『殺』，『煞』有『殺』義；『敝』，當作『敝』，據甲本改，丙本作『弊』，亦可通。

〔二七六〕『已』，據甲、丙本補；『也』，丙本同，甲本無。

〔二七七〕『之』，丙本同，甲本無；『飄飖』，甲本作『漂揺』，丙本作『漂䌊』，底本、甲本均可通，『䌊』爲『揺』之借字。

〔二七八〕『之』，甲、丙本脱。

〔二七九〕『枝』，甲本同，丙本作『支』，『支』通『枝』；『弱』，甲、丙本作『弱也』。

〔二八〇〕『肯』，當作『肖』，據甲、丙本改。

〔二八一〕『危』，甲、丙本作『危也』。

〔二八二〕『王』，甲、丙本作『王也』。

〔二八三〕『維音曉曉』，丙本同，甲本作『音曉曉然』。

〔二八四〕『訴』，丙本同，甲本作『愬』，『愬』同『訴』；『也』，甲、丙本無。

〔二八五〕『勞來歸』，甲本作『勞歸』，丙本無。

〔二八六〕『而』，丙本同，甲本作『故』，《敦煌經部文獻合集》誤以丙本作『故』；『也』，甲本同，丙本無。

〔二八七〕『貌』，底本、丙本均寫作『皃』，爲『貌』之俗體字，甲本作『完』，《敦煌經部文獻合集》釋作『完』，甲、丙本『貌』後有『也』字。

〔二八八〕『其』，據甲、丙本補；『思』，甲、丙本作『思也』。

〔二八九〕『汝』，丙本同，甲本作『女』，時『女』通『汝』，甲、丙本『汝』後有『也』字。

〔二九〇〕『以』，甲、丙本無，《敦煌經部文獻合集》疑衍；『時』，甲、丙本作『時也』。

〔二九一〕『美之』，甲、丙本作『之於人』。

〔二九二〕『故』，丙本同，甲本無，《敦煌經部文獻合集》誤以丙本無。

〔二九三〕『悦』，甲、丙本作『説』，『説』古有『悦』義。下句『悦』字同此，不另出校。

〔二九四〕『人』，甲、丙本作『民』，『人』係避唐太宗諱而改。

〔二九五〕『維』，甲、丙本作『唯』，均可通。

〔二九六〕『縢』，甲本同，丙本作『騰』，誤；『之』，據甲、丙本補。

〔二九七〕『畔』，丙本同，甲本作『叛』，『畔』通『叛』。

〔二九八〕『乃』，甲本同，丙本脱，《敦煌經部文獻合集》誤以底本無。

〔二九九〕『爾』，丙本同，甲本作『耳』，均可通。

〔三〇〇〕『意』，據甲、丙本補。

〔三〇一〕『言』，丙本同，甲本脱；『公』，據甲、丙本補；『意』，丙本同，甲本脱；『中』，當作『申』，據丙本改，甲本作『伸』，均可通。

〔三〇二〕「之」，甲本同，丙本作「之也」。
〔三〇三〕「滔滔」，甲、丙本作「慆慆」，「慆」爲「滔」之借字。以下同，不另出校。
〔三〇四〕「久」，甲、丙本作「久也」。
〔三〇五〕「濛濛然」，甲、丙本作「濛」。
〔三〇六〕「佷」，當作「貌」，據甲、丙本改，《敦煌經部文獻合集》釋作「狠」，校作「貌」，丙本「貌」後有「也」字。
〔三〇七〕「厚」，當作「序」，據甲、丙本改；「情」，甲、丙本作「情也」。
〔三〇八〕「又」，據甲、丙本補。
〔三〇九〕「是左右善之甚」，甲本作「是尤苦也」，丙本作「又是苦之甚」，底本「善」，當作「苦」，據甲、丙本改。
〔三一〇〕「族」，甲本同，丙本作「挨」，誤；「喪」，甲、丙本作「辟」，《敦煌經部文獻合集》認爲「喪」字誤。
〔三一一〕「喪」，甲本同，丙本作「喪也」。
〔三一二〕「在」、「山」，均據甲、丙本補。
〔三一三〕「曰歸」，丙本作「曰歸也」，甲本無，《敦煌經部文獻合集》認爲當以甲本爲是。
〔三一四〕「悲」，甲本同，丙本作「悲者也」，《敦煌經部文獻合集》認爲「者也」二字爲雙行對齊而添加，近是。
〔三一五〕「制」，甲、丙本作「制」；「裳」，甲本同，丙本作「常」。
〔三一六〕「銜」，丙本同，甲本作「行」，《敦煌經部文獻合集》認爲丙本原寫作「銜」，後塗去中間「金」。
〔三一七〕「事」，甲本同，丙本作「事也」。
〔三一八〕「徵」，丙本同，當作「微」，據甲本改。
〔三一九〕「無」，丙本同，甲本作「無也」。
〔三二〇〕「爾」，甲、丙本作「女」，均可通；「制」，甲、丙本作「制」；「裳」，甲本同，丙本作「常」。

〔三二一〕『謂兵服也』，據甲、丙本補。

〔三二二〕『亦』，據甲、丙本補；『陣』，丙本同，甲本作『陳』，『陳』通『陣』；『銜』，甲本同，丙本作『行』。

〔三二三〕『定也』，據甲、丙本補。

〔三二四〕『美陣也』，甲、丙本作『善用兵者不陳』，《敦煌經部文獻合集》認爲『美』爲『善』之誤，其後脱『用兵者不』，近是。

〔三二五〕『蜀』，甲、丙本作『蠋』，『蜀』爲本字，『蠋』爲後起字，或認爲是俗字。

〔三二六〕『烝』，甲本同，丙本作『蒸』，『蒸』爲『烝』之借字。

〔三二七〕『者』，甲、丙本無。

〔三二八〕『貌』，甲本同，丙本作『貌也』。

〔三二九〕『蜀』，丙本作『蠋』，甲本脱。

〔三三〇〕『蟲也』，據甲、丙本補。

〔三三一〕『烝』，據甲、丙本補。

〔三三二〕『實也』，據甲本補，丙本作『塵也』。

〔三三三〕『箋云』，甲本同，丙本脱。

〔三三四〕『蜀』，甲、丙本作『蠋』，『蜀』爲本字，『蠋』爲後起字，或認爲是俗字；『獨獨』，當作『蜎蜎』，據甲、丙本改；第三個『獨』字，丙本同，甲本作『特』。

〔三三五〕『桑野』，據甲、丙本補。

〔三三六〕『有似勞』，據甲、丙本補；『苦』，丙本同，甲本作『苦者』。

〔三三七〕『聲』，據甲、丙本補；『寘』，當作『實』，據甲、丙本改。

〔三三八〕「也」，甲本同，丙本作「者」。
〔三三九〕「獨宿於車」，據甲本補，丙本作「獨行於車」。
〔三四〇〕「苦之心」，據甲本補，丙本作「心之苦也」。
〔三四一〕「蜾」，當作「果」，據甲、丙本改，「蜾」爲「果」之借字；「羸」，丙本作「羸」，當作「羸」，據甲本改。
「傳」中「蜾羸」同，不另出校。
〔三四二〕「堂」，丙本同，甲本作「室」。
〔三四三〕「蕭」，當作「蠨」，據甲、丙本改，「蕭」爲「蠨」之借字。以下同，不另出校。
〔三四四〕「霄」，丙本同，當作「宵」，據甲本改，「霄」爲「宵」之借字。
〔三四五〕「樓」，甲本作「樓也」，丙本作「婁也」，「婁」爲「樓」之借字。
〔三四六〕「委黍」，甲本作「委黍也」，丙本作「蜲蟍也」，「蜲蟍」爲「委黍」之俗字，涉上文而加「虫」旁。
〔三四七〕「踦」，甲本作「踦也」，丙本作「蛴也」。
〔三四八〕「跡」，甲、丙本作「跡也」。
〔三四九〕「熠耀」，甲本同，丙本作「𧌑蠗」，「𧌑蠗」爲「熠耀」之俗字，涉上文而加「虫」旁。
〔三五〇〕「鄰」，丙本作「蟒」，當作「燐」，據甲本改，「鄰」爲「燐」之借字，「蟒」爲「燐」之俗字，涉上文而加
「虫」旁；甲本「燐」、丙本「蟒」後皆有「也」字。
〔三五一〕「鄰」，丙本脱，當作「燐」，據甲本改。
〔三五二〕「茕」，甲本作「螢」，當作「熒」，據丙本改，「螢」爲「熒」之借字。
〔三五三〕「生」，丙本同，甲本作「然」。
〔三五四〕「盬」，當作「緊」，據甲、丙本改，「盬」爲「緊」之借字。

〔三五五〕「豎」，當作「緊」，據甲、丙本改，「豎」爲「緊」之借字。

〔三五六〕「思」，甲、丙本作「思也」。

〔三五七〕「久」，甲本同，丙本脱。

〔三五八〕「吾是不足於畏」，甲本作「是不足可畏」，丙本作「是不足畏」。

〔三五九〕「可思也」，甲、丙本作「乃可爲憂思」。

〔三六〇〕「灌」，當作「鸛」，據甲、丙本改，「灌」爲「鸛」之借字。

〔三六一〕「掃」，甲本作「埽」，丙本作「溮」，「掃」本作「埽」，「溮」字誤，《敦煌經部文獻合集》誤認爲丙本作「埽」；「啌」，當作「窒」，據甲、丙本改。

〔三六二〕「垤」，甲本同，丙本作「姪」，誤。

〔三六三〕「蟻」，丙本同，甲本作「螘」，「螘」同「蟻」；「塚」，甲作「塚也」，丙本作「冢也」，「冢」通「塚」。

〔三六四〕「天」，甲、丙本無。

〔三六五〕「則」，甲本同，丙本脱；「之」，甲本作「之矣」，丙本作「之也」。

〔三六六〕「灌」，當作「鸛」，據甲、丙本改，「灌」爲「鸛」之借字。

〔三六七〕「則」，甲、丙本無。

〔三六八〕「灌」，當作「鸛」，據甲、丙本改，「灌」爲「鸛」之借字。

〔三六九〕「鳥」，甲、丙本作「鳥也」。

〔三七〇〕「將陰雨」，據甲、丙本補。

〔三七一〕「苦」，甲本同，丙本作「若」，誤。

〔三七二〕「人尤」，丙本同，甲本無，《敦煌經部文獻合集》疑「尤」字係衍文。

〔三七三〕「室」，甲、丙本作「室也」。
〔三七四〕「塞」，甲本同，丙本作「塞也」。
〔三七五〕「洒」，據甲、丙本補。
〔三七六〕「灑」，甲本同，丙本作「灑也」。
〔三七七〕「掃」，甲本作「埽」，丙本作「㴗㴗」，「掃」本作「埽」，「㴗」字誤，《敦煌經部文獻合集》誤認爲丙本作「埽埽」。丙本「㴗㴗拚土也」，在「穹窒鼠穴」句後，誤。
〔三七八〕「拚也」，據甲本補，丙本作「拚土也」。
〔三七九〕「穴」，丙本同，甲本作「穴也」。
〔三八〇〕「我」，甲本作「而我」，丙本無；「役」，丙本同，甲作「役」，「役」同「役」。
〔三八一〕「至」，據甲、丙本補。
〔三八二〕「人」，丙本同，甲本無；「之」，甲本無，丙本作「者」，《敦煌經部文獻合集》認爲丙本爲善。
〔三八三〕「敦」，當作「專」，據丙本改，甲本作「猶專」。
〔三八四〕「我」，據甲、丙本補。
〔三八五〕「人」，據甲、丙本補。
〔三八六〕「團團然」，甲本作「專專」，丙本作「專專然」。
〔三八七〕「之」，甲本同，丙本脱；「辯」，甲、丙本作「辨」，當作「辦」，據阮校及文義改；「者」，據甲、丙本補。
〔三八八〕「苦也」，據甲、丙本補。
〔三八九〕「塵」，甲本同，丙本作「塵也」。
〔三九〇〕「折」，當作「析」，據甲、丙本改。

〔三九一〕「又」，據甲本補，丙本脱；「久」，據甲、丙本補；「折」，當作「析」，據甲、丙本改；「於野」，丙本同，甲本無。

〔三九二〕「於」，丙本脱，據甲本補；「當」，當作「事」，據甲、丙本改；「尤苦也」，據甲本補，丙本作「又苦」。

〔三九三〕「列」，當作「裂」，據甲、丙本改，「列」爲「裂」之本字；「同」，丙本同，甲本作「同也」。

〔三九四〕「我不自見」，當作「自我不見」，據甲、丙本改。

〔三九五〕「序」，據甲、丙本補；「也」，丙本同，甲本無。

〔三九六〕「蒼」，丙本同，甲本作「倉」，均可通。以下同，不另出校。

〔三九七〕「娶」，丙本同，甲本作「取」，「取」爲「娶」之本字；甲、丙本「候」後有「也」字。

〔三九八〕「羽」，據甲、丙本補；「也」，甲本同，丙本脱。

〔三九九〕「人」，甲本作「昬」，丙本作「婚」。

〔四〇〇〕「敘」，丙本同，甲本作「序」，「序」爲「敘」之借字；「以相悦樂之」，甲本作「以樂之」，丙本作「安樂」，《敦煌經部文獻合集》誤以丙本作「安樂之」。

〔四〇一〕「之子于歸」，據甲、丙本補。

〔四〇二〕「皇駁其馬」，據甲本補；「駁」，丙本作「駮」，均可通。

〔四〇三〕「黄白曰皇」，據甲、丙本補。

〔四〇四〕「騂白曰駁」，據甲本補；「騂」，丙本作「騮」，「騮」同「騂」；「駁」，丙本作「駮」，均可通。

〔四〇五〕「箋云」，據甲、丙本補。

〔四〇六〕「之子于歸」，據甲、丙本補。

〔四〇七〕「謂始嫁時也」，據甲本補；「也」，丙本無。

〔四〇八〕『皇駁其馬』，據甲本補；『駁』，丙本作『駮』，均可通。

〔四〇九〕『車服盛也』，據甲本補；『也』，丙本作『者』。

〔四一〇〕『離』，丙本同，當作『縭』，據甲本改，『離』爲『縭』之借字。

〔四一一〕『離』，丙本同，當作『縭』，據甲本改，『離』爲『縭』之借字。

〔四一二〕『禕』，丙本同，甲本作『禕也』。

〔四一三〕『禮』，丙本同，甲本脱。

〔四一四〕『施』，甲本同，丙本脱。

〔四一五〕『儀』，甲、丙本作『儀也』。

〔四一六〕『勑』，丙本同，甲本無。

〔四一七〕『喻』，據甲、丙本補。

〔四一八〕『道』，甲、丙本作『道也』。

〔四一九〕『善』，丙本同，甲本作『善也』。

〔四二〇〕『之』，甲、丙本無。

〔四二一〕『何』，甲、丙本作『何也』。

〔四二二〕『厚』，當作『序』，據甲本改，丙本作『敘』，均可通。

〔四二三〕『也』，甲、丙本無。

〔四二四〕『也』字後丙本衍『周公也』三字。

〔四二五〕『欲』，甲、丙本無；『也』，甲本同，丙本作『者也』。

〔四二六〕『墮』，當作『隋』，據甲、丙本改，『墮』爲『隋』之借字。

〔四二七〕『方弢曰斨』，甲本作『斧斨』，丙本作『方弢曰斧斨』。

〔四二八〕『人』，甲、丙本作『民』，底本『人』係避唐太宗諱而改；『所』，丙本同，甲本脱；『用』，甲、丙本作『用也』。

〔四二九〕『義』，甲本同，丙本作『義者』。

〔四三〇〕『之』，據甲、丙本補；『所』，甲、丙本脱；『用』，丙本同，甲本作『用也』。

〔四三一〕『成』，甲本同，丙本作『威』，誤。

〔四三二〕『也』，丙本同，甲本無。

〔四三三〕『奄』，甲、丙本作『奄也』。

〔四三四〕『庭』，當作『匡』，據甲、丙本改；『也』，據甲、丙本補。

〔四三五〕『征』，甲、丙本作『伐』，《敦煌經部文獻合集》認爲作『征』爲善；『此』，甲本同，丙本脱。

〔四三六〕『正』，甲本同，丙本作『止』，誤。

〔四三七〕『下』，甲、丙本均作『民』。

〔四三八〕『奇』，當作『錡』，據甲、丙本改，『奇』爲『錡』之借字。『傳』中『奇』字同此，不另出校。

〔四三九〕『訛』，丙本作『僞』，當作『吪』，據甲本改，『訛』爲『吪』之借字，據《集韻》、《正韻》，『僞』與『訛』同。『傳』中『訛』字同此，不另出校。

〔四四〇〕『化』，甲本作『化也』，丙本作『化者也』。

〔四四一〕『善』，甲本作『善也』，丙本作『善者也』。

〔四四二〕『木屬曰銶』，據甲、丙本補。

〔四四三〕『僉』，當作『斂』，據甲、丙本改，甲、丙本『斂』後有『也』字。

〔四四四〕『美』，甲本作『美也』，丙本作『美者也』。
〔四四五〕『周公也』，甲本同，丙本脱。
〔四四六〕『也』，據甲、丙本補。
〔四四七〕『欲』，據甲、丙本補。
〔四四八〕『或』，甲本作『惑』，丙本作『貳』，『或』爲『惑』之本字，《敦煌經部文獻合集》疑『貳』爲『或』之譌。
〔四四九〕『欲』，丙本同，甲本無。
〔四五〇〕『也』，甲、丙本無。
〔四五一〕『之』，丙本同，甲本無。
〔四五二〕『尅』，丙本同，甲本作『克』，『尅』同『克』。
〔四五三〕『柄』，甲、丙本作『柄也』。
〔四五四〕『柄』，甲本同，丙本作『柄也』。
〔四五五〕『尅』，丙本同，甲本作『克』，『尅』同『克』。
〔四五六〕『尅』，丙本同，甲本無，《敦煌經部文獻合集》失校。
〔四五七〕第二個『類』，甲本作『類也』，丙本作『報也』。
〔四五八〕『諭』，甲、丙本作『喻』，均可通；『王』，甲、丙本作『成王』。
〔四五九〕『也』，甲本無，丙本作『者』，《敦煌經部文獻合集》誤以丙本作『者也』。
〔四六〇〕『娶』，丙本同，甲本作『取』，均可通；『之』，丙本同，甲本無。
〔四六一〕『周』，當作『用』，據甲、丙本改，《敦煌經部文獻合集》逕釋作『用』；『禮』，丙本同，甲本作『禮也』。
〔四六二〕『人』，甲本同，丙本脱；『道』，甲本同，丙本作『道者』。

〔四六三〕『諭』，甲、丙本作『喻』，均可通。
〔四六四〕『者』，據甲、丙本補；『任』，當作『往』，據甲、丙本改；『也』，甲、丙本無。
〔四六五〕『兮』，甲、丙本作『乎』；『於』，甲、丙本作『乎』。
〔四六六〕『兮』，甲、丙本作『乎』；『於』，甲、丙本作『乎』。
〔四六七〕『逮』，當作『遠』，據甲、丙本改。
〔四六八〕『也』，甲本同，丙本脱。
〔四六九〕『矩』，丙本作『桓』，當作『短』，據甲本改。
〔四七〇〕『求』，甲、丙本作『求也』。
〔四七一〕『道』，據甲、丙本補；『之』，當作『亦』，據甲、丙本改。
〔四七二〕『於』，甲、丙本無，《敦煌經部文獻合集》疑爲衍文；『也』，丙本同，甲本無。
〔四七三〕『邊』，丙本同，當作『籩』，據甲本及文義改，『邊』爲『籩』之借字。
〔四七四〕『狠』，當作『貌』，據甲、丙本改，丙本『貌』後有『也』字。
〔四七五〕『公』，甲、丙本作『公也』。
〔四七六〕『欲』，據甲、丙本補。
〔四七七〕『設』，甲、丙本作『以』；『撰』，當作『饌』，據甲、丙本改，『撰』爲『饌』之借字。
〔四七八〕『則』，據甲、丙本補；『歡』，甲本同，丙本作『燕』；『悦』，甲、丙本作『説』，『説』有『悦』義；
『之』，甲本同，丙本作『之也』。
〔四七九〕『域』，丙本同，當作『罭』，據甲本改，『域』爲『罭』之借字。
〔四八〇〕『也』，據甲、丙本補。

〔四八一〕「域」，丙本同，當作「罭」，據甲本改，「域」爲「罭」之借字。

〔四八二〕「域」，丙本同，當作「罭」，據甲本改，「域」爲「罭」之借字。

〔四八三〕「総」，當作「緵」，據甲、丙本改，「総」爲「緵」之借字。

〔四八四〕「罟」，甲本作「網也」，丙本作「罔」，「罔」同「網」，《敦煌經部文獻合集》疑作「罟」者爲是。

〔四八五〕「魚」，甲、丙本作「魚也」。

〔四八六〕「設」，據甲、丙本補；「域」，丙本同，當作「罭」，據甲本改，「域」爲「罭」之借字；「之」，甲本同，丙本脫；「罟」，甲本同，丙本作「罟者」。

〔四八七〕「乃」，甲、丙本作「乃後」。

〔四八八〕「器」，甲、丙本作「器也」。

〔四八九〕「亦」、「也」，甲、丙本無。

〔四九〇〕「衮」，甲本同，丙本作「𧟌」，「𧟌」同「衮」。

〔四九一〕「覯」，甲、丙本無。

〔四九二〕「見也」，甲、丙本無。

〔四九三〕「所以見周公有聖德」，甲本作「所以見周公也」，丙本作「所見謂周公也」，《敦煌經部文獻合集》認爲當以甲本爲是。

〔四九四〕「衮」，甲本同，丙本作「變」，誤。

〔四九五〕「今」、「欲」，甲、丙本無。

〔四九六〕「渚」，甲、丙本作「渚也」。

〔四九七〕「鳥」，丙本同，甲本作「鳥也」。

〔四九八〕「比」，甲、丙本作「以」；「以」，甲、丙本無，應係衍文，當删。
〔四九九〕「亦」，丙本同，甲本無，《敦煌經部文獻合集》誤認爲丙本無「亦」字；「所」，丙本同，甲本作「所也」。
〔五〇〇〕「汝」，甲、丙本作「女」，時「女」通「汝」。
〔五〇一〕「迎」，丙本同，甲本脱。
〔五〇二〕「時」，甲本同，丙本脱；「留周公」，甲本作「周公留」，丙本作「周公久」，《敦煌經部文獻合集》認爲似以底本爲善。
〔五〇三〕「公」，丙本脱，據甲本補。
〔五〇四〕「汝」，甲、丙本作「女」，時「女」通「汝」；「成」，當作「誠」，據甲、丙本改，「成」爲「誠」之借字。
〔五〇五〕「東」，據甲、丙本補；「都」，甲、丙本作「都也」。
〔五〇六〕「服」，丙本作「後」，當作「復」，據甲本改，「服」爲「復」之借字，《敦煌經部文獻合集》誤以丙本作「復」。
〔五〇七〕「留」，據甲、丙本補。
〔五〇八〕「非」，甲本同，當作「飛」，據丙本及文義改，「非」爲「飛」之借字；「之」，甲、丙本無，《敦煌經部文獻合集》疑爲衍文；「止」，甲本同，丙本作「止也」。
〔五〇九〕「服」，當作「復」，據甲、丙本改，「服」爲「復」之借字。
〔五一〇〕「汝」，甲、丙本作「女」，時「女」通「汝」。
〔五一一〕「猶」、「也」，據甲、丙本補。
〔五一二〕「衮」，甲本同，丙本作「襃」，「襃」同「衮」。
〔五一三〕「知以公之道」，甲本作「與公歸之道也」，丙本作「與我公歸之道也」。

〔五一四〕『是東都也』，據甲、丙本補。

〔五一五〕『以』，甲、丙本無；『爲之』，丙本同，甲本作『之爲』，阮校已考證當作『爲之』；『君』，據甲、丙本補。

〔五一六〕『以』，甲本同，丙本脱；『衮』，甲本同，丙本作『變』，誤。

〔五一七〕『胃』，當作『謂』，據甲、丙本改，『胃』爲『謂』之借字；『衮』，甲本同，丙本作『變』，誤。

〔五一八〕『其』，甲本同，丙本脱。

〔五一九〕『此』，甲、丙本無；『衮』，甲本同，丙本作『變』，誤；『今』，當作『命』，據甲、丙本改。

〔五二〇〕『之』，甲本無，丙本作『也』，《敦煌經部文獻合集》認爲『之』當作『也』。

〔五二一〕『西』，甲、丙本無。

〔五二二〕『東』，丙本同，甲本作『而東』，《敦煌經部文獻合集》誤以丙本作『而東』；『心』，據甲、丙本補。

〔五二三〕『思』，當作『恩』，據甲、丙本改；『至也』，甲本作『愛至深也』。

〔五二四〕『域』，丙本作『城』，當作『罭』，據甲本改，『域』爲『罭』之借字。

〔五二五〕『一章四句』，據甲本補。

〔五二六〕『三章』，據甲本補。

〔五二七〕『跋』，甲本同，丙本作『狓』，《敦煌經部文獻合集》認爲其蓋因『狼』字而類化。

〔五二八〕丙本止於此句中之『美周』二字。

〔五二九〕『也』，據甲本補。

〔五三〇〕『或』，甲本作『惑』，『或』爲『惑』之本字。

〔五三一〕『成』，甲本無；『如』，當作『知』，據甲本改；『恕』，當作『怨』，據甲本改。

〔五三二〕『太』，甲本作『大』，時『太』通『大』。

〔五三三〕『留之爲』，甲本作『爲之』；『太』，甲本作『大』，時『太』通『大』。

〔五三四〕『音』，當作『著』，據甲本改。

〔五三五〕『狐』，當作『胡』，據甲本改，『狐』爲『胡』之借字。

〔五三六〕『獵』，當作『躐』，據甲本及文義改，『獵』爲『躐』之借字。

〔五三七〕『者』，當作『有』，據甲本改；『狐』，當作『胡』，據甲本改，『狐』爲『胡』之借字。

〔五三八〕『獵』，當作『躐』，據甲本及文義改，『獵』爲『躐』之借字；『狐』，當作『胡』，據甲本改，『狐』爲『胡』之借字。

〔五三九〕『獵』，當作『躐』，據甲本及文義改，『獵』爲『躐』之借字；『狐』，當作『胡』，據甲本改，『狐』爲『胡』之借字。

〔五四〇〕『避之東都』，甲本作『辟之而居東都也』，時『辟』通『避』。

〔五四一〕『胃』，當作『謂』，據甲本改，『胃』爲『謂』之借字。

〔五四二〕『如』，甲本作『其如』。

〔五四三〕『寫』，當作『舄』，據甲本改。

〔五四四〕『王』，甲本作『王也』。

〔五四五〕『孫』，甲本作『孫也』。

〔五四六〕『也』，甲本無。

〔五四七〕『屨也』，據甲本補。

〔五四八〕『狠』，當作『貌』，據甲本改。

〔五四九〕『公』，據甲本補。

〔五五〇〕『公』，甲本作『公也』。

〔五五一〕此句中兩個『遜』字，均當作『孫』，據甲本改，『遜』爲『孫』之借字。

〔五五二〕『遜』，當作『孫』，據甲本改，『遜』爲『孫』之借字。甲本『孫』後有『之言孫』三字。

〔五五三〕『遯』，甲本作『遁』，『遯』爲『遁』之本字。

〔五五四〕『太』，甲本作『大』，時『太』通『大』。

〔五五五〕『遜』，當作『孫』，『遜』爲『孫』之借字；『遯』，甲本作『遁』，『遯』爲『遁』之本字；『避』，甲本作『辟』，時『辟』通『避』；『功』，甲本作『公』，『公』爲『功』之借字；『衆』，甲本無，應係衍文，當刪。

〔五五六〕『太』，甲本作『大』，時『太』通『大』。

〔五五七〕『寫』，當作『舄』，據甲本改；『則』，甲本無；『也』，甲本無。

〔五五八〕『狐』，當作『胡』，據甲本改，『狐』爲『胡』之借字。

〔五五九〕『者』，甲本無。

〔五六〇〕『四』，當作『二』，據甲本改。

〔五六一〕『故』，甲本作『詁』，均可通。

〔五六二〕『弊』，當作『幣』，據甲本及文義改，『弊』爲『幣』之借字。本詩中『弊』字同此，不另出校。

〔五六三〕『苹』，據甲本補。己本起於此句之『也』字。

〔五六四〕『苹』，甲、己本作『蓱』，《敦煌經部文獻合集》認爲『蓱』字爲是。己本『蓱』後有『草』字。

〔五六五〕『心』，甲本無。

〔五六六〕『興』，甲本作『以興』。

〔五六七〕『竹盛』，當作『以成』，據甲本及文義改，『盛』爲『成』之借字。

〔五六八〕『草也』，甲本無，《敦煌經部文獻合集》認爲乃抄手臆加。
〔五六九〕『吹笙』，丁本自此始。
〔五七〇〕『簧鼓』，丁本同，甲本作『鼓簧』，《敦煌經部文獻合集》認爲『簧鼓』爲是；己本止於『簧』字。
〔五七一〕『屬』，甲本同，丁本作『屬也』。
〔五七二〕『厥篚』，甲、丁本作『篚厥』，阮校已考證當爲『厥篚』；『也』，甲、丁本無。
〔五七三〕『也』，丁本同，甲本無。
〔五七四〕『賓』，據甲、丁本補。
〔五七五〕『周行』，甲本同，丁本脱。
〔五七六〕『列位也』，據甲、丁本補。
〔五七七〕『於周之』，據甲、丁本補；『烈』，當作『列』，據甲、丁本改，『列』爲『烈』之借字。
〔五七八〕『已』，甲本同，丁本脱；『唯』，丁本同，甲本作『維』，均可通；『用』，甲本同，丁本作『用也』。
〔五七九〕『鹿鳴呦呦』，甲、丁本作『呦呦鹿鳴』，《敦煌經部文獻合集》疑底本爲押韻而倒其詞序。
〔五八〇〕『墪』，甲、丁本作『敼』，『墪』同『敼』。
〔五八一〕『人』，甲、丙本作『民』，底本『人』係避唐太宗諱而改。
〔五八二〕『是則』，據甲、丁本補。
〔五八三〕『揄』，丁本作『偷』，當作『愉』，據甲本改，『揄』爲『愉』之借字，《敦煌經部文獻合集》認爲『愉』、『偷』爲古今字。
〔五八四〕『傚』，甲本作『傚也』，丁本作『也』。
〔五八五〕『教』，甲、丁本作『教也』。

〔五八六〕『也』，丁本同，甲本無。

〔五八七〕『字』，甲、丁本作『字也』。

〔五八八〕第一個『之』，甲本同，丁本作『也』；第二個『之』，當作『德』，據甲、丁本改；『其』，甲、丙本無，《敦煌經部文獻合集》認爲係衍文，當删。

〔五八九〕『揄』，丁本作『偷』，當作『愉』，據甲本改，『揄』爲『愉』之借字，《敦煌經部文獻合集》認爲『愉』、『偷』爲古今字。

〔五九〇〕『其』，甲本同，丁本作『甚』，誤；『者』，甲、丁本無，《敦煌經部文獻合集》認爲『者』爲抄手所加，係衍文。

〔五九一〕『以』，當作『式』，據甲、丁本改。

〔五九二〕『遊』，甲本同，丁本作『游』，均可通；『也』，甲本同，丁本無。

〔五九三〕『者也』，丁本同，甲本無。

〔五九四〕『樂』，當作『燕』，據甲、丁本改。

〔五九五〕『不能』，據甲、丁本補。

〔五九六〕『甚』，當作『其』，據甲、丁本改。

〔五九七〕『矣』，丁本同，甲本無。

〔五九八〕『悦』，甲本作『説』，『説』有『悦』義；『也』，甲、丁本作『矣』。

〔五九九〕『叁』，甲本作『三』，丁本作『參』，均可通；『有』，據甲、丁本補。

〔六〇〇〕『王』，甲本同，丁本脱。

〔六〇一〕『來』，丁本同，甲本作『來也』。

〔六〇二〕『倭』，甲本同，丁本作『委』，均可通。
〔六〇三〕『岐』，甲本作『歧』，《敦煌經部文獻合集》認爲『歧』乃誤字，當據段玉裁《毛詩故訓傳定本》補『岐』字；『道』，丁本同，甲本作『道也』。
〔六〇四〕『倭』，甲本同，丁本作『委』，均可通。
〔六〇五〕『貌』，甲本同，丁本作『狠』，誤。
〔六〇六〕『箋云』，甲本脱，據文例及丁本補；『箋』，丁本作『㦝』，『箋』通作『㦝』。以下丁本凡『箋』字均寫作『㦝』，不另出校。
〔六〇七〕『叛』，甲本同，丁本作『畔』，均可通。
〔六〇八〕『乎』，甲本同，丁本作『于』，均可通。
〔六〇九〕『故』，甲本同，丁本脱；『周公』，據甲、丁本補。
〔六一〇〕『歌』，據甲、丁本補；『道』，甲本同，丁本作『德』。
〔六一一〕『爲』，甲本同，丁本作『以爲』；『法』，甲本同，丁本作『所法』；『也』，甲、丁本無。
〔六一二〕『固』，丁本同，甲本作『固也』。
〔六一三〕『懷』，甲、丁本無，《敦煌經部文獻合集》認爲係衍文，當删。
〔六一四〕『也』，甲本同，丁本無。
〔六一五〕『豔』，據甲、丁本補。
〔六一六〕『義』，甲、丁本作『義也』。
〔六一七〕『思』，甲、丁本作『思也』。
〔六一八〕『非』，甲本同，丁本作『悲』，誤；『子』，丁本同，甲本作『子也』。

〔六一九〕「臣」，丁本同，甲本作「臣也」。

〔六二〇〕「貌」，甲本同，丁本作「狠」，誤。

〔六二一〕「息」，據甲、丁本補。

〔六二二〕「驕」，當作「鬣」，據甲本改，丁本作「毛」，「毛」爲「髦」之借字，「髦」即「鬣」；「也」，丁本同，甲本無。

〔六二三〕「皇」，丁本同，甲本作「遑」，均可通。

〔六二四〕「皇」，丁本同，甲本作「遑」，均可通。

〔六二五〕「也」，丁本同，甲本無。甲本此句後有「處居也」三字。

〔六二六〕「受命」，甲本同，丁本作「受君命」。

〔六二七〕「弊」，丁本同，當作「幣」，據甲本改，「弊」爲「幣」之借字；「也」，甲、丁本無。

〔六二八〕「丕」，甲、丁本作「不也」，《敦煌經部文獻合集》疑「丕」爲誤字。

〔六二九〕「丕」，甲、丁本作「不」。

〔六三〇〕「之鳥」，丁本同，當作「鳥之」，據甲本改；「者也」，甲本作「者」，丁本無。

〔六三一〕「可以」，底本此二字似已塗掉，據甲、丁本補。

〔六三二〕「飛則」，據甲、丁本補。

〔六三三〕「於」，據甲、丁本補。

〔六三四〕「諭」，甲、丁本作「喻」，均可通；「雖」，甲本同，丁本作「誰」，誤。

〔六三五〕「其可」，甲本同，丁本作「可使」。

〔六三六〕「之」，甲本同，丁本作「之辭」。

〔六三七〕「皇」，丁本同，甲本作「遑」，均可通。
〔六三八〕「養」，丁本同，甲本作「養也」。
〔六三九〕「苟」，丁本作「狗」，當作「枸」，據甲本改，「苟」、「狗」均爲「枸」之借字；「也」，甲本同，丁本無。
〔六四〇〕「皇」，丁本同，甲本作「遑」，均可通。
〔六四一〕「貌」，甲本同，丁本作「狠」，誤；「也」，甲、丁本無。
〔六四二〕「序」，丁本作「厚」，甲本作「時」，阮校以「序」字爲是。
〔六四三〕「女」，甲本同，丁本作「汝」，時「女」通「汝」。
〔六四四〕「乎」，據甲、丁本補。
〔六四五〕「誠思歸也」，據甲本補，丁本作「誠思歸」，其中「誠」字殘存左半邊之「言」。
〔六四六〕「歌」，甲本作「詩之歌」，丙本作「詩歌之」，《敦煌經部文獻合集》認爲底本義長。
〔六四七〕「君」，丁本同，甲本作「君也」。
〔六四八〕「人」，甲本同，丁本作「曰人」；「之」，據甲、丁本補。
〔六四九〕「親者」，甲本同，丁本作「其親」。
〔六五〇〕「易」，當作「亦」，據甲、丁本改，「易」爲「亦」之借字，《敦煌經部文獻合集》逕釋作「亦」；「者」，甲本作「也」，丁本無，《敦煌經部文獻合集》認爲甲本義長。
〔六五一〕「焉」，丁本同，甲本作「也」。
〔六五二〕「揚」，甲、丁本作「能揚」。
〔六五三〕「以」，丙本同，甲本無；「於」，甲本同，丁本作「使於」，《敦煌經部文獻合集》認爲丁本「使」字係衍文，當删。

〔六五四〕「君」，丁本同，甲本無；「者」，甲、丁本無。

〔六五五〕「也」，甲本同，丁本無。

〔六五六〕「君」，甲本同，丁本作「君之」。

〔六五七〕「也」，甲、丁本無。

〔六五八〕「唯」，丁本同，甲本作「維」，均可通，《敦煌文獻經部合集》誤以丁本作「維」；「也」，甲本無，丁本作「矣」。

〔六五九〕「多」，甲、丁本作「多之」；「貌」，甲本同，丁本作「狠」，誤。

〔六六〇〕「人」，丁本同，甲本作「人也」。

〔六六一〕「也」，甲、丁本無。

〔六六二〕「和」，甲、丁本作「和也」，《敦煌經部文獻合集》認爲依例當有「也」字。

〔六六三〕「思」，甲本作「私」，當作「和」，據丁本及阮校改；「母」，當作「每」，據甲、丁本改；「懷」，丁本同，甲本作「懷也」。

〔六六四〕「私」，據甲、丁本補。

〔六六五〕「人」，甲、丁本作「夫」，《敦煌經部文獻合集》認爲底本爲善。

〔六六六〕「使」，甲本亦脱，據丁本補；「啓」，當作「稽」，據甲、丁本改。

〔六六七〕「者」，甲、丁本無。

〔六六八〕「澤」，丁本同，甲本作「澤也」。

〔六六九〕「諮」，丁本同，甲本作「咨」，均可通；「諏」，甲本同，丁本作「諔」，《敦煌經部文獻合集》認爲「諔」應是「諏」之後起别體字，以下同，不另出校。

〔六七〇〕『善』，甲本同，丁本作『善道』；『咨』，甲本同，丁本作『諮』，均可通，以下『咨』字同此，不另出校。
〔六七一〕『丈』，當作『大』，據甲、丁本改。
〔六七二〕『駈馳』，丁本同，甲本作『馳驅』。
〔六七三〕『則訪問』，甲、丁本作『則於是訪問』，阮校作『則於之訪問』。
〔六七四〕『其』，甲、丁本無；『道』，丁本同，甲本作『道也』。
〔六七五〕『也』，甲本同，丁本無。
〔六七六〕『之』，甲本同，丁本脱；『也』，甲、丁本無。
〔六七七〕『可』，當作『所』，據甲、丁本改；『也』，甲、丁本無。
〔六七八〕『調』，丁本同，甲本作『調也』。
〔六七九〕『慼』，甲、丁本作『戚』，均可通。
〔六八〇〕『忠』，丁本同，當作『中』，據甲本改，『忠』爲『中』之借字。
〔六八一〕『當』，甲本同，丁本作『常』；『爲』，丁本作『胃』，當作『謂』，據甲本改，『爲』、『胃』均爲『謂』之借字；『所』，據甲、丁本補；『及於事』，丁本同，甲本作『及』。
〔六八二〕『及於事乃』，甲本無，丁本作『乃』；『德』，甲、丁本作『德也』，《敦煌經部文獻合集》誤以丁本作『德』。
〔六八三〕『忠』，丁本同，當作『中』，據甲本改，『忠』爲『中』之借字。
〔六八四〕『謂』，甲本同，丁本作『胃』，『胃』爲『謂』之借字；『信』，丁本同，甲本作『信也』。
〔六八五〕『賢』，甲本同，丁本脱。
〔六八六〕『當』，甲本同，丁本作『尚』，《敦煌經部文獻合集》認爲『尚』、『當』古可通假；『所』，據甲、丁本補。
〔六八七〕『成』，甲本同，丁本作『成於』。

〔六八八〕「事」，甲本同，丁本作「事也」。

〔六八九〕「棠」，當作「常」，據甲、丁本改，「棠」爲「常」之借字。

〔六九〇〕「第」，當作「弟」，據甲、丁本改，「第」爲「弟」之借字，以下篇題之外之「第」字同此，不另出校；「也」，甲本同，丁本無。

〔六九一〕「棠」，當作「常」，據甲、丁本改，「棠」爲「常」之借字。

〔六九二〕「滅」，當作「咸」，據甲、丁本改。

〔六九三〕「之恩」，據甲、丁本補；「踈」，當作「疎」，甲、丁本作「疏」，「踈」爲「疎」之訛字，「疎」同「疏」。

〔六九四〕「召」，甲本同，丁本作「邵」。

〔六九五〕「歌之」，甲本同，丁本脱；「親」，甲本作「親之」，丁本作「親之也」。

〔六九六〕「棠」，當作「常」，據甲、丁本改，「棠」爲「常」之借字。

〔六九七〕「韡韡」，丁本同，甲本作「韡韡」，《敦煌經部文獻合集》認爲「韡韡」爲「韡韡」之後起別體字，以下「韡韡」同此，不另出校。

〔六九八〕「棠」，當作「常」，據甲、丁本改，「棠」爲「常」之借字。

〔六九九〕「棣」，甲本同，丁本作「栘」。

〔七〇〇〕「猶」，據甲、丁本補；「鄂然」，據甲本補；「然」，丁本脱。

〔七〇一〕「發」，丁本同，甲本作「發也」。

〔七〇二〕「承」，甲本同，丁本作「丞」；「者」，甲本同，丁本脱。

〔七〇三〕「逝」，甲本作「拊」，當作「柎」，據丁本及文義改，「拊」爲「柎」之借字。

〔七〇四〕「逝」，甲本作「拊」，當作「柎」，據丁本及文義改，「拊」爲「柎」之借字。

〔七〇五〕『足』，丁本同，甲本作『足也』。
〔七〇六〕『得』，丁本同，甲本作『鄂足得』，《敦煌經部文獻合集》認爲『鄂足』二字係衍文；『貌』，甲、丁本無，《敦煌經部文獻合集》將『貌』斷入下句。
〔七〇七〕『韓韓然』，丁本同，甲本作『則韓韓然盛』。
〔七〇八〕『之』，據甲、丁本補。
〔七〇九〕『故』，當作『古』，據甲、丁本改，『故』爲『古』之借字，丁本『古』後有『者』字。
〔七一〇〕『拊』，甲本同，當作『柎』，據丁本及文義改，『拊』爲『柎』之借字；『也』，丁本同，甲本無。
〔七一一〕『棠』，當作『常』，據甲、丁本改，『棠』爲『常』之借字；『今』，甲本同，丁本作『凡今』；『也』，甲本同，丁本無。
〔七一二〕『棠』，當作『常』，據甲、丁本改，『棠』爲『常』之借字。
〔七一三〕『棠』，當作『常』，據甲、丁本改，『棠』爲『常』之借字；『華』，據甲、丁本補；『說』，丁本同，甲本作『說也』。
〔七一四〕『之』，甲本同，丁本脱。
〔七一五〕『也』，甲、丁本無。
〔七一六〕『也』，甲、丁本無。
〔七一七〕『唯』，丁本同，甲本作『維』，均可通；『念』，據甲、丁本補，丁本『念』後有『也』字。
〔七一八〕『矣』，甲本同，丁本無，《敦煌經部文獻合集》誤以甲本作『也』。
〔七一九〕『相助』，甲本亦脱，據丁本補；『也』，據甲、丁本補。
〔七二〇〕『原隰』，丁本同，甲本作『原也隰也』；『以』，甲本同，丁本脱。

〔七二一〕「故」，據甲、丁本補。

〔七二二〕「猶」，甲本同，丁本脱；「求」，甲本同，丁本作「救」，《敦煌經部文獻合集》認爲「求」雖可讀作「救」，但「箋」中仍當作「求」字。

〔七二三〕「名」，甲本同，丁本作「名也」。

〔七二四〕「䳭」，底本原寫作「⿱罒鳥」，應爲「䳭」字之俗寫，甲、丁本作「脊」，或認爲「䳭」爲「脊」之俗字，《敦煌經部文獻合集》認爲「從鳥旁者皆後起字」。按，《爾雅》、《廣韻》中已有「䳭」字，説明在漢至宋代「䳭」字已爲官方字書所收録。所以，底本之「䳭」字，其來有自，并非俗字，可與「脊」字并行。以下「䳭」字同此，不另出校。「鴒」，丁本同，甲本作「令」，「令」爲「鴒」之借字。

〔七二五〕「鴒」，丁本同，甲本作「令」，「令」爲「鴒」之借字。

〔七二六〕「雍」，丁本同，甲本作「雝」，均可通；「渠」，丁本同，甲本作「渠也」。

〔七二七〕「舍」，甲本同，丁本作「捨」，均可通；「爾」，丁本同，甲本作「耳」，均可通。

〔七二八〕「於」，甲本同，丁本脱；「難」，甲本同，丁本作「難也」。

〔七二九〕「雍」，丁本同，甲本作「雝」，均可通。

〔七三〇〕「失」，甲本同，丁本作「夫」，誤；「常」，據甲、丁本補。

〔七三一〕「也」，據甲、丁本補。

〔七三二〕「也」，甲、丁本無。

〔七三三〕「永」，據甲、丁本補。

〔七三四〕「長也」，據甲、丁本補。

〔七三五〕「雖」，丁本同，甲本作「有雖」，阮校據相臺本認爲無「有」字爲是；「也」，甲本同，丁本無。

〔七三六〕『當』，甲本同，丁本作『言』。

〔七三七〕『已』，甲本同，丁本作『已也』。

〔七三八〕『御』，丁本同，甲本作『禦』，『御』有『禦』義；『侮』，當作『務』，據甲、丁本改，『侮』爲『務』之借字。

〔七三九〕『恨』，丁本同，甲本作『很』，『很』爲『恨』之借字；『也』，甲本同，丁本無。

〔七四〇〕『禦』，丁本同，甲本作『禁』，均可通；『也』，丁本同，甲本無。

〔七四一〕『務』，據甲、丁本補。

〔七四二〕『侮也』，據甲、丁本補。

〔七四三〕『而』，甲本同，丁本脱；『侮』，甲本作『侮也』，丁本作『其務也』，『務』爲『侮』之借字，《敦煌經部文獻合集》誤以丁本『務』作『侮』。

〔七四四〕『也』，甲、丁本無。

〔七四五〕『也』，據甲、丁本補；『已』，據甲、丁本補。

〔七四六〕『右』，當作『古』，據甲、丁本改。

〔七四七〕『寘』，當作『實』，據甲、丁本改。

〔七四八〕『也』，甲、丁本無。

〔七四九〕『尚』，甲本同，丁本作『上』，『上』爲『尚』之借字；『怡怡』，甲本同，丁本作『熙熙』，均可通。

〔七五〇〕『切切節節然』，甲本作『切切然』，丁本作『相切切節節然』。

〔七五一〕『硺』，當作『琢』，據甲、丁本改，『硺』爲『琢』之借字。

〔七五二〕『急』，甲本同，丁本作『最急』；『也』，甲、丁本無。

〔七五三〕『儐』，甲本同，丁本作『賓』，『賓』爲『儐』之借字，以下同，不另出校；『邊』，丁本同，當作『籩』，據甲本改，『邊』爲『籩』之借字，以下同，不另出校。

〔七五四〕『也』，甲、丁本無。

〔七五五〕『升』，甲本同，丁本作『昇』，『升』有『昇』義。

〔七五六〕『私者』，據甲、丁本補。

〔七五七〕『有』，據甲、丁本補。

〔七五八〕『也』，丁本同，甲本無。

〔七五九〕『合』，丁本同，甲本無。

〔七六〇〕『上』，當作『尚』，據甲、丁本改，『上』爲『尚』之借字；『平』，當作『毛』，據甲、丁本改。

〔七六一〕『己』，據甲、丁本補。

〔七六二〕『親』，丁本同，甲本作『親也』。

〔七六三〕『者』，甲、丁本無。

〔七六四〕『琴瑟』，當作『瑟琴』，據甲、丁本改。

〔七六五〕『合』，甲本同，丁本作『合者』。

〔七六六〕『志』，丁本同，甲本作『至』；『也』，甲本同，丁本無。

〔七六七〕『合者』，甲本同，丁本無。

〔七六八〕『琴瑟』，丁本同，當作『瑟琴』，據甲本改；『應』，甲、丁本作『相應』；『和』，據甲、丁本補；『之』，丁本無，甲本作『也』。

〔七六九〕『王』，甲、丁本無；『焉』，甲本無，丁本作『也』。

〔七七〇〕「湛」，甲本同，丁本作「耽」，《敦煌經部文獻合集》認爲「湛」、「耽」皆爲「媅」之借字。

〔七七一〕丁本之「也」後另有「耽樂之久也」五字，《敦煌經部文獻合集》疑此爲手民據《鹿鳴》「和樂且湛」毛傳「湛，樂之久」而加。

〔七七二〕「室家」，丁本同，甲本作「家室」。

〔七七三〕「帑」，甲本同，丁本作「孥」，「孥」、「帑」可互通，以下同，不另出校。

〔七七四〕「安」，甲、丁本無，《敦煌經部文獻合集》認爲此字係衍文，當刪；「者也」，甲本無，丁本作「也」。

〔七七五〕「也」，甲、丁本無。

〔七七六〕「諸」，當作「謀」，據甲、丁本改；「也」，甲、丁本無。

〔七七七〕「女」，甲本同，丁本作「汝」，時「女」通「汝」。

〔七七八〕「乎」，甲本無，丁本作「也」。

〔七七九〕「棠」，當作「常」，據甲、丁本改，「棠」爲「常」之借字。

〔七八〇〕「已下」，甲本無，丁本作「以下」。

〔七八一〕「也」，甲、丁本無。

〔七八二〕「既」，甲、丁本作「以」，均可通。

〔七八三〕「也」，甲本同，丁本無。

〔七八四〕「真之」，當作「直也」，據甲、丁本改。

〔七八五〕「王」，甲、丁本無。

〔七八六〕「功」，當作「切」，據甲、丁本改，《敦煌經部文獻合集》認爲底本「功」作「攻」，誤；「政」，當作「正」，據甲、丁本改，「政」爲「正」之本字；「也」，丁本無，據甲本補，《敦煌經部文獻合集》誤以爲丁本有

「也」字。

〔七八七〕「聲」，丁本同，甲本作「聲也」。

〔七八八〕「志」，甲本同，丁本作「時」。

〔七八九〕「有」，甲本同，丁本脱；「然」，甲本同，丁本無。

〔七九〇〕「也」，甲、丁本作「之」，《敦煌經部文獻合集》認爲「之」字義長。

〔七九一〕「也」，甲、丁本無。

〔七九二〕「也」，甲本同，丁本無。

〔七九三〕「嚮」，甲本作「鄉」，丁本作「向」，「鄉」、「向」均爲「嚮」之借字；「之時」，當作「時之」，據甲、丁本改。

〔七九四〕「高」，甲本同，丁本作「喬」；「也」，甲、丁本無。

〔七九五〕「居」，甲、丁本無，《敦煌經部文獻合集》認爲「居」字係衍文，當删。

〔七九六〕「者也」，甲本作「者」，丁本無。

〔七九七〕「求」，甲本同，丁本作「思」；「也」，甲、丁本無。

〔七九八〕「其」，甲本同，丁本無。

〔七九九〕「嗚嚶嚶然」，甲本同，丁本作「嚶嚶然嗚」。

〔八〇〇〕「人」，甲本同，丁本作「仁」，「仁」爲「人」之借字。

〔八〇一〕「鳥」，甲本同，丁本作「視鳥」，《敦煌經部文獻合集》認爲應補「視」字；「也」，甲、丁本無。

〔八〇二〕「也」，丁本同，甲本無。

〔八〇三〕「求之」，據甲、丁本補。

〔八〇四〕『其』，甲、丁本無。
〔八〇五〕『功』，甲、丁本作『功也』。
〔八〇六〕『滸滸』，丁本同，甲本作『許許』，均可通。
〔八〇七〕『滸滸』，丁本同，甲本作『許許』，均可通。
〔八〇八〕『棈』，當作『栜』，據甲、丁本改；『也』，甲、丁本無。
〔八〇九〕『匡』，底本此處留有一字空白，據丁本補，甲本作『筐』，『匡』本有『筐』義。
〔八一〇〕『前』，丁本同，甲本作『許』，《敦煌經部文獻合集》誤以丁本作『許』；『滸滸』，丁本同，甲本作『許許』，均可通。
〔八一一〕『今』，據甲、丁本補。
〔八一二〕『心』，甲、丁本無；『故』，丁本同，甲本作『故也』。
〔八一三〕『羊』，丁本同，甲本作『羊也』。
〔八一四〕『謂同姓』，據甲本補；『諸侯』，丁本脱。
〔八一五〕『謂』，甲本同，丁本作『胃』，『胃』爲『謂』之借字。
〔八一六〕『友』，丁本同，甲本作『士友』。
〔八一七〕『族』，據甲、丁本補；『人』，丁本同，甲本作『之』，阮校據相臺本認爲『人』字爲是；『酒』，甲本同，丁本脱；『者矣』，甲本無，丁本作『也』，《敦煌經部文獻合集》認爲『者矣』不通，當爲『也』。
〔八一八〕『不』，甲、丁本作『弗』。
〔八一九〕『古』，當作『召』，據甲、丁本改。
〔八二〇〕『也』，甲本同，丁本作『之也』。

〔八二一〕「掃」，丁本同，甲本作「埽」，「掃」本作「埽」。

〔八二二〕「篕」，甲本同，丁本作「葢」，誤。

〔八二三〕「圓曰篕」，據甲本補，丁本作「圓曰葢」。

〔八二四〕「天」，據甲、丁本補；「篕」，甲本同，丁本作「葢」，誤。

〔八二五〕「擹」，甲本同，丁本脱；「已」，甲本同，丁本作「以」，「以」爲「已」之借字。

〔八二六〕「矣」，甲本同，丁本無，《敦煌經部文獻合集》誤以甲本作「也」。

〔八二七〕「謂」，甲本同，丁本作「胃」，「胃」爲「謂」之借字；「爲」，甲本同，丁本無；「也」，丁本同，甲本無。

〔八二八〕「也」，甲本同，丁本無。

〔八二九〕「也」，甲、丁本無。

〔八三〇〕「也」，丁本無，據甲本補。

〔八三一〕「邊」，丁本同，當作「籩」，據甲本改，「邊」爲「籩」之借字。

〔八三二〕「也」，甲、丁本無。

〔八三三〕「也」，甲、丁本無。

〔八三四〕「雠」，丁本作「候」，當作「餱」，據甲本改，「候」爲「餱」之借字。「傳」、「箋」中「雠」字同此，不另出校。

〔八三五〕「謂」，甲本同，丁本作「胃」，「胃」爲「謂」之借字；「也」，甲本同，丁本無。

〔八三六〕「當」，當作「尚」，據甲、丁本改，《敦煌經部文獻合集》認爲上古「尚」、「當」同音可通，而中古則聲韻均別，不可通假，此「當」蓋爲誤字；「過」，丁本同，甲本作「愆過」。

〔八三七〕「以」，甲本同，丁本脱。

〔八三八〕『也』，丁本同，甲本作『之』。

〔八三九〕『茜』，甲、丁本同，底本原作『笛』，《敦煌經部文獻合集》指出『笛』爲『茜』之形誤字，丁本『茜』前有『沛』字；『也』，甲本同，丁本無。

〔八四〇〕『酒』，丁本同，甲本作『酒也』。

〔八四一〕『買』，甲、丁本作『買也』。

〔八四二〕『之』，當作『此』，據甲、丁本改，《敦煌經部文獻合集》將『之』斷入上句，同時據甲、丁本補『此』字；『挨』，當作『族』，據甲、丁本改；『之恩也』，甲本同，丁本作『意』，《敦煌經部文獻合集》認爲丁本誤『恩』爲『意』，又删『之』字。

〔八四三〕『則』，據甲、丁本補；『濟』，當作『沛』，據甲、丁本改；『茜』，甲、丁本同，底本原作『笛』，係『茜』之形誤字。

〔八四四〕『三』，當作『王』，據甲、丁本改；『則』，丁本同，甲本脱。

〔八四五〕『挨』，當作『族』，據甲、丁本改；『也』，甲本無，丁本作『之親』，《敦煌經部文獻合集》疑『之親』二字爲人所臆加。

〔八四六〕『爲』，甲本同，丁本作『王爲』。

〔八四七〕『興』，甲本同，丁本脱。

〔八四八〕『謂』，甲本同，丁本作『胃』，『胃』爲『謂』之借字；『燕』，當作『樂』，據甲、丁本改；『樂已』，甲本同，丁本脱。

〔八四九〕『又』，甲本同，丁本作『人』，《敦煌經部文獻合集》認爲『人』爲『又』之誤；『意也』，甲本同，丁本作『之意』。

〔八五〇〕『之』，甲本同，丁本脱；『閑』，丁本同，甲本作『閒』，均可通。
〔八五一〕『是』，丁本同，甲本作『此』，均可通。
〔八五二〕『醉』，甲本同，丁本作『醉飽』；『也』，丁本同，甲本無。
〔八五三〕『下下』，甲、丁本作『下』，《敦煌經部文獻合集》認爲『下下』當删一個『下』字；『也』，據甲、丁本補。
〔八五四〕『則臣』，甲、丁本作『臣能』。
〔八五五〕『謂』，甲本同，丁本作『胃』，『胃』爲『謂』之借字。
〔八五六〕『也』，丁本同，甲本無。
〔八五七〕『也』，丁本同，甲本無。
〔八五八〕『王也』，據甲本補，丁本作『王』。
〔八五九〕『之』，據甲、丁本補；『保』，當作『安』，據甲、丁本改；『女』，甲本同，丁本作『汝』，時『女』通『汝』。
〔八六〇〕『堅』，據甲、丁本補；『矣』，甲本無，丁本作『也』。
〔八六一〕『也』，甲、丁本無。
〔八六二〕『也』，甲本同，丁本無。
〔八六三〕『聞』，當作『開』，據甲、丁本改。
〔八六四〕『女』，甲本同，丁本作『汝』，時『女』通『汝』。
〔八六五〕『何福』，甲本同，丁本作『福何』；『不』，據甲、丁本補。
〔八六六〕『言』，甲、丁本無；『以』，甲本同，丁本脱。
〔八六七〕『女』，甲本同，丁本作『汝』，時『女』通『汝』。

〔八六八〕『是以』，甲、丁本作『以是』，《敦煌經部文獻合集》認爲『以是』爲善；『者也』，甲本作『也』，丁本無。
〔八六九〕『罄』，甲、丁本作『罄』，『罄』有『罄』義。
〔八七〇〕『也』，甲、丁本無。
〔八七一〕『也』，甲、丁本無。
〔八七二〕『罄』，甲、丁本作『罄』，『罄』有『罄』義。
〔八七三〕『女』，甲本同，丁本作『汝』，時『女』通『汝』。
〔八七四〕『謂』，甲本同，丁本作『胃』，『胃』爲『謂』之借字；『也』，甲本同，丁本無。
〔八七五〕『禄』，甲本同，丁本作『福』；『矣』，甲、丁本無。
〔八七六〕『瑕』，當作『遐』，據甲、丁本改，『瑕』爲『遐』之借字。
〔八七七〕『維』，甲本同，丁本作『惟』，均可通。
〔八七八〕『瑕』，當作『遐』，據甲、丁本改，『瑕』爲『遐』之借字。
〔八七九〕『予』，甲本同，丁本作『與』，均可通；『女』，甲本同，丁本作『汝』，時『女』通『汝』。
〔八八〇〕『者』，當作『溥』，據甲本改，丁本作『盡』，《敦煌經部文獻合集》認爲『盡』、『溥』義同，『者』與『溥』形不似，蓋爲『盡』之誤。
〔八八一〕『後後』，當作『汲汲』，據甲、丁本改；『日』，甲本作『日且』，丁本作『日旦』。
〔八八二〕『者也』，甲、丁本無。
〔八八三〕『其廣厚』，甲、丁本均作『廣厚也』。
〔八八四〕『陸』，甲本作『陵』，阮校據相臺本認爲『陸』字爲是；『大陸曰阜』，丁本脱。
〔八八五〕『委禄』，當作『禄委』，據甲、丁本改；『積』，甲本同，丁本作『積積小以成』，《敦煌經部文獻合集》誤以爲丁本「高大也」前只有「積小以成」四字，蓋未注意到「積」下有重文符號。

〔八八六〕「謂」，甲本同，丁本作「胃」，「胃」爲「謂」之借字；「時」，丁本同，甲本作「時也」。

〔八八七〕「牧」，丁本作「茂」，當作「收」，據甲本改；「者」，甲本作「也」，丁本無。

〔八八八〕「吉蠲爲饎」，據甲、丁本補。

〔八八九〕「是用孝享」，據甲、丁本補。

〔八九〇〕「吉」，據甲、丁本補。

〔八九一〕「善」，據甲、丁本補。

〔八九二〕「蠲」，據甲、丁本補。

〔八九三〕「絜也」，據甲本補，丁本作「絜」。

〔八九四〕「饎」，據甲、丁本補。

〔八九五〕「酒食也」，據甲本補，丁本作「酒食」。

〔八九六〕「享」，據甲、丁本補。

〔八九七〕「獻也」，據甲本補，丁本作「獻」。

〔八九八〕「箋云」，據甲本補，丁本作「牋云」，「箋」通作「牋」。

〔八九九〕「享」，甲本亦脱，據丁本補。

〔九〇〇〕「謂將祭祀也」，據甲本補，丁本作「胃將祭祀時也」，「胃」爲「謂」之借字。

〔九〇一〕「袀」，甲本作「禴」，當作「礿」，據丁本改，《敦煌經部文獻合集》指出，「袀」爲「礿」之形誤字，「禴」爲「礿」之後起字；「祠」，甲本同，丁本作「祀」，「祀」爲「祠」之借字。

〔九〇二〕「袀」，丁本作「祀」，當作「祠」，據甲本改，「袀」爲「礿」之形誤字，「祀」爲「祠」之借字。

〔九〇三〕『祠』，甲、丁本作『禴』，當作『礿』，《敦煌經部文獻合集》據《説文·示部》『礿，夏祭也』、《爾雅·釋天》『夏祭曰礿』改。

〔九〇四〕『烝』，甲本同，丁本作『丞』。

〔九〇五〕『謂』，甲本同，丁本作『胃』，『胃』爲『謂』之借字；『至』，甲本同，丁本脱；『盤』，甲本作『盩』，當作『盩』，據丁本改。

〔九〇六〕『至不窋』，甲本無，丁本作『至弗窋』。

〔九〇七〕『彊』，丁本同，甲本作『疆』，『彊』通『疆』。

〔九〇八〕『也』，甲本同，丁本無。

〔九〇九〕『象』，甲本同，丁本作『像』，『像』爲『象』之借字。

〔九一〇〕『予』，甲本同，丁本作『與』，『與』爲『予』之借字。

〔九一一〕『爾』，據甲、丁本補。

〔九一二〕『也』，甲、丁本無。

〔九一三〕『之』，甲、丁本無。

〔九一四〕『謂』，甲本同，丁本作『胃』，『胃』爲『謂』之借字；『也』，甲本同，丁本無。

〔九一五〕『樂』，丁本同，甲本作『燕樂』；『已』，據甲、丁本補；『也』，丁本同，甲本無。

〔九一六〕『偏』，甲本同，丁本作『遍』，『遍』同『偏』。

〔九一七〕『挨』，當作『族』，據甲、丁本改；『姓』，丁本同，甲本作『姓也』。

〔九一八〕『士』，當作『也』，據甲、丁本改。

〔九一九〕『謂』，甲、丁本無；『臣』，甲、丁本作『衆』，《敦煌經部文獻合集》按《鄭箋》通例認爲此當作『衆』。

〔九二〇〕『徧』，甲本同，丁本作『遍』，『遍』同『徧』；『女』，甲本同，丁本作『汝』，時『女』通『汝』；『之』，甲本同，丁本脱。

〔九二一〕『衆』，當作『象』，據甲本改，丁本作『像』，『像』爲『象』之借字。

〔九二二〕『絚』，丁本同，甲本作『恒』，阮校認爲『恒』字爲是。

〔九二三〕『絚』，丁本同，甲本作『恒』，阮校認爲『恒』字爲是。

〔九二四〕『也』，甲、丁本無。

〔九二五〕『進』，丁本同，甲本作『進也』。

〔九二六〕『月』，據甲、丁本補。

〔九二七〕『而』，甲本同，丁本作『如』，時『如』通『而』；『也』，丁本同，甲本無。

〔九二八〕『也』，甲本同，丁本無。

〔九二九〕『不』，甲、丁本作『不爾』；『承』，甲本同，丁本作『丞』，『丞』爲『承』之借字。

〔九三〇〕『肯』，當作『有』，據甲、丁本改；『也』，據甲本補。

〔九三一〕『支』，當作『枝』，據甲、丁本改，『支』爲『枝』之借字。

〔九三二〕『菁菁然』，據丁本補，甲本作『青青』；『承』，甲本同，丁本作『丞』，『丞』爲『承』之借字；『不』，甲、丁本作『無』。

〔九三三〕『微』，當作『薇』，據甲、丁本改，『微』爲『薇』之借字。

〔九三四〕『役』，甲本同，丁本作『役』，『役』同『役』。

〔九三五〕『允』，當作『狁』，據甲、丁本改，『允』爲『狁』之借字，《敦煌經部文獻合集》認爲『獫允』爲本字，『玁』爲後起字，『狁』因『玁』而類化。

〔九三六〕『將率將率』，甲、丁本均作『將率』，《敦煌經部文獻合集》認爲『將率』二字不當重。
〔九三七〕『役』，甲本同，丁本作『役』，『役』同『役』。
〔九三八〕『謌』，甲、丁本作『歌』，『謌』同『歌』。
〔九三九〕『杕』，甲本同，丁本作『狄』，誤；『歸』，丁本同，甲本作『歸也』。
〔九四〇〕『服』，甲本同，丁本作『以服』；『之殷』，甲、丁本均作『殷』，《敦煌經部文獻合集》認爲底本『之』字係衍文，當刪；『之時』，甲本同，丁本作『時』。
〔九四一〕『王』，丁本同，甲本作『王也』。
〔九四二〕『王』，甲本同，丁本脱。
〔九四三〕『御』，甲、丁本作『禦』，『御』有『禦』義。
〔九四四〕『微』，當作『薇』，據甲、丁本改，『微』爲『薇』之借字。
〔九四五〕『杕杜』，據甲、丁本補；『以』，丁本同，甲本脱；『者』，甲本同，丁本無。
〔九四六〕『之』，甲本同，丁本脱。
〔九四七〕『歸』，甲本同，丁本脱。
〔九四八〕『歌』、『以』，據甲、丁本補；『杕』，甲本同，丁本作『狄』，誤；『之也』，甲本作『之』，丁本作『也』。
〔九四九〕『微』，當作『薇』，據甲、丁本改，『微』爲『薇』之借字。
〔九五〇〕『微』，當作『薇』，據甲、丁本改，『微』爲『薇』之借字。
〔九五一〕『微』，當作『薇』，據甲、丁本改，『微』爲『薇』之借字。
〔九五二〕『也』，甲、丁本無。
〔九五三〕『西伯將遣戍役』，據甲本補；『役』，丁本作『役』，『役』同『役』。

〔九五四〕『先』，據甲、丁本補；『朝』，當作『期』，據甲、丁本改；『微』，當作『薇』，據甲、丁本改，『微』爲『薇』之借字。

〔九五五〕『微』，當作『薇』，據甲、丁本改，『微』爲『薇』之借字。

〔九五六〕『也』，甲本同，丁本無。

〔九五七〕『之』，甲、丁本無，《敦煌經部文獻合集》認爲係衍文，當刪；『采微采微』，甲本作『采薇』，丁本作『采薇采薇』；『微』，當作『薇』，據甲、丁本改，『微』爲『薇』之借字；『者』，甲本同，丁本脱。

〔九五八〕『也』，甲本同，丁本無。

〔九五九〕『暮』，丁本同，甲本作『莫』，《敦煌經部文獻合集》指出，『莫』與『暮』爲古今字。

〔九六〇〕『暮』，丁本同，甲本作『莫』，《敦煌經部文獻合集》指出，『莫』與『暮』爲古今字。

〔九六一〕『女』，甲本同，丁本作『汝』，時『女』通『汝』；『乎』，甲本同，丁本無。

〔九六二〕『何時歸乎』，甲本無，丁本作『時歸』。

〔九六三〕『亦』，甲本同，丁本無；『歸』，丁本同，甲本作『歸也』。

〔九六四〕『期皈』，甲、丁本作『歸期』。

〔九六五〕『允』，當作『狁』，據甲、丁本改，『允』爲『狁』之借字。

〔九六六〕『不皇啓居』，據丁本補；『皇』，甲本作『遑』，均可通。

〔九六七〕『玁狁之故』，據甲、丁本補。

〔九六八〕『也』，據甲、丁本補。

〔九六九〕『北狄』，據甲、丁本補。

〔九七〇〕『凶』，當作『匈』，據甲本改，丁本作『之匈』，『凶』爲『匈』之借字；『也』，甲本同，丁本作『是』。

〔九七一〕『也』，甲、丁本無。

〔九七二〕『皇』，丁本同，甲本作『遑』，均可通。

〔九七三〕『瑕』，丁本作『暇』，當作『暇』，據甲本改，『瑕』、『暇』均爲『暇』之借字；『也』，甲、丁本無。

〔九七四〕『踰』，丁本同，甲本作『逾』，均可通。

〔九七五〕『微』，當作『薇』，據丁本改，甲本作『薇菜』，『微』爲『薇』之借字。

〔九七六〕『及』，當作『乃』，據甲、丁本改。

〔九七七〕『女』，甲本同，丁本作『汝』，時『女』通『汝』；『夫婦』，據甲、丁本補。

〔九七八〕『暇』，甲本同，丁本作『暇』，『暇』爲『暇』之借字；『危』，甲、丁本無，應係衍文，當删。

〔九七九〕『者』，丁本無，甲本作『也』。

〔九八〇〕『微』，當作『薇』，據甲、丁本改，『微』爲『薇』之借字。

〔九八一〕『微』，當作『薇』，據甲、丁本改，『微』爲『薇』之借字。

〔九八二〕『始生也』，甲本同，丁本作『胃始生』。

〔九八三〕『謂曉之時也』，甲本作『謂脆晚之時』，丁本作『胃歲晚之時也』，『胃』爲『謂』之借字。

〔九八四〕『憂』，丁本同，甲本作『憂止』。

〔九八五〕『也』，甲、丁本無。

〔九八六〕『烈烈』，甲本同，丁本作『列列』，均可通，『傳』中『烈烈』同此，不另出校。

〔九八七〕『貌』，甲本同，丁本作『狠』，誤。

〔九八八〕『甚』，甲本作『其』，丁本作『至』；『也』，甲本同，丁本無。

〔九八九〕『使』，甲本同，丁本作『所』。

〔九九〇〕「守」，甲本同，丁本作「戍」；「北」，據甲、丁本補。

〔九九一〕「使」，甲本同，丁本脫。

〔九九二〕「也」，甲本無，丁本作「之也」。

〔九九三〕「微」，當作「薇」，據甲、丁本改，「微」爲「薇」之借字。

〔九九四〕「微」，當作「薇」，據甲、丁本改，「微」爲「薇」之借字；「剄」，丁本同，甲本作「剛」，據《康熙字典》「剛」或作「剄」，《敦煌經部文獻合集》逕釋作「剛」，「傳」、「箋」中「剄」字同此，不另出校。

〔九九五〕「也」，甲本同，丁本無。

〔九九六〕「謂」，甲本同，丁本作「胃」，「胃」爲「謂」之借字；「少」，甲本同，丁本作「小」；「急」，當作「忍」，據甲、丁本改；「也」，丁本同，甲本無。

〔九九七〕「陽」，甲本同，丁本作「楊」，「楊」爲「陽」之借字。

〔九九八〕「十」，甲本同，丁本作「四」。

〔九九九〕「時」，甲本同，丁本作「純」；「川」，當作「巛」，據丁本改，甲本作「坤」，均可通，《敦煌經部文獻合集》逕釋作「巛」。

〔一〇〇〇〕「名」，甲本作「以名」，丁本作「以」；「也之」，甲本無，丁本作「也」，《敦煌經部文獻合集》認爲「之」爲雙行對齊而添，近是。

〔一〇〇一〕「皇」，丁本同，甲本作「遑」，均可通。

〔一〇〇二〕「堅」，甲本同，丁本原作「鹽」，後用朱書校改作「堅」；「也」，甲本同，丁本無。

〔一〇〇三〕「也」，甲本同，丁本無。

〔一〇〇四〕「也」，甲、丁本無。

〔一〇〇五〕『役』，丁本同，甲本作『役』，『役』同『役』；『人』，甲、丁本無。

〔一〇〇六〕『及』，當作『反』，據甲、丁本改；『也』，甲本同，丁本無。

〔一〇〇七〕『已還』，甲、丁本作『據』。

〔一〇〇八〕『禰』，當作『爾』，據甲、丁本改，《敦煌經部文獻合集》指出，『禰』爲『爾』之借字，『傳』、『箋』中『禰』字同此，不另出校。

〔一〇〇九〕『棠』，當作『常』，據甲、丁本改，《敦煌經部文獻合集》認爲底本先寫作『常』，後改作『棠』，『棠』爲『常』之借字，『傳』、『箋』中『棠』字同此，不另出校。

〔一〇一〇〕『也』，丁本同，甲本作『貌』。

〔一〇一一〕第二個『禰』，甲、丁本無，應係衍文，當刪。

〔一〇一二〕『乃』，甲本同，丁本作『乃是』。

〔一〇一三〕『盛』，據甲、丁本補；『也』，甲、丁本無。

〔一〇一四〕『也』，丁本同，甲本無。

〔一〇一五〕『牡』，當作『壯』，據甲、丁本改；『也』，甲本同，丁本無。

〔一〇一六〕『至』，甲本同，丁本作『于』；『戌』，甲、丁本無。

〔一〇一七〕『以』，甲、丁本無；『也』，甲本同，丁本無。

〔一〇一八〕『則』，據甲、丁本補；『乎』，甲本同，丁本作『于』；『月』，當作『有』，據甲、丁本改，《敦煌經部文獻合集》逕釋作『有』。

〔一〇一九〕『謂』，甲本同，丁本作『胃』，『胃』爲『謂』之借字；『也』，甲本同，丁本原脱，朱書補之，《敦煌經部文獻合集》認爲丁本脱，誤。

〔一〇二〇〕「也」，據甲、丁本補。

〔一〇二一〕「彊」，甲本同，丁本作「強」，均可通；「貌」，甲、丁本作「也」。

〔一〇二二〕「避」，丁本同，甲本作「辟」，時「辟」通「避」。

〔一〇二三〕「疪」，甲本作「芘」，當作「庇」，據丁本改，「疪」字誤，「芘」爲「庇」之借字。

〔一〇二四〕「役」，丁本同，甲本作「役」，「役」同「役」；「所」，甲本同，丁本無；「疪」，甲本作「芘」，當作「庇」，據丁本改，「疪」字誤，「芘」爲「庇」之借字；「也」，丁本同，甲本無。

〔一〇二五〕「也」，甲本同，丁本無。

〔一〇二六〕「紛」，甲本作「紒」，丁本作「結」；「也」，甲本同，丁本無。

〔一〇二七〕「反」，甲本同，丁本脫；「也」，甲、丁本作「者」。

〔一〇二八〕「以」，甲本同，丁本脫。

〔一〇二九〕「御」，甲本同，丁本作「仰」；「紛」，甲本作「紒」，丁本作「結」。

〔一〇三〇〕「矣」，當作「矢」，據甲、丁本改；「者」，甲、丁本作「也」。

〔一〇三一〕「不」，甲本同，丁本作「敢」；「日」，甲本同，丁本作「不」。

〔一〇三二〕「戒」，甲本同，丁本作「戒者」。

〔一〇三三〕「警」，甲本同，丁本作「驚」，「驚」爲「警」之借字；「也」，甲本同，丁本無。

〔一〇三四〕「也」，甲、丁本無。

〔一〇三五〕「警」，甲本同，丁本作「驚」，「驚」爲「警」之借字；「也」，甲、丁本作「乎」。

〔一〇三六〕「誠」，據甲本補，乙本作「成」，「成」爲「誠」之借字；「日相」，據丁本補，甲本作「曰相」；「警戒也」，據甲本補，丁本作「驚戒也」，「驚」爲「警」之借字。

〔一〇三七〕「豫」，甲本同，丁本作「預」，「預」爲「豫」之借字；「苦」，甲本同，丁本作「功苦」；「勸」，甲本同，丁本作「歡」，誤；「也」，甲、丁本無。

〔一〇三八〕「柳」，據甲、丁本補。

〔一〇三九〕「蒲」，甲本同，丁本作「蒱」，「蒱」通「蒲」；「也」，甲本同，丁本無。

〔一〇四〇〕「貌」，甲本作「也」，丁本作「狠」，誤。

〔一〇四一〕「謂戍止而始及時也」，甲本作「戍止而謂始反時也」，丁本作「戍役止息而始反時」；「及」，當作「反」，據甲、丁本改。

〔一〇四二〕「止」，當作「上」，據甲、丁本改；「軍」，當作「章」，據甲、丁本改；「戍役」，據甲本補，丁本作「戍役」，「役」同「役」。

〔一〇四三〕「次二章言」，據甲、丁本補。

〔一〇四四〕「重」，甲本同，丁本脱；「反」，甲本同，丁本作「返」，均可通。

〔一〇四五〕「其」，甲本同，丁本脱；「焉也」，甲本作「之」，丁本作「之也」。

〔一〇四六〕「載飢載渴」，甲、丁本作「載渴載飢」，《敦煌經部文獻合集》據甲、丁本乙正底本，似不必。

〔一〇四七〕「貌」，甲本作「也」，丁本作「狠」，誤。

〔一〇四八〕「行」，甲本同，丁本作「我行」。

〔一〇四九〕「苦」，丁本同，甲本作「苦也」。

〔一〇五〇〕「也」，甲、丁本無。

〔一〇五一〕「微」，當作「薇」，據甲、丁本改，「微」爲「薇」之借字。

〔一〇五二〕「役」，丁本同，甲本作「役」，「役」同「役」。

〔一〇五三〕『同時歌同時歸也』，甲本作『同歌同時』，丁本作『同時用歌』。

〔一〇五四〕『心』，丁本同，甲本作『心也』。

〔一〇五五〕『反』，甲本同，丁本作『免』。

〔一〇五六〕『欲』，甲、丁本無，《敦煌經部文獻合集》認爲係衍文，當删。

〔一〇五七〕『卑』，甲、丁本作『卑也』。

〔一〇五八〕『者』，甲本作『也』，丁本無。

〔一〇五九〕『地』，據甲、丁本補。

〔一〇六〇〕『殷』，甲、丁本作『我殷』；『王』，丁本同，甲本作『王也』。

〔一〇六一〕『將』，甲本同，丁本作『我將』；『謂』，甲本同，丁本作『胃』，『胃』爲『謂』之借字；『也』，甲本同，丁本無。

〔一〇六二〕『也』，丁本同，甲本無。

〔一〇六三〕『之』，丁本同，甲本無。

〔一〇六四〕『來』，據甲、丁本補。

〔一〇六五〕『謂我來矣』，甲本同，丁本脱。

〔一〇六六〕『謂』，甲本同，丁本作『胃』，『胃』爲『謂』之借字。

〔一〇六七〕『將使我』，據丁本補，甲本作『將使』；『率』，丁本同，甲本作『率也』。

〔一〇六八〕『出』，甲本同，丁本作『出我』。

〔一〇六九〕『乃』，甲本同，丁本作『乃後』。

〔一〇七〇〕『謂』，甲本同，丁本作『胃』，『胃』爲『謂』之借字。

〔一〇七一〕『也』，甲本同，丁本無。
〔一〇七二〕『棘』，甲、丁本無；『召己』，據甲、丁本補。
〔一〇七三〕『僕』，丁本同，甲本作『御』。
〔一〇七四〕『衣』，甲、丁本無。
〔一〇七五〕『之』，甲本同，丁本無。
〔一〇七六〕『欲』，甲本同，丁本作『使』；『趨』，底本、甲本原作『趍』，據《廣韻》應爲『趨』之俗字，丁本作『趣』，『趣』爲『趨』之借字。
〔一〇七七〕『序』，甲本同，丁本作『厚』；『志歎』，當作『忠敬』，據甲、丁本改；『也』，甲本同，丁本無。
〔一〇七八〕『也』，甲、丁本無。
〔一〇七九〕『干』，甲本同，丁本脱；『旇』，當作『旄』，據甲、丁本改，《敦煌經部文獻合集》逕釋作『旄』。
〔一〇八〇〕『我』，當作『戎』，據甲、丁本改。
〔一〇八一〕『車』，當作『率』，據丁本改，甲本作『帥』，亦可通。
〔一〇八二〕『華』，當作『乘』，據甲、丁本改；『馬』，甲、丁本同，當作『焉』，據阮校及文義改。
〔一〇八三〕『者』，甲、丁本無。
〔一〇八四〕『流』，丁本脱，當作『旒』，據甲本改，『流』爲『旒』之借字；『者』，甲本作『貌』，丁本作『狠』，誤。
〔一〇八五〕『萃』，當作『瘁』，據甲、丁本改，『萃』爲『瘁』之借字。
〔一〇八六〕『懼』，丁本同，甲本作『懼也』。
〔一〇八七〕『燋』，當作『憔』，據甲、丁本改，『燋』爲『憔』之借字。
〔一〇八八〕『其』，據甲、丁本補；『政』，甲、丁本作『正』，均可通；『也』，甲、丁本無。

〔一〇八九〕『往』，甲本同，丁本作『住』，誤。
〔一〇九〇〕『英英』，丁本同，甲本作『央央』。
〔一〇九一〕『也』，甲本同，丁本無。
〔一〇九二〕『文』、『之』，據甲、丁本補；『也』，甲、丁本無。
〔一〇九三〕『朔方』，據甲、丁本補。
〔一〇九四〕『之』，據甲、丁本補；『國』，丁本同，甲本作『國也』。
〔一〇九五〕『貎』，甲本同，丁本作『狠』，誤。
〔一〇九六〕『曰』，甲、丁本作『爲』。
〔一〇九七〕『英英』，丁本同，甲本作『央央』。
〔一〇九八〕『明』，甲本作『明也』，丁本作『明狠』。
〔一〇九九〕『王使』，甲本同，丁本脱；『將』，據甲、丁本補。
〔一一〇〇〕『往』，甲本同，丁本作『住』，誤。
〔一一〇一〕『御』，甲、丁本作『禦』，『御』有『禦』義；『狄難』，丁本同，甲本作『北狄之難』；『也』，丁本同，甲本無。
〔一一〇二〕『方』，丁本同，甲本作『方也』。
〔一一〇三〕『荍荍』，甲、丁本作『赫赫』，據《集韻》，『荍』與『赫』同，《敦煌經部文獻合集》認爲『荍』爲『赫』之俗字。
〔一一〇四〕『也』，甲本作『貎』，丁本無。
〔一一〇五〕『役』，甲本同，丁本作『伇』，『伇』同『役』。

〔一〇六〕『戍』，甲本同，丁本無；『役』，甲本作『役』，丁本無，『役』同『役』；『壘』，甲本同，丁本作『軍壘』。

〔一〇七〕『征』，甲本同，丁本作『征伐』；『者也』，甲本作『也』，丁本無。

〔一〇八〕『皇』，丁本同，甲本作『遑』，均可通。

〔一〇九〕『涷』，當讀作『涷』，甲、丁本作『涷』；『始』，丁本同，甲本無；『也』，甲本同，丁本無。

〔一一〇〕『者』，甲、丁本無。

〔一一一〕『之』，據甲、丁本補；『也』，甲本同，丁本無。

〔一一二〕『此』，據甲本補；『以此時』，丁本脱；『伐』，甲本同，丁、戊本無；『允』，戊本同，當作『狁』，據甲、丁本改，『允』爲『狁』之借字。戊本始於此句。

〔一一三〕『澗』，當作『間』，據甲、丁、戊本改，『澗』爲『間』之借字；『息』，甲、戊本同，丁本作『息之時』。

〔一一四〕『歸』，據甲、丁本補。

〔一一五〕『戒』，甲、戊本同，丁本作『策』；『命』，丁、戊本同，甲本作『命也』。

〔一一六〕『急』，甲、戊本同，丁本作『難』。

〔一一七〕『策』，戊本同，甲、丁本作『書』。

〔一一八〕『投』，當作『救』，據甲、丁、戊本改；『之』，甲、戊本同，丁本作『之也』。

〔一一九〕『跳躍』，丁本同，甲本作『躍』，戊本作『跳』。

〔一二〇〕『論』，戊本同，甲、丁本作『喻』，均可通。

〔一二一〕『狁』，甲、丁本同，戊本作『允』，『允』爲『狁』之借字。

〔一二二〕『嚮』，甲、戊本作『鄉』，丁本作『響』，『響』、『鄉』均爲『嚮』之借字。

〔一二三〕『焉』，甲、戊本同，丁本無。

〔一二四〕「草蟲鳴」，甲、戊本同，丁本脱。
〔一二五〕「也」，甲、戊本同，丁本無。
〔一二六〕「以」，甲、戊本同，丁本作「因」；「時」，甲、戊本同，丁本脱；「見而興也」，甲本作「所見而興之」，丁本作「所見以興之爾也」，戊本作「而見興也」。
〔一二七〕「也」，甲、戊本同，丁本無。
〔一二八〕「也」，甲本同，丁、戊本無。
〔一二九〕「蒼」，丁、戊本同，甲本作「倉」，均可通；「庚」，甲、戊本同，丁本作「鶊」，均可通。
〔一三〇〕「繁」，丁本同，當作「蘩」，據甲、戊本改，「繁」爲「蘩」之借字。
〔一三一〕「誶」，丁本同，甲、戊本作「訊」，均可通。
〔一三二〕「還」，甲、戊本同，丁本作「旋」。
〔一三三〕「誶」，丁本同，甲、戊本作「訊」，均可通。
〔一三四〕「誶」，甲、丁、戊本作「訊」，均可通。
〔一三五〕「言」，甲本同，丁、戊本作「言也」。
〔一三六〕「湅」，戊本同，當讀作「湅」，甲、丁本作「湅」；「始」，甲、丁、戊本無；「時」，甲、戊本同，丁本作「之時」；「及」，當作「反」，據甲、丁、戊本改。
〔一三七〕「役」，據甲、戊本補，丁本作「役」，「役」同「役」。
〔一三八〕「事」，甲本作「其事」，丁本作「時事」，戊本作「事者」。
〔一三九〕「之」，丁本同，甲、戊本作「之也」。
〔一四〇〕「執誶」，甲、丁本脱，據戊本補。

〔一一四一〕『至』，甲、丁、戊本無，《敦煌經部文獻合集》認爲『至』字係衍文，當删；『問』，甲、戊本同，丁本作『問者』；『及』，甲本亦脱，據丁、戊本補。

〔一一四二〕『也』，據甲、丁、戊本補。

〔一一四三〕『允』，戊本同，當作『狁』，據甲、丁本改，『允』爲『狁』之借字。

〔一一四四〕『也』，甲、戊本同，丁本無。

〔一一四五〕『伐』，甲、丁本同，戊本作『代』，誤。

〔一一四六〕『平』，甲、戊本同，丁本作『伐』；『允』，戊本同，當作『狁』，據甲、丁本改，『允』爲『狁』之借字；『者』，甲、戊本同，丁本無。

〔一一四七〕『玁』，甲、戊本同，丁本脱；『允』，戊本同，當作『狁』，據甲、丁本改，『允』爲『狁』之借字。

〔一一四八〕『以』，甲、戊本同，丁本脱；『之也』，甲本無，丁、戊本作『也』。

〔一一四九〕『杕』，甲、戊本同，丁本作『狄』。

〔一一五〇〕『役』，丁本同，甲、戊本作『役』，『役』同『役』。

〔一一五一〕『役』，丁本同，甲、戊本作『役』，『役』同『役』。

〔一一五二〕『戍』，甲、戊本同，丁本作『戎』，誤；『役』，丁本同，甲、戊本作『役』，『役』同『役』。

〔一一五三〕『杕』，甲、戊本同，丁本作『狄』。

〔一一五四〕『晥』，戊本同，丁本作『睆』，甲本作『睆』，據《篇韻》『晥』同『睆』，《敦煌經部文獻合集》逕釋作『睆』，認爲甲本『睆』字誤，『傳』中『晥』字同此，不另出校。

〔一一五五〕『既』，甲、丁、戊本無，應係衍文，當删。

〔一一五六〕『實』，據甲、丁、戊本補；『白』，當作『貌』，據甲、丁、戊本改；『也』，戊本同，甲、丁本無。

〔一一五七〕『杕』，甲、戊本同，丁本作『狄』；『蕃』，甲本同，丁本作『番』，戊本作『藩』，『番』、『藩』均爲『蕃』之借字；『滋』，甲、戊本同，丁本作『茲』，『茲』通『滋』。

〔一一五八〕『役』，丁本同，甲、戊本作『役』，『役』同『役』。

〔一一五九〕『也』，戊本同，甲本無，丁本作『爾』。

〔一一六〇〕『行』，甲、戊本同，丁本作『戍』；『役』，丁本同，甲、戊本作『役』，『役』同『役』；『嗣續』，丁本同，甲、戊本作『續嗣』；『月』，甲、丁、戊本無，應係衍文，當删。

〔一一六一〕『息』，甲本同，丁、戊本作『息也』。

〔一一六二〕『悲』，當作『止』，據甲、丁、戊本改。

〔一一六三〕『皇』，丁、戊本同，甲本作『遑』，均可通，『箋』中『皇』字同此，不另出校。

〔一一六四〕『十』，甲、戊本同，丁本作『陽』；『陽』，甲、戊本同，丁本作『傷』。

〔一一六五〕『暇』，丁、戊本同，甲本作『暇』，均可通。

〔一一六六〕『已』，甲、戊本同，丁本作『已甚』；『矣』，甲、戊本同，丁本無。

〔一一六七〕『行』，丁本同，甲、戊本作『征』；『閒』，甲本同，丁、戊本作『閑』，亦可通；『暇』，丁、戊本同，甲本作『暇』，均可通；『且』，甲、戊本同，丁本作『旦』；『也』，甲、戊本同，丁本無。

〔一一六八〕『得』，丁本亦脱，據甲、戊本補。

〔一一六九〕『説』，甲、戊本同，丁本作『悦』，『説』有『悦』義。

〔一一七〇〕『思』，甲、戊本同，丁本脱。

〔一一七一〕『暮』，丁本同，甲、戊本作『莫』，《敦煌經部文獻合集》指出，『莫』與『暮』爲古今字；『小』，甲、丁、戊本無，應係衍文，當删；『者矣』，甲、丁本無，戊本作『也』。

〔一一七二〕『杕』，甲、戊本同，丁本作『狖』。

〔一一七三〕底本『葉』字『世』部原寫作『云』，蓋爲避唐太宗諱而改。

〔一一七四〕『心』，戊本同，甲、丁本無。

〔一一七五〕『也』，丁本同，甲、戊本無。

〔一一七六〕『踰』，丁、戊本同，甲本作『逾』，均可通；『之也』，丁本同，戊本作『也』，甲本無。

〔一一七七〕『非菜也』，戊本同，甲本作『非常菜也』，丁本作『非可食之采』，『采』爲『菜』之借字，《敦煌經部文獻合集》誤認爲丁本『采』作『菜』。

〔一一七八〕『升』，甲、戊本同，丁本作『昇』，『升』有『昇』義；『山』，據甲、丁、戊本補；『者』，丁、戊本同，甲本無。

〔一一七九〕『以』，甲、戊本同，丁本作『而』；『君』，甲、戊本同，丁本作『其君』；『也』，丁本同，甲本無，戊本作『爲』。

〔一一八〇〕『痯痯』，甲、戊本同，丁本作『管管』，『管』爲『痯』之借字。

〔一一八一〕『役』，丁本同，甲、戊本作『役』，『役』同『役』；『也』，甲、戊本同，丁本無。

〔一一八二〕『弊』，丁、戊本同，甲本作『敝』；『貌』，甲、丁本同，戊本作『貌也』。

〔一一八三〕『痯痯』，甲、戊本同，丁本作『管管』，『管』爲『痯』之借字。

〔一一八四〕『貌』，甲、丁本同，戊本脱；『也』，戊本同，甲、丁本無。

〔一一八五〕『言其來近』，甲本作『言其來喻路近』，丁本作『言其遠愈近也』，戊本作『言其來愈近也』。

〔一一八六〕『疚』，甲、丁本同，戊本作『欠』，均可通，『箋』中『疚』字同此，不另出校。

〔一一八七〕『非』，甲、丁本同，戊本作『非也』。

〔一一八八〕『期』，甲、戊本同，丁本作『期而』；『也』，戊本同，甲、丁本無。

〔一一八九〕『來』，甲本同，丁本作『來乎』，戊本作『來也』。

〔一一九〇〕『憂』，甲、戊本同，丁本作『而憂』；『病』，甲、丁本同，戊本作『病也』。

〔一一九一〕斯二〇四九止于此句之『而多』，伯四九九四起于此句之『爲恤』。

〔一一九二〕『也』，戊本同，甲、丁本無。

〔一一九三〕『恤』，甲、丁、戊本無，應係衍文，當刪。

〔一一九四〕『也』，甲、丁本作『之』，戊本作『之也』。

〔一一九五〕『偕』，甲本同，丁、戊本作『皆』，『皆』通『偕』。

〔一一九六〕『爾』，丁、戊本同，甲本作『邇』，均可通。

〔一一九七〕『也』，甲、丁、戊本無。

〔一一九八〕『爾』，丁、戊本同，甲本作『邇』，均可通。

〔一一九九〕『也』，甲、戊本同，丁本無。

〔一二〇〇〕『偕』，甲、戊本同，丁本作『皆』，『皆』通『偕』。

〔一二〇一〕『也』，戊本同，甲、丁本無。

〔一二〇二〕『俱』，甲、戊本同，丁本作『但』。

〔一二〇三〕『摇』，底本右下角殘，其右半據甲、丁、戊本『繇』字補，當作『繇』，據甲、丁、戊本改。

〔一二〇四〕『征夫』，甲、戊本同，丁本作『行未』；『耳』，甲本同，丁本無，戊本作『耳也』。

〔一二〇五〕『杕』，甲、戊本同，丁本作『狄』。

〔一二〇六〕『向』，當作『句』，據甲、丁、戊本改。

〔一二〇七〕『下』，丁本同，甲、戊本無，《敦煌經部文獻合集》認爲『下』字係衍文，當删。
〔一二〇八〕『微』，當作『薇』，據甲、丁、戊本改，『微』爲『薇』之借字。
〔一二〇九〕『勤』，甲、戊本同，丁本作『懃』，均可通。
〔一二一〇〕『美』，據甲、丁、戊本補。
〔一二一一〕『矣』，甲、戊本同，丁本用朱書寫作『也』，《敦煌經部文獻合集》認爲丁本無，誤。
〔一二一二〕『爲』，當作『謂』，據甲、丁、戊本改，『爲』爲『謂』之借字；『夏』，丁本同，甲本作『夏也』，戊本作『憂也』，『憂』字誤。
〔一二一三〕『也』，甲、戊本同，丁本無。
〔一二一四〕『也』，戊本同，甲、丁本無。
〔一二一五〕『鯊』，甲、戊本同，丁本作『魦』，誤，『傳』中『鯊』字同此，不另出校。
〔一二一六〕『也』，甲、戊本同，丁本無。
〔一二一七〕『苟』，丁本作『茍』，當作『笱』，據甲、戊本改，甲、戊本『笱』後有『也』字。
〔一二一八〕『楊』，甲、戊本同，丁本作『陽』，『陽』爲『楊』之借字；『也』，甲、戊本同，丁本無。
〔一二一九〕『鮀』，甲、戊本同，丁本作『鮑』，據《康熙字典》所引《篇海》，『鮑』音義與『鮀』同。
〔一二二〇〕『多』，甲、戊本同，丁本脱。
〔一二二一〕『有』，甲、戊本同，丁本作『以』。
〔一二二二〕『矣』，甲本同，丁、戊本無。
〔一二二三〕『火』，甲、戊本同，丁本原作『大』，後用朱書改作『火』，『火』後原有『事』字，後用朱書改作『田』。
〔一二二四〕『不折』，據甲、戊本補，丁本作『不折傷』；『槎』，甲、戊本作『操』，丁本作『芟不槎』。

〔一二二五〕「斤斧」，丁、戊本同，甲本作「斧斤」。

〔一二二六〕「材」，當作「豺」，據甲、丁、戊本改，「材」爲「豺」之借字，《敦煌經部文獻合集》釋作「犲」；「故」，丁本作「獸」，當作「殺」，據甲本改，戊本作「煞」，「煞」有「殺」義。

〔一二二七〕「漁」，甲、戊本同，丁本作「魚」。

〔一二二八〕「祭」、「内」，甲、丁、戊本無，應係衍文，當刪；「擊」，據甲、丁、戊本補；「尉」，當作「罻」，據甲、丁、戊本改。

〔一二二九〕「掩」，甲、戊本同，丁本作「奄」，「奄」爲「掩」之借字。

〔一二三〇〕「麋」，丁本作「麑」，當作「麛」，據甲、戊本改，「麑」爲「麛」之別體。

〔一二三一〕「寒」，當作「塞」，據甲、丁、戊本改，《敦煌經部文獻合集》逕釋作「塞」。

〔一二三二〕「不」，據甲、丁、戊本補；「數」，甲、戊本同，丁本作「緵」。

〔一二三三〕「入」，甲、丁本同，戊本作「乃入」。

〔一二三四〕「焉」，當作「鳥」，據甲、丁、戊本改，《敦煌經部文獻合集》逕釋作「鳥」；「鼈」，甲本同，丁、戊本作「鱉」，「鼈」通「鱉」；「然也」，甲本作「所然」，丁本作「所」，戊本作「所然也」，《敦煌經部文獻合集》釋作「性然也」，蓋未注意「性」字旁有刪除符號。

〔一二三五〕「美」，甲本同，丁本作「既美」，戊本作「美矣」；「此魚又多也」，甲、戊本同，丁本作「魚又多」。

〔一二三六〕「鯢」，甲、戊本作「鯛」，丁本作「鰈」，《敦煌經部文獻合集》指出「鯢」爲「鯇」之形誤；「也」，甲、戊本同，丁本無。

〔一二三七〕「多」，甲、戊本同，丁本作「既多」；「而」，甲、丁本同，戊本脫；「又」，甲、戊本同，丁本作「有」，「有」爲「又」之借字；「也」，甲、戊本同，丁本無。

〔一二三八〕『鮎』，丁本同，甲、戊本作『鮎也』。

〔一二三九〕『酒美』，甲、戊本同，丁本作『酒既美』；『而』，甲、丁本同，戊本作『如』；『有』，甲、丁本同，戊本作『有也』。

〔一二四〇〕『箋云』，據甲、丁、戊本補。

〔一二四一〕『魚既多』，據甲、丁、戊本補。

〔一二四二〕『又善也』，據丁本補，甲本作『又善』，戊本作『而又善也』。

〔一二四三〕『物其旨矣』，據甲、丁、戊本補。

〔一二四四〕『維其偕矣』，據甲本補，丁、戊本作『維其皆矣』，『皆』通『偕』。

〔一二四五〕『既』，甲、丁本同，戊本脱。

〔一二四六〕『等』，甲、丁本同，戊本作『等也』。

〔一二四七〕『有』，甲、戊本同，丁本作『有矣』。

〔一二四八〕『時』，甲本同，丁、戊本作『時也』。

〔一二四九〕『其』，戊本同，甲本無；此句及上句，丁本脱。

〔一二五〇〕『三章章二句』，丁本亦脱，據甲、戊本補。

〔一二五一〕『絜』，甲、戊本同，丁本作『潔』，均可通。

〔一二五二〕『辭』，甲、丁本同，戊本作『辭也』。

〔一二五三〕『二』，當作『三』，據甲、丁本及文義改，戊本脱。

〔一二五四〕自『鄉飲酒』至『鹿鳴之什〔十〕篇五〔十〕〔五〕章三百十五句』一段，戊本無。

〔一二五五〕『則』，甲本無，丁本原作『亦』，後用朱書塗抹，《敦煌經部文獻合集》釋丁本作『亦』。

〔一二五六〕『乃』，當作『曰』，據甲、丁本改。

〔一二五七〕『懸』，丁本同，甲本作『縣』，《敦煌經部文獻合集》指出，『縣』與『懸』爲古今字。

〔一二五八〕『時』，甲、丁本無，疑爲衍文，《敦煌經部文獻合集》失校。

〔一二五九〕『其時在耳』，甲本作『時俱在耳』，丁本作『時但在耳』。

〔一二六〇〕『弟』，當作『第』，據甲、丁本改，『弟』爲『第』之本字。

〔一二六一〕『其』、『衆』，據甲、丁本補；『則』，甲本同，丁本作『即』。

〔一二六二〕『詁』，丁本同，甲本作『詰』，誤。

〔一二六三〕『義』，據甲、丁本補。

〔一二六四〕『其』，據甲、丁本補。

〔一二六五〕『爾』，丁本同，甲本作『耳』，均可通。

〔一二六六〕『下』，據甲、丁本補；『制也』，甲本無，丁本作『也』。

〔一二六七〕『十』、『十五』，據甲本補。此句及下句，丁本脱。

〔一二六八〕『十』，甲本作『一十』。

〔一二六九〕甲本無此句，丁本此句後朱書『校訖』二字，戊本此句前有另一筆體的題記：『寅年浄土寺學生趙令全讀寫記（？）』。

參考文獻

Descriptive Catalogue of the Chinese Manuscripts from Tunhuang in the British Museum, p. 230；《敦煌遺書總目索引》三一一頁；《孔孟學報》一九六九年一七期，一七七至一七八頁；《華岡學報》一九七〇年六期，七、一三頁；《敦煌詩經卷

子研究論文集》二七四至二八五頁（圖）、一五〇、一五六頁；《十三經注疏》三八九至四一八頁；《敦煌寶藏》一五冊，五二八至五三三頁（圖）；《敦煌寶藏》一三五冊，一一三頁（圖）；《敦煌研究》一九八七年一期，八三至八四頁；《孔孟月刊》一九九二年一一期，三至一三頁；《英藏敦煌文獻》三卷，一九四至二〇一頁（圖）；《第三屆詩經國際學術會議研討會論文集》三六六至三六七頁；《南京師範大學文學院學報》二〇〇四年二期，四六至四七頁；《英藏敦煌社會歷史文獻釋録》一卷，二三一至二三六頁；《敦煌詩集殘卷輯考》四六四頁；《法藏敦煌西域文獻》三三冊，三四五頁（圖）；《全敦煌詩》二冊，三二一至四五三頁（録）；《敦煌經籍敘録》一七〇至一七一頁；《英藏敦煌社會歷史文獻釋録》六卷，三九二至四〇六頁（録）；《敦煌經部文獻合集》二冊，七三七至八五三頁（録）。

伯四九九四背+斯二〇四九背　諸雜記字

釋文

諸雜記字，録爲用後流傳　捷（?）藏

正月孟春猶寒，二月仲春漸暖（暄）[一]，三月季春漸（極）暄[二]；四月孟夏盛（漸）熱[三]，五月仲夏盛熱，六月季夏極熱；七月孟秋已（餘）熱[四]，八月仲秋漸涼，九月季秋霜冷；十月孟冬漸寒，十一月仲冬盛寒，十二月季冬極寒。

四時　春、夏、秋、冬。

八節　立春、春分、立夏、夏至、立秋、秋分、立冬、冬至。

三才　天、地、人。

四瀆　江、河、淮、濟。

五嶽　東嶽太山、西嶽華山、南嶽衡山、北嶽恒山、中嶽嵩高山。

王朝（昭）君〔五〕　　安雅

自君信丹青，曠妾在躍（掖）庭〔六〕。
晦（悔）不隨衆類〔七〕，將金買幃屏。
惟育（盲）在視遠〔八〕，惟聡在聽德。
奈何萬乘君，而爲一夫或？
所接（居）近天闕〔九〕，咫尺見天顔。
聲盡不聞叫，力微安可攀〔一〇〕？
初駕（驚）中使入〔一一〕，忽道君王唤。
君王見妾來，矩（遽）戰（展）畫圖開〔一二〕。
知妾往（枉）如此〔一三〕，度容還既（幾）迴〔一四〕。
患秈欲歸皆，東規及濁於。
地光照隻血，歸火入空城。
不了清雲事，空（？）披白髮生。
聖朝今用武，晦（悔）不早論平〔一五〕。
朕以富宫室，美人者（看）未畢〔一六〕。
故勒就丹青，不（所）期按聲實〔一七〕。

披圖閱宮女〔一八〕，爾獨負儔侶。
單于頻請婚，倏忽俁然許。
今日見娥眉，深辜在畫師。
故我不明察〔一九〕，小人能面欺。
掖庭連大內，尚敢相矇昧。
有怨不得申，况在朝廷外？
往者不可追，來者猶可思。
鬱陶胡（乎）余心〔二〇〕，顏後（厚）有忸怩〔二一〕。
士（所）談不容易〔二二〕，天子言無戲。
豈緣賤妾情，遂失邊蕃意〔二三〕。
二八進王宮，三千（十）和遠戎〔二四〕。
維（雖）非兒女願〔二五〕，終是丈夫雄。
脂粉惣留著，管（？）弦不將去。
女爲悦己容，彼非賞心處。
禮者請行行，前駈已抗旌。
琵琶馬止（上）曲〔二六〕，楊柳塞垣情。

抱鞍啼未已，牽馬私然喜。
顧見（恩）不告勞〔二七〕，爲國豈辭死？
太白食毛（髦）頭〔二八〕，中黄没戌樓。
胡與（馬）不南牧〔二九〕，漢君無北憂。
預計難終始，妾心豈期此？
生願疋鴛鸞，死願同螻蟻。
一朝來塞門，心存口不淪（論）〔三〇〕。
縱埋青塚骨，時傷紫庭魂。
綿綿思遠道，宿昔令人老。
寄謝輸金人，玉顔長自保。

古賢集

秦王無道狂誅人，選士投坑惣被分（焚）〔三一〕。
范睢折肋人疑死，誰言重得相爲秦。
相如道（盜）入胡安學〔三二〕，好讀經書人不聞〔三三〕。
孔丘雖然有聖德，中（終）歸不免厄於秦（陳）〔三四〕。

匡衡鑿壁偷光學，專（搏）錐刺股有蘇秦〔三五〕。
孫景懸梁由（猶）恐睡〔三六〕，姜功（肱）翫業不憂貧〔三七〕。
車胤聚螢時影（暎）雪〔三八〕，桓榮得貴費金銀。
造賦題篇曹子建，羅含吞鳥日才辛（新）〔三九〕。
你（寧）威（戚）持（馳）車秦（齊）國相〔四〇〕，朱賣（買）貧窮被棄身〔四一〕。
晏子身微懷智計，雙桃方便煞三臣。
許由洗耳潁川渠，巢父牽牛間（澗）下（上）軀（駈）〔四二〕。
夷齊餓守（首）揚（陽）山下〔四三〕，遊巖養省（性）樂閑居〔四四〕。
荊軻入秦身未達，不解琴音反自誅。
蘇武落番（蕃）思漢帝〔四五〕，身憑鴈足爲傳書。
燕王被囚烏救難，干將造劍喪其軀。
爲父報酬（讎）眉間尺〔四六〕，直諫忠臣午（伍）子胥〔四七〕。
結草酬恩魏武子，萬代傳名亦不虛。
靈輒一湌扶輪報，隨侯賜藥獲神珠。
太公少年身不遇，八十途（屠）鉤（釣）自釣魚〔四八〕。
有幸得逢金（今）帝主〔四九〕，文王當喚召同君（車）〔五〇〕。

江妃淚染相（湘）川竹〔五一〕，韓憑（朋）守死歎貞夫〔五二〕。
屬（蜀）地救火有鸞（欒）巴〔五三〕，發使驣（騰）星檢不奢〔五四〕。
東方入海求珍寶，舩頭迴面喚官家。
董重（仲）書符去百惡〔五五〕，孫賓（臏）善卜辟妖邪〔五六〕。
張騫奉使尋河路，王母承（乘）龍戴寶花〔五七〕。
歎念閻浮漢武帝，賫糧奉命度流沙。
誰見牽牛別俠（織）女〔五八〕，唯聞海客鎮垂（乘）查〔五九〕。
延陵留劍卦（掛）松枝〔六〇〕，墳下亡人具得知。
伯桃併糧身取死，參神（辰）無義競妻兒〔六一〕。
庭樹三荊恨分別，恒山四鳥歎分離。
割柚（袖）分桃漢武（哀）帝〔六二〕，揚（楊）誅（朱）岐路起慈悲〔六三〕。
曾參至孝無終始，一日三省普天知。
王記（寄）三牲由（猶）不孝〔六四〕，慈母懷愁振（鎮）抱君（飢）〔六五〕。
孟宗冬笋供不闕，郭巨夫妻生葬兒。
董永賣身還（葬）父母〔六六〕，感得天母（女）助絲（機）機（絲）〔六七〕。
高柴泣血傷脾骨，蔡順哀號火散離。

思之可念護（復）思之〔六八〕，孝順無過尹伯奇。
文王得勝忘朋友，放火燒山覓子推。
子夏賢良解易索（色）〔六九〕，顏淵孔子是明師。
集會古賢作聚（字）韻〔七〇〕，故令（今）代使人得知〔七一〕。

落（洛）揚（陽）篇〔七二〕

落（洛）揚（陽）城東桃李花〔七三〕，飛來飛去落垂（誰）家〔七四〕。
落（洛）揚（陽）女兒洗（？）（惜）顏色〔七五〕，行逢落花長歎昔（息）〔七六〕。
今年花落顏色改，明年花開復垂（誰）在〔七七〕。
既是（見）松桓（柏）最爲新〔七八〕，更聞桑田變成海。
古人無復落（洛）城東〔七九〕，今人還對落花蓬。
年年歲歲花相似，歲歲年年人不同。
寄言全（？）盛紅顏子，須憐半是（死）白頭翁〔八〇〕。
此翁白頭真可憐，憶昔紅顏美少年。
公子王孫方（芳）樹下〔八一〕，輕歌妙舞落花前。
光禄池臺聞（文）錦鏽（繡）〔八二〕，將軍樓閣畫神仙。

一朝臥病無知幾（己）〔八三〕，三春行洛（樂）在垂（誰）邊〔八四〕。
宛轉俄（娥）眉能幾時〔八五〕，須臾鶴髮亂如絲。
但看故來歌舞地，唯有黃昏鳥鵲悲。

酒賦

王公特達越今古，六尺堂堂善文武。
但令朝夕醉如泥，不昔（惜）錢財用如土〔八六〕。
遠近咸知用度慣，輕棄隨珠召（趙）玉環〔八七〕。
渌酒長令能袓（漲）海〔八八〕，黃金不用積如山。
奚（嵇）淑（叔）也（夜）〔八九〕，翫（阮）沖（仲）容〔九〇〕，冰玉環（琢）〔九一〕，成千鍾。
爲與劉靈（伶）千日酒〔九二〕，醉臥南山百尺松。
一言道合即知音，酒如泉水肉如林。
有瞻（膽）渾論天去（許）大〔九三〕，太山團作小於心〔九四〕。
癭木悶，犀酒角，長嘯底（抵）脣聲巉（讒）濁（濁）〔九五〕。
白日薗裏訪仙（山）桃（濤）〔九六〕，夜向瓮中（前）尋壁（畢）琢（卓）〔九七〕。

珊瑚杓，金破羅，傾酒濛濛如龍渦。
酒若玄（懸）流注不歇〔九八〕，口如滄海汲黃河。
俄（鵝）兒黃〔九九〕，鴨頭绿，桑落倩（蒲）桃看不足〔一〇〇〕。
相命唯憂日勢耶（斜）〔一〇一〕，琴歡只怕時光促。
燃金燈，熱（爇）玉燭〔一〇二〕，绿珠恒（姮）俄（娥）送歌曲〔一〇三〕。遮莫酒如黑黯啾（湫）〔一〇四〕，終須唫入醎巉谷。
黠（點）清酒〔一〇五〕，如竹葉，玷（黏）著脣〔一〇六〕，甜入頰，尊中湛湛傍人怯。
酒熏（醺）花色赤翩翩〔一〇七〕，面上紫光疑（凝）灄（欇）灄（欇）〔一〇八〕。
鳳凰杯，馬腦（瑙）盞〔一〇九〕，左旋右旋大蟲眼。
十（千）車禄（鹿）哺（脯）作資財〔一一〇〕，百隻槍籌是家產。
無勞四字犯張（章）呈（程）〔一一一〕，不明不快酒滿盛。
銀椀（？）渾擎張口瀉，君廳且作灡（瀺）濁（灂）聲〔一一二〕。
箏笛相和聲沸天，更將新曲入煩（繁）弦〔一一三〕。
爲聽十條（拍）黃花酒〔一一四〕，打折一條白玉鞭。
新開九慍（醞）氣氳氛〔一一五〕，嫌何昔日孟常（嘗）君〔一一六〕。
湖（壺）觴百杯途（徒）浪飲〔一一七〕，張（章）呈（程）未許李稍雲〔一一八〕。

徹曉天明坐不起，毛（酕）桃（醄）命（酩）釘（酊）方（芳）薗（筵）裏〔一一九〕。

迴頭吐出蓮花杯，浮萍草蓋沉香水。

暖咄（淳）咄（淳）〔一二〇〕，本無骨，讌（嚥）入喉中聲嗗嗗〔一二一〕。

納面酒，不（勃）咄調（跳）〔一二二〕，批（撥）醢（醅）甞卻三五瓢〔一二三〕。

心頭舊酒逢新酒，半是含霄（消）半未霄（消）〔一二四〕。

今年九月寒鷹（應）早〔一二五〕，高潘百度尊前到（倒）〔一二六〕。

人醉河（何）愁不得歸〔一二七〕，馬適（識）酒家來去道〔一二八〕。

入凝冬，香滿室，洪（紅）地爐〔一二九〕，相掩（厭）悉（膝）〔一三〇〕。

銀鐺亂點野駞蘇，諜（疊）諜（疊）酒消魚眼出〔一三一〕。

戶外多應凍慓（慄）寒〔一三二〕，薗（筵）中不若（弱）三春日〔一三三〕。

孔夫子，并顏淵，古今高只（哲）稱大賢〔一三四〕。

辯士甲乙魯仲連，何晏馬融老鄭玄。

桃花薗裏看無地，走入胡（壺）中卻有天〔一三五〕。

璨然可觀辭府（賦）客〔一三六〕，興渰（洽）文章高（光）炭（坦）赫〔一三七〕。

人生一代不榮華〔一三八〕，彭租（祖）途（徒）勞年七百〔一三九〕。

醉眠更有何所憂，衣冠身外復何求。

但得清罇消日月，莫愁紅粉（粉）老春秋[一四〇]。

錦衣篇

錦衣長服九天來，禄位功勳剪頭德（得）[一四一]。
地險成功可難策，風大非時報看息。
昨夜龍門僉失威，今日神沙破奚賊。
昏昏煞起（氣）暗腸（常）昏[一四二]，漫漫平川接大同。
坐臥長須記南北，有時迷路失西東。
篇（翩）篇（翩）獵騎奔池（馳）速[一四三]，射煞罷（熊）悲（羆）滿山欲（谷）[一四四]。
忽有強風動地來，寮（繚）亂風沙迷人目[一四五]。
長成（城）自故（古）足虜哀[一四六]，怨騎松煙閉不開。
愁雲盡侯（候）朝（昭）君墓[一四七]，悲風還度李陵臺。
鼓聲罷兮角聲遠，由（遊）侯（候）長恐臥霜散（霰）[一四八]。
自進邊亭卅年，一身爲力千塲戰。
與路征其怨怨巡，金鉀磨肋惣欲穿[一四九]。

疋馬難行胡媚磧，披裘獨望不啼川。
東道白兮西道白，暖少寒多不生草。
積雪千年尚未消，征人迷漠風沙老。
不知開閉寄（幾）千秋〔一五〇〕，此地從來戰未休。
明主計論邊庭苦，將軍何立（慮）不公侯〔一五一〕。

漢家篇〔一五二〕

漢家煙塵在東北，漢將辭家破殘賊。
丈夫本字（自）重横行〔一五三〕，天子非常賜顔色。
從（樅）今（金）伐樹（鼓）下榆關〔一五四〕，青（旌）弗（旆）夜（逶）多（迤）竭（碣）石間〔一五五〕。
效（校）謂（尉）尉（羽）書非（飛）瀚海，禪（單）于獵火照狼山。
山川消（蕭）跳（條）及（極）邊土，胡拒（騎）憑陵雜風雨。
戰士君（軍）前半死生，美人帳下猶歌舞。
大莫（漠）窮秋塞草排（腓），孤城落日鬬兵希。
身當恩擬（遇）恒輕敵，力盡關山未假（解）威（圍）。

鐵衣遠戍新（辛）懃久，玉敵（筯）慇懃別離後〔一五六〕。
小（少）婦城南欲斷腸，行人計（薊）不（北）空迴手（首）。
邊庭逍（飄）遥（颻）難（那）可度，絶卻（域）蒼芒（茫）無士（所）有。
煞氣三時作陳雲，寒星（聲）一夜傳刁鬬（斗）。
相看白刀（刃）雪（血）分（紛）分（紛），四（死）節從來起（豈）故（顧）薰（勳）。
君不見沙場征戰苦，只（至）今由（猶）憶李將君（軍）〔一五七〕。

〔大〕〔漠〕〔行〕〔一〕〔首〕〔一五八〕

五將登憻（壇）俱出師〔一五九〕，長風萬里送旌旗。
太白〔星〕前分鉀胄〔一六〇〕，蒼龍卻（闕）下度罷（熊）熊（羆）〔一六一〕。
空（崆）相（峒）沐（木）洛（落）邊卅（秋）草（早）〔一六二〕，故木黃龍自（白）登道〔一六三〕。
黃雲黯黯日光邪，其地故風吹白沙〔一六四〕。
照（昭）君一去留胡地〔一六五〕，蘇武長年一（憶）漢家〔一六六〕。
戎衣不脱生冰雪，汗馬連年長被鐵。

揚業樓中不記書，速（蓮）花劒裹空流血〔一六七〕。
登聲（城）四故（顧）何牤（茫）牤（茫）〔一六八〕，鐵額錭（銅）頭埋戰場〔一六九〕。
翁（功）明（名）只（至）幾（今）幾（知）河（何）在〔一七〇〕，今日歸心逐鴈行。

〔老〕〔人〕〔篇〕〔一七一〕

老人甲子垂（誰）計論〔一七二〕，耳中白毛卅根。
鳥（釣）魚幾年如一日〔一七三〕，懸（船）泉（舷）數寸青移（苔）根（痕）〔一七四〕。
人生姓（性）命畢歸至〔一七五〕，精醜（魄）香（傷）風（失）向流水〔一七六〕。
月如鉤在林（輪）有（影）中〔一七七〕，風似人來離（荻）聲裹〔一七八〕。
蒲葉高羝（低）渴（沒）釣幾（磯）〔一七九〕，破丹（舟）人（仍）計（繫）落（緑）陽（楊）枝〔一八〇〕。
水流不爲人流去，魚落（樂）寧知人記（樂）時〔一八一〕。
吐（土）龕門前一行柳〔一八二〕，獨運青絲織魚狗（笱）〔一八三〕。
柳花漠漠飛湯（復）飛〔一八四〕，魚鉤如今落垂（誰）手〔一八五〕。
唯（余）著（嗟）老人多悲新（辛）〔一八六〕，老人昔日傷幾人。
人精（情）相奄（掩）且相待（歎）〔一八七〕，不汙（喜）河頭春復春〔一八八〕。

〔飲〕〔馬〕〔長〕〔城〕〔窟〕〔行〕〔一八九〕

長安少年無怨（遠）途（圖）〔一九〇〕，一生唯賊（羡）執金悟（吾）〔一九一〕。
鏌（麒）鱗（麟）殿前拜天子〔一九二〕，走馬爲君西擊乎（胡）〔一九三〕。
黃沙颮颮順（吹）人面〔一九四〕，漢路（虜）相望不相見〔一九五〕。
唯聞金鼓動地來，傳道單于夜猶戰。
平生古（顧）恩不故（顧）身〔一九六〕，爲君一行摧萬人。
力士暉（揮）戈輝白日〔一九七〕，兇奴瀝血染朱輪。
迴來飲馬長城窟，長城魯（路）傍多白骨〔一九八〕。
問之衹（耆）老何代人〔一九九〕，云是奏（秦）王築城卒〔二〇〇〕。
黃昏塞外無人煙，鬼哭喭喭聲沸天。
無罪天（見）朱（誅）功不賞〔二〇一〕，怨魂零落此城邊。
當息（昔）秦王案（按）劒氣（起）〔二〇二〕，諸侯膝下不敢是（視）〔二〇三〕。
國富兵強卅年，竹（築）遠（怨）兇奴九年（千）里〔二〇四〕。
秦王築城何大愚〔二〇五〕，上天滅秦非北胡。
一朝火（禍）炬（起）消（蕭）塲（牆）內〔二〇六〕，爲滅（滅）蕆（咸）陽不復

伯四九九四背+斯二〇四九背

都〔二〇七〕。

〔惜〕〔罇〕〔空〕〔二〇八〕

君不見黄〔河〕之水天上來〔二〇九〕，奔流到海岸不復迴〔二一〇〕。
君不見牀頭明鏡悲白髮，朝下（如）青雲暮成雪〔二一一〕。
如（人）生得意須盡官（歡）〔二一二〕，莫使金罇〔空〕對〔月〕〔二一三〕。
天生吾相有俊才〔二一四〕，千金散盡復還來。
烹羊宰牛直（且）爲落（樂）〔二一五〕，迴（會）須一飲三百杯〔二一六〕。
琴（岑）夫子〔二一七〕，丹丘生，
請君歌一曲，願君爲我傾。
鍾鼓玉帛起（豈）足貴〔二一八〕，但願長醉不須喔〔二一九〕。
故（古）來賢聖皆死盡〔二二〇〕，唯有飲者留其名。
秦王筑城宴平落（樂）〔二二一〕，斗酒十千紫（恣）歡虐〔二二二〕。
主人何爲言少錢，徑須沽取對君酌。
五騧馬〔二二三〕，千金裘，
沽（呼）兒將出好（換）美酒〔二二四〕，與汝同歡（銷）萬固（古）愁〔二二五〕。

君不見咸揚（陽）城北咸陽原〔二二六〕，原上青陵漢家帝。
白雲蒼梧起與九（無）〔二二七〕，珠簾玉椀何時比。
憶憶昔布衣稱漢楊（陽）〔二二八〕，〔□〕〔□〕〔□〕埸虧百萬〔二二九〕。
興（釁）興（釁）孟（盟）血字四方〔二三〇〕，子孫故託其夫長。
地臺鍾鼓落（樂）未殃（央）〔二三一〕，千秋萬歲歸山崗（崗）〔二三二〕。
松柏無根蒿色裹〔二三三〕，鴿變威盡秋煙起。
常（長）樂鍾聲入慕（暮）天〔二三四〕，平生樹柏對平千。
地下應埋三尺劍，人間上有五銖錢。
常聞照母珠真塞，別有千秋林皆翫起〔二三五〕。
金（今）日延年梅樹來〔二三六〕，當時七（期）月（曰）諸侯至〔二三七〕。
七（期）沙（殺）英雄不足襟（矜）〔二三八〕，充（衝）天折極（戟）競（竟）無能〔二三九〕。
焉知魂歸風癈〔二四〇〕，唯有星明卦（掛）五鄰（陵）〔二四一〕。

老人相問嗟歎詩〔二四二〕

幸因逐（遊）賞起（去）西東〔二四三〕，陌上春遊逢一翁。
其翁皓髮面無色，策仗（杖）微微怨無力。
引耳聽言聽不聞，駐目看人看不識。
是時移（余）乃歎其翁，何因發（髮）白面無弘（紅）。
何不雙眉學春柳，標羸兩髮（鬢）逞秋蓬。
翁乃當時聞此語，含笑喚言而（爾）且住〔二四四〕。
體瘦疲（皮）疎吾不將，闇冥昏迷流（留）與汝。
吾嗟三五少年時，神精美貌逞芳茲（姿）〔二四五〕。
莫言我獨今如此，汝等須臾還若斯。

時仲春，草木薪（新）〔二四六〕。初雨後，露（路）無塵〔二四七〕。
林間往往林（臨）花鳥〔二四八〕，樓上時時見美人。
相喚同情共言語，閑悶結伴就毬場。
傳（侍）中手執白玉皷〔二四九〕，都史乘騎紫騮馬。
青一隊，紅一隊，軻皆鈴（玲）籠（瓏）得人愛〔二五〇〕。

前迴斷當不盈（贏）輸〔二五一〕，此度若輸沒須賽。
脱緋紫，著錦衣，銀蹬金鞍耀日暉。
塲裹塵非（飛）馬後去〔二五二〕，空中毬勢仗（杖）前飛〔二五三〕。
求（毬）四（似）星〔二五四〕，仗（杖）如月〔二五五〕，驟馬隨風真（直）充（衝）穴〔二五六〕。
人衣濕，馬汗流，傳聲相問且須休。
或爲馬乏人力盡，還須連夜結殘籌。

藏駒（鈎）〔二五七〕

初年萬物盡迎新，携手稱高望早春。
五五三三連玉臂，窗窗歌詠動寮塵。
非但昌（菖）蒲三兩曲〔二五八〕，不知藏鈎對洛人。
聞道相腰（邀）就客觀〔二五九〕，無防（妨）結束逞腰神（身）〔二六〇〕。
林（臨）鏡更財（裁）眉間柳〔二六一〕，生開粉下點珠（朱）脣〔二六二〕。
廳前詐作於（移）多步〔二六三〕，林（臨）街各各斂紅襟〔二六四〕。
紅巾（襟）斂罷入花堂〔二六五〕，意氣分朋作兩行。

斷當不如他本藉（籍）〔二六六〕，今朝覩一馬，會須先琢得籌多。

用於苑中牧馬思詩曰

紫蝶翩翩趁落花，碧水颻颺弄王（玉）沙〔二六七〕。
岸柳池蒲吐青翠，日照雲山錦作霞。
早起焉（厭）見雙飛鸛〔二六八〕，博（薄）暮愁看遶樹鵶〔二六九〕。
桅（唯）恨斂眉長歎息〔二七〇〕，途中遥望憶思家。
家鄉迢遞縣心憶〔二七一〕，〔縣〕〔心〕憶罷愁不息〔二七二〕。
牧與（馬）窮州涕淚連〔二七三〕，顚（顛）頦西池（施）改容色〔二七四〕。
我妻失兮在閏（閨）榮〔二七五〕，忽憶思兮加添惻。
浩浩天能照知大，〔丈〕夫沉滯囚他國〔二七六〕。

龍門賦　何（河）南縣尉盧竘撰〔二七七〕

國門門南廿里，雙闕峨峨夾伊水〔二七八〕。
不論形勝接皇居，遠澤靈仙亦飛擬。
落（洛）陽士女重青（清）明〔二七九〕，聞向龍門更著情。

鐵關金鏁在關鑰〔二八〇〕，寶與（馬）香車透出城〔二八一〕。
城中歌舞紛然亂，使客驕矜仙結伴〔二八二〕。
晻暖前驚上路塵，崩騰角赴長津岸。
谷谷山山遍勝遊，紅紅緑緑綵（彩）芳舟〔二八三〕。
車上綺羅遥水面，船中鼓笛應山頭。
山頭極目無窮已，咫尺分吹（明）見城裏〔二八四〕。
南膽（瞻）草樹塞野春〔二八五〕，北望樓臺半天去〔二八六〕。
赤縣英寮愛永憶〔二八七〕，清流歌鼓棹弄河湄〔二八八〕。
妙管繁絃聽舊曲，花牋綵筆賦新詩。
弱柳偏宜驕舞熊（態）〔二八九〕，芳悔（梅）併入艷歌詞〔二九〇〕。
貪遊戀賞嫌舟疾，惜景憐春訴酒遲。
王子晉，浮丘佰（伯）〔二九一〕，
昔日伊川迎羽客，曷若今晨讌芳陌。
李元禮，郭林宗，
昔時洛水泛仙舸，何如今日會禪宮。
石爲龕，金爲像，半隱半見遥然望〔二九二〕。

下有水，上有山，一登一弄不能還。
莫怪河邊與（馬）躞蹀〔二九三〕，都由樹裹鳥關關。
巖城黯黯暎然慛〔二九四〕，車騎紛紛盡欲迴。
隱隱山河拔地出，雄雄鍾鼓自天來。
來辭緑水泛紅塵，未（朱）顏酡兮驕上春〔二九五〕。
踏錦筵，坼綺慕（幕）〔二九六〕，緑野曛兮悵餘樂。
歸騎遥排定鼎門，看人半在香山閣。
香山閣上採（彩）雲飛〔二九七〕，綵閣香山望轉微。
嫩柳高花隨意擿，無（金）鞍繡轂當頭歸〔二九八〕。
可憐寒食〔風〕光好〔二九九〕，〔光〕景不留人漸老〔三〇〇〕。
勿涓（謂）行樂長若思〔三〇一〕，威（盛）衰恰似何（河）邊草〔三〇二〕。

北邙篇

南橋昏曉人暮（萬）暮（萬）〔三〇三〕，北邙新故塚千千。
自爲（謂）驕奢彼都邑〔三〇四〕，何圖零落此山顛。
不知虛魄若（尋）歸〔路〕〔三〇五〕，但見僵屍妾（委）篹（墓）田〔三〇六〕。

青松樂飲無容色，〔天〕〔長〕白骨化爲塵〔三〇七〕。

碧山明月徒自曉，黄君（居）闇室不知晨〔三〇八〕。

漢家城廓帝王卅（州）〔三〇九〕，晉國衣棺（冠）車與（馬）流〔三一〇〕。

金國（谷）清（青）春誅（珠）驕（綺）舞〔三一一〕，同（銅）堦碧樹玉人遊〔三一二〕。

雲起（氣）清盈驕畫閣〔三一三〕，水堂明迴弄仙舟。

始憶斷歌催一代，娥（俄）悲長夜歷千煍（秋）〔三一四〕。

煍（秋）風至兮冬虛雪明〔三一五〕，春雨息兮夏雲生。

墨池沙枯通草萬（蔓）〔三一六〕，粧樓凡（瓦）盡向林傾〔三一七〕。

古篋重書宜筆路（跡）〔三一八〕，崩臺鸛思若弦聲〔三一九〕。

不信單（丹）經延篡（暮）齒〔三二〇〕，惟求清（青）史列虛銘（名）〔三二一〕。

烏（嗚）呼哀哉落（洛）陽道〔三二二〕，然（相）斯（思）然（相）望蓬菜（萊）島〔三二三〕。

玉顔暉暉併是春，人髮青青未常（嘗）老〔三二四〕。

星簾卷兮月窗開，鏡花揺兮山樹迴。

仙衣窈窕風吹王（去）〔三二五〕，雨（羽）蓋飛（霏）微舞遶來〔三二六〕。

與君携手三山頂，如何冥寞久泉臺。

呪願文

呪願某郎，身强虎獨（犢）而（如）飛鵄〔三二七〕。珍寶如五嶽，五穀似恒沙。千年受富貴，萬代覓縈（榮）華〔三二八〕。敢（感）得仙人拍櫟（錚）板〔三二九〕，玉女彈琵琶。後薗林檎樹，裹有瑠璃花。東枝一寄鳥，西枝一寄鵶。補（蒲）桃卦（掛）梁上〔三三〇〕，業（葉）業（葉）生蓮花〔三三一〕。男則乘龍馬，女則乘殿（鈿）車〔三三二〕。身登三品位，每日在朝衙。細馬千餘疋，僕徒萬餘强。白象馳金入庫，青牛載〔麥〕入倉〔三三三〕。白銀造南堂，黄金造北堂。瑠璃爲柱，馬惱（瑙）作横梁〔三三四〕。庭前松柏薗，下有秋陰凉。薗〔内〕鳳凰儛〔三三五〕，富貴及公王。朝朝得如此，富貴樂昌昌。呪願禮畢，辭席歸房。

呪願新婦，宜入某郎家門。入門已後，大富吉昌。孝養父母，宜孤（姑）宜章（嫜）〔三三六〕。九族和睦，宜俶（叔）宜郎〔三三七〕。夫妻相敬，比若鴛鴦。生男滿十，七步成章。生女四、五，聘與公王。迴刃裁割，善能戚繡，領方堂裹，巧瑜（逾）織女〔三三八〕。門

户□有清□有一千餘口，沙州宅徒□

牛羊□

崗劍□

磨二日□

□神

（後缺）

説明

此件由斯二〇四九和伯四九九四綴合而成，正面抄寫的是《毛詩鄭箋》，首缺尾全。背面則首全尾缺，首題『諸雜記字録爲用後流傳』，中間有『王朝（昭）君』、『古賢集』、『落（洛）揚（陽）篇』、『酒賦』、『錦衣篇』、『漢家篇』、『老人相問歎詩』、『藏駒（鈎）』、『用於苑中牧馬思詩曰』、『龍門賦』、『北邙篇』、『呪願文』等篇題。其内容可分爲三個部分，第一部分爲書信中之歲時問候語和四時、八節、三才、四瀆、五嶽等常識；第二部分是唐人詩賦合鈔十七篇，其中『大漠行一首』、『老人篇』、『飲馬長城窟行』、『惜罇空』等六篇失題；第三部分是《呪願文》，抄有《呪願某郎》和《呪願新婦》兩篇，係婚禮中讚頌新郎、新婦的文字。

此件雖然内容龐雜，但從筆跡看爲一人所抄，首行『諸雜記字録爲用後流傳』下有『捷（？）藏』二字，『捷（？）』似是此件之主人。正面之《毛詩鄭箋》應是『捷（？）』之私家藏本，他還利用《毛詩鄭箋》背面抄寫一些自己感興趣的文字，因内容不一，故名之爲『諸雜記字』。與此件相似，斯六五三七背也有《諸雜要緣字壹本》的標題，其下抄有『社條』、『阿郎放奴婢書壹道』、『太子修道讚文』、『龍州詞』、『水調詞』、『鄭郎子詞』、『何滿子詞』、『劍氣詞』等。可見，在類似個人筆記性質的文書中，可以把不同類別、不同性質的文字抄寫在一起，而以『諸雜』名之。基於上述認識，此件之釋文未將其中的三種不同性質的文字分别標名，而是將其作爲一件整體進行釋録，或者這樣更能接近抄寫者的原意。

此件中之部分詩賦篇目，亦見於伯二五四四、伯二五五五、伯二六七三、伯二五五二+伯二五六七、伯二七四八、伯二六三三、伯三六一九等卷中，《敦煌詩集殘卷輯考》、《全敦煌詩》據此曾做過校録工作，可參看。《呪願文》中之《呪願新婦》殘損嚴重，且墨色淺淡，不易辨識。現知敦煌文獻與其内容相似的文書有兩件：斯五五四六，首全尾殘，分欄抄寫，首題『呪願壹本』，其下抄有《呪願新郎》和《呪願新婦》兩篇，但其内容比此件多，比較而言，此件似爲簡本。伯三六〇八，夾抄於《唐律疏議》中，原未抄完，并有錯簡，存《呪願某郎》和部分《呪願新婦》的文字。黄徵、吴偉《敦煌願文集》以斯五四四六爲底本，對《呪願文》做過釋録。

校記

〔一〕『暖』，當作『暄』，據伯二〇四二《新集兩親家接客隨月時景儀一卷并序》改。

〔二〕『漸』，當作『極』，據伯二〇四二《新集兩親家接客隨月時景儀一卷并序》改。

〔三〕『盛』，當作『漸』，據伯二〇四二《新集兩親家接客隨月時景儀一卷并序》改

〔四〕『已』，當作『餘』，據伯二〇四二《新集兩親家接客隨月時景儀一卷并序》改。

〔五〕『朝』，當作『昭』，據伯二五五五《詩文集》、伯二六七三《唐詩文叢鈔》及文義改，『朝』爲『昭』之借字。

〔六〕『暉』，當作『掖』，據伯二五五五《詩文集》、伯二六七三《唐詩文叢鈔》改，『暉』爲『掖』之借字。

〔七〕『晦』，當作『悔』，據伯二六七三《唐詩文叢鈔》及文義改，『晦』爲『悔』之借字；『類』，《敦煌詩集殘卷輯考》據伯二六七三《唐詩文叢鈔》釋作『例』。

〔八〕『育』，當作『盲』，據文義改，『盲』當爲『明』之借字，《敦煌詩集殘卷輯考》逕釋作『明』，與底本字形不符。

〔九〕『接』，當作『居』，據伯二六七三《唐詩文叢鈔》及文義改。

〔一〇〕『可攀』，底本有水跡污染，極易誤爲抄寫者塗抹此二字。

〔一一〕『駕』，當作『驚』，據伯二六七三《唐詩文叢鈔》及文義改。

〔一二〕『矩戰』，當作『遽展』，據伯二六七三《唐詩文叢鈔》改，『矩戰』爲『遽展』之借字。

〔一三〕『往』，當作『枉』，據伯二五五五《詩文集》、伯二六七三《唐詩文叢鈔》及文義改，『往』爲『枉』之借字。

〔一四〕『既』，當作『幾』，據伯二五五五《詩文集》、伯二六七三《唐詩文叢鈔》及文義改，『既』爲『幾』之借字。

〔一五〕『晦』，當作『悔』，據文義改，『晦』爲『悔』之借字。

〔一六〕『者』，當作『看』，據伯二五五五《詩文集》、伯二六七三《唐詩文叢鈔》及文義改。

〔一七〕『不』，當作『所』，據伯二五五五《詩文集》、伯二六七三《唐詩文叢鈔》及文義改。伯四九九四背止於此句。

〔一八〕斯二〇四九背起於此句。

〔一九〕『故』，《敦煌詩集殘卷輯考》據文義校作『顧』。

〔二〇〕『胡』，當作『乎』，《敦煌詩集殘卷輯考》據文義校改，『胡』爲『乎』之借字。

〔二一〕『後』，當作『厚』，《敦煌詩集殘卷輯考》據文義校改。

〔二二〕『士』，當作『所』，據伯二五五五《詩文集》、伯二六七三《唐詩文叢鈔》及文義改。

〔二三〕『蕃』，《敦煌詩集殘卷輯考》據伯二六七三《唐詩文叢鈔》釋作『番』，誤。

〔二四〕『千』，當作『十』，據文義改，伯二五五五《詩文集》作『卅』。

〔二五〕『維』，當作『雖』，據伯二五五五《詩文集》、伯二六七三《唐詩文叢鈔》及文義改。

〔二六〕『止』，當作『上』，據伯二五五五《詩文集》、伯二六七三《唐詩文叢鈔》及文義改。

〔二七〕『見』，當作『恩』，據伯二六七三《唐詩文叢鈔》及文義改。

〔二八〕底本『食』字似有塗抹，右側補書一字，似『承』字，《敦煌詩集殘卷輯考》認爲是『殺』字，因其他版本均作『食』，故仍釋作『食』；『毛』，當作『髦』，據文義改，『毛』爲『髦』之借字。

〔二九〕『與』，當作『馬』，據伯二五五五《詩文集》及文義改。

〔三〇〕『淪』，當作『論』，據伯二五五五《詩文集》改，『淪』爲『論』之借字。

〔三一〕『分』，當作『焚』，據伯三一一三、伯三一七四、伯四九七二、斯六二〇八背中之《古賢集》改，『分』爲『焚』之借字。

〔三二〕『道』，當作『盜』，據伯三九二九、斯六二〇八背中之《古賢集》改，『道』爲『盜』之借字。

〔三三〕『經』，《敦煌詩集殘卷輯考》據伯二七四八背《古賢集》釋作『詩』。

〔三四〕『中』，當作『終』，據伯三一一三、伯四九七二、斯六二〇八背中之《古賢集》改，『中』爲『終』之借字；『秦』，當作『陳』，據斯六二〇八背《古賢集》改，『秦』爲『陳』之借字。

〔三五〕『專』，當作『搏』，據文義改。

〔三六〕『梁』，《敦煌詩集殘卷輯考》據伯二七四八背《古賢集》釋作『頭』；『由』，當作『猶』，據伯三一一三、伯三九二九、伯四九七二中之《古賢集》改，『由』爲『猶』之借字。

〔三七〕『功』，當作『肱』，據伯三九二九《古賢集》改，『功』爲『肱』之借字。

〔三八〕『影』，當作『暎』，據伯三一七四、伯三九六〇中之《古賢集》改，『影』爲『暎』之借字。

〔三九〕『辛』，當作『新』，據伯三一一三、伯三一七四、伯三九二九、伯三九六〇、伯四九七二、斯六二〇八背中之《古賢集》改，『辛』爲『新』之借字。

〔四〇〕『你』，當作『寧』，據伯三一七四、伯三九二九中之《古賢集》改；『威』，當作『戚』，據伯三九二九、伯三九六〇、斯六二〇八背中之《古賢集》改；「持」，當作「馳」，據伯三一七四、伯三九六〇、斯六二〇八背中之《古賢集》改，「持」爲「馳」之借字；「秦」，當作「齊」，《敦煌類書》、《敦煌詩集殘卷輯考》據相關史籍校改，「秦」爲「齊」之借字。

〔四一〕「賣」，當作「買」，據伯三一七四、伯四九七二、斯六二〇八背中之《古賢集》改，「賣」爲「買」之借字。

〔四二〕「間」，當作「澗」，據伯三一一三、伯三一七四、伯三九六〇、伯四九七二、斯六二〇八背中之《古賢集》改，「間」爲「澗」之借字；「下」，當作「上」，據伯三一一三、伯三一七四、伯四九七二中之《古賢集》改；「軀」，當作「駈」，據伯三一一三、伯三一七四、伯三九二九、伯三九六〇、伯四九七二、斯六二〇八背中之《古賢集》改，「軀」爲「駈」之借字。

〔四三〕「守」，當作「首」，據伯三一七四、伯三九二九中之《古賢集》改，「守」爲「首」之借字；「揚」，當作「陽」，據伯三一一三、伯三一七四、伯三九二九、伯三九六〇、斯六二〇八背中之《古賢集》改，「揚」爲「陽」之借字。

〔四四〕「省」，當作「性」，據伯三一七四、伯三九二九、斯六二〇八背中之《古賢集》改，「省」爲「性」之借字。

〔四五〕「番」，當作「蕃」，據伯三一一三、伯三一七四、伯三九二九、伯四九七二中之《古賢集》改。

〔四六〕「酬」，當作「讎」，據伯三一七四《古賢集一本》改，「酬」爲「讎」之借字；「尺」，《敦煌詩集殘卷輯考》據伯二七四八背《古賢集》釋作「赤」。

〔四七〕「午」，伯三一七四、斯六二〇八背中之《古賢集》作「仵」，當作「伍」，據《史記·伍子胥列傳》改，「午」、「仵」均爲「伍」之借字。

〔四八〕「途」，當作「屠」，據伯三一七四、伯三九二九、伯三九六〇、伯四九七二、斯六二〇八背中之《古賢集》改，「途」爲「屠」之借字；「鉤」，當作「鈞」，《敦煌詩集殘卷輯考》據文義校改。

伯四九九四背+斯二〇四九背

〔四九〕『金』，當作『今』，據伯三九二九、斯六二〇八背中之《古賢集》改，『金』爲『今』之借字。
〔五〇〕『君』，當作『車』，據伯三一七四、伯三九二九、伯三九六〇、斯六二〇八背中之《古賢集》改，『君』爲『車』之借字。
〔五一〕『相』，當作『湘』，據伯三九六〇《古賢集》改，『相』爲『湘』之借字。
〔五二〕『憑』，當作『朋』，據伯三一七四、伯三九二九、伯四九七二中之《古賢集》改，『憑』爲『朋』之借字。
〔五三〕『屬』，當作『蜀』，據伯三一七四、伯三九二九、伯四九七二、斯六二〇八背中之《古賢集》改，『屬』爲『蜀』之借字；『鸞』，當作『欒』，據《後漢書》改，『鸞』爲『欒』之借字。
〔五四〕『驣』，當作『騰』，據伯三一七四、伯三九二九、伯三九六〇、伯四九七二中之《古賢集》改，『驣』爲『騰』之借字；『奢』，《敦煌詩集殘卷輯考》據伯二七四八背《古賢集》釋作『賒』。
〔五五〕『重』，當作『仲』，據伯三一七四、伯三九二九、伯四九七二、斯六二〇八背中之《古賢集》改，『重』爲『仲』之借字。
〔五六〕『賓』，當作『臏』，據《史記》改，『賓』爲『臏』之借字。
〔五七〕『承』，當作『乘』，據伯三一七四、伯三九二九、伯三九六〇、伯四九七二中之《古賢集》改，『承』爲『乘』之借字。
〔五八〕『俠』，當作『織』，據伯三一七四、伯三九二九、伯四九七二、斯六二〇八背中之《古賢集》改。
〔五九〕『垂』，當作『乘』，據斯六二〇八背中之《古賢集》改。
〔六〇〕『卦』，當作『掛』，據伯三一七四、伯三九六〇中之《古賢集》改，『卦』爲『掛』之借字。
〔六一〕『神』，當作『辰』，據伯三一七四、伯三九二九、斯六二〇八背中之《古賢集》改，『神』爲『辰』之借字。
〔六二〕『杻』，當作『袖』，據伯三一七四、伯三九二九中之《古賢集》改；『武』，當作『哀』，《敦煌詩集殘卷輯考》

據相關典籍校改。

〔六三〕『揚誅』，當作『楊朱』，據伯三一七四、伯三九二九中之《古賢集》改，『揚誅』爲『楊朱』之借字。

〔六四〕『記』，當作『寄』，據斯六二〇八背中之《古賢集》改，『記』爲『寄』之借字；『由』，當作『猶』，據伯三一七四、伯三九六〇中之《古賢集》改，『由』爲『猶』之借字。

〔六五〕『振』，當作『鎮』，據伯三一七四、伯三九二九、斯六二〇八背中之《古賢集》改，『振』爲『鎮』之借字；『君』，當作『飢』，據伯三九二九《古賢集》改。

〔六六〕『遷』，當作『葬』，據伯三一七四《古賢集一本》改。

〔六七〕『母』，當作『女』，據伯三一七四、伯三九二九、伯三九六〇、斯六二〇八背中之《古賢集》改；『絲機』，當作『機絲』，據伯三一七四、伯三九二九、斯六二〇八背中之《古賢集》改。

〔六八〕『護』，當作『復』，《敦煌類書》據文義校改。

〔六九〕『索』，當作『色』，據伯三一七四、伯三九二九中之《古賢集》改。

〔七〇〕『聚』，當作『字』，據伯三一七四、伯三九二九、斯六二〇八背中之《古賢集》改。

〔七一〕『令』，當作『今』，據伯三九六〇、斯六二〇八背中之《古賢集》改。

〔七二〕『落揚』，當作『洛陽』，據文義改，『落揚』爲『洛陽』之借字。

〔七三〕『落揚』，當作『洛陽』，據伯二五五五《詩文集》、伯三六一九《唐詩叢鈔》及《全唐詩》改，『落揚』爲『洛陽』之借字。

〔七四〕『垂』，當作『誰』，據伯二五五五《詩文集》、伯三六一九《唐詩叢鈔》及《全唐詩》改，『垂』爲『誰』之借字。

〔七五〕『落揚』，當作『洛陽』，據伯二五五五《詩文集》、伯三六一九《唐詩叢鈔》及《全唐詩》改，『落揚』爲『洛陽」之借字；「洗（？）」，當作「惜」，據伯二五五五《詩文集》、伯三六一九《唐詩叢鈔》改，「洗」爲「惜」之借字。

〔七六〕「昔」，當作「息」，據伯二五五五《詩文集》、伯三六一九《唐詩叢鈔》及《全唐詩》改，「昔」爲「息」之借字。

〔七七〕「垂」，當作「誰」，據伯二五五五《詩文集》、伯三六一九《唐詩叢鈔》及《全唐詩》改，「垂」爲「誰」之借字。

〔七八〕「是」，當作「見」，據伯二五五五《詩文集》、伯三六一九《唐詩叢鈔》及《全唐詩》改；「桓」，當作「柏」，據伯二五五五《詩文集》、伯三六一九《唐詩叢鈔》及《全唐詩》改。

〔七九〕「落」，當作「洛」，據伯二五五五《詩文集》、伯三六一九《唐詩叢鈔》及《全唐詩》改，「落」爲「洛」之借字。

〔八〇〕「是」，當作「死」，據伯二五五五《詩文集》、伯三六一九《唐詩叢鈔》及《全唐詩》改，「是」爲「死」之借字。

〔八一〕「方」，當作「芳」，據伯二五五五《詩文集》、伯三六一九《唐詩叢鈔》及《全唐詩》改，「方」爲「芳」之借字。

〔八二〕「聞」，當作「文」，據伯二五五五《詩文集》、伯三六一九《唐詩叢鈔》改，「聞」爲「文」之借字；「鏞」，當作「繡」，據伯二五五五《詩文集》、伯三六一九《唐詩叢鈔》及《全唐詩》改，「鏞」爲「繡」之借字。

〔八三〕「幾」，當作「己」，據文義校改，「幾」爲「己」之借字；「知己」，《敦煌詩集殘卷輯考》據伯三六一九《唐詩叢鈔》釋作「人識」。

〔八四〕「洛」，當作「樂」，據伯二五五五《詩文集》及《全唐詩》改，「洛」爲「樂」之借字；「垂」，當作「誰」，據伯二五五五《詩文集》、伯三六一九《唐詩叢鈔》及《全唐詩》改，『垂』爲『誰』之借字。

〔八五〕『俄』，當作『娥』，據伯二五五五《詩文集》改，『俄』爲『娥』之借字，《敦煌詩集殘卷輯考》釋作『蛾』，誤。

〔八六〕『昔』，當作『惜』，據伯二四八八《酒賦一本》、伯二五五五《詩文集》改，『昔』爲『惜』之借字。

〔八七〕『召』，當作『趙』，據伯二五五五《詩文集》及伯二四八八、伯二六三三中之《酒賦一本》改，『召』爲『趙』之借字。

〔八八〕『秬』，當作『漲』，據伯二五五五《詩文集》及伯二四八八、伯二六三三中之《酒賦一本》改。

〔八九〕『奚淑也』，當作『嵇叔夜』，據伯二四八八《酒賦一本》、伯二五五五《詩文集》改，『奚淑也』爲『嵇叔夜』之借字。

〔九〇〕『翫沖』，當作『阮仲』，據伯二五五五《詩文集》改，『翫沖』爲『阮仲』之借字。

〔九一〕『環』，當作『琢』，據伯二五五五《詩文集》改。

〔九二〕『靈』，當作『伶』，《敦煌詩集殘卷輯考》據文義校改，『靈』爲『伶』之借字。

〔九三〕『瞻』，當作『膽』，據伯二五四四、伯二五五五中之《詩文集》改，『瞻』爲『膽』之借字；『去』，當作『許』，據伯二五五五《詩文集》、伯二六三三《酒賦一本》改，『去』爲『許』之借字。

〔九四〕『作』，《敦煌詩集殘卷輯考》據伯二五五五《詩文集》釋作『著』。

〔九五〕『底』，當作『抵』，《敦煌歌辭總編》據文義校改，『底』爲『抵』之借字；『巉濁』，當作『瀺灂』，據伯二五五五《詩文集》、伯二六三三《酒賦一本》改。

〔九六〕『仙桃』，當作『山濤』，據伯二四八八《酒賦一本》改，『仙桃』爲『山濤』之借字。

〔九七〕『中』，當作『前』，據伯二五五五《詩文集》改；『壁琢』，當作『畢卓』，據伯二五五五《詩文集》、伯二六三三《酒賦一本》改，『壁琢』爲『畢卓』之借字。

〔九八〕『玄』，當作『懸』，據伯二五五五《詩文集》改，『玄』爲『懸』之借字。
〔九九〕『俄』，當作『鵝』，據伯二五五五《詩文集》及伯二四八八、伯二六三三中之《酒賦一本》改，『俄』爲『鵝』之借字。
〔一〇〇〕『慲』，當作『蒲』，據伯二四八八《酒賦一本》、伯二五五五《詩文集》改。
〔一〇一〕『耶』，當作『斜』，據伯二五五五《詩文集》、伯二六三三《酒賦一本》改，『耶』爲『斜』之借字。
〔一〇二〕『熱』，當作『爇』，據伯二五五五《詩文集》、伯二六三三《酒賦一本》改，『熱』爲『爇』之借字。
〔一〇三〕『恒』，當作『姮』，《敦煌詩集殘卷輯考》據文義校改，『恒』爲『姮』之借字；『俄』，當作『娥』，據伯二五五五《詩文集》、伯二六三三《酒賦一本》改，『俄』爲『娥』之借字。
〔一〇四〕『啾』，當作『湫』，據伯二五五五《詩文集》、伯二六三三《酒賦一本》改，『啾』爲『湫』之借字。
〔一〇五〕『黠』，當作『點』，據伯二五五五《詩文集》、伯二六三三《酒賦一本》改。
〔一〇六〕『玷』，當作『黏』，據伯二五五五《詩文集》、伯二六三三《酒賦一本》改。
〔一〇七〕『熏』，當作『醺』，據伯二五五五《詩文集》改，『熏』爲『醺』之借字。
〔一〇八〕『疑』，當作『凝』，據伯二五五五《詩文集》、伯二六三三《酒賦一本》改；『灄灄』，當作『欇欇』，據伯二五五五《詩文集》、伯二六三三《酒賦一本》改，『灄』爲『欇』之借字。
〔一〇九〕『騷』，當作『瑙』，據伯二六三三《酒賦一本》改，『騷』爲『瑙』之借字。
〔一一〇〕『十』，當作『千』，據伯二五五五《詩文集》、伯二六三三《酒賦一本》改；『禄哺』，當作『鹿脯』，據伯二五五五《詩文集》改，『禄哺』爲『鹿脯』之借字。
〔一一一〕『張』，當作『章』，據伯二五五五《詩文集》改，『張』爲『章』之借字；『呈』，當作『程』，《敦煌歌辭總編》據文義校改，『呈』爲『程』之借字。

〔一一二〕『灦濁』，當作『瀺灂』，據伯二五五五《詩文集》、伯二六三三《酒賦一本》改。

〔一一三〕『煩』，當作『繁』，據伯二五五五《詩文集》、伯二六三三《酒賦一本》改，『煩』爲『繁』之借字。

〔一一四〕『條』，當作『拍』，據伯二五五五《詩文集》改。

〔一一五〕『憴』，當作『醞』，據伯二五五五《詩文集》改。

〔一一六〕『常』，當作『嘗』，據伯二五五五《詩文集》改，『常』爲『嘗』之借字。

〔一一七〕『湖』，當作『壺』，《敦煌歌辭總編》據文義校改，『湖』爲『壺』之借字；『途』，當作『徒』，據伯二五五五《詩文集》、伯二六三三《酒賦一本》改，『途』爲『徒』之借字。

〔一一八〕『張』，當作『章』，據伯二五五五《詩文集》、伯二六三三《酒賦一本》改，『張』爲『章』之借字；『呈』，當作『程』，《敦煌歌辭總編》據文義校改，『呈』爲『程』之借字。

〔一一九〕『毛桃』，當作『酕醄』，據伯二五五五《詩文集》改，『毛桃』爲『酕醄』之借字；『命釘方』，當作『酩酊芳』，據伯二五五五《詩文集》、伯二六三三《酒賦一本》改，『命釘方』爲『酩酊芳』之借字；『薗』，當作『筵』，據伯二五五五《詩文集》、伯二六三三《酒賦一本》改，『薗』爲『筵』之借字。

〔一二〇〕『咄咄』，當作『淳淳』，據伯二五五五《詩文集》改。

〔一二一〕『譙』，當作『嘸』，據伯二五五五《詩文集》、伯二六三三《酒賦一本》改，『譙』爲『嘸』之借字。

〔一二二〕『不』，當作『勃』，據伯二五五五《詩文集》、伯二六三三《酒賦一本》改，『不』爲『勃』之借字；『調』，當作『跳』，據伯二五五五《詩文集》改，『調』爲『跳』之借字。

〔一二三〕『批醢』，當作『撥醅』，《敦煌歌辭總編》據文義校改。

〔一二四〕『霄』，當作『消』，據伯二五五五《詩文集》、伯二六三三《酒賦一本》改，『霄』爲『消』之借字。

〔一二五〕『鷹』，當作『應』，據伯二五五五《詩文集》、伯二六三三《酒賦一本》改，『鷹』爲『應』之借字。

〔一二六〕『到』，當作『倒』，據伯二五五五《詩文集》改，『到』爲『倒』之借字。

〔一二七〕『河』，當作『何』，據伯二五四四《詩文集》、伯二五五五《詩文集》、伯二六三三《酒賦一本》改，『河』爲『何』之借字。

〔一二八〕『適』，當作『識』，據伯二五五五《詩文集》、伯二六三三《酒賦一本》改，『適』爲『識』之借字。

〔一二九〕『洪』，當作『紅』，據伯二五五五《詩文集》、伯二六三三《酒賦一本》改，『洪』爲『紅』之借字。

〔一三〇〕『掩悉』，當作『厭膝』，據伯二五五五《詩文集》、伯二六三三《酒賦一本》改，『掩悉』爲『厭膝』之借字。

〔一三一〕『諜諜』，當作『疊疊』，據伯二五五五《詩文集》改，『諜』爲『疊』之借字，《敦煌歌辭總編》據文義校改作『壘壘』，《敦煌詩歌導論》校改作『纍纍』。

〔一三二〕『慓』，當作『慄』，《敦煌歌辭總編》據文義校改。

〔一三三〕『藺』，當作『筵』，據伯二五五五《詩文集》改，『藺』爲『筵』之借字；『若』，當作『弱』，《敦煌詩歌導論》據文義校改，『若』爲『弱』之借字。

〔一三四〕『只』，當作『哲』，據伯二六三三《酒賦一本》改，『只』爲『哲』之借字。

〔一三五〕『胡』，當作『壺』，《敦煌歌辭總編》據文義校改，『胡』爲『壺』之借字。

〔一三六〕『府』，當作『賦』，據伯二五五五《詩文集》、伯二六三三《酒賦一本》改，『府』爲『賦』之借字。

〔一三七〕『澰』，當作『洽』，據伯二五五五《詩文集》改；『高炭』，當作『光坦』，《敦煌詩集殘卷輯考》據文義校改。

〔一三八〕『代』，據文義當作『世』，應係避唐諱而改。

〔一三九〕『租途』，當作『祖徒』，據伯二五五五《詩文集》、伯二六三三《酒賦一本》改，『租途』爲『祖徒』之借字。

〔一四〇〕『輡』，當作『粉』，據伯二五五五《詩文集》改。

〔一四一〕『勳』，底卷作『彭』，疑爲草書之楷化；『德』，當作『得』，《敦煌詩集殘卷輯考》據文義校改，『德』爲

「得」之借字。

〔一四二〕「起」，當作「氣」，據文義改，「起」爲「氣」之借字；「腸」，當作「常」，據文義改，「腸」爲「常」之借字。

〔一四三〕「篇篇」，當作「翩翩」，《敦煌詩集殘卷輯考》據文義校改，「篇」爲「翩」之借字；「池」，當作「馳」，《敦煌詩集殘卷輯考》據文義校改，「池」爲「馳」之借字。

〔一四四〕「罷悲」，當作「熊羆」，《全敦煌詩》據文義校改；「欲」，當作「谷」，《敦煌詩集殘卷輯考》據文義校改。

〔一四五〕「尞」，當作「繚」，《敦煌詩集殘卷輯考》據文義校改，「尞」爲「繚」之借字。

〔一四六〕「成」，當作「城」，《全敦煌詩》據文義校改，「成」爲「城」之借字；「故」，當作「古」，《全敦煌詩》據文義校改，「故」爲「古」之借字。

〔一四七〕「侯」，當作「候」，《敦煌詩集殘卷輯考》據文義校改，「侯」爲「候」之借字；「朝」，當作「昭」，《敦煌詩集殘卷輯考》據文義校改，「朝」爲「昭」之借字。

〔一四八〕「由」，當作「遊」，據文義改，「由」爲「遊」之借字，《敦煌詩集殘卷輯考》校改作「留」；「侯」，當作「候」，據文義改，「侯」爲「候」之借字；「散」，當作「霰」，《敦煌詩集殘卷輯考》據文義校改。

〔一四九〕「鉀」，《敦煌詩集殘卷輯考》校作「甲」，不必。

〔一五〇〕「開」，《全敦煌詩》釋作「關」；「寄」，當作「幾」，《敦煌詩集殘卷輯考》據文義校改，「寄」爲「幾」之借字。

〔一五一〕「立」，當作「慮」，據文義改，「立」爲「慮」之借字。

〔一五二〕有關此篇的敦煌寫本介紹，請參看本書第四卷斯七八八八「説明」。本書在釋録斯七八八八時，曾以此件爲校本（此件内容完全包含於斯七八八八中），此件與其他寫本之異同，均可見於斯七八八八「校記」。故此件釋文之脱字、誤字，逕將補字、正字置於凡例所規定的括號中，補、改理由請參看本書第四卷斯七八八『校記』。

〔一五三〕『丈』，《敦煌詩集殘卷輯考》在該篇校記中釋作『大』。

〔一五四〕『從』，當作『樅』，《敦煌詩集殘卷輯考》校作『摐』。

〔一五五〕『竭』，當作『碣』，據伯二七四八背《燕歌行一首》、伯三八六二《高適詩集》改，『竭』爲『碣』之借字。

〔一五六〕『慇懃』，《敦煌詩集殘卷輯考》據伯三八六二《高適詩集》釋作『應啼』。

〔一五七〕『君』，當作『軍』，據伯三八六二《高適詩集》改，『君』爲『軍』之借字。

〔一五八〕『大漠行一首』，據伯二七四八背《大漠行一首》補。

〔一五九〕『憻』，當作『壇』，據伯二七四八背《大漠行一首》改，『憻』爲『壇』之借字。

〔一六〇〕『星』，據伯二七四八背《大漠行一首》補。

〔一六一〕『卻』，當作『闕』，據伯二七四八背《大漠行一首》改，『卻』爲『闕』之借字；『罷熊』，當作『熊羆』，《敦煌詩集殘卷輯考》據文義校改。

〔一六二〕『空相』，當作『崆峒』，據伯二七四八背《大漠行一首》改；『沐洛』，當作『木落』，據伯二七四八背《大漠行一首》改，『沐洛』爲『木落』之借字；『卅』，當作『秋』，據伯二七四八背《大漠行一首》改；『草』，當作『早』，據伯二七四八背《大漠行一首》改。

〔一六三〕『自』，當作『白』，據伯二七四八背《大漠行一首》改。

〔一六四〕『故』，《敦煌詩集殘卷輯考》據伯二七四八背《大漠行一首》釋作『胡』。

〔一六五〕『照』，當作『昭』，據伯二七四八背《大漠行一首》改，『照』爲『昭』之借字。

〔一六六〕『一』，當作『憶』，據伯二七四八背《大漠行一首》改，『一』爲『憶』之借字。

〔一六七〕『速』，當作『蓮』，據伯二七四八背《大漠行一首》改。

〔一六八〕『聲』，當作『城』，據伯二七四八背《大漢行一首》改，『聲』爲『城』之借字；『故』，當作『顧』，據伯二七四八背《大漢行一首》改，『故』爲『顧』之借字；『牤牤』，當作『茫茫』，《敦煌詩集殘卷輯考》據文義校改，『牤』爲『茫』之借字。

〔一六九〕『鋼』，當作『銅』，據伯二七四八背《大漢行一首》改。

〔一七〇〕『翁明只幾幾河』，當作『功名至今知何』，《敦煌詩集殘卷輯考》據文義校改。

〔一七一〕『老人篇』，據伯二五四四《詩文集》補。

〔一七二〕『垂』，當作『誰』，《敦煌詩集殘卷輯考》據文義校改，『垂』爲『誰』之借字。

〔一七三〕『鳥』，當作『釣』，據伯二五五二+伯二五六七《唐人選唐詩》改。

〔一七四〕『懸泉』，當作『舩舷』，據伯二五五二+伯二五六七《唐人選唐詩》改；『移根』，當作『苔痕』，據伯二五五二+伯二五六七《唐人選唐詩》改。

〔一七五〕『姓』，當作『性』，據伯二五五二+伯二五六七《唐人選唐詩》改，『姓』爲『性』之借字。

〔一七六〕『醜』，當作『魄』，據伯二五五二+伯二五六七《唐人選唐詩》改；『香風』，當作『傷失』，《敦煌詩集殘卷輯考》據相關研究校改。

〔一七七〕『鉤』，《敦煌詩集殘卷輯考》據伯二五五二+伯二五六七《唐人選唐詩》釋作『鈎』；『林有』，當作『輪影』，據伯二五五二+伯二五六七《唐人選唐詩》改。

〔一七八〕『離』，當作『荻』，《敦煌詩集殘卷輯考》據文義校改，『離』爲『荻』之借字。

〔一七九〕『羝』，當作『低』，據伯二五五二+伯二五六七《唐人選唐詩》改，『羝』爲『低』之借字；『渴』，當作『沒』，據伯二五五二+伯二五六七《唐人選唐詩》改；『幾』，當作『磯』，據伯二五五二+伯二五六七《唐人選唐詩》改，『幾』爲『磯』之借字。

〔一八〇〕『丹人計落陽』，當作『舟仍繫緑楊』，據伯二五五二+伯二五六七《唐人選唐詩》改，『人計落陽』爲『仍繫緑楊』之借字。

〔一八一〕『落』，當作『樂』，據伯二五五二+伯二五六七《唐人選唐詩》改，『落』爲『樂』之借字；『記』，當作『樂』，據伯二五五二+伯二五六七《唐人選唐詩》改。

〔一八二〕『吐』，當作『土』，據伯二五五二+伯二五六七《唐人選唐詩》改，『吐』爲『土』之借字。

〔一八三〕『狗』，當作『笱』，據伯二五五二+伯二五六七《唐人選唐詩》改，『狗』爲『笱』之借字。

〔一八四〕『湯』，當作『復』，據伯二五五二+伯二五六七《唐人選唐詩》改。

〔一八五〕『鉤』，《敦煌詩集殘卷輯考》伯二五五二+伯二五六七《唐人選唐詩》釋作『笱』；『垂』，當作『誰』，據伯二五五二+伯二五六七《唐人選唐詩》改，『垂』爲『誰』之借字。

〔一八六〕『唯』，當作『余』，據伯二五五二+伯二五六七《唐人選唐詩》改，『唯』爲『余』之借字；『著』，當作『嗟』，據伯二五五二+伯二五六七《唐人選唐詩》改；『新』，當作『辛』，據伯二五五二+伯二五六七《唐人選唐詩》改，『新』爲『辛』之借字。

〔一八七〕『精』，當作『情』，據伯二五五二+伯二五六七《唐人選唐詩》改；『奄』，當作『掩』，據伯二五五二+伯二五六七《唐人選唐詩》改，『奄』爲『掩』之借字；『待』，當作『歎』，據伯二五五二+伯二五六七《唐人選唐詩》改。

〔一八八〕『汙』，當作『喜』，據伯二五五二+伯二五六七《唐人選唐詩》改；『春復』，《敦煌詩集殘卷輯考》據伯二五五二+伯二五六七《唐人選唐詩》釋作『秋與』。

〔一八九〕『飲馬長城窟行』，據傳世本《全唐詩》卷一五六王翰《飲馬長城窟行》（以下簡稱《全唐詩》）補。

〔一九〇〕『怨途』，當作『遠圖』，據《全唐詩》及文義改，『怨途』爲『遠圖』之借字。

〔一九一〕『賊』，當作『羡』，據《全唐詩》及文義改；『悟』，當作『吾』，據《全唐詩》改，『悟』爲『吾』之借字。

〔一九二〕『[魚+眞]』，當作『麒』，據《全唐詩》及文義改；『鱗』，當作『麟』，據《全唐詩》及文義改，『鱗』爲『麟』之借字。

〔一九三〕『乎』，當作『胡』，據《全唐詩》及文義改，『乎』爲『胡』之借字。

〔一九四〕『順』，當作『吹』，據《全唐詩》及文義改。

〔一九五〕『路』，當作『虜』，據《全唐詩》及文義改，『路』爲『虜』之借字。

〔一九六〕『古』，當作『顧』，據《全唐詩》及文義改，『古』爲『顧』之借字；『故』，當作『顧』，據《全唐詩》及文義改，『故』爲『顧』之借字。

〔一九七〕『暉』，當作『揮』，據《全唐詩》及文義改，『暉』爲『揮』之借字；『輝』，《敦煌詩集殘卷輯考》據文義校作『迴』。

〔一九八〕『魯』，當作『路』，《敦煌詩集殘卷輯考》據文義校改，『魯』爲『路』之借字。

〔一九九〕『祇』，當作『耆』，據《全唐詩》及文義改，『祇』爲『耆』之借字。

〔二〇〇〕『奏』，當作『秦』，《敦煌詩集殘卷輯考》據文義校改。

〔二〇一〕『天朱』，當作『見誅』，據《全唐詩》及文義改，『天朱』爲『見誅』之借字。

〔二〇二〕『息』，當作『昔』，據《全唐詩》及文義改，『息』爲『昔』之借字；『案』，當作『按』，據《全唐詩》及文義改，『案』爲『按』之借字；『氣』，當作『起』，據《全唐詩》及文義改，『氣』爲『起』之借字。

〔二〇三〕『是』，當作『視』，據《全唐詩》及文義改，『是』爲『視』之借字。

〔二〇四〕『竹遠』，當作『築怨』，據《全唐詩》及文義改，『竹遠』爲『築怨』之借字；『年』，當作『千』，據《全唐詩》及文義改。

〔二〇五〕『大』，《敦煌詩集殘卷輯考》據文義校作『太』，不必。

〔二〇六〕『火炬消煬』，當作『禍起蕭牆』，據《全唐詩》及文義改，『火炬消煬』爲『禍起蕭牆』之借字。

〔二〇七〕『爲』，《敦煌詩集殘卷輯考》校作『渭』；『減薟』，當作『滅咸』，據文義改；『減』爲『滅』之訛，『薟』爲『咸』之借字。此句最後有一字『[illegible]』，似爲簽名。

〔二〇八〕『惜鑮空』，據伯二五五二+伯二五六七《唐人選唐詩》補。

〔二〇九〕『河』，據伯二五五二+伯二五六七《唐人選唐詩》及《全唐詩》補。

〔二一〇〕『岸』，疑爲衍文，當删。

〔二一一〕『下』，當作『如』，據伯二五五二+伯二五六七《唐人選唐詩》及《全唐詩》改。

〔二一二〕『如』，當作『人』，據伯二五五二+伯二五六七《唐人選唐詩》及《全唐詩》改；『官』，當作『歡』，據伯二五五二+伯二五六七《唐人選唐詩》及《全唐詩》改。

〔二一三〕『空』，據伯二五五二+伯二五六七《唐人選唐詩》及《全唐詩》補；『月』，據伯二五五二+伯二五六七《唐人選唐詩》補。

〔二一四〕『相』，《敦煌詩集殘卷輯考》據伯二五五二+伯二五六七《唐人選唐詩》釋作『徒』。

〔二一五〕『直』，當作『且』，據伯二五五二+伯二五六七《唐人選唐詩》及《全唐詩》改；『落』，當作『樂』，據伯二五五二+伯二五六七《唐人選唐詩》及《全唐詩》改，『落』爲『樂』之借字。

〔二一六〕『迴』，當作『會』，據伯二五五二+伯二五六七《唐人選唐詩》及《全唐詩》改，『迴』爲『會』之借字。

〔二一七〕『琴』，當作『岑』，據伯二五五二+伯二五六七《唐人選唐詩》及《全唐詩》改。

〔二一八〕『起』，當作『豈』，據伯二五五二+伯二五六七《唐人選唐詩》改，『起』爲『豈』之借字。

〔二一九〕『喔』，《敦煌詩集殘卷輯考》據伯二五五二+伯二五六七《唐人選唐詩》釋作『醒』。

〔二二〇〕「故」，當作「古」，據伯二五五二+伯二五六七《唐人選唐詩》及《全唐詩》改，「故」爲「古」之借字。

〔二二一〕「落」，當作「樂」，據伯二五五二+伯二五六七《唐人選唐詩》及《全唐詩》改，「落」爲「樂」之借字。

〔二二二〕「紫」，當作「恣」，據伯二五五二+伯二五六七《唐人選唐詩》及《全唐詩》改，「紫」爲「恣」之借字。

〔二二三〕「瓠」，《敦煌詩集殘卷輯考》據伯二五五二+伯二五六七《唐人選唐詩》釋作「花」。

〔二二四〕「沽」，當作「呼」，據伯二五五二+伯二五六七《唐人選唐詩》及《全唐詩》改，「沽」爲「呼」之借字；「好」，當作「换」，據伯二五五二+伯二五六七《唐人選唐詩》及《全唐詩》改。

〔二二五〕「歡」，當作「銷」，據伯二五五二+伯二五六七《唐人選唐詩》及《全唐詩》改；「固」，當作「古」，據伯二五五二+伯二五六七《唐人選唐詩》及《全唐詩》改，「固」爲「古」之借字。

〔二二六〕「揚」，當作「陽」，《敦煌詩集殘卷輯考》據文義校改，「揚」爲「陽」之借字。

〔二二七〕「九」，當作「無」，據文義改，《全敦煌詩》逕釋作「無」。

〔二二八〕其中第二個「憶」字疑爲衍文，當删；「楊」，當作「陽」，《敦煌詩集殘卷輯考》據文義校改，「楊」爲「陽」之借字。

〔二二九〕此句恐有脱漏，《全敦煌詩》疑此句脱漏三字，此從之。

〔二三〇〕「興興」，當作「釁釁」，據文義改，「興」爲「釁」之借字；「孟」，當作「盟」，據文義改，《全敦煌詩》校作「夢」，「孟」爲「盟」之借字。

〔二三一〕「落」，當作「樂」，《敦煌詩集殘卷輯考》據文義校改，「落」爲「樂」之借字；「殃」，當作「央」，《敦煌詩集殘卷輯考》據文義校改，「殃」爲「央」之借字。

〔二三二〕「峝」，當作「崗」，《敦煌詩集殘卷輯考》據文義校改。

〔二三三〕「根」，《敦煌詩集殘卷輯考》釋作「根」。

〔二三四〕『常』，當作『長』，《敦煌詩集殘卷輯考》據文義校改，『常』爲『長』之借字；『慕』，當作『暮』，《敦煌詩集殘卷輯考》據文義校改，『慕』爲『暮』之借字。
〔二三五〕『起』，疑爲衍文，當刪。
〔二三六〕『金』，當作『今』，據伯二五四四《詩文集》及文義改，『金』爲『今』之借字。
〔二三七〕『七月』，當作『期曰』，據文義改，『七月』爲『期曰』之借字。
〔二三八〕『七沙』，當作『期殺』，據文義改，『七沙』爲『期殺』之借字；『襟』，當作『矜』，據文義改，『襟』爲『矜』之借字。
〔二三九〕『充』，當作『衝』，《全敦煌詩》據文義校改，『充』爲『衝』之借字；『極』，當作『戟』，據文義改，《敦煌詩集殘卷輯考》釋作『杯』，《全敦煌詩》釋作『柱』。
〔二四〇〕『癈』，《全敦煌詩》釋作『廢』，誤。此句疑有脱文，《全敦煌詩》校補作『焉知魂歸風□癈』。
〔二四一〕『卦』，當作『掛』，《全敦煌詩》據文義校改，『卦』爲『掛』之借字，《敦煌詩集殘卷輯考》校作『挂』；『鄰』，當作『陵』，《敦煌詩集殘卷輯考》據文義校改，『鄰』爲『陵』之借字。
〔二四二〕有關此篇的敦煌寫本介紹，請參看本書第五卷斯一三三九背『説明』。本書在釋録斯一三三九背時，曾以此件爲校本，此件與其他寫本之異同，均可見於斯一三三九背『校記』。故此件釋文時，凡原卷之借字、誤字，逕將正字置於凡例所規定的括號中，校改理由請參看本書第五卷斯一三三九背『釋文』及『校記』。
〔二四三〕『起』，當作『去』，《敦煌詩集殘卷輯考》據文義校改。
〔二四四〕『而』，《敦煌詩集殘卷輯考》據伯三六〇〇《少年問老》、斯一三三九背《少年問答詩》校作『皃』。
〔二四五〕『逞』，《敦煌詩集殘卷輯考》據伯三六〇〇、伯二一二九背中之《少年問老》、斯一三三九背《少年問答詩》校作『呈』。

〔二四六〕「薪」，當作「新」，據伯二五四四《詩文集》及文義改，「薪」爲「新」之借字。

〔二四七〕「露」，當作「路」，《敦煌韻文集》據文義校改，「露」爲「路」之借字。

〔二四八〕「林」，當作「臨」，《敦煌歌辭總編》據文義校改，「林」爲「臨」之借字。

〔二四九〕「傳」，當作「侍」，《敦煌詩集殘卷輯考》據文義校改。

〔二五〇〕「鈴籠」，當作「玲瓏」，《敦煌歌辭總編》據文義校改，「鈴籠」爲「玲瓏」之借字。

〔二五一〕「盈」，當作「贏」，《敦煌歌辭總編》據文義校改，「盈」爲「贏」之借字。

〔二五二〕「非」，當作「飛」，《敦煌歌辭總編》據文義校改，「非」爲「飛」之借字，《敦煌詩集殘卷輯考》校作「灰」。

〔二五三〕「仗」，當作「杖」，《敦煌歌辭總編》據文義校改，「仗」爲「杖」之借字。

〔二五四〕「求四」，當作「毬似」，《敦煌歌辭總編》據文義校改，「求四」爲「毬似」之借字。

〔二五五〕「仗」，當作「杖」，《敦煌詩集殘卷輯考》據文義校改，「仗」爲「杖」之借字。

〔二五六〕「真充」，當作「直衝」，《敦煌歌辭總編》據文義校改，「充」爲「衝」之借字。

〔二五七〕「駒」，當作「鈎」，《敦煌詩集殘卷輯考》據文義校改。

〔二五八〕「昌」，當作「菖」，《敦煌詩集殘卷輯考》據文義校改，「昌」爲「菖」之借字。

〔二五九〕「腰」，當作「邀」，《敦煌詩集殘卷輯考》據文義校改，「腰」爲「邀」之借字。

〔二六〇〕「防」，當作「妨」，《敦煌詩集殘卷輯考》據文義校改，「防」爲「妨」之借字；「神」，當作「身」，《敦煌詩集殘卷輯考》據文義校改，「神」爲「身」之借字。

〔二六一〕「林」，當作「臨」，《敦煌詩集殘卷輯考》據文義校改，「林」爲「臨」之借字；「財」，當作「裁」，《敦煌詩集殘卷輯考》據文義校改，「財」爲「裁」之借字。

〔二六二〕「珠」，當作「朱」，《敦煌詩集殘卷輯考》據文義校改，「珠」爲「朱」之借字。

〔二六三〕『於』，當作『移』，《敦煌詩集殘卷輯考》據文義校改，『於』爲『移』之借字。

〔二六四〕『林』，當作『臨』，《敦煌詩集殘卷輯考》據文義校改，『林』爲『臨』之借字；『斂』，《敦煌詩集殘卷輯考》釋作『歛』，誤。

〔二六五〕『巾』，當作『襟』，《敦煌詩集殘卷輯考》據文義校改，『巾』爲『襟』之借字；『斂』，《敦煌詩集殘卷輯考》釋作『歛』，誤。

〔二六六〕『藉』，當作『籍』，《敦煌詩集殘卷輯考》據文義校改，『藉』爲『籍』之借字。

〔二六七〕『王』，當作『玉』，據伯二五四四《詩文集》及文義改。

〔二六八〕『焉』，當作『厭』，據文義改，『焉』爲『厭』之借字。

〔二六九〕『博』，當作『薄』，《全敦煌詩》據文義校改。

〔二七〇〕『桅』，當作『唯』，據文義改，『桅』爲『唯』之借字。

〔二七一〕『縣』，《敦煌詩集殘卷輯考》校作『懸』，不必。

〔二七二〕『縣心』，據伯二五四四《詩文集》補。

〔二七三〕『與』，當作『馬』，《敦煌詩集殘卷輯考》據文義校改；『連』，《敦煌詩集殘卷輯考》據文義校作『漣』。

〔二七四〕『傾』，當作『顉』，《敦煌詩集殘卷輯考》據文義校改；『池』，當作『施』，《敦煌詩集殘卷輯考》據文義校改。

〔二七五〕『閏』，當作『闉』，《敦煌詩集殘卷輯考》據文義校改。

〔二七六〕『丈』，據伯二五四四《詩文集》補。

〔二七七〕『何』，當作『河』，據伯二六七三《唐詩文叢鈔》、伯三八八五《龍門賦》及文義改，『何』爲『河』之借字。

〔二七八〕『水』，《敦煌詩集殘卷輯考》在該篇校記中釋作『永』。

〔二七九〕「落」，當作「洛」，據伯二六七三《唐詩文叢鈔》及文義改，「落」爲「洛」之借字；「青」，當作「清」，據《敦煌詩集殘卷輯考》據文義校改，「青」爲「清」之借字。

〔二八〇〕第二個「關」字，《敦煌詩集殘卷輯考》據伯二六七三《唐詩文叢鈔》釋作「開」。

〔二八一〕「與」，當作「馬」，據伯二六七三《唐詩文叢鈔》、伯三八八五《龍門賦》及文義改。

〔二八二〕「使」，《敦煌詩集殘卷輯考》據伯二六七三《唐詩文叢鈔》釋作「俠」。

〔二八三〕「棌」，當作「彩」，《敦煌詩集殘卷輯考》據文義校改，「採」爲「彩」之借字。

〔二八四〕「吹」，當作「明」，據伯二六七三《唐詩文叢鈔》、伯三八八五《龍門賦》改。

〔二八五〕「膽」，當作「瞻」，據伯二六七三《唐詩文叢鈔》及文義改。

〔二八六〕「去」，《敦煌詩集殘卷輯考》據伯二六七三《唐詩文叢鈔》釋作「起」。

〔二八七〕「永憶」，《敦煌詩集殘卷輯考》據伯二六七三《唐詩文叢鈔》釋作「水憶」。

〔二八八〕「歌」，疑爲衍文，當刪。

〔二八九〕「熊」，當作「態」，據伯三八八五《龍門賦》及文義改。

〔二九〇〕「悔」，當作「梅」，據伯二六七三《唐詩文叢鈔》、伯三八八五《龍門賦》及文義改。

〔二九一〕「佰」，當作「伯」，據伯二六七三《唐詩文叢鈔》改，「佰」爲「伯」之借字。

〔二九二〕「見」，《敦煌詩集殘卷輯考》據伯二六七三《唐詩文叢鈔》釋作「現」；「然」，《敦煌詩集殘卷輯考》據伯二六七三《唐詩文叢鈔》釋作「相」。

〔二九三〕「與」，當作「馬」，據伯二六七三《唐詩文叢鈔》及文義改。

〔二九四〕「巖」，《敦煌詩集殘卷輯考》據伯二六七三《唐詩文叢鈔》釋作「嚴」；「然催」，《敦煌詩集殘卷輯考》據伯二六七三《唐詩文叢鈔》釋作「相催」。

〔二九五〕『未』，當作『朱』，據伯二六七三《唐詩文叢鈔》及文義改；『酏』，《敦煌詩集殘卷輯考》據伯二六七三《唐詩文叢鈔》釋作『酡』。

〔二九六〕『慕』，當作『幕』，據伯二六七三《唐詩文叢鈔》及文義改，『慕』爲『幕』之借字。

〔二九七〕『採』，當作『彩』，《敦煌詩集殘卷輯考》據文義校改，『採』爲『彩』之借字。

〔二九八〕『無』，當作『金』，據伯二六七三《唐詩文叢鈔》及文義改。

〔二九九〕『風』，據伯二六七三《唐詩文叢鈔》補。

〔三〇〇〕『光』，據伯二六七三《唐詩文叢鈔》補。

〔三〇一〕『淠』，當作『謂』，據伯二六七三《唐詩文叢鈔》改；『思』，《敦煌詩集殘卷輯考》據文義校作『斯』。

〔三〇二〕『威』，當作『盛』，據伯二六七三《唐詩文叢鈔》改；『何』，當作『河』，據伯二六七三《唐詩文叢鈔》及文義改，『何』爲『河』之借字。

〔三〇三〕『暮暮』，當作『萬萬』，據伯二六七三《唐詩文叢鈔》改。

〔三〇四〕『爲』，當作『謂』，《敦煌詩集殘卷輯考》據文義校改，『爲』爲『謂』之借字。

〔三〇五〕『若』，當作『尋』，據伯二六七三《唐詩文叢鈔》改；『路』，據伯二六七三《唐詩文叢鈔》補。

〔三〇六〕『妾』，當作『委』，據伯二六七三《唐詩文叢鈔》改；『篡』，當作『墓』，據伯二六七三《唐詩文叢鈔》改。

〔三〇七〕『天長』，據伯二六七三《唐詩文叢鈔》補。

〔三〇八〕『君』，當作『居』，據伯二六七三《唐詩文叢鈔》改。

〔三〇九〕『廓』，《敦煌詩集殘卷輯考》據文義校作『郭』；『卅』，當作『州』，據伯二六七三《唐詩文叢鈔》改。

〔三一〇〕『棺』，當作『冠』，《敦煌詩集殘卷輯考》據文義校改，『棺』爲『冠』之借字；『與』，當作『馬』，據伯二六七三《唐詩文叢鈔》及文義改。

〔三一一〕『國』，當作『谷』，《敦煌詩集殘卷輯考》據文義校改，『國』爲『谷』之借字；『清』，當作『青』，《敦煌詩集殘卷輯考》據文義改，『清』爲『青』之借字；『誅』，當作『珠』，據伯二六七三《唐詩文叢鈔》改，『誅』爲『珠』之借字；『驕』，當作『綺』，《敦煌詩集殘卷輯考》據文義校改。

〔三一二〕『同』，當作『銅』，《敦煌詩集殘卷輯考》據文義校改，『同』爲『銅』之借字。

〔三一三〕『起』，當作『氣』，《敦煌詩集殘卷輯考》據文義校改，『起』爲『氣』之借字。

〔三一四〕『娥』，當作『俄』，《敦煌詩集殘卷輯考》據文義校改，『娥』爲『俄』之借字；『煍』，當作『秋』，《敦煌詩集殘卷輯考》據文義校改。

〔三一五〕『煍』，當作『秋』，《敦煌詩集殘卷輯考》據文義校改，『煍』爲『秋』之借字；『虚』，疑爲衍文，當删。

〔三一六〕『萬』，當作『蔓』，《敦煌詩集殘卷輯考》據文義校改，『萬』爲『蔓』之借字。

〔三一七〕『凡』，當作『瓦』，據伯二六七三《唐詩文叢鈔》改。

〔三一八〕『路』，當作『跡』，據伯二六七三《唐詩文叢鈔》改。

〔三一九〕『弦』，《敦煌詩集殘卷輯考》據伯二六七三《唐詩文叢鈔》釋作『絃』。

〔三二〇〕『單』，當作『丹』，《敦煌詩集殘卷輯考》據文義校改，『單』爲『丹』之借字；『簒』，當作『暮』，《敦煌詩集殘卷輯考》據文義校改。

〔三二一〕『清』，當作『青』，《敦煌詩集殘卷輯考》據文義校改，『清』爲『青』之借字；『銘』，當作『名』，《敦煌詩集殘卷輯考》據文義校改，『銘』爲『名』之借字。

〔三二二〕『烏』，當作『嗚』，據伯二六七三《唐詩文叢鈔》改，『烏』爲『嗚』之借字；『落』，當作『洛』，據伯二六七三《唐詩文叢鈔》改，『落』爲『洛』之借字。

〔三二三〕此句中之兩個『然』，均當作『相』，據文義改；『斯』，當作『思』，《敦煌詩集殘卷輯考》據文義校改，『斯』

爲「思」之借字；「莱」，當作「萊」，據伯二六七三《唐詩文叢鈔》及文義改。

〔三二四〕「常」，當作「嘗」，《敦煌詩集殘卷輯考》據文義校改，「常」爲「嘗」之借字。

〔三二五〕「王」，當作「去」，據伯二六七三《唐詩文叢鈔》改。

〔三二六〕「雨」，當作「羽」，《敦煌詩集殘卷輯考》據文義校改，「雨」爲「羽」之借字；「飛」，當作「霏」，《敦煌詩集殘卷輯考》據文義校改，「飛」爲「霏」之借字。

〔三二七〕「獨」，當作「犢」，據斯五五四六《咒願壹本》改，「獨」爲「犢」之借字；「而」，當作「如」，據文義改，時「而」、「如」可互通。

〔三二八〕「縈」，當作「榮」，據斯五五四六《咒願壹本》改，「縈」爲「榮」之借字。

〔三二九〕「敢」，當作「感」，據文義改，「敢」爲「感」之借字；「樔」，當作「錚」，據斯五五四六《咒願壹本》改。

〔三三〇〕「補」，當作「蒲」，據文義改，「補」爲「蒲」之借字；「卦」，當作「掛」，據文義改，「卦」爲「掛」之借字。

〔三三一〕「業業」，當作「葉葉」，據斯五五四六《咒願壹本》及文義改，「業」爲「葉」之借字。

〔三三二〕「殿」，當作「鈿」，據斯五五四六《咒願壹本》及文義改，「殿」爲「鈿」之借字。

〔三三三〕「麥」，據斯五五四六《咒願壹本》補。

〔三三四〕「惱」，當作「瑙」，據文義改，「惱」爲「瑙」之借字。

〔三三五〕「內」，據文義補。

〔三三六〕「孤」，當作「姑」，據斯五五四六《咒願壹本》及文義改，「孤」爲「姑」之借字；「章」，當作「嫜」，據斯五五四六《咒願壹本》及文義改，「章」爲「嫜」之借字。

〔三三七〕「俶」，當作「叔」，據文義改，「俶」爲「叔」之借字。

〔三三八〕「瑜」，當作「逾」，據文義改，「瑜」爲「逾」之借字。

參考文獻

《鳴沙石室遺書》九〇至九一頁（録）、九六至九七頁（録）；《敦煌掇瑣》一三九頁（録）；《中華文史論叢》一九六三年三輯，三〇一頁（録）；《敦煌韻文集》一四頁（録）；《敦煌學》三輯，六三至一〇二頁（録）；《華岡文科學報》一九七八年一一期，二七五至三〇三頁（録）；《敦煌資料考屑》三七六至三七九頁（録）；《敦煌寶藏》一五冊，五三四至五三九頁（圖）；《敦煌寶藏》一三五冊，一一三頁（圖）；《敦煌的唐詩》六五至六八頁（録）、一一七至一一八頁（録）、二〇二至二〇七頁（録）；Kwong Hing-foon, Wang Zhaojun: *Une Héroïne Chinoise de L'histoire à La Légende*, Paris, 1986；《敦煌歌辭總編》一七六四至一七九〇頁（録）、七二七至七三三頁（録）；《上海師範大學學報》一九八七年三期，一三八至一四六頁；《敦煌研究》一九八七年四期，三五至三七頁（録）、四〇至四一頁（録）；《敦煌語言文學研究》一六五至一九一頁（録）；《英藏敦煌文獻》三卷，二〇二至二〇九頁（圖）；《全唐詩補編》一四頁（録）、二八頁（録）；《敦煌婚姻文化》五四至五六頁（録）；《敦煌類書》五四七至五四八頁、八九〇至九〇六頁（録）；《敦煌詩歌導論》一六至一九頁、四九至五五頁（録）、七一至七三頁（録）；《江西師範大學學報》一九九三年四期，一一三至一一七頁；《敦煌賦校注》二三四頁（録）、三一三頁（録）；《敦煌本唐集研究》二〇九頁、二二四頁（録）；《敦煌願文集》三九六至三九七頁（録）；《敦煌賦彙》二〇一至二二七頁（録）、二七八至二八六頁（録）；《敦煌邊塞詩歌校注》三五至三六頁（録）；《中國敦煌學百年文庫·文學卷》四〇五至四二二頁（録）；《敦煌歌辭總編匡補》三〇三至三〇八頁（録）；《敦煌吐魯番學論稿》四八至四九頁（録）；《敦煌詩集殘卷輯考》五五至五六頁（録）、七四至七六頁（録）、一二一至一三一頁（録）、一四七至一五四頁（録）、二九九至三〇一頁（録）、三九九至四〇一頁（録）、四六八至四七六頁（録）、七三一至七三九頁（録）；《敦煌文學源流》八一至八二頁（録）；《敦煌學輯刊》二〇〇二年二期，三九至四二頁；《敦煌俗文學研究》一九一至二〇四頁（録）；《敦煌民俗——絲路明珠傳風情》二二二至二二四頁（録）；《敦煌文學文獻叢稿》二六二至二六六頁、三一六至三一七頁；《法藏敦煌西域文獻》三三册，三四六頁（圖）；《全敦煌詩》四册，一五三四至一五四二頁（録）、一五五〇至一五五五頁（録）；《全敦煌詩》五册，二一六四至二一七二頁（録）；《全敦煌詩》六册，二一八一至二一八三頁（録）、二二二八至二二三六頁（録）、二四二五至二四四六頁（録）、二六六三至二六六九頁（録）；《全敦煌詩》八册，三四七四至三四九七頁（録）、三五〇四至三五〇八頁（録）；《全敦煌詩》一〇册，四一八一至四二〇〇頁（録）；《英藏敦煌社會歷史文獻釋録》四卷，一六三至一六八頁（録）；《英藏敦煌社會歷史文獻釋録》五卷，三七二至三七五頁（録）。

斯二〇五〇背　四部律并論要抄一卷題記

釋文

歲次丙子年六月六日寫訖。

說明

此件中『丙子』，翟理斯推斷爲公元六一六年。《英藏敦煌文獻》未收，現予補録。題記後有蔣孝琬所書數碼和『四部律并論要抄一卷』，未録。

參考文獻

Descriptive Catalogue of the Chinese Manuscripts from Tunhuang in the British Museum, p. 169（録）；《敦煌遺書總目索引》一四九頁（録）；《敦煌寶藏》一五冊，五五一頁（圖）；《敦煌遺書總目索引新編》六二頁（録）。

斯二〇五二　新集天下姓望氏族譜一卷并序

釋文

新集天下姓望氏族譜一卷并序

夫人立身在世，姓望爲先。若不知之，豈爲人子？雖即博學，姓望殊乖，晚長後生，切須披覽。但看注脚，姓望分明。謹録元出州郡，分爲十道如右。

弟（第）一關内道〔八〕郡〔一〕

雍州　京兆郡　出卌姓〔二〕　車〔三〕、杜、段、嚴、黎、宋、秦、鍾〔四〕、雍、車（韋）〔五〕、田、粟、於、米、冷、支、員、舒、扈、皮、晁〔六〕、申屠、康〔七〕、別、夫家（蒙）〔八〕、部、豐、禄〔九〕、史、倫、邢、金、公成（城）〔一〇〕、弟（第）五、宗〔一一〕、宜、扶、粟（栗）〔一二〕、計〔一三〕。

雍州　始平郡　出四姓　馮、龐、宣、陰。

雍州　武功郡　出四姓　蘇、韓、是、殳。

歧（岐）州〔一四〕扶風郡　出十一姓　竇、馬、曾、魯、萬、寇、井、蘇、惠、班、輔。

邠州　新平郡　出四姓　古、異、附、虢。

涇州　安定郡　出八姓　梁、皇脯（甫）〔一五〕、席、伍、胡、安、蒙〔一六〕、程。

同州　馮翊郡　出八姓　魚、吉、党〔一七〕、雷、印、合、力、寇。

同州　郃陽郡　出四姓　文、奉、瓮〔一八〕、骨。

弟（第）二隴右道四郡

涼州　西平郡　出三姓　申屠、段、池。

涼州　武威郡　出六姓　索、石、賈、安、廖、陰。

渭州　隴西郡　出十三姓　李、牛、時、辛、董、艾、彭、闞、騫、閔、萬、氾、邊。

秦州　天水郡　出廿姓〔一九〕　趙、姜、尹、別、嚴、龍、權、秦、上官、樓〔二〇〕、桂、莊、那〔二一〕、皮、雙、智、晁〔二二〕、琴、蒙〔二三〕、玠。

弟（第）三山南道五郡

襄州　襄陽郡　出五姓　荔非、蒯、輔、騫、蹇。

鄧州　南陽郡　出十七姓　白、韓、勝〔二四〕、樂、鄧、宗〔二五〕、葉、穰、岑、翟、曠（曠）〔二六〕、井、趙、姬、仇、鹿〔二七〕。

荊州　江陵郡　出五姓　能〔二八〕、縣、仵、戎、酒。

朗州　武陵郡　出五姓　伍、龔、卜、冉、華〔二九〕。

鄂（郢）州〔三〇〕　江夏郡　出七姓　李、黄、程〔三一〕、費、任、衙〔三二〕、喻。

弟（第）四河東道十郡〔三三〕

蒲州　河東郡　出十五姓　裴、柳、薛、儲、蒲〔三四〕、衛、聶、應、廉、麥、扈、昏、滿、朗、賈。

汾州　西河郡　出十姓　靳、卜、宋、林、植、相里、任、臨、欒、通。

晉州　平陽郡　出十二姓　汪、雋、餗（束）〔三五〕、乘〔三六〕、平、柴、巫〔三七〕、景、句〔三八〕、賈、晉、風。

澤州　高平郡　出五姓　范、巴、翟、過、獨狐（孤）〔三九〕。

澤州　晉昌郡〔四〇〕　出五姓　唐、杜、乜、爨、炅。

潞州　上黨郡　出六姓　鮑、包、陳、樊、苞〔四一〕、尚。

并州　太原郡　出廿七姓〔四二〕　弘、王、郭、郝、溫、尉遲、祁、令孤（狐）〔四三〕、武、閻、宮、郜〔四四〕、孫、伏、昝〔四五〕、霍、問、弓、師、義、招〔四六〕、酉、廖、易、龍、韶、光〔四七〕。

岱（代）州〔四八〕　鴈門郡〔四九〕　出五姓　續、解、田、文、狄。

虢州　弘農郡　出七姓　楊、譚、強、晉、虢、裘〔五〇〕。

弟（第）五河北〔道〕十七郡〔五一〕

冀州　渤（？）海郡〔五二〕　出廿八姓〔五三〕　高、吳、歐陽、赫連、詹、喻、李、施（？）、區、金、卿、甘、訾、凌、覃、封、刁、紇干、童、翻、冀、斯、衡、居、倉、闞、鳳、郟。

冀（定）州〔五四〕　中山郡　出六姓　甄、焦、藺、仲、郎、宦〔五五〕。

冀州　高陽郡　出五姓　許、耿、紀、公孫、蒯〔五六〕。

洺州〔五七〕　廣平郡　出八姓　游、程、宋、談、藉、啖〔五八〕、逯〔五九〕、焦。

幽州　范陽郡　出九姓　盧、湯、祖、郘、范、簡、張、厲、童。

易州　上谷郡　出六姓　侯、榮、麻、燕、寇、谷。

定州　博陵郡　出五姓　崔、邸、壽、幸、濮陽。

瀛州　河間郡　出八姓　刑（邢）〔六〇〕、俞、家、玄、堯、劉〔六一〕、詹、税。

相州　内黄〔郡〕〔六二〕　出四姓　路、駱、扈、厙〔六三〕。

貝州　清河郡　出十九姓　張、房、崔、戴、靳〔六四〕、聶、孟、傅、蓋、卓、隋、尚、汲、檀、且、貴、革、舒、路。

邢州〔六五〕　鉅鏕郡〔六六〕　出六姓　魏、耿、特、莫、時、郚（舒）〔六七〕。

德州　平原郡　出七姓　華〔六八〕、敎（敬）〔六九〕、孟、常、東方、師、内（芮）〔七〇〕、義〔七一〕。

趙州　趙郡　出六姓　李、司從（徒）〔七二〕、睦、朗、也（乜）〔七三〕、問、閔〔七四〕。

魏州　魏郡　出六姓　申、暴、柏〔七五〕、鬓（暢）〔七六〕、頓、萇。

衛州　黎陽郡　出四姓　璩（蘧）〔七七〕、桑、衛、折（柘）〔七八〕、猗〔七九〕。

懷州　河内郡　出十七姓　司馬、尚〔八〇〕、印〔八一〕、向、賀、平〔八二〕、車、善〔八三〕、宗〔八四〕、文、淳于、懷、苑〔八五〕、曹（？）〔八六〕、枚〔八七〕、屈、容。

弟（第）六淮南道四郡

〔揚〕州〔八八〕　廣陵郡　出十姓　高、支、錢、盛、慶、於、立、戴、斿（游）〔八九〕、貢、莉〔九〇〕。

楚州　山陽郡　出六姓　曲〔九一〕、楚、鞏、念、郄〔九二〕、蹇。

廬州　盧（廬）江郡〔九三〕　出四姓　何、況、門、俞。

舒州　同安郡　出二姓　舒、僕固。

弟（第）七河南道廿二郡

洛州　河南郡　出廿三姓[九四]　褚、穆、獨孤、丘、祝、元、聞人[九五]、賀闌（蘭）[九六]、慕容、商[九七]、南宫、古、山、方、藺、慶、閭丘、利、芮、侯莫陳[九八]、房、庸、宇文。

許州　穎（潁）川郡[九九]　出十一姓　陳、荀、瘦（庾）[一〇〇]、庫、鍾、柏[一〇一]、許、韓、豆盧、鮮于、鄢[一〇二]。

鄭州　滎陽郡　出六姓　鄭、潘、毛、陽、牟[一〇三]、邴、子（干）[一〇四]。

滑州　白馬郡　出三姓　成公、費、上官。

汴州　陳留郡　出十五姓　阮、何、謝、衛、殷、抝（防）[一〇五]、蔡、典、虞、邊、申屠、伊、智、曲、全。

宋州　梁國郡　出四姓　喬[一〇六]、宋、葛、賓。

亳州　譙郡　出十姓　曹、丁、婁、戴、夏侯、嵇、桓[一〇七]、奚[一〇八]、薄、汝。

豫州　汝南郡　出廿六姓[一〇九]　周、殷（?）、荊、項、盛、和、宣、南、蔡、梅、袁、爨（?）[一一〇]、貝、應、庴（?）、汝、吳[一一一]、言、昌、藍、肚[一一二]、沙、滿、鞠（鞫）[一一三]、寧[一一四]、仲。

曹州　濟陽郡[一一五]　出八姓　丁、卞、江、左、蔡、單、曹、郁。

濮州　濮陽郡　出六姓　吳、文、扶、黄、慶、濮。

兗州　魯國郡　出廿姓[一一六]　唐、吕、孔、齊、俞、曲（?）[一一七]、再（冉）[一一八]、萬、宰、曾、鄒、夏、車、顔、栗、仙、濮、韶、巢[一一九]。

兗州　太山郡　出四姓　鮑、羊、胡［毋］[一二〇]、斛斯。

兗州　平昌郡　出四姓　管、蓋、牟、孟。

鄆州　東平郡　出六姓　魏、吕、萬、平、戢[一二一]。

青州　北海郡　出廿六姓〔一二二〕史、成、盛〔一二三〕、倪、蓋、譚、鄆（？）〔一二四〕、晏、査、莫、柯、汎〔一二五〕、盡、花、左、甯、終、虔（庾）〔一二六〕、然、范、戢（？）〔一二七〕、井〔一二八〕、訾、彭、鞠〔一二九〕。

青州　樂安郡　出十二姓　孫、任、陶、國、長孫、蔣〔一三〇〕、种〔一三一〕、公孫、供、閻、房、賀、曹〔一三二〕。

齊州　濟陰郡　出四姓　卞、單、東門、信都。

徐州　彭城郡　出十二姓　劉、朱、到、徐、莊、宛、支、宗〔一三三〕、政、龏（龔）〔一三四〕、巢、桑丘〔一三五〕。

徐州　蘭陵郡　出四姓　蕭、繆、万俟〔一三六〕、端木。

泗州　下邳郡　出八姓　闞〔一三七〕、余、沈、邳（？）〔一三八〕、谷、國、皮、滑。

沂州　琅瑘郡〔一三九〕　出十二姓　王、顏、諸葛、繆、胥、葛、艾、干、惠、暢、符〔一四〇〕、幹〔一四一〕。

海州　東海郡〔一四二〕　出十姓　徐、匡、戚、竹、喻、闞、綦毋〔一四三〕、麋〔一四四〕、楚、茅。

弟（第）八江東（南）道二十郡〔一四五〕

潤州　丹陽郡　出八姓　甘、紀、那、洪、左、洗、鄢、廣。

宣州　宣城郡　出四姓　曠、賁、蔺〔一四六〕、聚〔一四七〕。

蘇州　吳郡　出五姓　朱、張、顧、陸、暨。

杭州　錢塘郡　出七姓　范、岑、褚、盛、仰〔一四八〕。

杭州　鹽官郡　出五姓　翁、戚、束〔一四九〕、闞〔一五〇〕、忽（呼）延〔一五一〕。

杭州　餘杭郡　出四姓　暨、隗、戢、監。

湖州　吳興郡　出十六姓　沈、錢、姚、吳、清、丘、放〔一五二〕、宣、萠〔一五三〕、金、銀、陰、洗、鈿（鈕）〔一五四〕、木、丘明〔一五五〕。

常州　晉陵郡　出四姓　蔣、符〔一五六〕、英〔一五七〕、周。

越州　會稽郡　出十四姓　夏、誰（謝）〔一五八〕、賀、康、孔、虞、盛、資、鍾離〔一五九〕、駱、茲、俞、桀、汎。

處州　松陽郡　出五姓　勞、賴、葉、瞿曇〔一六〇〕。

台州　臨海郡　出六姓　屈、冷、靖、譚、弌〔一六一〕、葉。

婺州　東陽郡　出七姓　蒯〔一六二〕、習、苗、姚、哀〔一六三〕、難〔一六四〕。

歙州　歙郡〔一六五〕　出五姓　俶（叔）孫〔一六六〕、方、諫、授、汪。

洪州　豫章郡　出八姓　羅、雷、熊、除、璩〔一六七〕、諶、洪〔一六八〕。

饒州　鄱陽郡　出四姓　饒、芮、鐸、奐〔一六九〕。

江州　潯陽郡　出六姓　陶、翟〔一七〇〕、淳、瞿、騫、步。

素（袁）州〔一七一〕　宜春郡　出四姓　袁、彭、易、斫（邵）〔一七二〕。

潭州〔一七三〕　長沙郡　出六姓　曾、吳、羅、彭、茹（?）、秦。

度（虔）州〔一七四〕　南康郡　〔出〕〔四〕〔姓〕〔一七五〕　賴、葉、銀、尋。

泉州　南交（安）郡〔一七六〕　出四姓　林、仇、弘、單。

弟（第）九劍南道二郡

益州　蜀郡　出五姓　郗〔一七七〕、文、費、任、郄〔一七八〕。

梓州　梓潼郡　出四姓　綿、景、文、麋。

弟（第）十嶺南道五府邕、容、杜（桂）〔一七九〕、廣、安南等都管七十州，並下出人姓望〔一八〇〕。家印

說明

此件首尾完整，共一〇六行，有界欄，分欄書寫，雖書法欠佳，但字體工整，首題『新集天下姓望氏族譜一卷并序』，末鈐有印文『家印』。王仲犖據卷中『葉』字『世』部改爲『云』、『括州』改爲『處州』、『淳于』復姓改爲單姓『于』等信息，推斷此件是大曆十四年（公元七七九年）以後，元和元年（公元八〇六年）以前的產物（參看《〈新集天下郡望氏族譜〉考釋》，《敦煌吐魯番文獻研究論集》第二輯，北京大學出版社，一九八三年，七一至一七七頁；又見《峼華山館叢稿》，中華書局，一九八七年，三六五頁）。唐耕耦推測此卷可能是在唐政治文化中心長安居住過的隴右人編寫，年代在開元中期以後，其下限不能確定（參看《敦煌四件唐寫本姓望氏族譜殘卷研究》，《敦煌吐魯番文獻研究論集》第二輯，北京大學出版社，一九八三年，二六九頁）。華林甫據此件之地理沿革考訂其寫作年代在唐玄宗天寶初年（公元七四二年）至唐肅宗至德二載（公元七五七年）之間（參看《〈新集天下郡望氏族譜〉寫作年代考》，《敦煌研究》一九九一年四期，七〇至七一頁）。李錦繡認爲此件抄於晚唐，從文末所鈐『家印』看，應爲敦煌某家藏之本（參看張弓主編《敦煌典籍與唐五代歷史文化》，中國社會科學出版社，二〇〇六年，五三五至五三七頁）。此件中之諸郡望姓，有不少不見於以前的士族族譜，對了解唐代士族群

體的變化具有一定價值。

以上釋文以斯二〇五二爲底本，參考王仲犖《峼華山館叢稿》、唐耕耦等《敦煌社會經濟文獻真蹟釋録》、鄭炳林《敦煌地理文書匯輯校注》等諸家録文進行釋録。諸家釋文所造的字書所無的字，若未採用，一律不出校，以免植字之苦。

校記

〔一〕『弟』，當作『第』，據文義改，《峼華山館叢稿》、《敦煌社會經濟文獻真蹟釋録》、《敦煌地理文書匯輯校注》逕釋作『第』，『弟』爲『第』之本字。以下同，不另出校。『八』，《峼華山館叢稿》據文義校補。

〔二〕『卌』，《敦煌地理文書匯輯校注》釋作『四十』。

〔三〕『車』，《敦煌社會經濟文獻真蹟釋録》校改作『韋』。

〔四〕『鍾』，《峼華山館叢稿》釋作『鉉』，誤。

〔五〕『車』，當作『韋』，《敦煌地理文書匯輯校注》據相關典籍校改，《峼華山館叢稿》逕釋作『韋』。

〔六〕『晁』，《峼華山館叢稿》、《敦煌地理文書匯輯校注》釋作『昆』。

〔七〕『康』，《峼華山館叢稿》釋作『庚』，《敦煌地理文書匯輯校注》釋作『廖』，均誤。

〔八〕『家』，當作『蒙』，《敦煌社會經濟文獻真蹟釋録》據文義校改，《峼華山館叢稿》、《敦煌地理文書匯輯校注》逕釋作『蒙』。

〔九〕『禄』，《敦煌社會經濟文獻真蹟釋録》、《敦煌地理文書匯輯校注》釋作『杍』，底本之字形介於『禄』、『杍』之間，按《通志·氏族略第三》載涇陽有『禄』姓，故應釋作『禄』。

〔一〇〕『公成』，當作『公城』，《古今姓氏書辯證》載有『公城』姓，據此改，『成』爲『城』之借字，《峼華山館叢稿》釋作『戔』，《敦煌地理文書匯輯校注》釋作『成公』，均誤。

〔一一〕『宗』，《敦煌地理文書匯輯校注》釋作『宋』，誤。

〔一二〕『粟』，當作『栗』，《敦煌社會經濟文獻真蹟釋録》據上文已有『栗』姓校改，《峼華山館叢稿》認爲係衍文，當刪。按若刪此姓，則所列姓與上文『出卌姓』少兩姓。

〔一三〕《峼華山館叢稿》認爲京兆郡脱兩姓，故於『計』後補以『□□』。按似應缺一姓，寫錯一姓。

〔一四〕『歧』，當作『岐』，據文義改，《峼華山館叢稿》逕釋作『岐』，『歧』爲『岐』之借字。

〔一五〕『陠』，當作『甫』，《敦煌社會經濟文獻真蹟釋録》、《敦煌地理文書匯輯校注》據文義校改，《峼華山館叢稿》逕釋作『甫』，『陠』爲『甫』之借字。

〔一六〕『蒙』，《峼華山館叢稿》釋作『榮』，誤。

〔一七〕『党』，《敦煌社會經濟文獻真蹟釋録》釋作『黨』，雖《太平寰宇記》卷二八《關西道四》中之『馮翊郡五姓』句有『黨』，然《元和姓纂》、《古今姓氏書辯證》均有『党』而無『黨』，《敦煌地理文書匯輯校注》釋作『党』，誤。

〔一八〕『瓮』，《峼華山館叢稿》釋作『兊』，《敦煌社會經濟文獻真蹟釋録》釋作『公凡』，《敦煌地理文書匯輯校注》釋作『公丸』。

〔一九〕『廿』，《敦煌地理文書匯輯校注》釋作『二十』。

〔二〇〕『樓』，《峼華山館叢稿》未釋，《敦煌社會經濟文獻真蹟釋録》釋作『茘』，《敦煌地理文書匯輯校注》釋作『協』，校作『茘』，均誤。

〔二一〕『那』，《峼華山館叢稿》據原件圖版釋作『郍』，『郍』爲『那』之俗寫。

〔二二〕『晁』，《峼華山館叢稿》、《敦煌社會經濟文獻真蹟釋録》釋作『昆』，誤。
〔二三〕『蒙』，《敦煌地理文書匯輯校注》釋作『蓼』，誤。
〔二四〕『勝』，《峼華山館叢稿》釋作『滕』，《敦煌社會經濟文獻真蹟釋録》釋作『縢』，校作『滕』，均誤。
〔二五〕『宗』，《敦煌社會經濟文獻真蹟釋録》釋作『宋』，誤。
〔二六〕『曠』，當作『曠』，據文義改，《峼華山館叢稿》、《敦煌社會經濟文獻真蹟釋録》逕釋作『曠』。
〔二七〕按上文稱本郡出十七姓，但實録十六姓。
〔二八〕『能』，《敦煌地理文書匯輯校注》認爲『能』乃『熊』之誤，《峼華山館叢稿》據《元和姓纂》等考證江陵『能』氏家族云『楚熊摯之後，避難改爲能字』。
〔二九〕『華』，《峼華山館叢稿》、《敦煌社會經濟文獻真蹟釋録》釋作『芊』，誤。
〔三〇〕『鄂』，當作『郢』，據《舊唐書·地理志》改。
〔三一〕『程』，《敦煌社會經濟文獻真蹟釋録》釋作『任』，誤。
〔三二〕『衙』，《敦煌地理文書匯輯校注》釋作『衛』，誤。
〔三三〕『十郡』，底本實録九郡，《敦煌社會經濟文獻真蹟釋録》校改爲『九郡』。
〔三四〕『蒲』，《峼華山館叢稿》釋作『莆』，誤。
〔三五〕『餗』，當作『束』，據文義改，『餗』爲『束』之借字，《敦煌地理文書匯輯校注》釋作『余』，誤。
〔三六〕『乘』，《峼華山館叢稿》釋作『椉』，誤。
〔三七〕『巫』，《敦煌地理文書匯輯校注》釋作『巠』，誤。
〔三八〕『句』，《峼華山館叢稿》、《敦煌社會經濟文獻真蹟釋録》釋作『勾』，誤。
〔三九〕『狐』，當作『孤』，據文義改，『狐』爲『孤』之借字，《峼華山館叢稿》、《敦煌社會經濟文獻真蹟釋録》、《敦煌地理文書匯輯校注》逕釋作「孤」。

〔四〇〕按澤州無晉昌郡，有晉城。

〔四一〕「苞」，《敦煌社會經濟文獻真蹟釋録》釋作「營」，誤。

〔四二〕「廿」，《敦煌地理文書匯輯校注》釋作「二十」。

〔四三〕「孤」，當作「狐」，據文義改，「孤」爲「狐」之借字，《峼華山館叢稿》、《敦煌社會經濟文獻真蹟釋録》、《敦煌地理文書匯輯校注》逕釋作「狐」。

〔四四〕「部」，《敦煌地理文書匯輯校注》釋作「鄔」，誤。

〔四五〕「昝」，《敦煌社會經濟文獻真蹟釋録》釋作「咎」，誤。

〔四六〕「招」，《峼華山館叢稿》、《敦煌地理文書匯輯校注》釋作「柖」，誤。

〔四七〕「光」，《峼華山館叢稿》釋作「沈」，誤。

〔四八〕「岱」，當作「代」，《敦煌社會經濟文獻真蹟釋録》、《敦煌地理文書匯輯校注》據文義校改，《峼華山館叢稿》逕釋作「代」，「岱」爲「代」之借字。

〔四九〕「鴈」，《峼華山館叢稿》、《敦煌社會經濟文獻真蹟釋録》、《敦煌地理文書匯輯校注》均釋作「雁」。

〔五〇〕按上文稱本郡出七姓，但實録六姓。

〔五一〕「道」，《峼華山館叢稿》據文義校補；「十七郡」，底本實録十六郡。

〔五二〕「渤」，《敦煌社會經濟文獻真蹟釋録》釋作「勃」，誤。

〔五三〕「廿」，《敦煌地理文書匯輯校注》釋作「二十」。

〔五四〕「冀」，當作「定」，據文義改。

〔五五〕「宦」，《敦煌地理文書匯輯校注》釋作「官」，誤。

〔五六〕『蒯』，《敦煌地理文書匯輯校注》釋作『蒯』，底本之字形介於『蒯』、『蒯』之間，但無以『蒯』爲姓者，似應釋作『蒯』。

〔五七〕『洺』，《敦煌社會經濟文獻真蹟釋録》釋作『洛』，誤。

〔五八〕『啖』，《敦煌地理文書匯輯校注》釋作『啖』，校作『談』。

〔五九〕『逯』，《嶝華山館叢稿》釋作『梁』，誤。

〔六〇〕『刑』，當作『邢』，《敦煌社會經濟文獻真蹟釋録》據文義校改，《嶝華山館叢稿》逕釋作『邢』，『刑』爲『邢』之借字。

〔六一〕『劉』，《敦煌地理文書匯輯校注》釋作『鄧』，誤。

〔六二〕『郡』，《敦煌地理文書匯輯校注》據文義校補，《嶝華山館叢稿》、《敦煌社會經濟文獻真蹟釋録》逕補。

〔六三〕『厙』，《敦煌地理文書匯輯校注》、《敦煌社會經濟文獻真蹟釋録》釋作『庫』。

〔六四〕『靳』，《嶝華山館叢稿》釋作『荏』，考爲『笮』之訛寫。

〔六五〕『邢』，《敦煌社會經濟文獻真蹟釋録》釋作『刑』，校作『邢』。

〔六六〕『鏕』，《嶝華山館叢稿》釋作『鹿』，『鏕』爲『鹿』之類化字。

〔六七〕『郚』，當作『舒』，《敦煌地理文書匯輯校注》據文義校改，《嶝華山館叢稿》逕釋作『舒』。

〔六八〕『華』，《嶝華山館叢稿》、《敦煌地理文書匯輯校注》釋作『莘』，誤。

〔六九〕『敎』，當作『敬』，據文義改，《嶝華山館叢稿》逕釋作『敬』，《敦煌地理文書匯輯校注》釋作『敫』，校作『敬』。

〔七〇〕『内』，當作『芮』，據《太平寰宇記》卷六四《河北道十三》中之『平原郡六姓』句改。《敦煌地理文書匯輯校注》將『内』字斷屬下句，誤。

〔七一〕據上文所記本郡出七姓，但實録八姓。

〔七二〕『從』，當作『徒』，《敦煌社會經濟文獻真蹟釋録》據文義校改，《㟙華山館叢稿》、《敦煌地理文書匯輯校注》逕釋作『徒』。

〔七三〕『也』，當作『乜』，據文義改，《㟙華山館叢稿》、《敦煌地理文書匯輯校注》逕釋作『乜』。

〔七四〕『閔』，《㟙華山館叢稿》釋作『關』，誤。據上文所記本郡出六姓，但實録七姓。

〔七五〕『柏』，《敦煌社會經濟文獻真蹟釋録》、《敦煌地理文書匯輯校注》釋作『栢』，『栢』爲『柏』之俗寫。

〔七六〕『鬄』，當作『暘』，《敦煌地理文書匯輯校注》據文義校改，《㟙華山館叢稿》逕釋作『暘』。

〔七七〕『璩』，《敦煌地理文書匯輯校注》釋作『琚』，誤，當作『蘧』，據《太平寰宇記》卷五六《河北道五》中之『黎陽郡四姓』句改，『璩』爲『蘧』之借字。

〔七八〕『折』，《㟙華山館叢稿》釋作『析』，誤，當作『柘』，據《太平寰宇記》卷五六《河北道五》中之『黎陽郡四姓』句改，『折』爲『柘』之借字。

〔七九〕據上文所記本郡出四姓，但實録五姓。

〔八〇〕『尚』，《㟙華山館叢稿》釋作『常』。

〔八一〕『印』，《㟙華山館叢稿》識爲『巾』與『尚』之合字，釋作『常』；《敦煌社會經濟文獻真蹟釋録》釋作『巾』。

〔八二〕『平』，《敦煌地理文書匯輯校注》釋作『王』，誤。

〔八三〕『善』，《敦煌地理文書匯輯校注》釋作『舍』，誤。

〔八四〕『宗』，《敦煌地理文書匯輯校注》釋作『宋』，誤。

〔八五〕『苑』，《㟙華山館叢稿》釋作『茄』，《敦煌社會經濟文獻真蹟釋録》、《敦煌地理文書匯輯校注》釋作『茹』。

〔八六〕『曹』，《㟙華山館叢稿》釋作『苟』。

〔八七〕『枚』，《敦煌地理文書匯輯校注》釋作『枝』，誤。

〔八八〕『揚』，《峼華山館叢稿》據文義校補。

〔八九〕『斿』，當作『游』，《敦煌地理文書匯輯校注》據文義校改，《峼華山館叢稿》逕釋作『游』。

〔九〇〕據上文所記本郡出十姓，但實録十一姓。

〔九一〕『曲』，《峼華山館叢稿》釋作『典』，誤。

〔九二〕『郄』，《敦煌地理文書匯輯校注》釋作『郝』，考爲『郄』。

〔九三〕『盧』，當作『廬』，《敦煌地理文書匯輯校注》據文義校改，《峼華山館叢稿》逕釋作『廬』。

〔九四〕『廿』，《敦煌地理文書匯輯校注》釋作『二十』。

〔九五〕『聞人』，《敦煌地理文書匯輯校注》釋作『聞、人』。

〔九六〕『闌』，當作『藺』，《敦煌社會經濟文獻真蹟釋録》據文義校改，《峼華山館叢稿》、《敦煌地理文書匯輯校注》逕釋作『藺』，『闌』爲『藺』之借字。

〔九七〕『商』，《峼華山館叢稿》、《敦煌社會經濟文獻真蹟釋録》釋作『高』。

〔九八〕『侯莫陳』，《敦煌地理文書匯輯校注》釋作『侯、莫、陳』。

〔九九〕『穎』，當作『潁』，據《元和姓纂》相關條目改，『穎』爲『潁』之借字。

〔一〇〇〕『瘦』，當作『庾』，據文義改，《敦煌社會經濟文獻真蹟釋録》釋作『廋』，校改作『庾』，《峼華山館叢稿》、《敦煌地理文書匯輯校注》逕釋作『庾』。

〔一〇一〕『柏』，《敦煌社會經濟文獻真蹟釋録》、《敦煌地理文書匯輯校注》釋作『柏』，『柏』爲『柏』之俗寫。

〔一〇二〕『鄢』，《峼華山館叢稿》、《敦煌社會經濟文獻真蹟釋録》、《敦煌地理文書匯輯校注》釋作『焉』，誤。

〔一〇三〕『牟』，《峼華山館叢稿》、《敦煌社會經濟文獻真蹟釋録》釋作『羊』，誤。

〔一〇四〕『子』，當作『干』，《峼華山館叢稿》、《敦煌社會經濟文獻真蹟釋録》據文義校改，《敦煌地理文書匯輯校注》漏録。據上文所記本郡出六姓，但實録七姓。

〔一〇五〕『邡』，當作『防』，據《太平寰宇記》卷一《河南道一》中之『陳留郡五姓』句改，『邡』爲『防』之借字，《峼華山館叢稿》釋作『邔』，認爲『邔』爲『郭』之俗體，《敦煌地理文書匯輯校注》釋作『邔』，校改作『那』。

〔一〇六〕『喬』，《敦煌地理文書匯輯校注》釋作『商』，誤。

〔一〇七〕『桓』，《峼華山館叢稿》釋作『奚』，誤。

〔一〇八〕『奚』，《峼華山館叢稿》釋作『桓』，誤。

〔一〇九〕『廿』，《敦煌地理文書匯輯校注》釋作『二十』。

〔一一〇〕『爨』，《峼華山館叢稿》、《敦煌社會經濟文獻真蹟釋録》釋作『鄹』。

〔一一一〕『吳』，《敦煌地理文書匯輯校注》釋作『矣』，誤。

〔一一二〕『肚』，《峼華山館叢稿》、《敦煌社會經濟文獻真蹟釋録》釋作『胙』。

〔一一三〕『鞫』，《峼華山館叢稿》釋作『靮』，當作『勤』，據《古今姓氏書辯證》卷七引《風俗通》句改。

〔一一四〕『寧』，《敦煌地理文書匯輯校注》釋作『宇』，誤。

〔一一五〕『陽』，《峼華山館叢稿》校改作『陰』，按《通典》卷一七七《州郡七》『濟陰郡，後漢因之，晉爲濟陽郡』，故不煩校改。

〔一一六〕『廿』，《敦煌地理文書匯輯校注》釋作『二十』。

〔一一七〕『曲』，《敦煌社會經濟文獻真蹟釋録》釋作『苗』。

〔一一八〕『再』，當作『冉』，據文義改，《峼華山館叢稿》、《敦煌地理文書匯輯校注》逕釋作『冉』。

〔一一九〕據上文稱本郡出二十姓，但實録十九姓。

〔一二〇〕『毋』，《峼華山館叢稿》據文義校補。

〔一二一〕據上文稱本郡出六姓，但實録五姓。

〔一二二〕『廿』，《敦煌地理文書匯輯校注》釋作『二十』。

〔一二三〕『盛』，《峼華山館叢稿》釋作『戚』，誤。

〔一二四〕『郪』，《敦煌地理文書匯輯校注》釋作『郚』，校改爲『郪』。

〔一二五〕『汎』，《敦煌地理文書匯輯校注》釋作『凡』，誤。

〔一二六〕『庚』，當作『庾』，據文義改，《峼華山館叢稿》、《敦煌社會經濟文獻真蹟釋録》、《敦煌地理文書匯輯校注》逕釋作『庾』。

〔一二七〕『戰』，《敦煌地理文書匯輯校注》釋作『娥』。

〔一二八〕『幵』，《峼華山館叢稿》、《敦煌社會經濟文獻真蹟釋録》、《敦煌地理文書匯輯校注》均釋作『开』。

〔一二九〕據上文稱本郡出廿六姓，但實録廿五姓。

〔一三〇〕『薅』之前有一字被塗抹，《峼華山館叢稿》將其釋作『薛』。

〔一三一〕『种』，《敦煌社會經濟文獻真蹟釋録》釋作『種』，誤。

〔一三二〕據上文稱本郡出十二姓，但實録十三姓。

〔一三三〕『宗』，《敦煌社會經濟文獻真蹟釋録》、《敦煌地理文書匯輯校注》釋作『宋』，誤。

〔一三四〕『龏』，當作『龔』，《峼華山館叢稿》指出『龏』爲『龔』之異體字，《敦煌社會經濟文獻真蹟釋録》逕釋作『龔』。

〔一三五〕『桒丘』，《峼華山館叢稿》釋作『幸、碪』，《敦煌社會經濟文獻真蹟釋録》釋作『奉、碪』，均誤。按底本

『桑』字下先書『扈』，後又旁書『丘』以代之，古有『桑扈』、『桑丘』兩姓，《古今姓氏書辯證》引《元和姓纂》曰『下邳有桑丘氏』，書者原本想書『桑丘』，而誤書『桑扈』，進而將『扈』改作『丘』。故『扈』字不録。

〔一三六〕『万』，《敦煌社會經濟文獻真蹟釋録》釋作『萬』，誤。

〔一三七〕『關』，《䗍華山館叢稿》釋作『開』。

〔一三八〕『邳』，《敦煌社會經濟文獻真蹟釋録》釋作『鄙』，《敦煌地理文書匯輯校注》釋作『邳』，校作『祁』。

〔一三九〕『瑘』，《䗍華山館叢稿》釋作『邪』。

〔一四〇〕『符』，《䗍華山館叢稿》、《敦煌地理文書匯輯校注》釋作『苻』，按《太平寰宇記》卷二三《河南道二十三》中之『琅邪郡六姓：王、顏、諸葛、惠、暢、符』，故應以『符』爲是。

〔一四一〕『幹』，《䗍華山館叢稿》釋作『乾』，《敦煌地理文書匯輯校注》漏録。

〔一四二〕按『海州東海郡』一條，原抄於底本背面，據正面天頭處小字『州背面書謂却壹』，當移於此處，據此校録。

〔一四三〕『綦』，《敦煌地理文書匯輯校注》釋作『基』，誤。

〔一四四〕『麋』，《敦煌社會經濟文獻真蹟釋録》釋作『糜』，誤。

〔一四五〕『東』，當作『南』，《敦煌社會經濟文獻真蹟釋録》據文義校改。

〔一四六〕『茼』，《敦煌地理文書匯輯校注》釋作『蔄』，誤。

〔一四七〕『桼』，《敦煌地理文書匯輯校注》釋作『聚』，誤。

〔一四八〕據上文稱本郡出七姓，但實録五姓。

〔一四九〕『東』，《敦煌社會經濟文獻真蹟釋録》釋作『東』，誤。

〔一五〇〕『闞』，《敦煌社會經濟文獻真蹟釋録》釋作『關』，《䗍華山館叢稿》將『東、闞』釋作『東關』，均誤。

〔一五一〕「忽」，當作「呼」，據《元和姓纂》相關條目改，「忽」爲「呼」之借字；「忽（呼）延」，《峼華山館叢稿》釋作「忽、延」。

〔一五二〕「放」，《敦煌地理文書匯輯校注》認爲當校改作「施」。

〔一五三〕「萌」，《敦煌地理文書匯輯校注》釋作「萠」。按《古今姓氏書辯證》疑「萠」是「萌」之訛。

〔一五四〕「鈿」，當作「鈕」，據《古今姓氏書辯證》卷二八中之「東晉有吳興鈕滔」句改，《峼華山館叢稿》逕釋作「鈕」。

〔一五五〕「丘」，《峼華山館叢稿》漏録。

〔一五六〕「符」，《峼華山館叢稿》、《敦煌地理文書匯輯校注》釋作「苻」。

〔一五七〕「英」，《敦煌地理文書匯輯校注》釋作「莫」，誤。

〔一五八〕「誰」，當作「謝」，據文義改，《峼華山館叢稿》逕釋作「謝」，《敦煌地理文書匯輯校注》認爲「誰」當作「侯」，與上字「夏」合爲「夏侯」。

〔一五九〕「鍾離」，《敦煌地理文書匯輯校注》釋作「鍾、離」。

〔一六〇〕「瞿曇」，《敦煌地理文書匯輯校注》釋作「瞿、曇」，誤，按《萬姓統譜》稱「瞿曇」爲諸方復姓之一。據上文稱本郡出五姓，但實録四姓。

〔一六一〕「弌」，《峼華山館叢稿》認爲「弌」即「壹」，《敦煌社會經濟文獻真蹟釋録》釋作「戎」，《敦煌地理文書匯輯校注》釋作「戈」，校作「弋」。

〔一六二〕「蒯」，《敦煌地理文書匯輯校注》釋作「葥」，誤。

〔一六三〕「哀」，《敦煌地理文書匯輯校注》釋作「泉」，誤。

〔一六四〕據上文稱本郡出七姓，但實録六姓。

【一六五】「歙」，《敦煌社會經濟文獻真蹟釋録》漏録。

【一六六】「俶」，當作「叔」，《敦煌地理文書匯輯校注》據文義校改，《嶠華山館叢稿》逕釋作「叔」，「俶」爲「叔」之借字。

【一六七】「璩」，《敦煌地理文書匯輯校注》釋作「琚」，誤。

【一六八】據上文稱本郡出八姓，但實録七姓。

【一六九】「奂」，《嶠華山館叢稿》認爲「奂」之手寫體或作「夐」，或作「象」。

【一七〇】「翟」，《敦煌社會經濟文獻真蹟釋録》釋作「瞿」，誤。

【一七一】「素」，當作「袁」，《敦煌社會經濟文獻真蹟釋録》據文義校改，《嶠華山館叢稿》逕釋作「袁」。

【一七二】「斫」，當作「邵」，據文義改，《嶠華山館叢稿》逕釋作「邵」。

【一七三】「潭」，《敦煌地理文書匯輯校注》釋作「譚」，誤。

【一七四】「度」，當作「虔」，《敦煌社會經濟文獻真蹟釋録》據文義校改，《嶠華山館叢稿》、《敦煌地理文書匯輯校注》逕釋作「虔」。

【一七五】「出四姓」，《嶠華山館叢稿》據文義校補。

【一七六】「交」，當作「安」，《嶠華山館叢稿》據文義校改。

【一七七】「郗」，《敦煌地理文書匯輯校注》釋作「郄」，誤。

【一七八】「郄」，《敦煌地理文書匯輯校注》釋作「郗」，誤。

【一七九】「杜」，當作「桂」，《敦煌社會經濟文獻真蹟釋録》據文義校改，《嶠華山館叢稿》、《敦煌地理文書匯輯校注》逕釋作「桂」。

【一八〇】「下」，《嶠華山館叢稿》認爲當作「不」；底本「望」下鈐有「家印」印章，《敦煌社會經濟文獻真蹟釋録》

録入正文中。

參考文獻

Descriptive Catalogue of the Chinese Manuscripts from Tunhuang in the British Museum, p. 271；《補定中國法制史研究：奴隸農奴法・家族村落法》，六四〇至六四六頁（録）；《敦煌寶藏》一五册，五六三至五六五頁（圖）；《敦煌吐魯番文獻研究論集》二輯，七一至一七七、二一一至二八〇頁（録）；《峼華山館叢稿》三六五至四六〇頁（録）；《敦煌社會經濟文獻真蹟釋録》一輯，九三至九七頁（圖）、（録）；《敦煌地理文書匯輯校注》三一三至三四三頁（録）；《敦煌研究》一九九一年四期，七〇至七一頁；《英藏敦煌文獻》三卷，二一〇至二一一頁（圖）；《敦煌社會文書導論》三六至四一頁；《敦煌典籍與唐五代歷史文化》五三五至五三七頁。

斯二〇五三　漢書卷七十八蕭望之傳

釋文

（前缺）

臣，與參政事。諸侯聞之，則知國家納諫憂政〔一〕，亡有闕遺。若此不怠，成康之道，其庶幾矣〔二〕！外郡不治，豈足憂哉？』書聞，徵入守少府〔三〕。宣帝察望之經明持重，論議有餘，材任宰相〔四〕，欲詳試其政事，復以爲左馮翊。望之從少府出爲左遷，恐有不合意，即移病〔五〕。上聞之，使侍中成都侯金安上諭意曰：『所用皆更治民以考功〔六〕。君前爲平原太守日淺，故復試之於三輔，非有所聞也〔七〕。』望之即視事。

是歲西羌反。漢遣後將軍征之。京兆尹張敞上書言：『國兵在外，軍以夏發，隴西以北，安定以西，吏民並給轉輸，田事頗廢，素無餘積，雖羌虜已破〔八〕，來春民食必之（乏）〔九〕。窮辟之處，買亡所得〔一〇〕，縣官穀度不足以賑之〔一一〕。願令諸有辠，非盜受賕煞人及犯法不得赦者〔一二〕，〔皆〕得以差入穀此八郡贖罪〔一三〕。務益致穀以豫備百姓之急。』事下有司，望之與少府季（李）彊議〔一四〕，以爲『民函陰陽之氣，有仁（好）義欲利之心〔一五〕，在教化之所助。雖堯在上〔一六〕，不能去民欲利之心，而能令其欲利不勝其好義也；雖桀在上，不能去民好義之心，而能令其好義不勝其欲利也。故堯、桀之分，在於義利而已，導民不可不慎也〔一七〕。今欲令民量粟以贖罪，如此則富者得生，貧者獨死，是貧富異刑而法不壹也。人情，貧窮，父兄囚執，聞出財得以生活，爲人子弟者將不顧死亡之患，敗亂之行，以赴財利，求救親戚。一人得生，十人以喪，如此，伯夷之行壞，公綽名滅〔一八〕。政教壹傾，雖有周邵之佐〔一九〕，恐不能復〔二〇〕。古者藏於民〔二一〕，不足則取，有餘則予。《詩》曰「爰及矜人，哀此鰥寡〔二二〕」，上惠下也。又曰「雨我公田，遂及我私〔二三〕」，下急上也。今有西邊之役，民失作業，雖戶賦口斂以贍其困乏〔二四〕，古之通義，百姓莫以爲非。以死救生，恐未可也〔二五〕。陛下布德施教，教化既成，堯舜亡以加也。今議開利路以傷既成之化，臣竊痛之。』

於是天子復下其議兩府，丞相、御史以難問張敞。敞曰：『少府左馮翊所言，常人之所守耳。昔先帝征四夷，兵行卅餘年〔二六〕，百姓猶不加賦，而軍用給。今羌虜一隅小夷〔二七〕，跳梁於山谷閒，漢但令辠人出財減罪以誅之〔二八〕，其名賢於煩擾良民橫興賦斂也〔二九〕。又諸盜及煞人犯不道者〔三〇〕，百姓所疾苦也，皆不得贖；首匿、見知縱、所不當得爲之屬。議者或頗言其法可蠲除〔三一〕，今因此令贖，其便甚明〔三二〕，何化之所亂？《甫刑》之罰，小過赦，薄罪贖〔三三〕，有金選之品，〔應〕〔劭〕〔曰〕〔三四〕：選音刷，金銖兩〔名〕也〔三五〕。所從來久矣，何賊之所生？敞備皁衣廿餘年〔三六〕，如淳曰：雖有五時服，至朝皆著皁衣。常聞罪人贖矣〔三七〕，未聞盜賊起也。竊憐涼州被寇，方秋饒時，民尚有飢饉之（乏）〔三八〕，病死於道路，況至來春將不大困乎〔三九〕！不早慮所以賑救之策〔四〇〕，而引常經以難，恐後爲重責。常人可與守經，未可與權也。敞幸得備列卿，以輔兩府爲職，不敢不盡愚。』

望之、彊復對曰：『先帝聖德，賢良在位，作憲垂法，爲無窮規〔四一〕，永惟邊境之不贍〔四二〕，故《金布令甲》曰丞相、廷尉板詔令也，《金布》其篇目〔四三〕。「邊郡數被兵，離飢寒〔四四〕，夭絕天年〔四五〕，父子相失，令天下供給其費〔四六〕」，固爲軍旅卒暴之事也〔四七〕。聞天漢四年，嘗使死罪一人入五十萬錢減罪一等〔四八〕，豪彊吏民請奪假貸〔四九〕，至爲盜賊以贖罪。其後姦邪橫暴，群盜並起〔五〇〕，至攻城邑，殺郡守〔五一〕，充滿山谷，吏不能禁。明詔遣繡衣使者以軍興擊之〔五二〕，誅者過半，然後衰止。愚以爲此使死罪贖之敗也，故曰不便。』〔時〕丞相魏相〔五三〕、御史大夫丙吉亦以爲羌虜且破〔五四〕，轉輸略足相給，遂不施敞議。望之爲左馮翊三年，京師稱之，遷大鴻臚。

先是烏孫昆彌翁歸靡因長羅侯常惠上書〔五五〕，願以漢外孫元貴靡爲嗣，得復尚少主，蘇林曰：宗室女〔五六〕。結婚內附，畔去匈奴。詔下公卿議，望之以爲烏孫絕域，信其美言，萬里結婚，非長策也。天子不聽。神爵二年，遣長羅侯惠使送公主配元貴靡。未出塞，翁歸靡死，其兄子狂〔王〕背約自立〔五七〕。惠從塞下上書，願留少主敦煌郡。惠至烏孫，責以負約，因立元貴靡，還迎少主。詔下公卿議，望之復以爲『不可。烏孫持兩端，亡堅約，其效可見。前〔少〕主在烏孫卌餘年〔五八〕，恩愛不親密，邊境未以安，此已事之驗也。今少主以元貴靡不得立而還，信無負於四夷，〔此〕中國之大福也〔五九〕。少主不止，繇役將興，其原起此。』天子從其議，徵少主還。後烏孫雖分國兩立，以元貴靡爲大昆彌，漢遂不復予結婚〔六〇〕。

三年，代丙吉爲御史大夫〔六一〕。五鳳中匈奴大亂，議者多曰匈奴爲害日久，可因其壞亂舉兵滅之。詔遣中朝大司馬車騎將軍韓增、諸吏富平侯張延壽、光禄勳楊惲、大僕戴長樂問望之計策〔六二〕，望之對曰：『《春秋》晉士丐帥師侵齊〔六三〕，聞齊侯卒，引師而還，君子大其不伐喪〔六四〕，以爲恩足以服孝子，誼足以動諸侯。前單于慕化鄉善稱弟，蘇林曰：弟，順也〔六五〕。遣使請求和親，海内欣然，夷狄莫不聞。未終奉約，不幸爲賊臣所煞〔六六〕，今而伐之，是乘亂而幸災也，彼必奔走遠遁。不以義動兵，恐勞而無功。宜遣使者弔問，輔其微弱，救其災患，四夷聞之，咸貴中國之仁義。如遂蒙恩得復其位，必稱臣服從，此德之盛也。』上從其議，後竟遣兵護輔呼韓邪單于定其國。

是時大司農中丞耿壽昌奏設常平倉，上善之，望之非壽昌〔六七〕。丞相丙吉年老〔六八〕，上重焉。望之又奏言：『百姓或乏困，盜賊未止，二千石多材下不任職。三公非其人，則三光爲〔之〕不明〔六九〕。今首歲日月少光〔七〇〕，咎在臣等。』上以望之意輕丞相〔七一〕，乃下詔侍中建章衛尉金安上〔七二〕、光禄勳楊惲、御史中丞王忠并詰問〔七三〕，望之免冠置對，天子繇是不説〔七四〕。

後丞相司直繁延壽奏〔七五〕：『侍中謁者良使丞制詔望之〔七六〕，望之再拜已。良與望之言，望之不起，因故下手，蘇林曰：伏地而言也。而謂御史曰「良禮不備」。故事丞相病，明日御史大夫輒問病；朝奏事會廷中〔七七〕，差居丞相後。丞相謝，大夫少進，揖。今丞相數病，望之不問病；會廷中〔七八〕，與丞相鈞禮〔七九〕。時議事不合意，望之曰：「侯年寧能父我耶！」服虔曰：寧能與父同年也〔八〇〕？知御史有令不得擅使，望之多使守史自給車馬，之杜陵護視家事〔八一〕。少史冠法冠，爲妻先引，文穎曰：先引謂導車前也〔八二〕。又使賣買，私所附益凡十萬三千〔八三〕。案望之大臣，通經術，居九卿之右〔八四〕，本朝所仰，至不奉法自脩〔八五〕，踞慢不遜讓〔八六〕，受所監臧二百五十以上〔八七〕，請逮捕繫治。』上於是策望之曰：『有司奏君責使者禮，遇丞相亡禮，廉聲不聞，踞慠不遜〔八八〕，亡以輔政〔八九〕，帥先百僚。君不深思，陷于茲穢，朕不忍致君于理，使光禄勳惲策詔，左遷君爲太子太傅，授印。其上故印使者〔九〇〕，便道之官。君其秉道明孝，正直是與，帥意亡僭，靡有後言〔九一〕。』

望之既左遷，而黄霸代爲御史大夫。數月閒，丙吉薨，霸爲丞相。霸薨，于定國復代焉。望之遂見廢，不得相。爲太傅，以《論語》、《禮服》授皇太子。

初，匈奴呼韓邪單于來朝，詔公卿議其儀，丞相霸、御史大夫定國議曰：『聖王之制，施德行禮，先京師而後諸夏，先諸夏而後夷狄。《詩》云：「率禮不越，遂視既發；相土烈烈，海外有截〔九二〕。」陛下聖德充塞天地〔九三〕，光被四表〔九四〕，匈奴單于鄉風慕化〔九五〕，奉珍朝賀〔九六〕，自古未之有也。其禮儀宜如諸侯王，位次在下。』望之以爲單于非正朔所加，故稱敵國，宜待以不臣之禮，位在諸侯王上。外夷稽首稱蕃〔九七〕，中國讓而不臣，此則羈縻之誼，謙厚之福也〔九八〕。《書》曰『戎狄荒服〔九九〕』，言其來服〔一〇〇〕，荒忽亡常。如使匈奴後嗣卒有鳥竄鼠伏，闕於朝享，不爲畔臣〔一〇一〕。信讓行乎蠻貉，福祚流于亡窮，萬世之長策也。天子采之，下詔曰：『蓋聞五帝三王教化所不施，不及以政。今匈奴單于稱北蕃〔一〇二〕，朝正朔，朕之不逮，德不能弘覆。其以客禮待之，令單于位在諸侯王上，贊謁稱臣而不名。』

及宣帝寢疾，選大臣可屬者〔一〇三〕，引外屬侍中樂陵侯史高、太子太傅望之、少傅周堪至禁中，拜高爲大司馬車騎將軍，望之爲前將軍光禄勳，堪爲光禄大夫，皆受遺詔輔政，領尚書事。宣帝崩，太子襲尊號，是爲孝元帝。望之、堪本以師傅見尊重，上即位，數宴見，言治亂，陳王事。望之選白宗室明經達學散騎諫大夫劉更生給事中，與侍中金敞並拾遺左右。四人同心謀議，勸導上以古制〔一〇四〕，多所欲匡政〔一〇五〕，上甚鄉納之〔一〇六〕。

初，宣帝不甚從儒術，任用法律，而中書宦官用事。中書令弘恭、石顯久典樞機，明習文法，亦與車騎將軍高爲表裏，論議常獨持故事，不從望之等。恭、顯又時傾仄（仄）見詘〔一〇七〕。文穎曰：恭、顯心不自安也〔一〇八〕。望之以爲中書政本，宜以賢明之選，自武帝游宴後庭，故用宦者，非國舊制，又違古不近刑人之義〔一〇九〕，白欲更置士人，繇是大與高、恭、顯迕〔一一〇〕。上初即位，謙讓重改作〔一一一〕，議久不定，出劉更生爲宗正。

望之、堪數薦（薦）名儒茂材以備諫議官〔一一二〕。會稽鄭朋陰欲附望之，上疏言車騎將軍高遣客爲姦利郡國，及言許、史子弟罪過。章視周堪〔一一三〕，堪白令朋待詔金馬門。朋奏記望之曰：『將軍體周邵之德，秉公綽之質，有卞莊之威〔一一四〕。至乎耳順之年〔一一五〕，履折衝之位，號至將軍，誠士之高致也。窟穴黎庶莫不懽喜，咸曰將軍其人矣〔一一六〕。今將軍規橅云若管晏而休，遂行日仄（仄）至周邵乃留乎？文穎曰〔一一七〕：當如周邵日側不暇食，不當如管晏而休也。如淳曰：休，止留亦止。若管晏而休，則下走將歸延陵之皋〔一一八〕。應劭曰：〔下〕走〔一一九〕，僕也。張晏曰：吳公子札食邑延陵，薄吳王行〔一二〇〕，棄國而耕於皋澤，望之若但如管晏〔一二一〕，則不處漢朝，將尋延陵之軌〔一二二〕，隱耕皋之中耳〔一二三〕。脩農圃之疇〔一二四〕，畜雞種黍，竢見二子，沒齒而已矣〔一二五〕。如將軍照然度行積思〔一二六〕，塞邪枉之險徑〔一二七〕，宣中庸之常政〔一二八〕，興周邵之遺業，躬親日仄（仄）之兼聽〔一二九〕，則下走其庶幾願竭區區，底厲鋒鍔〔一三〇〕，奉萬分之一。』望之見納朋，接待之以意〔一三一〕。朋數稱述望之，短車騎將軍〔一三二〕，言許、史過失。

後朋行傾邪，望之絕不與通。朋與大司農史李宮俱待詔，堪獨白宮爲黃門郎。朋，楚士，怨恨，張晏曰：朋，會稽人。會稽并屬吳〔一三三〕，後屬楚〔一三四〕。蘇林曰：楚人脃急〔一三五〕。更求入許、史，推所言許、史事曰：『皆周堪、劉更生教我，我關東人，何以知此？』於是侍中許章白見朋。朋出揚言曰：『我見，言前將軍小過五，大罪一。中書令在旁，知我言狀。』望之聞之，以問弘恭、石顯。顯、恭恐望之闻之自訟，下於他吏〔一三六〕，即挾朋及待詔華龍〔一三七〕。龍者，宣帝時與張子蟜等待詔〔一三八〕，以行汙濊不進〔一三九〕，欲入堪等，堪等不納，故與朋相結。恭、顯令二人告望之等謀欲罷車騎將軍踈（疎）退許〔一四〇〕、史狀，候望之出沐日〔一四一〕，令朋、龍上之。事下弘恭問狀，望之對曰：『外戚在位多奢淫，欲以匡政國家〔一四二〕，非爲邪也。』恭、顯奏：『望之、堪、更生朋黨相稱舉，數譖訴大臣，毁離親戚，欲以專擅權勢，爲臣不忠，誣上不道，請謁者召致廷尉。』時上初即位，不省『謁者召致廷尉』爲下獄也，可其奏。後上召堪、更生，曰繫獄。上大驚曰：『非但廷尉問耶？』以責恭、顯，皆叩頭謝。上曰：『令出令視事〔一四三〕。』恭、顯因史高言〔一四四〕：『上新即位，未以德化聞於天下，而先驗師傅，既下九卿大夫獄，宜因決免。』於是制詔丞相御史：『前將軍望之傅朕八年，亡他罪過〔一四五〕，今事久遠，識忘難明〔一四六〕。』其赦望之罪，收前將軍光禄勳印綬，及堪、更生皆免爲庶人。而朋爲黄門郎。

後數月，制詔御史：『國之將興，尊師而重傅。故前將軍望之傅朕八年，導以經術〔一四七〕，厥功茂焉〔一四八〕。其賜望之爵關內侯，食邑六百戶，給事中，朝朔望，坐次將軍。』天子方倚欲以爲丞相〔一四九〕，會望之子散騎中郎伋上書訟望之前事〔一五〇〕，事下有司，復奏：『望之前所坐明白，無譖訴者〔一五一〕，而教子上書，稱引亡辜之《詩》，失大臣體，不敬，請追捕〔一五二〕。』弘恭、石顯等知望之素高節，不詘辱，建白：『望之前爲將軍輔政〔一五三〕，欲排退許、史，專權擅朝。幸得不坐，復賜爵邑，與聞政事〔一五四〕，不悔過服罪，深懷怨望，教子上書，歸非於上〔一五五〕，自以託師傅，懷終不坐〔一五六〕。非頗詘望之於牢獄，塞其怏怏之心〔一五七〕，則聖朝亡以施恩厚〔一五八〕。』上曰：『蕭太傅素剛〔一五九〕，安肯就吏？』顯等曰：『人命至重，望之所坐，語言薄罪，必亡所憂。』上乃可其奏。

顯等封以付謁者，勑令召望之手付〔一六〇〕，因令太常急發執金吾車騎馳圍其第〔一六一〕。使者至，召望之。望之欲自殺〔一六二〕，其夫人止之，以爲非天子意。望之以問門下生朱雲。雲者，好節士，勸望之自裁。於是望之仰天歎曰〔一六三〕：『吾嘗備位將相，年踰六十矣，老入牢獄，苟求生活，不亦鄙乎！』字謂雲曰：『游〔一六四〕，趣和藥來，無久留我死〔一六五〕！』竟飲鴆自殺。天子聞之驚，拊手曰：『曩固疑其不就牢獄，果然殺吾賢傅。』是時太官方上晝食，上乃卻食，爲之涕泣，哀慟左右〔一六六〕。於是召顯等責問以議不詳〔一六七〕。皆免冠謝，良久然後已。

望之有罪死，有司請絕其爵邑。有詔加恩，長子伋嗣爲關內侯。天子追念望之不忘，每歲時遣使者祠祭望之冢，終元帝世〔一六八〕。望之八子，至大官者育、咸、由。

育字次君，少以父任爲太子庶子〔一六九〕。元帝即位，爲郎，病免，後爲御史。大將軍王鳳以育名父子，著材能，除爲功曹，遷謁者，使匈奴副校尉〔一七〇〕。後爲茂陵令，會課，育第六〔一七一〕。而漆令郭舜殿，見責問〔一七二〕，育爲之請，扶風怒曰：『君課第六，裁自脱〔一七三〕，何暇欲爲左右言〔一七四〕？』及罷出，傳召茂陵令詣後曹，如淳曰：賊曹、決曹皆後曹也〔一七五〕。當以職事對〔一七六〕。育徑出曹，書佐隨牽育，育案佩刀曰：『蕭育杜陵男子，何詣曹也〔一七七〕！』遂趨出，欲去官。明旦，詔召入，拜爲司隸校尉〔一七八〕。育過扶風府門，官屬掾史數百人拜謁車下〔一七九〕。後坐失大將軍指免官。復爲中郎將使匈奴。歷冀州、青州兩部刺史〔一八〇〕，長水校尉，泰山太守，入守大鴻臚。以鄠名賊梁子政阻山爲害，久不伏辜〔一八一〕，育爲右扶風數月，盡誅子政等。坐與定陵侯淳于長厚善，免官。

哀帝時，南郡江中多盗賊，拜育爲南郡太守。上以育耆舊名臣，乃以三公使車載育入殿中受策，〔孟〕〔康〕〔曰〕〔一八二〕：使車，三公奉使之車也〔一八三〕，如安車〔一八四〕。曰：『南郡盗賊群輩爲害，朕甚憂之〔一八五〕。以太守威信素著，故委南郡太守。之官，其於爲民除害，安元元而已，亡拘於小文。』加賜黄金廿斤〔一八六〕。育至南郡，盗賊静。病去官，起家復爲光禄大夫執金吾，以壽終官〔一八七〕。

育爲人嚴猛尚威，居官數免，稀遷。少與陳咸、朱博爲友，著聞當世。往者有王陽、貢公，故長安語曰〔一八八〕，『蕭、朱結綬，王、貢彈冠』，言其相廌（薦）達也〔一八九〕。始育與陳咸俱以公卿子顯名，咸最先進，年十八爲左曹，廿餘御史中丞〔一九〇〕。時朱博尚爲杜陵亭長，爲咸、育所攀援，入爲王氏〔一九一〕。後遂並歷刺史、郡守相，及爲九卿，而博先至將軍上卿〔一九二〕，歷位多於咸、育，遂至丞相〔一九三〕。育與博後有隙，不能終，故世以交爲難。

咸字仲，爲丞相史，舉茂材，好時令，遷淮陽、泗水内史，張掖、弘農、何（河）東太守〔一九四〕。所居有跡，數增秩賜金。後免官。復爲越騎校尉、護軍都尉、中郎將，使匈奴，至大司農，終官。

由字子嶠〔一九五〕，爲丞相西曹衛將軍掾，遷謁者〔一九六〕，使匈奴副校尉。後舉賢良，定陶令〔一九七〕，遷太原都尉，安定太守。治郡有聲，多稱廌（薦）者〔一九八〕。初，哀帝爲定陶王時，由爲定陶令，失王旨（指）〔一九九〕，頃之，制書免由爲庶人。哀帝崩，爲復土校尉、京輔左輔都尉〔二〇〇〕，遷江夏太守〔二〇一〕。平江賊成重等有功〔二〇二〕，增秩爲陳留太守。元始中，作明堂辟雍〔二〇三〕，大朝諸侯〔二〇四〕，徵由爲大鴻臚，會病，不及賓贊〔二〇五〕，還歸故官〔二〇六〕，病免。復爲中散大夫，終官。家至吏二千石者六七人〔二〇七〕。

贊曰：蕭望之歷位將相，藉師傅之恩〔二〇八〕，可謂親昵亡間〔二〇九〕。及至謀泄隙開，讒邪構之，卒爲便嬖宦豎所圖〔二一〇〕，哀哉！不然〔二一一〕，望之堂堂，折而不橈〔二一二〕，身爲儒宗〔二一三〕，有輔佐之能，近古社稷臣也〔二一四〕。

漢書七十八〔二一五〕

說明

此件首缺，尾部略有殘損，起『臣，與參政事』，訖『漢書七十八』，通篇有朱筆標點，正文單行大字書寫，注文爲双行小字，係《漢書》卷七十八《蕭望之傳》的部分内容。卷背抄有《禮記音》（樂記—緇衣）和《籯金》，均未抄完。王重民據卷中三處『丙』字缺筆及不諱『民』、『治』字等信息推斷爲唐初武德時寫本，認爲此件乃蔡謨集解本，與顏注本多有異文，而以蔡注本更近於《漢書》本文（參見《敦煌古籍敘録》，中華書局，一九七九年，七九至八一頁）。李錦繡指出此件由於保存了古本《漢書》以及蔡謨《集解》的原貌而彌足珍貴，文書中多音字上皆有朱點，以所點位置標示讀音，保存了隋唐時期的音韻資料，該卷通篇有朱筆句讀，從中可以了解唐人標點、解讀《漢書》的基本情況（參見《敦煌典籍與唐五代歷史文化》，中國社會科學出版社，二〇〇六年，三五四至三五九頁）。

以上釋文以斯二〇五三爲底本，以中華書局點校本《漢書》（稱其爲甲本）、伯二四八五（稱其爲乙本）參校。乙本首尾均缺，起『識忘難明』之『明』，訖『官屬掾史數百人拜謁車下』之『官屬掾史』，卷中『世』字有缺筆，所存注文與甲本略同，多爲顏師古注。

校記

〔一〕『憂』，據甲本補。

〔二〕『矣』，甲本作『乎』，均可通。甲本『乎』後有注文『師古曰：周成康二王致太平也。』

〔三〕『少』，據殘筆劃及甲本補。

〔四〕『相』後甲本有注文『師古曰：任，堪也。』

〔五〕『病』後甲本有注文『師古曰：移病謂移書言病。一曰以病而移居。』

〔六〕『功』後甲本有注文『師古曰：更猶經歷也，音工衡反。』

〔七〕『也』後甲本有注文『師古曰：所聞謂聞其短失。』

〔八〕『已』，甲本作『以』，均可通。

〔九〕『之』，當作『乏』，據甲本改。

〔一〇〕『得』後甲本有注文『師古曰：辟讀曰僻也。』

〔一一〕『賑』，甲本作『振』，均可通。『之』後甲本有注文『師古曰：度音徒各反。』

〔一二〕『賕』，甲本作『財』；『煞』，甲本作『殺』，均可通。

〔一三〕『皆』，據甲本補。『罪』後甲本有注文『師古曰：差，次也。八郡，即隴西以北，安定以西。』

〔一四〕『季』，當作『李』，據甲本改。

〔一五〕『仁』，甲本同，當作『好』，據甲本校記及文義改。『心』後甲本有注文『師古曰：函與含同也。』

〔一六〕『雖』，甲本無。

〔一七〕『導』，甲本作『道』，均可通。『也』後甲本有注文『師古曰：道讀曰導。』

〔一八〕『名』，甲本作『之名』。『滅』後甲本有注文『師古曰：公綽，魯大夫孟公綽也。《論語》稱孔子曰：「若臧武仲之智，公綽之不欲，卞莊子之勇，冉求之藝，文之以禮樂，可以爲成人矣。」

〔一九〕『邵』，甲本作『召』，均可通，以下同，不另出校。

〔二〇〕『復』後甲本有注文『師古曰：召讀曰邵。復音扶目反。』

〔二一〕『藏』，甲本作『臧』，均可通。

〔二二〕『寡』後甲本有注文『師古曰：《小雅・鴻雁》之詩也。矜人，可哀矜之人，謂貧弱者也。言王者惠澤下及哀矜之人以至鰥寡。』

〔二三〕『私』後甲本有注文『師古曰：《小雅・大田》之詩也。言衆庶喜於時雨，先潤公田，又及私田，是則其心先公後私。雨音于具反。』

〔二四〕『乏』後甲本有注文『師古曰：率戶而賦，計口而斂也。』

〔二五〕『也』後甲本有注文『師古曰：子弟竭死以救父兄，令其生也。』

〔二六〕『卅』，甲本作『三十』。

〔二七〕『堣』，甲本作『隅』，均可通。

〔二八〕『罪』，甲本作『辠』，『辠』與『罪』爲古今字。

〔二九〕『也』後甲本有注文『師古曰：横音胡孟反。』

〔三〇〕『煞』，甲本作『殺』，均可通。

〔三一〕『除』後甲本有注文『師古曰：以其罪輕而法重，故常欲除此科條。』

〔三二〕『甚明』，甲本作『明甚』。

〔三三〕『贖』後甲本有注文『師古曰：吕侯爲周穆王司寇，作贖刑之法，謂之《吕刑》。後改爲甫侯，故又稱《甫刑》也。』

〔三四〕『應劭曰』，據甲本補。

〔三五〕『名』，據甲本補。『也』後甲本有注文『師古曰：音刷是也。字本作鋝，鋝即鍰也，其重十一銖二十五分銖之十三，一曰重六兩。《呂刑》曰：「墨辟疑赦，其罰百鍰；劓辟疑赦，其罰惟倍；剕辟疑赦，其罰倍差；宮辟疑赦，其罰六百鍰；大辟疑赦，其罰千鍰。」是其品也。』

〔三六〕『廿』，甲本作『二十』。

〔三七〕『常』，甲本作『嘗』，均可通。

〔三八〕『饉』，甲本無，係衍文，當刪；『之』，當作『乏』，據甲本改。

〔三九〕『不』，甲本無。

〔四〇〕『賑』，甲本作『振』，均可通。

〔四一〕『規』，甲本作『之規』。

〔四二〕『境』，甲本作『竟』，均可通。『贍』後甲本有注文『師古曰：惟，思也。竟讀曰境。其下亦同。』

〔四三〕此處《金布令甲》注文，甲本作『顏師古曰：《金布》者，令篇名也。其上有府庫金錢布帛之事，因以名篇。令甲者，其篇甲乙之次。』

〔四四〕『寒』後甲本有注文『師古曰：離，遭也。』

〔四五〕『殀』，甲本作『夭』。

〔四六〕『供』，甲本作『共』，均可通。『費』後甲本有注文『師古曰：同共給之也。自此以上，令甲之文。』

〔四七〕『也』後甲本有注文『師古曰：卒讀曰猝。言此令文專爲軍旅猝暴而施設。』

〔四八〕『甞』，甲本作『常』，均可通；第一個『一』，甲本無；第二個『罪』，甲本作『死罪』。

〔四九〕『貸』，甲本作『貣』，『貸』本作『貣』。甲本『貣』後有注文『師古曰：貣音土得反。』

〔五〇〕『起』後甲本有注文『師古曰：　横音胡孟反。』

〔五一〕『煞』，甲本作『殺』，均可通。

〔五二〕『軍興』，甲本作『興兵』。『之』後甲本有注文『師古曰：　軍興之法也。』

〔五三〕『時』，據甲本補。

〔五四〕底本『丙』字原作『丙』，當爲避唐高祖李淵父李炳諱而缺筆。

〔五五〕原有兩個『侯』字，分别抄於行末和下一行行首，這是當時的一種抄寫習慣，可以稱爲『提行添字例』，第二個『侯』字應不讀，故未録。『書』後甲本有注文『師古曰：　昆彌，烏孫之王號也。翁歸靡，其人名也。』

〔五六〕『女』，甲本作『女也』。

〔五七〕『王』，據甲本補。

〔五八〕『少』，據甲本補；『卌』，甲本作『四十』。

〔五九〕『此』，據甲本補。

〔六〇〕『予』，甲本作『與』，均可通。

〔六一〕底本『丙』字原作『丙』，當爲避唐高祖李淵父李炳諱而缺筆。

〔六二〕『大』，甲本作『太』，『大』通『太』。

〔六三〕『丐』，甲本作『匄』。

〔六四〕『喪』後甲本有注文『師古曰：　士匄，晉大夫范宣子也。《春秋公羊傳》襄十九年，齊侯環卒，「晉士匄帥師侵齊，至穀，聞齊侯卒，乃還。還者何？善辭也，大其不伐喪也。」』

〔六五〕『也』後甲本有注文『師古曰：　鄉讀曰嚮。弟音悌。』

〔六六〕『煞』，甲本作『殺』，均可通。

〔六七〕『昌』後甲本有注文『師古曰：此望之不知權道。』

〔六八〕底本『丙』字原作『丙』，當爲避唐高祖李淵父李炳諱而缺筆。

〔六九〕『之』，據甲本補。

〔七〇〕『光』後甲本有注文『師古曰：首歲，歲之初。首謂正月也。』

〔七一〕『相』後甲本有注文『師古曰：言三公非其人，又云咎在臣等，是其意毀丞相。』

〔七二〕『詔』，甲本無。

〔七三〕『問』，甲本作『問望之』。『之』後甲本有注文『師古曰：三人同共問之。』

〔七四〕『説』後甲本有注文『師古曰：繇讀與由同。説讀曰悦。』

〔七五〕『繁』，甲本作『繇』。『壽』後甲本有注文『師古曰：繇音婆。』

〔七六〕『丞』，甲本同，甲本據景祐、殿本校作『承』。

〔七七〕『廷』，甲本作『庭』，『庭』爲『廷』之借字。

〔七八〕『廷』，甲本作『庭』，『庭』爲『廷』之借字。

〔七九〕『禮』後甲本有注文『師古曰：不爲前後之差也。』

〔八〇〕『父』，甲本作『吾父』；『也』，甲本作『邪』。

〔八一〕『事』後甲本有注文『如淳曰：《漢儀注》御史大夫史旨（員）四十五人，皆六百石，其十五人給事殿中，其餘三十人留守治百事，皆冠法冠。師古曰：自給車馬者，令其自乘私車馬也。』注中『旨』字，甲本據文義校改作『員』。

〔八二〕『也』，甲本無。在此注文之前，甲本還有注文『蘇林曰：少史，曹史之下者也。』

〔八三〕『千』後甲本有注文『師古曰：使其史爲望之家有所賣買，而史以其私錢增益之，用潤望之也。』

〔八四〕『右』後甲本有注文『師古曰：右，上也。』

〔八五〕『脩』，甲本作『修』，均可通。

〔八六〕『讓』，甲本作『攘』，『讓』通『攘』。甲本『攘』後有注文『師古曰：攘，古讓字。』

〔八七〕『上』後甲本有注文『師古曰：二百五十以上者，當時律令坐罪之次，若今律條言一尺以上、一疋以上矣。』

〔八八〕『踞慠』，甲本作『敖慢』。『遜』後甲本有注文『師古曰：敖讀曰傲。』

〔八九〕『輔』，甲本作『扶』。

〔九〇〕『者』後甲本有注文『師古曰：使者即謂楊惲也。命惲授太傅印，而望之以大夫印上於惲。』

〔九一〕『言』後甲本有注文『師古曰：訾，古愆字。後言謂自申理。』

〔九二〕『截』後甲本有注文『師古曰：《商頌・長發》之詩也。率，循也。遂，徧也。既，盡也。發，行也。相土，契之孫也。烈烈，威也。截，齊也。言殷宗受命爲諸侯，能修禮度，無有所踰越也。徧省視之，教令盡行，而相土之威烈烈然盛，四海之外皆整齊。』

〔九三〕『地』後甲本有注文『師古曰：充，實也。塞，滿也。』

〔九四〕『表』後甲本有注文『師古曰：四表，四海之外。』

〔九五〕『嚮』，甲本作『鄉』，均可通。

〔九六〕『賀』後甲本有注文『師古曰：鄉讀曰嚮。』

〔九七〕『蕃』，甲本作『藩』，均可通。

〔九八〕『厚』，甲本作『亨』。『也』後甲本有注文『師古曰：《易・謙卦》之辭曰「謙，亨，天道下濟而光明，地道卑而上行」，言謙之爲德，無所不通也。亨音火庚反。』

〔九九〕『服』後甲本有注文『師古曰：逸《書》也。』

〔一〇〇〕『服』，甲本原脱，據景祐、殿本校補。

〔一〇一〕『臣』後甲本有注文『師古曰：卒，終也。本以客禮待之，若後不來，非叛臣。』

〔一〇二〕『蕃』，甲本作『藩』，均可通。

〔一〇三〕『者』後甲本有注文『師古曰：屬音之欲反。』

〔一〇四〕『導』，甲本作『道』，均可通。『制』後甲本有注文『師古曰：道讀曰導。』

〔一〇五〕『政』，甲本作『正』，均可通。

〔一〇六〕『嚮』，甲本作『鄉』，均可通。『之』後甲本有注文『師古曰：鄉讀曰嚮，意信嚮之而納用其言。』

〔一〇七〕『庂』，當作『仄』，據甲本及文義改，『庂』爲『仄』之借字，以下同，不另出校。

〔一〇八〕『也』後甲本有注文『師古曰：文説非也。言其不能持正，故議論大事見詘於天子也。仄，古側字。』

〔一〇九〕『義』後甲本有注文『師古曰：《禮》曰「刑人不在君側」也。』

〔一一〇〕『迕』，甲本作『忤』，均可通。甲本『忤』後有注文『師古曰：繇讀與由同。忤謂相違逆也。』

〔一一一〕『作』後甲本有注文『師古曰：重，難也。未欲更置士人於中書也。』

〔一一二〕『鳶』，當作『薦』，據甲本及文義改，『鳶』爲『薦』之借字；『議』，甲本無。

〔一一三〕『堪』後甲本有注文『師古曰：視讀曰示。以朋所奏之章示堪也。』

〔一一四〕『威』後甲本有注文『師古曰：周謂周公旦。召謂召公奭。公綽，孟公綽也，廉正寡欲。卞莊子，魯卞邑大夫，蓋勇士也。召讀曰邵。』

〔一一五〕『年』後甲本有注文『師古曰：《論語》孔子曰「六十而耳順」。』

〔一一六〕『矣』，甲本作『也』。甲本『也』後有注文『師古曰：國家委任，誠得其人也。』

〔一一七〕自『文穎曰』以下至『止留亦止』，甲本作『師古曰：問望之立意當趣如管晏而止，爲欲恢廓其道，日昃不食，追周召之蹟然後已乎？橅讀曰模。其字從木。』

〔一一八〕『皐』，甲本作『臯』，以下同，不另出校。

〔一一九〕『下』，據甲本及文義補。

〔一二〇〕『行』，甲本作『之行』。

〔一二一〕『望之』，甲本作『朋云望之所爲』。

〔一二二〕『將』，甲本作『將歸會稽』。

〔一二三〕『皐』，甲本作『臯澤』；『耳』，甲本作『也』。甲本『也』後有注文『師古曰：下走者，自謙言趨走之役也。』

〔一二四〕『脩』，甲本作『修』，均可通。『疇』後甲本有注文『師古曰：美田曰疇。』

〔一二五〕『矣』後甲本有注文『師古曰：《論語》云：「子路從而後，遇丈人杖荷蓧，止子路宿，殺雞爲黍而食之，見其二子焉。明日子路行，以告。子曰：隱者也。使子路反見之，至則行矣。」朋之所云蓋謂此也。竢，古俟字也。俟，待世（也）。沒齒，終身也。蓧，草器也，音徒釣反。』注文中『世』字，甲本據文義校改作『也』。

〔一二六〕『照』，甲本作『昭』，均可通。

〔一二七〕『徑』，甲本作『蹊』。

〔一二八〕『政』後甲本有注文『師古曰：度行，度越常檢而爲高行也。蹊，徑，謂道也，音奚。』

〔一二九〕『躬』，甲本無。

〔一三〇〕『鍔』後甲本有注文『師古曰：鋒，刃端也。鍔，刃旁也，音五各反。』

〔一三一〕『之』，甲本無。『意』後甲本有注文『師古曰：與之相見，納用其説也。』

〔一三二〕『軍』後甲本有注文『師古曰：短謂毀其短惡也。』

〔一三三〕『吳』，甲本無。
〔一三四〕『後屬』，甲本無。
〔一三五〕『急』，甲本作『急也』。
〔一三六〕『他』，甲本作『它』，均可通。
〔一三七〕『龍』後甲本有注文『師古曰：華音胡化反。』
〔一三八〕『詔』後甲本有注文『師古曰：蟜音巨遥反，字或作儒。』
〔一三九〕『進』後甲本有注文『師古曰：濊與穢同。』
〔一四〇〕『踈』，當作『疏』，甲本作『疏』，『踈』爲『疎』之訛，『疎』同『疏』。
〔一四一〕『候』，甲本作『候』，『候』通『候』；『沐』，甲本作『休』，均可通。
〔一四二〕『政』，甲本作『正』，均可通。
〔一四三〕『令出令』，甲本作『令出』。
〔一四四〕『史』，甲本作『使』。
〔一四五〕『他』，甲本作『它』，均可通。
〔一四六〕乙本始於此句。『明』後甲、乙本有注文，乙本作『師古曰：言不能盡記，有遺忘者，故難明也。』甲本無
『也』字。
〔一四七〕『導』，甲、乙本作『道』，均可通。
〔一四八〕『焉』後甲、乙本有注文，乙本作『師古曰：道曰讀導。茂也。』甲本作『師古曰：道讀曰導。茂，美也。』
〔一四九〕『相』後甲、乙本有注文『師古曰：倚音於綺反。』
〔一五〇〕『事』後甲、乙本有注文『師古曰：伋音級。』

〔一五一〕『者』字後甲、乙本有注文『師古曰：言望之自有罪，非人讒譖而訴之也。』

〔一五二〕『追』，甲、乙本作『逮』，均可通。

〔一五三〕『之』後甲、乙本有注文，乙本作『師古曰：建立此議而白之於天子也。』甲本無『也』字。

〔一五四〕『事』後甲、乙本有注文『師古曰：與讀曰豫。』

〔一五五〕『上』後甲、乙本有注文『師古曰：言歸惡於天子也。』

〔一五六〕『坐』後甲、乙本有注文，乙本作『師古曰：言恃舊恩，自謂終無罪，坐懷此心也。』甲本無『也』字。

〔一五七〕『之』，甲、乙本無。

〔一五八〕『厚』後甲、乙本有注文『服虔曰：非，不也。』

〔一五九〕『太』，甲本同，乙本作『大』，『大』通『太』；『剄』，乙本同，甲本作『剛』，『剛』或作『剄』。

〔一六〇〕『勑』，乙本同，甲本作『敕』，均可通。

〔一六一〕『太』，甲本同，乙本作『大』，『大』通『太』。

〔一六二〕『煞』，乙本同，甲本作『殺』，均可通，以下同，不另出校。

〔一六三〕『仰』，甲、乙本作『卬』，『卬』爲『仰』之古字。甲、乙本『曰』後有注文『師古曰：卬讀曰仰。』

〔一六四〕『游』後甲、乙本有注文，乙本作『師古曰：朱雲字游，呼其字也。』甲本無『也』字。

〔一六五〕『死』後甲、乙本有注文『師古曰：趣讀曰促。』

〔一六六〕『右』後甲、乙本有注文『師古曰：慟，動也。』

〔一六七〕『詳』後甲、乙本有注文『師古曰：詳，審也。』

〔一六八〕『世』，甲本同，乙本有缺筆形如『廿』字，係避唐太宗諱而改。

〔一六九〕『太』，甲本同，乙本作『大』，『大』通『太』。

〔一七〇〕『尉』後甲、乙本有注文，乙本作『師古曰：時令校尉爲使於匈奴而育爲之副使，授故副校尉也。』甲本略同，唯『授故』作『故授』。

〔一七一〕『六』後甲、乙本有注文，乙本作『師古曰：如今之考第高下也。』甲本無『也』字。

〔一七二〕『問』後甲、乙本有注文『師古曰：殿，後也。言有所負，最居下也。殿音丁見反。』

〔一七三〕『脱』後甲、乙本有注文『師古曰：脱，免也，音吐活反。』

〔一七四〕『暇』，甲、乙本作『暇』，均可通。『言』後甲、乙本有注文『師古曰：左右者，言與同列在其左右，若今言旁人也。』

〔一七五〕『也』，乙本同，甲本無。

〔一七六〕『對』後甲、乙本有注文，乙本作『師古曰：忿其爲漆令言，故欲以職事責之也。』甲本無『也』字。

〔一七七〕『也』後甲、乙本有注文『師古曰：自言欲免官而去，但是杜陵一白衣男子耳，何須召我詣曹乎？』

〔一七八〕『爲』後乙本另書『孫適請園樹并仆橋舩梁園菓誌治（？）池，及施人居止起是之等（？）人，晝夜校增長持戒順玉法，煞（？）得生天』等字一行。

〔一七九〕乙本止于此句。

〔一八〇〕『部』，甲本作『郡』。

〔一八一〕『辜』後甲本有注文『師古曰：名賊者，自顯其名，無所避匿言其彊也。』

〔一八二〕『孟康曰』，據甲本補。

〔一八三〕『也』，甲本無。

〔一八四〕『如』，甲本作『若』；『車』，甲本作『車也』。

〔一八五〕『之』，據甲本補。

〔一八六〕『廿』，甲本作『二十』。
〔一八七〕『終』，甲本作『終於』。
〔一八八〕『長』，據甲本補。
〔一八九〕『鳫』，當作『薦』，據甲本及文義改，『鳫』爲『薦』之借字。
〔一九〇〕『廿』，甲本作『二十』。
〔一九一〕『爲』，甲本無。『氏』後甲本有注文『師古曰：援，引也，音爰。』
〔一九二〕『博』，據甲本補。
〔一九三〕『相』，據甲本補。
〔一九四〕『何』，當作『河』，據甲本改，『何』爲『河』之借字。
〔一九五〕『蟜』，甲本作『驕』。
〔一九六〕『謁者』，據甲本補。
〔一九七〕『定』，甲本作『爲定』。
〔一九八〕『鳫』，當作『薦』，據甲本及文義改，『鳫』爲『薦』之借字。
〔一九九〕『旨』，當作『指』，據甲本改，『旨』爲『指』之借字。
〔二〇〇〕『尉』，據甲本補。
〔二〇一〕『守』，據甲本補。
〔二〇二〕『成重等有功』，據甲本補。
〔二〇三〕『雍』，據甲本補。
〔二〇四〕『大』，據甲本補。

〔二〇五〕「贊」，據殘筆劃及甲本補。「贊」後甲本有注文「師古曰：贊導九賓之事。」

〔二〇六〕「還」，據甲本補。

〔二〇七〕「至吏」，據甲本補。

〔二〇八〕「藉」，甲本作「籍」，均可通。

〔二〇九〕「謂」，據殘筆劃及甲本補；「閒」，甲本作「間」，其後有注文「師古曰：間，隙也。」

〔二一〇〕「圖」後甲本有注文「師古曰：圖，謀也。」

〔二一一〕「不然」，甲本據景祐、殿本校補。

〔二一二〕「不橈」，據甲本補。「橈」後甲本有注文「師古曰：橈，曲也，音女教反。」

〔二一三〕「身」，據甲本補。

〔二一四〕「臣也」，據甲本補。

〔二一五〕「漢書七十八」，甲本無。

參考文獻

Descriptive Catalogue of the Chinese Manuscripts from Tunhuang in the British Museum, p. 233；中華書局標點本《漢書》一〇冊，三二七四至三二九二頁；《敦煌古籍敍録》七九至八一頁；《敦煌寶藏》一五冊，五六六頁（圖）；《敦煌古籍敍録新編》五冊，四五至四六頁、四七至八六頁（圖）；《英藏敦煌文獻》三卷，二一二至二一七頁（圖）；《講座敦煌》五冊《敦煌漢文文獻》二四四、三〇六、三一六頁；《法藏敦煌西域文獻》一四冊，二六七至二六八頁（圖）；《敦煌典籍與唐五代歷史文化》三五四至三五九頁；《中古異相：寫本時代的學術、信仰與社會》四二至四三頁。

斯二〇五三背　一　禮記音（樂記—緇衣）

釋文

（前缺）

嫗於具〔一〕。孕羊甑。粥育，又扶遠。胎湯來〔二〕。殰獨〔三〕。□行下孟〔四〕。伎（技）

妓〔五〕。匏甫交。拊妃武〔六〕。□優憂〔七〕。侏朱。猨乃□〔八〕。莫莫（亡）伯〔九〕。類〔一〇〕。□〔一一〕。玩洧亂〔一二〕。趨七余，

音促〔一三〕。敖五報〔一四〕，□□。辟芳益〔一五〕。喬驕。淫〔一六〕□惡烏故。誘以酒。易以豉〔一七〕。鼗徒高。椌苦江。楬苦瞎〔一八〕。

槱（壎）許袁〔一九〕。篪池〔二〇〕。柷章（昌）六〔二一〕。圉言魚〔二二〕。簨須遵。簴強羽。和胡臥。酢胙（昨）〔二三〕。鏗吉（古）耕〔二四〕。

號胡到。橫古壙。濫盧擔〔二五〕。磬苦耕，吉（古）廷〔二六〕。辨扶勉。聚但樹〔二七〕。畜勑六。擥力敢。最祖會。鼙薄迷。讙懽。將子亮。陟

（帥）所類〔二八〕。暱所妖。牟莫侯。賈君雅。鎗側莊〔二九〕。憲軒〔三〇〕。耄莫報〔三一〕。萇直良〔三二〕。請七領。女攘與。召邵音。治直吏。楯

神準。彊己良。分伏問。陜失冉〔三三〕。□夫伏〔三四〕。綴丁衛〔三五〕。夾古洽。振章刃。鉀（鐸）徒各〔三六〕。拖（弛）

式是〔三七〕。倍薄□〔三八〕。濟子細〔三九〕。反及。薊古詣〔四〇〕，作計〔四一〕。□陳〔四二〕。記（杞）去己〔四三〕。宋桑洞。比必履。釋傷□。

弛式是。華胡駡〔四四〕。蚌虛觀。名武正。【建】【其展】〔四五〕。【橐】高〔四六〕。墟【虛】〔四七〕。使〔四八〕○。鑄章準〔四九〕。射倉（食）石〔五〇〕。

狸麗知〔五一〕。【騶】鄒〔五二〕。虞顒踰。【貫】古段〔五三〕。【　】衮古本。捷【采】協〔五四〕，又扔（扱）〔五五〕。酳胤。弟唐細。易以【豉】〔五六〕。諒□張。【油】

【由】〔五七〕。減古【斬】〔五八〕。盈□征。銷□焦。放甫妄。報甫高，下皆周（同）〔五九〕。耐古文能字。道徒到。瘠在益。肉而育。煞所列〔六〇〕。闋苦【穴】〔六一〕。闉古携。

比扶卑。奏子漏。詘屈。伸申。行胡耕。其懃希。行胡剄。弋（戈）胡和〔六二〕。域王逼。【綴】【都外】〔六三〕。鈇方【夫】〔六四〕。鉞

（鉞）于曰〔六五〕。齊在詣。䩮（贑）古弄〔六六〕。斷都亂。應於澄。換胡亂。屢良儲。坑（抗）古行〔六七〕。隧（隊）除類〔六八〕。

橋（槀）【苦老】〔六九〕。【倨】【据】〔七〇〕。句己具。鉤古侯。疊（纍）良追〔七一〕。說悅。

雜記上第（第）廿〔七二〕

輤倉且〔七三〕，倉見。裧昌膽，羊古（占）〔七四〕。【帷】榮□〔七五〕。【　】鷩方行。圍亏非。牆慈良。殯方刃。說㔩活。夷容脂。輲軽轉【市】專音〔七六〕。

【蜃】市□〔七七〕。□□□。易以致。輴㔩輪。訃赴。適丁歷。薨虎肱。謙口兼。敵徒歷。實章褘〔七八〕。盧（廬）良豬〔七九〕。踰容朱。晏烏諫。

卒子恤。嬰伊營。麤倉姑。衰七雷。苴七余。苫傷針。枕童（章）審〔八〇〕。縷龍柱。齊將墀。緝𨫼立。置張值。喪蘇郎。屨（屨）己具〔八一〕。

緢側基。綾（緌）耳誰〔八二〕。箸張署〔八三〕。純成遵。彌亡支。苞甫交。奠唐練。賵芳鳳。鞠己六。褒甫高。禫張戰，又展。狄〔八四〕○。【爛】魯旦〔八五〕。

趙纏紹。姬居希。請七領。迎疑京。隗五海。衰楚危。禕許威。揄【遙】〔八六〕。□〔八七〕○。縠紅縠。袍蒲高。禪單。袿圭。撰（襈）

牀還〔八八〕。屬囑。附方務〔八九〕。池治之。昆古揀。照（昭）韶〔九〇〕。穆目。雖相（隹）〔九一〕。援羊撰。稅（祝）之六〔九二〕。戚千歷。號胡到。

葵強頍。或胡國。爲王僞。練郎殿。易以尺。葛古曷。童徒纏〔九三〕。重治腫〔九四〕。繩神承。造在老。側（惻）楚側〔九五〕。怛都獺。痛湯送。踈（疎）霜俱〔九六〕。祥徐良。撫妃武。僕扶卜。當（黨）都郎〔九七〕。槅（攝）之沙〔九八〕。煞所列。弁扶變。長張兩。稽啓〔九九〕。穎趨央〔一〇〇〕。條徒彫。屬之欲。縫扶用。屈丘勿。辟方益。緦相慈。絞胡交〔一〇一〕。繰災老。□〔一〇二〕。□〔一〇三〕。⿰毛遂（襚）徐遂〔一〇四〕。遺去戰。視成指。个成（戈）賀〔一〇五〕。鄣之亮。隅顒偷（愉）〔一〇六〕。薛甫世。翳於計。粻張。醢呼在音反〔一〇七〕。糧良。蕤耳誰。委於僞。縞古到。卷倉推（權）〔一〇八〕。暢治亮。臼狂九。椈己六。杵昌與。梧五姑。擣都指〔一〇九〕。棘己力。刊苦丹。柄方命。倅（率）律〔一一〇〕。甕於貢。瓶亡甫。見古辨。聞（閒）古閑〔一一一〕。折之世。桁行音，又故罡。庋居綺。承時烝。塵腸珍〔一一二〕。重治龍。埋亡階。辯甫見。肆（肂）以二〔一一三〕。戻公貴〔一一四〕。闇烏紺。繭古顯。稅吐亂。纁況云。⿰糸冉而瞻〔一一五〕。褥（⿰衤屬）市欲〔一一六〕。絖壙。緼邕問。緣以絹。葛胡剌〔一一七〕。使所吏〔一一八〕。踴羊拱。袷（拾）其劫〔一一九〕。襲習。衮古本。韍方勿。鋪芳烏。廣公壙。長咨（直）亮〔一二〇〕。請七領。淑成祝〔一二一〕。唅胡閤。⿰毛遂（襚）徐醉〔一二二〕。雷（靁）力救〔一二三〕。輈張流。臨力鴆。紼弗。袷（拾）其劫〔一二四〕。辟夫隻。絞胡交。紟其鴆。盥古段。馮扶冰。燎力詔。輕區貞〔一二五〕。乘神證。土於趾〔一二六〕。

雜記下第廿一

喪息浪。除治魚。蘋（頴）孔穎〔一二七〕。與羊暑。濯治握。奔甫門。齋將墀。衰乙（七）雷〔一二八〕。駈羌魚。散蘇（□）〔一二九〕。嚌在佃（細）〔一三〇〕。啐倉決（快）〔一三一〕。請七省〔一三二〕。筴策〔一三三〕。怠唐戴。解古買。期居疑。墮（惰）徒臥〔一三四〕。倦牀援〔一三五〕。見故見〔一三六〕。長張兩。已羊止。煞所列。比扶至。醲奴龍。醉遵類。瞿九具。禫徒敢。緣（綅）梨屬〔一三七〕。贈在鄧。賵芳鳳。植（犆）

徒得〔一三八〕。牲所爭。祝之六。稱千澄。赦叔〔一三九〕。踝（輠）胡罪〔一四〇〕。輪良屯。仇求。冒莫報。奔（搻）邕撿〔一四一〕。遺去戰。苞

甫交。果（裹）剻禍〔一四二〕。卷居阮。遺移遂。炏以斷（漸）〔一四三〕。與豫。封甫驗〔一四四〕。移（趍）七餘〔一四五〕。贄（摯）

章煮〔一四六〕。坎苦感。視成指。酪會各。酢採故。截墻截。瘍以章，始章。倉（創）楚行〔一四七〕。瘠在益。免問〔一四八〕。堩古鄧〔一四九〕。辟房臂。

涕湯禮。泣楚及。嬰於營。兒攘之。鷖烏奚。彌五嵇。號胡高。姑古吳。姊茲履。妹亡佩。瞿己具〔一五〇〕。名亡征。重治龍。衰七雷。移（侈）

昌㡐〔一五一〕。袂而鋭〔一五二〕。聲傷征。辟扶亦。瑟所乙。樂五角。執征入。玄紅淵。纁況（許）云〔一五三〕。菲扶諱。柳良疇。飯扶晚。合（含）

胡闇〔一五四〕。穟（襚）徐醉〔一五五〕。賵鋪風〔一五六〕。臨力鴆。笇蘇亂。比方志。銜胡監。衩（枚）盛迴〔一五七〕。鐸徒各。葆甫抱。御言與。

茅亡交。鏤郎斫。葍（篙）姜淯〔一五八〕。旅良儲。樹時注。玷（坫）丁念〔一五九〕。藻災老。□徒□〔一六〇〕。依於豈。辟早（卑）隻〔一六一〕。悅

（棁）之悅〔一六二〕。薄蒲博〔一六三〕，蒲歷。櫨虚（盧）〔一六四〕。侏〔朱〕〔一六五〕。晏烏諫。腞徒褌。肩□賢。奄邕撿。併薄鼎〔一六六〕。徑古定。覆孚又。僭

子念。損蘇墾。踰容朱。封方容。越于月。境姜影。壃亓良〔一六七〕。闈于非。髽側爪（瓜）〔一六八〕。帷榮龜。便（嫂）蘇老〔一六九〕。撫妃武。乘

神烝。鴑奴。貶方撿。孺而樹。悲封眉。蜡士嫁。樂魯作。狂拒王。索蘇洛。序辭呂。嗇色。烝之升。勞力到。農乃東。燕煙見。弛式借。禘唐細。

蘮（蔑）亡結〔一七〇〕。娶七庾。外五會。宗祖紅。廄己又。樊（樊）扶袁〔一七一〕。過（遇）顒喻〔一七二〕。盜唐到〔一七三〕。遊羊周。

辟芳益。亂魯段〔一七四〕。宦胡串。不方手。與容樹。辟方辟（避）〔一七五〕。贊走旦。厚賢苟。炏以冉〔一七六〕。行胡剻〔一七七〕。釁許覲。紂側碁。侙

（拭）聲織〔一七八〕。視成詣。碑方皮。靜在井。中丁仲。屋烏酷。刲苦圭。夾古協。割古獺。雞古兮。刏既音，魚乙。衈如志。響許亮。舜（彝）

容脂〔一七九〕。出勑律。夫方於。人攘真。比方志〔一八〇〕。棄曲吏。使所吏。俟許（羊）美〔一八一〕。皿武炒（炳）〔一八二〕。賫將妾（妻）〔一八三〕。姿

（粢）將墀〔一八四〕。盛常正。辟房臂。食祀。我言何。倨據。墁（慢）武諫〔一八五〕。湌鹿（羸）單〔一八六〕。弊（幣）房制〔一八七〕。卷己願。見胡見。舅強酉。燕煙見。鬈權，又居阮。鬌都果。紒計。韠封七。廣公壙。會公外。去羌與。紕方移。爵將畧。韋于販（飯）〔一八八〕。純之允。紃辭均〔一八九〕。縫房用。表方夭。房（旁）扶光〔一九〇〕。裹良此。施以致，傷移。絛吐刀。

喪大記弟（第）廿二

疾墻栗（栗）〔一九一〕。病房命。外五會。內囊對。掃蘇到。徹除列。懸胡淵。去羌汝。瑟所乙。牖以酒。發（廢）方曰〔一九二〕。牀助良。氣美（羌）技〔一九三〕。屈丘勿。申（伸）傷針〔一九四〕。屬之欲。纊壙。俟羊美。置張吏。緱（候）紉（紈）豆〔一九五〕。死仙雉。卒子恤。適丁歷。復房目〔一九六〕。麓鹿。虞顒踰〔一九七〕。狄唐歷。魄芳家〔一九八〕。梯湯稽。簨須遵。簴強羽。卷古本。屈去勿。頳勑貞。禮張連。稅他亂〔一九九〕。號胡到。卷各（居）阮〔二〇〇〕。韙況非。鷩（驚）方行〔二〇一〕。揄以照。毳秋歲。霤力求。楝凍。館古段。緌（綏）耳誰〔二〇二〕。衣於希。斂力瞻。拖（施）力（以）致〔二〇三〕。紞而瞻〔二〇四〕。稱尺烝。先蘇見。後貞（賢）苟〔二〇五〕。甦桑租。啼徒兮。踴羊腫。深傷針。衾欽。秡（扳）攀〔二〇六〕。援員。跣蘇顯。扱倉合。衽而鴆。拊妃武。鄉向。馮扶外（冰）〔二〇七〕。租（祖）徒早〔二〇八〕。脫湯活〔二〇九〕。髦毛。髽側瓜。髮方秣〔二一〇〕。帷榮龜。氾敷斂。拾其劫。罷房悲。倦牀援。爨七亂。爽斗九反（于）于（反）〔二一一〕，注音。料章乘〔二一二〕。沸方味。沃烏酷。契（挈）苦結〔二一三〕。壺黃姑。潦（燎）力詔〔二一四〕。衰七雷。抱負老。儥賣〔二一五〕。輯前入。造七到。槃薄干〔二一六〕。併扶鼎。檀（襢）章善〔二一七〕，壇音。第側里。唅胡闇。濡奴亂。濯仲櫂，徒教。札祖乙。租（祖）徒畢（早）〔二一八〕。簀振逆。斂力膽。憮呼。楔素結。齒昌脟。枇比〔二一九〕。綴張衛。燕煙見。几居史。管古亂。汲急。說湯亂（活）〔二二〇〕。繘悸音。抗苦。剄盆扶奔。沃景鹿。絺勑私。振之憤。棄典（曲）至〔二二一〕。坎苦敢。薜甫世。拭詩職。斷都管。䇓（差）倉何〔二二二〕。甸徒見。坄役。陶羊照。鎘歷。暑（煑）章與〔二二三〕。扉非。揃進踐。淅自益〔二二四〕。須相踰〔二二五〕。潘芳袁。粥育。朝張遙。溢逸。暮亡布。筭蘇喚。盛上。盥古段。篹蘇管。醢呼在〔二二六〕。醬子亮。幹（乾）干〔二二七〕。杯方裴。杅云俱。歠（歡）昌悅〔二二八〕。簨撰。與豫。樂五角。辟芳臂。簞唐玷。縮霜六。絞古交。紟其蘇〔二二九〕。楅（幅）方目〔二三〇〕。辟甫尺。紞都感。析思益。點都蕈。倒都老。檖（襚）徐醉〔二三一〕。戚千歷。複方目。褶徒協。箸張呂〔二三二〕。袍房毛。襌單。繭古弥（殄）〔二三三〕。稅勑亂。纁況云。紨攘占。暑詩主。綌起逆。篋口俠。詘屈。紵柱。舒商朱。卷居阮。租（祖）徒早（旱）〔二三四〕。首（胥）須〔二三五〕。執征入。冒莫報。鈙（煞）所別〔二三六〕。黼父。綴丁衛。禎勑貞。裁昨載。弢湯高。鋪芳烏。馮扶冰。撫妃武。巫文區。辟方益。雁應。奉芳勇，扶恭。拘鉤。倚於綺。塗唐盧。苫始廉。凷苦對。襢章善。圍于非。鄣章亮〔二三七〕。柱竚。楣眉。適丁歷。屬之欲。黝幽，又於糾。惡（堊）於故〔二三八〕。禫徒敢。樂五角。御魚庶。俟羊美。櫝（殯）方刃〔二三九〕。椑扶歷。兕徐姊。被扶義。袘（杝）移〔二四〇〕。梓子。筭（差）楚宜〔二四一〕。鐕子男。琢丁角。著治署。裏吏音。衽而鴆。牡莫右。要於遙。鬊舜。綠緑。角孤楃。隅顒余。狸（埋）里音〔二四二〕，盧伊。囊乃黨，一記（託）〔二四三〕。盛常征。遱（簍）郎斗〔二四四〕。輴勑輪（輪）〔二四五〕。欑在九（丸）〔二四六〕。檮（幬）徒到〔二四七〕。暨其器。見胡見。帷榮龜。叢〔二四八〕○。參楚林。題唐兮。湊倉奏。掘求忽。錞堂臥，一都猥。敖五高。種之勇。篋（筐）去狂〔二四九〕。腊俱跡。煎進踐。虬房夷。蜉房不。黼斧。荒許光。黻弗〔二五〇〕。褚強呂。僞榮龜。纁許云。紉（紐）尼刃（丑）〔二五一〕。齊在細。貝（貝）奔蓋〔二五二〕。翣所甲〔二五三〕。戴都代。躍以灼。拂孚弗。披扶寄。畫胡麥。緌（綏）耳誰〔二五四〕。揄遙。絞交（胡）胡（交）〔二五五〕。紨側碁。緣以絹。儭倉覲。笭領。翟狄。屬之欲。縫房用。辨（瓣）薄〔□〕〔二五六〕。窆封驗。紼弗〔二五七〕。碑悲。輇團大市于〔二五八〕。繂律。封甫驗。緘古咸。拋（輓）勉〔二五九〕。抗剛。甒武。裏吏。椁〔二六〇〕。

祭法第廿三

祭祖繼。法方却（劫）〔二六一〕。有王九。虞顒踰。禘唐細。鰥（鯀）古村〔二六二〕。顓專。頊許玉。嚳酷〔二六三〕。冥黃（莫）丁〔二六四〕。契息列。昊胡實。圖屠〔二六五〕。句古侯。芒亡。播（燔）扶袁〔二六六〕。壇徒單。瘞（瘞）烏計〔二六七〕。埋武（皆）〔二六八〕。坼（折）新〔二六九〕。騂偵營。坦湯早（旱）〔二七〇〕。暑詩渚。穿（雩）于〔二七一〕。熒（禜）豪冥〔二七二〕。攘（禳）而羊〔二七三〕。祈鯨寄。卻去窅。雅〔二七四〕。域王（玉）逼〔二七五〕。假古雅。數所具。折常設。腐房府。置智。祧吐堯。墠善。享孚彭。幬（禱）都蹈〔二七六〕。照（昭）招〔二七七〕。穆目。[耳典]（腆）勑典〔二七八〕。塲（煬）傷〔二七九〕。適都歷。伐（罰）扶發〔二八〇〕。釋舒亦。弊（幣）扶世〔二八一〕。厭於涉。御言與。災（菑）子才〔二八二〕。扞胡且（旦）〔二八三〕。共恭。箸張慮〔二八四〕。鰥（鯀）古村〔二八五〕。障之羊〔二八六〕。洪胡攻。極（殛）強力〔二八七〕。羌汝。禪市戰。

祭儀第廿四

數雙角。踈（踈）霜葅〔二八八〕。怠古坎〔二八九〕。悽桑奚。愴初牀。怵勑述。怵勑述〔二九〇〕。惕（愓）勑歷〔二九一〕。哀烏才。享許兩。否方久。致穉。齋側佳。爲于僞。煮（耆）常至〔二九二〕。芰亓寄。俀（倭）烏改〔二九三〕。還旋。㮣（愾）慨〔二九四〕。闔紅納。愨苦角。箸丁慮。享許兩。饗（饗）許兩〔二九五〕。怍在作。盎烏浪。愉以朱。繹亦。醯（醓）吐感〔二九六〕。豁（愨）苦角〔二九七〕。趨促。數速。齋（濟）側佳〔二九八〕。漆切。惚（惚）呼骨〔二九九〕。慌許廣。槩古愛。比甫至。盛常正。奉敷勇。侗（洞）徒瓮〔三〇〇〕。灟（屬）之欲〔三〇一〕。祝之六。詘屈。愉以朱。敖五倒。嚴魚鹹。威邕販（皈）〔三〇二〕。儼魚檢。格（恪）枯各〔三〇三〕。近其靳〔三〇四〕。王于放〔三〇五〕。弟唐細〔三〇六〕。賈（貴）古下〔三〇七〕。序庠與。從墻用。麗郎帝。刲苦圭。膟律。膋力遙。爓辭廉。[月習]治輒。箸張單（慮）〔三〇八〕。

壇徒單。召（照）治詔〔三〇九〕。築竹〔三一〇〕。夜羊柘。巡徐遵。氾敷斂。悖房妹。奇巨宜。邪以奢。嘘虚。吸虚及。弊扶世。蔭於鴆。氣羌投（技）〔三一一〕。焄火云。蒿呼高。箸張慮〔三一二〕。麄（麃）方驕〔三一三〕。極己力。黔（黔）昊（其）儼〔三一四〕。禰乃禮。燔扶袁。燎力詔。羶始栯。鄉（薌）許姜〔三一五〕。見胡見。間古辨。狹（俠）閑插〔三一六〕。瓶亡甫。竭□煞。紘胡盲。耒力癸。醴禮。齊將稺。盛市正。齋側皆。戒古賣。犧所宜。牷（牲）令（全）〔三一七〕。朝治遙〔三一八〕。巡徐遵。蠶催謀〔三一九〕。近亓靳。築竹。棘前色。牆慈良。昕欣。涼遼張。胞秋歲。操（燥）蘇到〔三二〇〕。潔（濕）舒汁〔三二一〕。卒子恤。副孚月〔三二二〕。禕況非。與豫。繰蘇高。盆扶奔。俺（淹）邕驗〔三二三〕。槵（揔）祖孔〔三二四〕。振子順。緒洋（詳）煮〔三二五〕。易以豉。怞（油）由〔三二六〕。慢武諫。煇虚非。滅刑儉。銷相焦。報甫冒。騰徒登〔三二七〕。養以尚。參所良。牀（莊）側良〔三二八〕。泣龍至。享孚彭。羶詩栯。酪洛〔三二九〕。馨呼遲。饗許羌。卒子恤。強亓良。搏（溥）數（敷）〔三三〇〕。擴（橫）公壙〔三三一〕。椎（推）春錐〔三三二〕。準之尹。放方妄。樹市予。煞霜桀。述脣出。數雙玉。虧（祛）社偶〔三三三〕。廖（瘳）勑流〔三三四〕。頃丘并。跬丘婢。徑古定。舩神專。忩（忿）孚松（粉）〔三三五〕。侯羊美。併扶鼎〔三三六〕。避方臂。任而鴆。甸徒見。頒班。長豬兩。廋所流。狩詩祝。甸養澄。獵良輒。蒐所流。酳羊振。斷都亂。境景〔三三七〕。蔑（夢）亡鳳〔三三八〕。齋側亮（佳）〔三三九〕。壯（莊）側亮〔三四〇〕。陶遙。隧遂。磬苦定〔三四一〕。術述皆脣出反。省桑愍〔三四二〕。匱遽蹶〔三四三〕。齒初止〔三四四〕。

祭統弟（第）廿五

重治龍。怵勑述。誚（祐）王救〔三四五〕。追張維。養以尚。傒（繼）古詣〔三四六〕。畜許六。盡字忍。行下孟。葅京居。醢呼在。葚（篡）軌。昆褌。芹強文。茆柳。蚳房夷〔三四七〕。蜉浮〔三四八〕。范範。芰儉音，其寄。榛子巾。栗李悉。齊將墀。盛上。妨（防）孚方〔三四九〕。煮（耆）市至〔三五〇〕。慾欲。防房。旬徐基〔三五一〕。冕勉。欑（攢）在旦〔三五二〕。祼古段。紖治忍。從在用。芻楚俱。盎烏朗。涚歲音，始銳。

箸知慮〔三五三〕。嚌在細。縿纏旨。刲古圭。假古雅。謏所流。進鄭讀曰餕。涷都同。餧奴罪。調（詷）庭貢〔三五四〕。舍釋。校交。柎方于。髀扶禮。腮（臑）奴到〔三五五〕。卑（畀）方至〔三五六〕。揮（煇）況萬〔三五七〕，一暈。胞扶交。狄（翟）唐歷〔三五八〕。閽浮（呼）溫〔三五九〕。韡（韡）況非〔三六〇〕。磔都鬲（隔）〔三六一〕。艾邓〔三六二〕。芟所銜。爨倉亂。夫扶。鼎都挺。銘武並。箸丁慮。譔巽。斟針。傅賦。鍾章容。埋（悝）惔（恢）音〔三六三〕，一魁，又枯催、康迴。假格。菿（蒯）苦懷〔三六四〕。聵五懷。壯（莊）側良〔三六五〕。奔甫門。射亦。策楚責。鎬胡堯。纂祖印（卯）〔三六六〕。解古賣。辟甫尺。勒魯得〔三六七〕。劑子隨。夏下嫁。犇奔榮〔三六八〕。褒補高。

經解弟（第）廿六

溫烏孤孫〔三六九〕。易以尺。樂五角。屬之欲。比扶至。過（遇）顒踰〔三七〇〕。誣文區。奢傷耶。賦（賊）才勒（勒）〔三七一〕。煩扶袁。亂魯段。近亓斤。環故關。珮房妹。瑲倉。鈴郎丁。嚴（發）方未〔三七二〕。造故到〔三七三〕。出尺遂。除治魚。去丘與。操倉到。繩神烝。默（墨）亡北〔三七四〕。稱千澄。倕（錘）治爲〔三七五〕。僤唐蘭。盡（晝）胡麥〔三七六〕。坊扶方。懷（壞）胡卦〔三七七〕。淫羊針。辟芳益。倍蒲載。判扶半〔三七八〕。䇲（差）楚宜〔三七九〕。豪胡高。蠡力知。繆謬。

哀公問弟（第）廿七

辨扶冕。長豬兩。踈（疎）所魚〔三八〇〕。雕堤招。鏤陋。饑彊希〔三八一〕。笇蘇亂。怠唐改。敖五到。慢武諫。忤梧。楸（愀）在由〔三八二〕，慈糺。少始妙。嗣徐吏。振之忍。遂徐醉。愾許乞。幽（黝）甫巾〔三八三〕。歧強支。惷常恭，湯江，當降。愚顒喻。冥亡定。志識。噈（蹴）慈育〔三八四〕，又牆育。謙器嫌。辭詳慈。

仲尼燕居弟（第）廿八

燕烏見。縱子用。氾孚劒。徧（偏）甫見〔三八五〕。應伊證。給淚急，亓萊。純（鈍）唐頓〔三八六〕。矜（矜）舉冰〔三八七〕。莊側亮。

濟子詣。量諒。錯七故。辟芳避。瞽（瞽）古〔三八八〕。相息亮。張（倀）勑張〔三八九〕。畎古犬。闋苦穴。夔求悲。錆孚。綴丁衛。奥烏到。

照（昭）之韶〔三九〇〕。矇亡攻。

孔子閑居弟（第）廿九

閒故艱。悌徒禮。近相近之近。朞基音〔三九一〕。宥王救。選息轉。匍扶。賙周。恤徒（徙）卒〔三九二〕。郊（效）閑教〔三九三〕。施以致。畜許六。聞問。勞力到。齊（躋）子愁（秘）〔三九四〕。齋側階。假格。遲直移。祇鍾墀。春昌純。秋倉酉。雲于君〔三九五〕。雨于拒。霜所壯。露鄰度。

霆徒泠。清親成。嵩息戎。峻須儁。翰胡且（旦）〔三九六〕。番（蕃）方袁〔三九七〕。弛息柘，式氏。協胡頰。蹶居衛。隧（隊）徐醉〔三九八〕。竟鏡。

坊記弟（第）卅

辟芳避。坊甫安。辟芳益。移昌㑥。踰容朱。淫羊針。驕恭囂。慊苦覃。譏姜鳌〔三九九〕。荼徒。妻（毒）倉賣〔四〇〇〕。雉纚（纚）指〔四〇一〕。

僭子念。號胡到。辟芳臂。盍古蓋，又曷。晦呼憒。嫌胡兼。偝薄代。偷吐侯。畜許六。衍以善〔四〇二〕。號胡高。披丕〔四〇三〕。吝良進。詢胡遵〔四〇四〕。

芻楚居。蕘饒。荎（筮）常世〔四〇五〕。咎舅。鎬胡老。惟盈誰。龜恭悲。弛式柘。護（讙）懼（懽）〔四〇六〕。咢五各〔四〇七〕。瞻（睦）目〔四〇八〕。

綽處若。裕容樹。瘠（瘉）以主〔四〇九〕，又唐（庾）〔四一〇〕。辨扶勉。辟甫尺。戲香寄。鉶刑。盂玄俱。菲扶尾，扶未。籥（禴）以灼〔四一一〕。既居乞。

齊（濟）〔四一二〕。離力智。坎告（苦）感〔四一三〕。牛魚求。豕傷悉。奢傷死（耶）〔四一四〕。慢武諫。儉武撿〔四一五〕。馨呼刑，苦逕。醉遵類。醍射（體）〔四一六〕。

澄沾徵。卒子恤。度徒各。獲（獲）胡郭〔四一七〕。嫭呼咕〔四一八〕。奚兮。齊在愁（秘）〔四一九〕。卓勑學。弟唐細。段徒亂。餽

（饋）其類〔四二〇〕。獻許建。耕孤盲。猴（穫）胡郭〔四二一〕。薔側碁。畬餘。遺盈誰。濟（穧）子細〔四二二〕。捃舉群。拾成汁。葑豐。棻（菲）數（敷）尾〔四二三〕。蔑（蔓）莫捐〔四二四〕。菁子丁。菖方目。根古恩。縱子容。繆謬。辟辟（避）〔四二五〕。遠于萬。漁魚。棻（篚）扶尾〔四二六〕。御魚鹿〔四二七〕。淫羊針。泆逸。

中庸第卅一

味亡費〔四二八〕。天吐煙。稟封針。緢（循）徐遵〔四二九〕。放方往。佼（傚）胡教〔四三〇〕。離力智。睹當魯。見胡見。佔勑廉。中丁仲。撣（憚）徒旦〔四三一〕。鮮息皮（淺）〔四三二〕。智知。好呼到。罟姑。阱兹性。卷姜阮，一權。膺應。強亓良。挍（校）教〔四三三〕。矯居表。綺（倚）亓義〔四三四〕，其蟻。抑莫（英）側〔四三五〕。女汝。縤（傃）桑故〔四三六〕。嚮向。譎（譎）古穴〔四三七〕。汲急。滕（遯）徒滕〔四三八〕。拂佛。與豫。堿（憾）胡闇〔四三九〕。戴（鳶）以旃〔四四〇〕，以專。躍以灼。造在老。睨詣。視成指。施式豉。行胡孟。拮（慥）七到〔四四一〕。難乃旦。援爰。易以豉。險所撿。徼古堯。倖胡更。射倉夜〔四四二〕。正征。鵠紅穀。辟芳避。卑婢。漸在斂。翕許及。齋側皆〔四四三〕。樂洛。航（耽）都南〔四四四〕。洋詳。髣（傍）芳同（罔）〔四四五〕。矧失忍。射亦。掩奄。嚮（饗）許兩〔四四六〕。侵（僾）於豈〔四四七〕。篤都贏〔四四八〕。災（栽）將采〔四四九〕。倍薄來〔四五〇〕。覆敷目。赤（嘉）假〔四五一〕。樂五角。慮（憲）顯建〔四五二〕。令良正。祐王救。纘纂。戎攘終。衣殷。王于放。基居希〔四五三〕。組祖。紺劉濫。掃蘇老。糞夫問。逮健帝〔四五四〕。燕煙見。觶之豉〔四五五〕，又善儹。示之致。寘張史。蒲房漢。盧郎都。蜾果。螺郎果。蜂芳恭〔四五六〕。螟莫丁。蛉郎丁。負抱荀。煞所吏。強亓良。肱（眩）懸〔四五七〕。塈（既）許氣〔四五八〕。稟力甚。稍霜僑。跆刧。躓致。箸丁盧〔四五九〕。禛（禎）真（貞）〔四六〇〕。妖於驕。孽魚列。箸（蓍）傷脂〔四六一〕。見胡見〔四六二〕。泄以世。卷居阮。藏在浪。勺市若。惻（測）倉側〔四六三〕。黿元。鼉徒河。鮫交。鱉夫行〔四六四〕。值（殖）市力〔四六五〕。撮七幸〔四六六〕。耿公幸。

於嗚呼〔四六七〕。純成遵。假瑕〔四六八〕。峻思儁。極己力。温烏悶。繆謬。厭於占。射五（亦）〔四六九〕。撥市沛。辟譬。覆敷六。幬徒到。捋（悖）扶沒〔四七〇〕。敦都門。幬或作壽（燾）音〔四七一〕。叡鉊〔四七二〕。裕容樹。溥普。淵烏玄。說悅。施（施）以豉〔四七三〕。狛（貊）武佰〔四七四〕。舟章遊。綺（倚）於綺〔四七五〕。肫七（之）尹〔四七六〕。浩胡老。褧孔穎。箸張慮〔四七七〕。闇烏減。酌之若。襌舟（丹）〔四七八〕。淡徒咸。絛（探）湯航（耽）〔四七九〕。愧振僞〔四八〇〕。漏陋。假賈。鉞曰。篤都鸁〔四八一〕。輶猶。絅口定〔四八二〕。

表記弟（第）卅二

隱於近。顯呼爾（繭）〔四八三〕。矜舉冰。莊側亮。厲良制。威邕販（皈）〔四八四〕。憚徒旦。裼孫歷。黷（瀆）唐鹿〔四八五〕。極己力。辨夫勉。辟避。掩邕撿。揄（偷）湯侯〔四八六〕。傀在監。扶（伕）市階〔四八七〕。首（胥）須〔四八八〕。辟扶赤。僇（戮）六〔四八九〕。知智。強下（亓）兩〔四九〇〕。數霜柱。橬（憯）慘〔四九一〕。怛（怚）當達〔四九二〕。芑羌犯（杞）〔四九三〕。燕烏見。繼繼。昂五剛。行下孟。嚮向。斃房覓。極其力。罷皮。頓當鈍。仆赴。易以豉。蟹解〔四九四〕。說治（始）悅〔四九五〕。近其軒（靳）〔四九六〕。鮮息淺。侈昌帋。衰七雷。鵜徒兮〔四九七〕。濡如。粢將墀。盛上。柜（拒）巨〔四九八〕。暘（愓）墟悵〔四九九〕。鯇（儗）魚已〔五〇〇〕。度徒洛〔五〇一〕。慈（孳）茲〔五〇二〕。庇方至。易以赤。儌古堯。壘（藟）雷〔五〇三〕。施以致。聿羊出。述脣出。謚神至。遠于方〔五〇四〕。惷（惷）許鍾〔五〇五〕，又當降。喬驕。怢香惡〔五〇六〕。費乎（孚）味〔五〇七〕。誣交（文）區〔五〇八〕。畜勑六。象吐見。女汝。閻（讇）極劒〔五〇九〕。境景。要於遙。辟避。難乃且（旦）〔五一〇〕。否方母。唯盈誰。雖相隹。行下孟。費乎味。賻附〔五一一〕。啖（淡）徒闞〔五一二〕。餤以廉。衣於希。諾乃託。晏烏幹。穿川。窬（窬）豆〔五一三〕，又踰。窖教〔五一四〕。樂五角。齊將墀。拴（牷）膚緣〔五一五〕。純成遵。迄許乞。瀆徒鹿。顯浮爾〔五一六〕。

緇衣第卅三

易以豉，又下皆同。好呼到。惡烏故。原（愿）願〔五一七〕。弊扶世。適諸亦。館古段。旋祥。餐（餐）孫〔五一八〕。讒。

（後缺）

說明

此件抄於《漢書》卷背，首部右上角和右下角均有殘損，上下沿亦有殘損，尾部原未抄完。其後抄有《籯金》，但並非接續《禮記音》連續抄寫，而是從卷背的另一頭倒書抄寫，該件也是首殘而尾部原未抄完。所以，此卷背面的兩件文書是分别從兩頭往中間抄寫，兩件均未抄完，中間留有大約三紙空白。目前《敦煌寶藏》和《英藏敦煌文獻》關於此卷背面圖版的排列次序沒有完全遵照原卷的格式，將本來從此卷尾部向中間倒書抄寫的《籯金》也按正書的形式排列在《禮記音》後面，這樣就掩蓋了上述關於此卷背面兩件文書關係的信息，容易誤導讀者認爲此卷背面的兩件文書是互不相連的兩個斷片。

此件存一八〇行，起《禮記・樂記》『羽者嫗伏』句『嫗』之音注『於□』，訖《緇衣》『惡惡如巷伯』鄭注『取彼讒人』句之『讒』，中間題有『雜記上弟（第）廿』、『雜記下第廿一』、『喪大記弟（第）廿二』、『祭法第廿三』、『祭儀第廿四』、『祭統弟（第）廿五』、『經解弟（第）廿六』、『哀公問弟（第）廿七』、『仲尼燕居弟（第）廿八』、『孔子閑居弟（第）廿九』、『坊記弟（第）卅』、『中庸第卅一』、『表記弟（第）卅二』、『緇衣第卅三』等篇目，係《禮記音》『樂記』至『緇衣』篇的部分内容。卷中標目字一般單行單字，字體稍大，音注則用雙行小字。抄寫者水平不高，錯誤較多。

此件文書的性質及時代，許建平認爲應是五世紀時期的北方作者所爲。至於其抄寫時間則以王重民中唐説較妥（參見《敦煌經籍敘録》，中華書局，二〇〇六年，二一七頁；張涌泉主編《敦煌經部文獻合集》九冊，中華書局，二〇〇九年，四五八三頁）。

以上釋文以斯二〇五三背爲底本，以《十三經注疏》所收《禮記正義》（中華書局，一九八〇年）和《經典釋文》（中華書局，一九八三年）參校。

校記

〔一〕『嫗』，據《十三經注疏·禮記正義》補；『具』，據《十三經注疏·禮記正義》補。

〔二〕『胎』，據《十三經注疏·禮記正義》補；『來』，據殘筆劃補。

〔三〕『殰』、『獨』，底本僅存此二字之右半『賣』、『蜀』，據《十三經注疏·禮記正義》補其左半部。

〔四〕『下』，據《經典釋文》補。

〔五〕『伎』，當作『技』，據《十三經注疏·禮記正義》改，『伎』爲『技』之借字。

〔六〕『妃』，據殘筆劃補。

〔七〕『優』，據《十三經注疏·禮記正義》補。

〔八〕『猨』，《十三經注疏·禮記正義》作『獶』，《敦煌經部文獻合集》釋作『猱』，『猱』同『獶』；『□』，《敦煌經部文獻合集》指出底卷切下字模糊，似爲『陶』字。

〔九〕第二個『莫』，當作『亡』，據《十三經注疏·禮記正義》改；『伯』，據《十三經注疏·禮記正義》補。

〔一〇〕此處按此件文書體例當有音注。

〔一一〕此處按此件文書體例當有音注。

〔一二〕「洧」，《敦煌經部文獻合集》釋作「五」。

〔一三〕「音促」，據《經典釋文》補，《敦煌經部文獻合集》釋作「□□」。

〔一四〕「報」，《敦煌經部文獻合集》釋作「到」。

〔一五〕「益」，據《經典釋文》補，《敦煌經部文獻合集》釋作「□」。

〔一六〕《敦煌經部文獻合集》指出此處底卷殘泐約兩條半音注。

〔一七〕「以」，據《十三經注疏·禮記正義》補，《敦煌經部文獻合集》釋作「□」；「豉」，《敦煌經部文獻合集》釋作「致」。

〔一八〕「苦瞎」，據《十三經注疏·禮記正義》補，《敦煌經部文獻合集》釋作「□□」。

〔一九〕「⿰木動」，當作「壎」，《敦煌經部文獻合集》據文義校改；「許袁」，據《十三經注疏·禮記正義》補，《敦煌經部文獻合集》釋作「況（況）□」。

〔二〇〕「篪」，據《十三經注疏·禮記正義》補。

〔二一〕「章」，當作「昌」，據《十三經注疏·禮記正義》改。

〔二二〕「魚」，據《經典釋文》補，《敦煌經部文獻合集》釋作「□」。

〔二三〕「胙」，當作「昨」，據《十三經注疏·禮記正義》改。

〔二四〕「吉」，當作「古」，據《十三經注疏·禮記正義》改，《敦煌經部文獻合集》釋作「苦」。

〔二五〕《敦煌經部文獻合集》已指出此條當移於下文「辨」字條後、「聚」字條前。

〔二六〕「吉」，當作「古」，據《十三經注疏·禮記正義》改，《敦煌經部文獻合集》釋作「苦」。

〔二七〕「佢」，《敦煌經部文獻合集》釋作「□」。

〔二八〕『⿰阝帀』，當作『帥』，據《十三經注疏·禮記正義》改，『⿰阝帀』同『帥』。

〔二九〕《敦煌經部文獻合集》已指出此條當移於前文『牟』字條前。

〔三〇〕『憲』，據殘筆劃及《十三經注疏·禮記正義》補。

〔三一〕『⿱艹亳』，《敦煌經部文獻合集》釋作『□』，校記中疑爲『⿱艹耄』，『⿱艹亳』同『⿱艹耄』、『耄』；『莫報』，據殘筆劃及《十三經注疏·禮記正義》補，《敦煌經部文獻合集》釋作『□□』。

〔三二〕『甍』，據《十三經注疏·禮記正義》補。

〔三三〕《敦煌經部文獻合集》已指出此條下底本殘缺，從所缺空間判斷，本條注文當爲一至兩字。

〔三四〕『夫』，據《十三經注疏·禮記正義》補，《敦煌經部文獻合集》認爲當作『復』。

〔三五〕『衛』，據《十三經注疏·禮記正義》補。

〔三六〕『錍』，當作『鐸』，據《十三經注疏·禮記正義》改。

〔三七〕『拖』，《敦煌經部文獻合集》釋作『袘』，當作『弛』，據該字之切音改，此條與後文『弛』相同，當爲錯衍至此。

〔三八〕『倍』，此條當移於後文『弛』字條後。

〔三九〕『濟』，據《十三經注疏·禮記正義》補；『細』，據《十三經注疏·禮記正義》補。

〔四〇〕『誼』，據《廣韻》補。

〔四一〕『計』，據《十三經注疏·禮記正義》補；《敦煌經部文獻合集》指出此條之後底本至行末殘缺一條。

〔四二〕此處按此件文書體例當有音注。

〔四三〕『記』，當作『杞』，據《十三經注疏·禮記正義》改，《敦煌經部文獻合集》校補作『杞』。

〔四四〕『胡』，《敦煌經部文獻合集》釋作『□』。

〔四五〕『建』，據《十三經注疏·禮記正義》補；『其展』，據《十三經注疏·禮記正義》補。

〔四六〕『橐』，據《十三經注疏·禮記正義》補。

〔四七〕『虛』，據《十三經注疏·禮記正義》補。

〔四八〕此處按此件文書體例當有音注。

〔四九〕『章準』，《敦煌經部文獻合集》釋作『□□』。

〔五〇〕『倉』，當作『食』，據《十三經注疏·禮記正義》改。

〔五一〕『麗』，《敦煌經部文獻合集》釋作『□』。

〔五二〕『騶』，據《十三經注疏·禮記正義》補。

〔五三〕『貫』，據《十三經注疏·禮記正義》補；從底本所缺空間看，此處後底本當缺兩條。

〔五四〕『采』，據《經典釋文》補。

〔五五〕『扔』，當作『扱』，據《經典釋文》改。

〔五六〕『豉』，據《十三經注疏·禮記正義》補，《敦煌經部文獻合集》疑作『致』。

〔五七〕『油』，據《十三經注疏·禮記正義》補，《敦煌經部文獻合集》釋作『□』；『由』，據《十三經注疏·禮記正義》補，《敦煌經部文獻合集》釋作『□□』。

〔五八〕『斬』，據《十三經注疏·禮記正義》補，《敦煌經部文獻合集》釋作『□』。

〔五九〕『周』，當作『同』，據《十三經注疏·禮儀正義》改，《敦煌經部文獻合集》逕釋作『同』。

〔六〇〕『煞』，《十三經注疏·禮記正義》作『殺』，均可通，下『煞』字皆同，不復出校。

〔六一〕『穴』，據《十三經注疏·禮記正義》補，《敦煌經部文獻合集》釋作『□』。

〔六二〕『弋』，當作『戈』，據《十三經注疏·禮記正義》改。

〔六三〕『綴』，據《十三經注疏·禮記正義》補，《敦煌經部文獻合集》釋作『□』，並且此條應在前文『其』後；『都外』，據《十三經注疏·禮記正義》補，《敦煌經部文獻合集》釋作『□□』。

〔六四〕『夫』，據《十三經注疏·禮記正義》補，《敦煌經部文獻合集》釋作『□』。

〔六五〕『鈛』，當作『鉞』，據《十三經注疏·禮記正義》改；『曰』，《敦煌經部文獻合集》釋作『□』。

〔六六〕『䪼』，當作『贛』，據《十三經注疏·禮記正義》改。

〔六七〕『坑』，當作『抗』，據《十三經注疏·禮記正義》改。

〔六八〕『隧』，當作『隊』，據《十三經注疏·禮記正義》改，《敦煌經部文獻合集》指出『隊』爲『墜』之本字，『隧』爲『墜』之借字。

〔六九〕『橋』，當作『槀』，據《十三經注疏·禮記正義》改；『苦老』，據《十三經注疏·禮記正義》補，《敦煌經部文獻合集》釋作『□□』。

〔七〇〕『倨』，據《十三經注疏·禮記正義》補，《敦煌經部文獻合集》釋作『□』；『据』，據《十三經注疏·禮記正義》補，《敦煌經部文獻合集》釋作『□□』。

〔七一〕『疊』，當作『纍』，據《十三經注疏·禮記正義》改。

〔七二〕『弟』，當作『第』，據《十三經注疏·禮記正義》改，『弟』爲『第』之本字，下文篇名中『弟』同此，不復出校。

〔七三〕『旦』，《敦煌經部文獻合集》疑爲『旦』之誤。

〔七四〕『古』，當作『占』，《敦煌經部文獻合集》據文義校改。

〔七五〕『帷』，據《十三經注疏·禮記正義》補；《敦煌經部文獻合集》指出此條後底本約殘缺一條，從殘存空間判斷，注文似有三至四字。

〔七六〕『市』，據《十三經注疏·禮記正義》補。
〔七七〕『蜃』，據《十三經注疏·禮記正義》補。
〔七八〕『禕』，《敦煌經部文獻合集》釋作『□』。
〔七九〕『盧』，當作『盧』，據《十三經注疏·禮記正義》改，『盧』爲『廬』之借字。
〔八〇〕『童』，當作『章』，據『枕』之反切上字改。
〔八一〕『屢』，當作『屨』，據《十三經注疏·禮記正義》改。
〔八二〕『綫』，當作『綏』，《敦煌經部文獻合集》據文義校改。
〔八三〕『箸』，當讀作『著』；『署』，《敦煌經部文獻合集》釋作『□』。
〔八四〕此處按此件文書體例當有音注。
〔八五〕『爛』，據音注及《經典釋文》補。
〔八六〕『遙』，據《十三經注疏·禮記正義》補。
〔八七〕此處按此件文書體例當有音注。
〔八八〕『撰』，當作『襈』，據《十三經注疏·禮記正義》改，『撰』爲『襈』之借字。
〔八九〕《敦煌經部文獻合集》指出此條當移於後文『池』條之後。
〔九〇〕『照』，當作『昭』，據《十三經注疏·禮記正義》改，『照』爲『昭』之借字。
〔九一〕『隹』，《敦煌經部文獻合集》據下文『雖』字條音注補。
〔九二〕『稅』，當作『祝』，據《十三經注疏·禮記正義》改。
〔九三〕《敦煌經部文獻合集》指出此條當移於後文『繩』條之後，但是切語俟考。
〔九四〕《敦煌經部文獻合集》指出切語存疑待考。

〔九五〕「側」，當作「惻」，據《十三經注疏·禮記正義》改，「側」爲「惻」之借字。
〔九六〕「踈」，當作「疎」，「踈」爲「疎」之訛，「疎」同「疏」。
〔九七〕「當」，當作「黨」，據《十三經注疏·禮記正義》改，「當」爲「黨」之借字。
〔九八〕「楄」，當作「攝」，據《十三經注疏·禮記正義》改。
〔九九〕「稽」，據《十三經注疏·禮記正義》補。
〔一〇〇〕「顙」，據《十三經注疏·禮記正義》補。
〔一〇一〕《敦煌經部文獻合集》指出此條當移於後文「繰」條之後。
〔一〇二〕「□」，《敦煌經部文獻合集》疑爲「蠃」。
〔一〇三〕此處按此件文書體例當有音注。
〔一〇四〕「繸」，當作「禭」，據《十三經注疏·禮記正義》改。
〔一〇五〕「成」，當作「戈」，《敦煌經部文獻合集》據文義校改。
〔一〇六〕「偷」，當作「愉」，《敦煌經部文獻合集》據文義校改。
〔一〇七〕「呼在音反」，《敦煌經部文獻合集》認爲是「音呼在反」之倒，但是根據底本音注體例，「反」字衍，當刪。
〔一〇八〕「推」，當作「權」，據文義改；《敦煌經部文獻合集》指出反切上字「倉」當有誤。
〔一〇九〕《敦煌經部文獻合集》指出反切下字「指」與「擣」韻不合，當有誤。
〔一一〇〕「倅」，當作「率」，據《十三經注疏·禮記正義》改，「倅」爲「率」之借字。
〔一一一〕「聞」，當作「間」，據《十三經注疏·禮記正義》改。
〔一一二〕《敦煌經部文獻合集》指出《十三經注疏·禮記正義》無此字，俟再考。
〔一一三〕「肆」，當作「殔」，據《十三經注疏·禮記正義》改，「肆」爲「殔」之借字。

〔一一四〕『公貴』，切語與『扂』聲韻不合，待考。

〔一一五〕『絣』，底本原寫作『䋎』，據《康熙字典》，『絣』俗作『䋎』，《十三經注疏》及《經典釋文》有『衻』字，《敦煌經部文獻合集》釋作『䋎』，認爲『衻』、『䋎』均當爲『襘』之後起別體。

〔一一六〕『褥』，當作『襡』，據《十三經注疏・禮記正義》改。

〔一一七〕『葛』，據《十三經注疏・禮記正義》經注順序，此條當在前文『長』條之前，《敦煌經部文獻合集》認爲此處經注無『葛』字，蓋爲『曷』之誤。

〔一一八〕『使』，據音注及《十三經注疏・禮記正義》補。

〔一一九〕『袷』，當作『拾』，據《十三經注疏・禮記正義》改。

〔一二〇〕『咨』，當作『直』，據《十三經注疏・禮記正義》改，《敦煌經部文獻合集》校改作『治』，認爲『咨』是『治』的形訛，治、直同紐。

〔一二一〕『戌』，據殘筆劃及『淑』之反切補。

〔一二二〕『穟』，當作『襚』，據《十三經注疏・禮記正義》改。

〔一二三〕『雷』，當作『靁』，據《十三經注疏・禮記正義》改。

〔一二四〕『袷』，當作『拾』，據《十三經注疏・禮記正義》改。

〔一二五〕《敦煌經部文獻合集》指出此條當在後文『除』條之後。

〔一二六〕『土』，《敦煌經部文獻合集》指出《十三經注疏・禮記正義》此處無此字，『於趾』亦非『土』之切語，待考。

〔一二七〕『蘔』，當作『穎』，據《十三經注疏・禮記正義》改，『蘔』爲『穎』之借字。

〔一二八〕『乙』，當作『七』，據底本他處『衰』字音注改。

〔一二九〕『蘇』下脱漏一字，《敦煌經部文獻合集》補爲『□』。

〔一三〇〕『佃』，當作『細』，據《十三經注疏·禮記正義》改。

〔一三一〕『決』，當作『快』，據《十三經注疏·禮記正義》改，《敦煌經部文獻合集》釋作『決』。

〔一三二〕『請』，《敦煌經部文獻合集》指出《十三經注疏·禮記正義》此處無此字，認爲是《雜記下》中『顔色稱其情』中『情』之借字，誤；《雜記下》此句下文有『請問兄弟之喪』，其中『請』字順序在底本『啐』與『策』之間；『省』，據殘筆劃及音注補。

〔一三三〕『筴』，《敦煌經部文獻合集》據文義校補。

〔一三四〕『墮』，當作『惰』，據《十三經注疏·禮記正義》改，『墮』爲『惰』之借字。

〔一三五〕『牀』，《敦煌經部文獻合集》指出『牀』與『倦』聲紐不合，無以索解，俟考。

〔一三六〕《敦煌經部文獻合集》指出切下字『見』與標目字同，乃一讀『見』一讀『現』，以下『胡見』音『見』諸條同此，不另出校。

〔一三七〕『緣』，當作『綅』，據《十三經注疏·禮記正義》改。

〔一三八〕『植』，當作『犆』，據《十三經注疏·禮記正義》改，『植』爲『犆』之借字。

〔一三九〕『赦』，《敦煌經部文獻合集》指出《十三經注疏·禮記正義》此處無此字，底本訛『叔』爲『赦』，故作者以『叔』字注之，表示『赦』當爲『叔』之誤，《雜記下》有『叔孫武叔朝』句。

〔一四〇〕『踝』，當作『輠』，據《十三經注疏·禮記正義》改。

〔一四一〕『奔』，當作『拚』，據《十三經注疏·禮記正義》改。

〔一四二〕『果』，當作『裹』，據《十三經注疏·禮記正義》改，『果』爲『裹』之借字。

〔一四三〕『斷』，當作『漸』，據《十三經注疏·禮記正義》改。

〔一四四〕『封』，據《十三經注疏·禮記正義》經注順序，此條當在後文『袳（趨）』條之後。

〔一四五〕「袳」，當作「趨」，據《十三經注疏·禮記正義》改。

〔一四六〕「贄」，當作「摯」，據《十三經注疏·禮記正義》改，「贄」爲「摯」之借字。

〔一四七〕「倉」，當作「創」，據《十三經注疏·禮記正義》改，「倉」爲「創」之借字。

〔一四八〕「問」，據《十三經注疏·禮記正義》補。

〔一四九〕「堌」，據《十三經注疏·禮記正義》補。

〔一五〇〕「瞿」，《敦煌經部文獻合集》指出爲「畀」之借字；據《十三經注疏·禮記正義》經注順序，此條當在後文「名」條之後。

〔一五一〕「袳」，當作「侈」，據《十三經注疏·禮記正義》改，「袳」爲「侈」之借字。

〔一五二〕「而」，《敦煌經部文獻合集》釋作「面」。

〔一五三〕「況」，當作「許」，據《十三經注疏·禮記正義》改，《敦煌經部文獻合集》失校。

〔一五四〕「合」，當作「含」，據《十三經注疏·禮記正義》改。

〔一五五〕「襚」，當作「襚」，據《十三經注疏·禮記正義》改。

〔一五六〕「風」，《敦煌經部文獻合集》釋作「鳳」。

〔一五七〕「衩」，當作「枚」，據《十三經注疏·禮記正義》改；「盛」，《敦煌經部文獻合集》指出與標目字「枚」不同紐，蓋有誤。

〔一五八〕「蒀」，當作「簋」，據《十三經注疏·禮記正義》改，以下同，不另出校。

〔一五九〕「玷」，當作「坫」，據《十三經注疏·禮記正義》改，「玷」爲「坫」之借字。

〔一六〇〕《敦煌經部文獻合集》指出刊本此字及下「依」、「辟」二字皆無，前條「藻」及下條「悦（棁）」爲《雜記下》「山節而藻棁」句中文，則此三條不可能是經文有所脱落，當是從他處羼入，待考。

〔一六一〕『早』，當作『皁』，《敦煌經部文獻合集》據文義校改。
〔一六二〕『悅』，當作『梲』，據《十三經注疏・禮記正義》改。
〔一六三〕『博』，《十三經注疏・禮記正義》同，《敦煌經部文獻合集》釋作『縛』，誤。
〔一六四〕『虛』，當作『盧』，據《十三經注疏・禮記正義》改。
〔一六五〕『朱』，據《十三經注疏・禮記正義》補。
〔一六六〕『併』，據《十三經注疏・禮記正義》經注順序，此條當在後文『徑』條之後。
〔一六七〕『亓』，《敦煌經部文獻合集》釋作『卞』，校作『亓』，以下同，不另出校；『亓』，《敦煌經部文獻合集》指出與標目字『壃』聲紐不合，當誤。
〔一六八〕『爪』，當作『瓜』，據《十三經注疏・禮記正義》改。
〔一六九〕『便』，當作『嫂』，據《十三經注疏・禮記正義》改。
〔一七〇〕『蘢』，當作『蔑』，據《十三經注疏・禮記正義》改，『蘢』爲『蔑』之借字。
〔一七一〕『樊』，當作『攀』，據《十三經注疏・禮記正義》改。
〔一七二〕『過』，當作『遇』，據《十三經注疏・禮記正義》改。
〔一七三〕『到』，據殘筆劃及音注補。
〔一七四〕『亂』，《敦煌經部文獻合集》指出此條當在後文『宧』條之後。
〔一七五〕第二個『辟』，當作『避』，《敦煌經部文獻合集》據文義校改。
〔一七六〕『以冉』，據《十三經注疏・禮記正義》補，《敦煌經部文獻合集》釋作『□□』。
〔一七七〕『行』，據《十三經注疏・禮記正義》經注順序，此條當在前文『贊』條之後。
〔一七八〕『侙』，當作『拭』，據《十三經注疏・禮記正義》改。

〔一七九〕「舜」，當作「彝」，據《十三經注疏·禮記正義》改。

〔一八〇〕「志」，據上文「比」字音注補。

〔一八一〕「許」，當作「羊」，《敦煌經部文獻合集》據底卷第六四、八四、一一四行「佒」字音注改。

〔一八二〕「灼」，當作「炳」，《敦煌經部文獻合集》據文義校改。

〔一八三〕「妾」，當作「妻」，《敦煌經部文獻合集》據文義校改。

〔一八四〕「姿」，當作「粢」，據《十三經注疏·禮記正義》改，「姿」爲「粢」之借字。

〔一八五〕「墁」，當作「慢」，據《十三經注疏·禮記正義》改，「墁」爲「慢」之借字，《敦煌經部文獻合集》逕釋作「慢」。

〔一八六〕「鹿」，當作「麤」，《敦煌經部文獻合集》據文義校改。

〔一八七〕「弊」，當作「幣」，據《十三經注疏·禮記正義》改，「弊」爲「幣」之借字。

〔一八八〕「眅」，《敦煌經部文獻合集》認爲「眅」當是「皈」之誤，「皈」爲「歸」之會意俗字。

〔一八九〕「均」，據《十三經注疏·禮記正義》補，《敦煌經部文獻合集》釋作「□」。

〔一九〇〕「房」，當作「旁」，據《雜記下》「在旁曰紕」改，「房」爲「旁」之借字；《敦煌經部文獻合集》指出經注此處無此字，「房」當是從他處羼入者，據《十三經注疏·禮記正義》經注順序，此條當在前文「表」條之前。

〔一九一〕「粟」，當作「栗」，《敦煌經部文獻合集》據音注校改。

〔一九二〕「發」，當作「廢」，據《十三經注疏·禮記正義》改，「發」爲「廢」之借字。

〔一九三〕「美」，當作「羌」，《敦煌經部文獻合集》據音注校改；「技」，《敦煌經部文獻合集》釋作「抆」。

〔一九四〕「申」，當作「伸」，據《十三經注疏·禮記正義》改，「申」爲「伸」之借字；「針」，據殘筆劃及音注補，《敦煌經部文獻合集》釋作「□」。

〔一九五〕『緱』，當作『候』，據《十三經注疏·禮記正義》改；『紉』，當作『紈』，據音注改。

〔一九六〕『房』，《敦煌經部文獻合集》釋作『方』，誤。

〔一九七〕『顛踰』，《敦煌經部文獻合集》據底本第十二、九三行『虞』字音注補。

〔一九八〕《敦煌經部文獻合集》指出切下字『家』與標目字『魄』韻不合，俟考。

〔一九九〕『他亂』，據《十三經注疏·禮記正義》補，《敦煌經部文獻合集》釋作『□□』。

〔二〇〇〕『各』，當作『居』，《敦煌經部文獻合集》據底本第四三、八〇、一六二行『卷』字音注校改。

〔二〇一〕『驚』，當作『驁』，據《十三經注疏·禮記正義》改，『驚』爲『驁』之借字。

〔二〇二〕『綏』，當作『綏』，《敦煌經部文獻合集》據文義校改，指出《十三經注疏·禮記正義》此處無此字。

〔二〇三〕『拖』，當作『施』，據《十三經注疏·禮記正義》改；『力』，當作『以』，《敦煌經部文獻合集》據底卷第一三八、一七四行『施』字音注校改。

〔二〇四〕『絧』，底本原寫作『納』，據《康熙字典》，『絧』俗作『納』，《十三經注疏·禮記正義》及《經典釋文》有『衲』字，《敦煌經部文獻合集》釋作『納』，認爲『衲』、『納』均當爲『襘』之後起別體。

〔二〇五〕『貞』，當作『賢』，《敦煌經部文獻合集》據底本第五五行『厚』字音注校改。

〔二〇六〕『极』，當作『扱』，據《十三經注疏·禮記正義》改。

〔二〇七〕『外』，當作『冰』，《敦煌經部文獻合集》據底本第三七、八一行『馮』字音注校改。

〔二〇八〕『租』，當作『袒』，據《十三經注疏·禮記正義》改。

〔二〇九〕『脱』，《十三經注疏·禮記正義》作『說』，《敦煌經部文獻合集》指出『脱』與『說』均爲『挩』之借字。

〔二一〇〕『髪』，《敦煌經部文獻合集》指出此條當在前文『鬠』條之前。

〔二一一〕『反于』，當作『于反』，《敦煌經部文獻合集》據文義校改。

〔二一二〕『枓』，《敦煌經部文獻合集》指出切語『章乘』與標目字『枓』音注不合，姑存疑。
〔二一三〕『契』，當作『挈』，據《十三經注疏·禮記正義》改，『契』爲『挈』之借字。
〔二一四〕『潦』，當作『燎』，據《十三經注疏·禮記正義》改，『潦』爲『燎』之借字，《敦煌經部文獻合集》逕釋作『燎』。
〔二一五〕『儨』，《敦煌經部文獻合集》指出《十三經注疏·禮記正義》此處無字；孔穎達正義『婦人質，故迎賓送客不下堂』句中有『質』，與底本『儨』之關係待考。
〔二一六〕『槃』，據《十三經注疏·禮記正義》經注順序，此條當在前文『造』條之前。
〔二一七〕『檀』，當作『襢』，據《十三經注疏·禮記正義》改。
〔二一八〕『租』，當作『袒』，據《十三經注疏·禮記正義》改；『畢』，當作『早』，《敦煌經部文獻合集》據底卷第六九行『袒』字音注校改。
〔二一九〕『枇』，《敦煌經部文獻合集》疑底卷所據之本作『枇』，『枇』者『匕』之借字，與刊本作『柶』不同。
〔二二〇〕『亂』，當作『活』，據《十三經注疏·禮記正義》改。
〔二二一〕『典』，當作『曲』，《敦煌經部文獻合集》據底卷第五八行『棄』字音注校改。
〔二二二〕『筹』，當作『差』，據《十三經注疏·禮記正義》改，『筹』爲『差』之借字。
〔二二三〕『暑』，當作『衮』，據《十三經注疏·禮記正義》改。
〔二二四〕『自』，《敦煌音義匯考》認爲其爲『思』之僞，《敦煌經部文獻合集》疑爲『息』之殘字。
〔二二五〕『須』，《敦煌經部文獻合集》指出此條與前條『淅』順序有誤，『淅』當在『須』條下。
〔二二六〕『醢』，《敦煌經部文獻合集》指出《十三經注疏·禮記正義》此處無此字，但有『食菜以醯、醬』句，應作『醯』。

〔二二七〕『幹』，當作『乾』，據《十三經注疏·禮記正義》改，『幹』爲『乾』之借字。
〔二二八〕『歆』，當作『歡』，據《十三經注疏·禮記正義》改。
〔二二九〕『蘇』，《敦煌經部文獻合集》指出與標目字『紟』韻不合，『蘇』當有誤。
〔二三〇〕『楅』，當作『幅』，據《十三經注疏·禮記正義》改。
〔二三一〕『檖』，當作『襚』，據《十三經注疏·禮記正義》改。
〔二三二〕『箸』，當讀作『著』。
〔二三三〕『弥』，當作『殄』，《敦煌經部文獻合集》據《廣韻》校改。
〔二三四〕『租』，當作『祖』，據《十三經注疏·禮記正義》改；『早』，當作『旱』，《敦煌經部文獻合集》據底卷第六九行『祖』字音注校改。
〔二三五〕『首』，當作『胥』，據《十三經注疏·禮記正義》改。
〔二三六〕『鈘』，當作『煞』，據《十三經注疏·禮記正義》改，按照經注順序，此條當在後文『黼』條之後。
〔二三七〕『鄣』，當讀作『障』，《十三經注疏·禮記正義》作『障』，『鄣』同『障』。
〔二三八〕『惡』，當作『堊』，據《十三經注疏·禮記正義》改，『惡』爲『堊』之借字。
〔二三九〕『檳』，當作『殯』，據《十三經注疏·禮記正義》改，『檳』爲『殯』之借字，《敦煌經部文獻合集》校作『擯』。
〔二四〇〕『袘』，當作『杝』，據《十三經注疏·禮記正義》改。
〔二四一〕『䈩』，當作『差』，據《十三經注疏·禮記正義》改，『䈩』爲『差』之借字。
〔二四二〕『狸』，當作『埋』，據音注改；《敦煌經部文獻合集》指出此處『狸』在『隅』條下者，疑爲錯亂，據《十三經注疏·禮記正義》經注順序，此條當在前文『角』條之前。

〔二四三〕「記」，當作「託」，《敦煌經部文獻合集》據文義校改。

〔二四四〕「遱」，當作「篗」，據《十三經注疏·禮記正義》改，「遱」爲「篗」之借字。

〔二四五〕「輪」，當作「輪」，據文義改。

〔二四六〕「九」，當作「丸」，《敦煌經部文獻合集》據文義校改。

〔二四七〕「檮」，當作「幬」，據《十三經注疏·禮記正義》改。

〔二四八〕「叢」，《敦煌經部文獻合集》指出底卷當是脱去切語。

〔二四九〕「篋」，當作「筐」，據《十三經注疏·禮記正義》改。

〔二五〇〕「瀐」，據《十三經注疏·禮記正義》經注順序，此條當在後文「戴」條之前。

〔二五一〕「紉」，當作「紐」，據《十三經注疏·禮記正義》改；「刃」，當作「丑」，據文義改。

〔二五二〕「具」，當作「貝」，據《十三經注疏·禮記正義》改。

〔二五三〕「篓」，當讀作「翣」。

〔二五四〕「綾」，當作「綏」，據《十三經注疏·禮記正義》改。

〔二五五〕「交胡」，當作「胡交」，據底卷第二九、三六行「絞」條切語改。

〔二五六〕「辨」，當作「瓣」，《敦煌經部文獻合集》據文義校改，「辨」爲「瓣」之借字；「□」，《敦煌經部文獻合集》指出脱去切下字。

〔二五七〕「紼」，據《十三經注疏·禮記正義》經注順序，此條當在前文「屬」條之前。

〔二五八〕「大市于」，《敦煌經部文獻合集》指出不解其意，當有脱誤，待考。

〔二五九〕「拋」，當作「輓」，據《十三經注疏·禮記正義》改，「拋」爲「輓」之借字。

〔二六〇〕「椁」，《敦煌經部文獻合集》指出當是脱去注音。

〔二六一〕『刦』，當作『刧』，《敦煌經部文獻合集》據文義校改。

〔二六二〕『鰀』，當作『鯀』，據《十三經注疏·禮記正義》改；據《十三經注疏·禮記正義》經注順序，此條當在前文『頊』條之後。

〔二六三〕『礜』，據《十三經注疏·禮記正義》經注順序，此條當在前文『褅』條之後。

〔二六四〕『黄』，當作『莫』，據《十三經注疏·禮記正義》改。

〔二六五〕『圖』，《十三經注疏·禮記正義》作『圜』，《敦煌經部文獻合集》認爲底卷據誤字作音。

〔二六六〕『播』，當作『燔』，據《十三經注疏·禮記正義》改，『播』爲『燔』之借字。

〔二六七〕『磿』，當作『瘞』，據《十三經注疏·禮記正義》改。

〔二六八〕『皆』，據《十三經注疏·禮記正義》補。

〔二六九〕『圻』，當作『折』，據《十三經注疏·禮記正義》改，『圻』爲『折』之借字，《敦煌經部文獻合集》指出其直音爲『新』，又非『折』之音，俟考。

〔二七〇〕『早』，當作『旱』，《敦煌經部文獻合集》據文義校改。

〔二七一〕『穻』，當作『雩』，據《十三經注疏·禮記正義》改。

〔二七二〕『熒』，當作『禜』，《敦煌經部文獻合集》據文義校改，『熒』爲『禜』之借字；《敦煌經部文獻合集》指出此條當在後文『域』條之後。

〔二七三〕『攘』，當作『禳』，據《十三經注疏·禮記正義》改，『攘』爲『禳』之借字。

〔二七四〕『雅』，《敦煌經部文獻合集》疑爲涉後文『假』條切下字『雅』而衍，當刪。

〔二七五〕『王』，當作『玉』，據文義改，《敦煌經部文獻合集》釋作『王』。

〔二七六〕『幬』，當作『禱』，據《十三經注疏·禮記正義》改。

〔二七七〕「照」，當作「昭」，據《十三經注疏・禮記正義》改，「照」爲「昭」之借字。

〔二七八〕「⿰耳典」，當作「腆」，據《十三經注疏・禮記正義》改。

〔二七九〕「塲」，當作「煬」，據《十三經注疏・禮記正義》改。

〔二八〇〕「伐」，當作「罰」，《敦煌經部文獻合集》據文義校改，「伐」爲「罰」之借字。

〔二八一〕「弊」，當作「幣」，據《十三經注疏・禮記正義》改，「弊」爲「幣」之借字。

〔二八二〕「災」，當作「菑」，據《十三經注疏・禮記正義》改，「災」爲「菑」之借字。

〔二八三〕「且」，當作「旦」，《敦煌經部文獻合集》據文義校改。

〔二八四〕「箸」，當讀作「著」。

〔二八五〕「鰥」，當作「鯀」，據《十三經注疏・禮記正義》改，「鰥」爲「鯀」之借字。

〔二八六〕「障」，當讀作「鄣」。

〔二八七〕「極」，當作「殛」，據《十三經注疏・禮記正義》改，「殛」爲「極」之借字。

〔二八八〕「踈」，當作「疎」，「踈」爲「疎」之訛，「疎」同「疏」。

〔二八九〕「古坎」，《敦煌經部文獻合集》指出「古坎」非「怠」之音，乃「感」之音，此處《祭義》有「祭不欲疏，疏則怠」句，鄭注有「孝子感時念親」句，「怠」、「感」二字形不近，疑非字誤；可能此處原有「怠」、「感」二條，抄脱「怠」之切語及「感」字，遂成今貌。

〔二九〇〕「怵勑述」，寫於上一「怵勑述」之右側，係重出，當删。

〔二九一〕「楊」，當作「惕」，據《十三經注疏・禮記正義》改。

〔二九二〕「煮」，當作「者」，據《經典釋文》改。

〔二九三〕「俀」，當作「僾」，據《十三經注疏・禮記正義》改。

〔二九四〕『棶』，當作『㮋』，據《十三經注疏·禮記正義》改。

〔二九五〕『嚮』，當作『饗』，據《十三經注疏·禮記正義》改，『嚮』爲『饗』之借字。

〔二九六〕『醢』，當作『醢』，《敦煌經部文獻合集》據文義校改。

〔二九七〕『磬』，當作『罄』，據《十三經注疏·禮記正義》改，『磬』爲『罄』之借字。

〔二九八〕『齋』，當作『濟』，據《十三經注疏·禮記正義》改，『齋』爲『濟』之借字。

〔二九九〕『惣』，當作『惚』，據《十三經注疏·禮記正義》改；《敦煌經部文獻合集》指出此處底卷先出『惚』條，後出『慌』條，『慌惚』連綿詞，倒作『惚慌』，其義一也。

〔三〇〇〕『侗』，當作『洞』，據《經典釋文》改，『侗』爲『洞』之借字。

〔三〇一〕『灟』，當作『屬』，據《十三經注疏·禮記正義》改，『灟』爲『屬』之借字。

〔三〇二〕『眅』，當作『皈』，《敦煌經部文獻合集》據文義校改。

〔三〇三〕『格』，當作『恪』，據《十三經注疏·禮記正義》改。

〔三〇四〕『近』，據《十三經注疏·禮記正義》經注順序，此條當在後文『賈（貴）』條之後。

〔三〇五〕『王』，據《十三經注疏·禮記正義》經注順序，此條當在前文『（格）恪』條之後。

〔三〇六〕『弟』，據《十三經注疏·禮記正義》經注順序，此條當在後文『序』條之前。

〔三〇七〕『賈』，當作『贵』，據《十三經注疏·禮記正義》改，《敦煌經部文獻合集》指出經注此處無此字，據經注順序，此條當在前文『近』條之前。

〔三〇八〕『箸』，當讀作『著』；『單』，當作『慮』，據音注改。

〔三〇九〕『召』，當作『照』，據《十三經注疏·禮記正義》改，『召』爲『照』之借字，《敦煌經部文獻合集》指出《十三經注疏·禮記正義》此處無『召』字。

〔三一〇〕『築』，《敦煌經部文獻合集》指出《十三經注疏·禮記正義》此處無『築』字，據《十三經注疏·禮記正義》經注順序，此條當在後文『燔』條之前。

〔三一一〕『投』，當作『技』，據文義改，《敦煌音義匯考》釋作『枝』。

〔三一二〕『箸』，當讀作『著』。

〔三一三〕『竃』，當作『蘪』，據《十三經注疏·禮記正義》改。

〔三一四〕『黔』，當作『黔』，據《十三經注疏·禮記正義》改；『昗』，當作『其』，《敦煌經部文獻合集》據文義校改；『儼』，《敦煌經部文獻合集》釋作『□』。

〔三一五〕『鄉』，當作『薌』，據《十三經注疏·禮記正義》改，『鄉』爲『薌』之借字。

〔三一六〕『狹』，當作『俠』，據《十三經注疏·禮記正義》改，『狹』爲『俠』之借字。

〔三一七〕『枔』，當作『牷』，據《十三經注疏·禮記正義》改；『令』，當作『全』，《敦煌經部文獻合集》據音注體例校改。

〔三一八〕『朝』，據《十三經注疏·禮記正義》經注順序，此條當在前文『戒』條之後。

〔三一九〕『訞』，《敦煌經部文獻合集》指出與『鼉』韻不協，當非，俟考。

〔三二〇〕『操』，當作『燥』，據《十三經注疏·禮記正義》改，『操』爲『燥』之借字。

〔三二一〕『漯』，當作『濕』，據《十三經注疏·禮記正義》改。

〔三二二〕『月』，《敦煌音義匯考》釋作『目』，《敦煌經部文獻合集》釋作『日』。

〔三二三〕『俺』，當作『淹』，據《十三經注疏·禮記正義》改，『俺』爲『淹』之借字。

〔三二四〕『楒』，當作『揔』，據《十三經注疏·禮記正義》改。

〔三二五〕『洋』，當作『詳』，據《十三經注疏·禮記正義》改，『洋』爲『詳』之借字。

〔三二六〕『岫』，當作『油』，據《十三經注疏·禮記正義》改，『岫』爲『油』之借字。

〔三二七〕『騰』，《敦煌經部文獻合集》指出《十三經注疏·禮記正義》此處無此字。

〔三二八〕『牀』，當作『莊』，據《十三經注疏·禮記正義》改。

〔三二九〕『酪』及以下『馨』、『響』，《敦煌經部文獻合集》指出《十三經注疏·禮記正義》此處無此三字。

〔三三〇〕『榑』，當作『溥』，據《十三經注疏·禮記正義》改，『榑』爲『溥』之借字；『數』，當作『敷』，《敦煌經部文獻合集》據文義校改。

〔三三一〕『撗』，當作『横』，據《十三經注疏·禮記正義》改，『撗』爲『横』之借字。

〔三三二〕『椎』，當作『推』，據《十三經注疏·禮記正義》改，『椎』爲『推』之借字。

〔三三三〕『社』，當作『袪』，《敦煌經部文獻合集》據文義校改。

〔三三四〕『廖』，當作『瘳』，據《十三經注疏·禮記正義》改；《敦煌經部文獻合集》指出此條當在『虧』字條前，誤；據《十三經注疏·禮記正義》經注順序，此條當在前文『數』條前。

〔三三五〕『忩』，當作『忿』，據《十三經注疏·禮記正義》改；『松』，當作『粉』，《敦煌音義匯考》、《敦煌經部文獻合集》據文義校改。

〔三三六〕『鼎』，《敦煌音義匯考》、《敦煌經部文獻合集》釋作『罌』，誤。

〔三三七〕『境』，《敦煌經部文獻合集》指出此條當在前文『斷』條前。

〔三三八〕『蔑』，當作『夢』，據《十三經注疏·禮記正義》改。

〔三三九〕『亮』，當作『佳』，據《十三經注疏·禮記正義》『祭儀』廿四中之『齋』字音注改。

〔三四〇〕『壯』，當作『莊』，據《十三經注疏·禮記正義》改，『壯』爲『莊』之借字。

〔三四一〕『磬』，《敦煌音義匯考》釋作『慦』，《敦煌經部文獻合集》指出《十三經注疏·禮記正義》此處無『磬』字。

〔三四二〕『慤』，《敦煌音義匯考》作『磬』，《敦煌經部文獻合集》疑作『罄』。

〔三四三〕『匱』，《敦煌音義匯考》、《敦煌經部文獻合集》校爲前文『居鄉以齒而老窮不遺』之『遺』，《敦煌經部文獻合集》指出當在底卷第一一五行『頒』後，誤；據《十三經注疏·禮記正義》經注順序，『匱』條當移至前文『酳』條後。

〔三四四〕『齒』，據《十三經注疏·禮記正義》經注順序，此條當在『匱』條之前。

〔三四五〕『誧』，當作『祐』，據《十三經注疏·禮記正義》改，《敦煌經部文獻合集》釋作『侑』，認爲『侑』通『祐』。

〔三四六〕『傒』，當作『繼』，據《十三經注疏·禮記正義》改，『傒』爲『繼』之借字。

〔三四七〕『蚍』，《十三經注疏·禮記正義》作『蚳』。

〔三四八〕『蜉』，《十三經注疏·禮記正義》作『蝝』。

〔三四九〕『妨』，當作『防』，據《十三經注疏·禮記正義》改，『妨』爲『防』之借字。

〔三五〇〕『煮』，當作『耆』，據《經典釋文》改。

〔三五一〕『基』，《敦煌經部文獻合集》指出切下字『基』當有誤。

〔三五二〕『櫕』，當作『瓚』，據《十三經注疏·禮記正義》改，『櫕』爲『瓚』之借字。

〔三五三〕『箸』，當讀作『著』，《敦煌經部文獻合集》指出《十三經注疏·禮記正義》此處無『著』字，前『盛』條下《祭統》『王后蠶於北郊，以共純服』鄭注有『純以見繒色，冕以著祭服』句，或爲從彼處羼入。

〔三五四〕『調』，當作『詷』，據《十三經注疏·禮記正義》改。

〔三五五〕『膍』，當作『臑』，據《十三經注疏·禮記正義》改。

〔三五六〕『卑』，當作『畀』，據《十三經注疏·禮記正義》改。

〔三五七〕『揮』，當作『煇』，據《十三經注疏·禮記正義》改，『揮』爲『煇』之借字。

〔三五八〕『狄』，當作『翟』，據《十三經注疏·禮記正義》改，『狄』爲『翟』之借字。

〔三五九〕『浮』，當作『呼』，《敦煌音義匯考》、《敦煌經部文獻合集》據文義校改。

〔三六〇〕『韓』，當作『鞸』，據《十三經注疏·禮記正義》改。

〔三六一〕『鄗』，當作『隔』，《敦煌經部文獻合集》據文義校改。

〔三六二〕『邓』，《敦煌經部文獻合集》釋作『邓』，校作『刈』。

〔三六三〕『埋』，當作『悝』，據《十三經注疏·禮記正義》改；『惔』，當作『恢』，《敦煌音義匯考》、《敦煌經部文獻合集》據文義校改。

〔三六四〕『蒴』，當作『蒯』，據《十三經注疏·禮記正義》改。

〔三六五〕『壯』，當作『莊』，據《十三經注疏·禮記正義》改，『壯』爲『莊』之借字；據《十三經注疏·禮記正義》經注順序，此條當在前文『蒯』條之前。

〔三六六〕『卬』，當作『卯』，《敦煌音義匯考》、《敦煌經部文獻合集》據文義校改。

〔三六七〕『勒』，《十三經注疏·禮記正義》作『勤』，《敦煌經部文獻合集》認爲今本『勤』乃『勒』字之誤，底本『魯得』乃『勒』字注音。

〔三六八〕『犇』，《敦煌經部文獻合集》指出《十三經注疏·禮記正義》此處無此字，據《十三經注疏·禮記正義》經注順序，此條當在前文『射』條之後。

〔三六九〕『孤』字無義，疑爲衍文。

〔三七〇〕『過』，當作『遇』，據文義改，《敦煌經部文獻合集》指出『遇』通『愚』。

〔三七一〕『賦』，當作『賊』，據《十三經注疏·禮記正義》改；『勤』，當作『勒』，據文義改。

〔三七二〕『嚴』，當作『發』，據《十三經注疏·禮記正義》改，《敦煌經部文獻合集》失校。

〔三七三〕『造』，《十三經注疏·禮記正義》作『號』，《敦煌音義匯考》、《敦煌經部文獻合集》釋作『誥』，『誥』通『號』。

〔三七四〕『默』，當作『墨』，據《十三經注疏·禮記正義》改，『默』爲『墨』之借字。

〔三七五〕『倕』，當作『錘』，據《十三經注疏·禮記正義》改，『倕』爲『錘』之借字。

〔三七六〕『畵』，當作『畫』，據《十三經注疏·禮記正義》改。

〔三七七〕『懷』，當作『壞』，據《十三經注疏·禮記正義》改，『懷』爲『壞』之借字。

〔三七八〕『判』，《十三經注疏·禮記正義》作『畔』，『判』、『畔』皆爲『叛』之借字。

〔三七九〕『䇲』，當作『差』，據《十三經注疏·禮記正義》改，『䇲』爲『差』之借字。

〔三八〇〕『踈』，當作『疎』，『踈』爲『疎』之訛，『疎』同『疏』。

〔三八一〕『譏』，《十三經注疏·禮記正義》作『幾』，『譏』通『幾』。

〔三八二〕『楸』，當作『愀』，據《十三經注疏·禮記正義》改。

〔三八三〕『幽』，當作『豳』，據《十三經注疏·禮記正義》改。

〔三八四〕『噈』，當作『蹴』，據《十三經注疏·禮記正義》改，『噈』爲『蹴』之借字。

〔三八五〕『褊』，當作『偏』，據《十三經注疏·禮記正義》改，『褊』爲『偏』之借字。

〔三八六〕『純』，當作『鈍』，據《十三經注疏·禮記正義》改。

〔三八七〕『狑』，當作『矝』，據《十三經注疏·禮記正義》改；『冰』，《敦煌音義匯考》校作『永』，誤。

〔三八八〕『醫』，當作『瞖』，據《十三經注疏·禮記正義》改。

〔三八九〕『張』，當作『倀』，據《十三經注疏·禮記正義》改，『張』爲『倀』之借字。

〔三九〇〕『照』，當作『昭』，據《十三經注疏·禮記正義》改，『照』爲『昭』之借字。

〔三九一〕『朞』，《十三經注疏·禮記正義》作『其』，『朞』爲『其』之借字。

〔三九二〕『徒』，當作『徙』，《敦煌經部文獻合集》據文義校改。

〔三九三〕『郊』，當作『效』，《敦煌經部文獻合集》據文義校改，『郊』爲『效』之借字。

〔三九四〕『齊』，當作『躋』，據《十三經注疏·禮記正義》改，『齊』爲『躋』之借字；『愁』，當作『穮』，《敦煌音義匯考》、《敦煌經部文獻合集》據文義校改。

〔三九五〕『雲』，據《十三經注疏·禮記正義》經注順序，此條當在後文『清』條之後。

〔三九六〕『且』，當作『旦』，《敦煌經部文獻合集》據文義校改。

〔三九七〕『番』，當作『蕃』，據《十三經注疏·禮記正義》改，『番』爲『蕃』之借字。

〔三九八〕『隧』，當作『隊』，據《十三經注疏·禮記正義》改，『隧』爲『隊』之借字。

〔三九九〕『畿』，《十三經注疏·禮記正義》作『幾』，『畿』通『幾』。

〔四〇〇〕『妻』，當作『毒』，據《十三經注疏·禮記正義》改，《敦煌經部文獻合集》釋作『妻』，認爲《十三經注疏·禮記正義》此處無此字；其實《坊記》此處有『寧爲荼毒』句，當爲『毒』字，底卷『倉賣』爲『妻』字切語。

〔四〇一〕『縹』，當作『纏』，《敦煌音義匯考》、《敦煌經部文獻合集》據文義校改。

〔四〇二〕『衎』，底本切語與『衎』不合，《敦煌經部文獻合集》指出『衎』或作『衍』。

〔四〇三〕『披』，《敦煌經部文獻合集》指出經注此處無『披』字；《坊記》此處有『尚技而賤車』句，當爲『技』字，底卷據誤字『披』作音。

〔四〇四〕『胡』，《敦煌經部文獻合集》疑其爲『相』字之誤。

〔四〇五〕『莖』，當作『筮』，據《十三經注疏·禮記正義》改。

〔四〇六〕「護」，當作「讙」，據《十三經注疏·禮記正義》改，《敦煌經部文獻合集》逕釋作「讙」；「懼」，當作「懽」，《敦煌經部文獻合集》據文義校改。

〔四〇七〕「刵」，《十三經注疏·禮記正義》作「鄂」，《敦煌經部文獻合集》指出「刵」、「鄂」皆爲「咢」之借字。

〔四〇八〕「瞻」，當作「睦」，據《十三經注疏·禮記正義》改。

〔四〇九〕「瘠」，當作「瘉」，據《十三經注疏·禮記正義》改。

〔四一〇〕「唐」，當作「庚」，《敦煌音義匯考》、《敦煌經部文獻合集》據文義校改。

〔四一一〕「籥」，當作「禴」，據《十三經注疏·禮記正義》改，「籥」爲「禴」之借字。

〔四一二〕「齊」，當作「濟」，《敦煌經部文獻合集》據文義校改，「齊」爲「濟」之借字，且脱落切語。

〔四一三〕「告」，當作「苦」，《敦煌經部文獻合集》據文義校改。

〔四一四〕「死」，當作「耶」，《敦煌音義匯考》、《敦煌經部文獻合集》據文義校改。

〔四一五〕「武」，《敦煌經部文獻合集》指出涉上條切語「武諫」而誤，當删。

〔四一六〕「射」，當作「體」，據《十三經注疏·禮記正義》改。

〔四一七〕「雅」，當作「獲」，據《十三經注疏·禮記正義》改。

〔四一八〕「咕」，《敦煌經部文獻合集》指出不可作「薨」之切下字，蓋「肱」之誤。

〔四一九〕「愁」，當作「稽」，《敦煌經部文獻合集》據文義校改。

〔四二〇〕「餽」，當作「饋」，據《十三經注疏·禮記正義》改，「餽」爲「饋」之借字。

〔四二一〕「猴」，當作「穫」，據《十三經注疏·禮記正義》改。

〔四二二〕「濟」，當作「穧」，據《十三經注疏·禮記正義》改，「濟」爲「穧」之借字。

〔四二三〕「⿱非云」，當作「非」，據《十三經注疏·禮記正義》改；「數」，當作「敷」，《敦煌經部文獻合集》據文義校改。

〔四二四〕『蔑』，當作『蔓』，據《十三經注疏・禮記正義》改，《敦煌經部文獻合集》逕釋作『蔓』；『捃』，《敦煌經部文獻合集》指出切下字『捃』不可音『蔓』，蓋有誤。

〔四二五〕第二個『辟』，當作『避』，據《經典釋文》改，『辟』爲『避』之本字。

〔四二六〕『⿱非厶』，當作『篚』，據《十三經注疏・禮記正義》改，『⿱非厶』爲『篚』之借字。

〔四二七〕『鹿』，《敦煌經部文獻合集》據文義校改作『麁』，《敦煌音義匯考》釋作『庶』。

〔四二八〕『味』，《敦煌經部文獻合集》指出經注此處無『味』字，《敦煌音義匯考》校其下文『鮮能知味也』之『味』，當錯移至此，據《十三經注疏・禮記正義》經注順序，此條當在下文『智』條後。

〔四二九〕『⿰糸盾』，當作『循』，據《十三經注疏・禮記正義》改，『⿰糸盾』爲『循』之借字。

〔四三〇〕『佼』，當作『傚』，據《十三經注疏・禮記正義》改。

〔四三一〕『撣』，當作『憚』，據《十三經注疏・禮記正義》改，『撣』爲『憚』之借字。

〔四三二〕『皮』，當作『淺』，據《十三經注疏・禮記正義》改。

〔四三三〕『挍』，當作『校』，據《十三經注疏・禮記正義》改，『挍』爲『校』之借字。

〔四三四〕『綺』，當作『倚』，據《十三經注疏・禮記正義》改，『綺』爲『倚』之借字。

〔四三五〕『莫』，當作『英』，《敦煌音義匯考》、《敦煌經部文獻合集》據文義校改。

〔四三六〕『綀』，當作『⿰亻柬』，據《十三經注疏・禮記正義》改，『綀』爲『⿰亻柬』之借字。

〔四三七〕『謫』，當作『譎』，據《十三經注疏・禮記正義》改。

〔四三八〕第一個『⿰月㒸』，當作『遯』，據《十三經注疏・禮記正義》改，『⿰月㒸』爲『遯』之借字。

〔四三九〕『堿』，當作『憾』，據《十三經注疏・禮記正義》改。

〔四四〇〕『⿹戈鳥』，當作『鳶』，據《十三經注疏・禮記正義》改，『⿹戈鳥』爲『鳶』之借字。

〔四四一〕『拮』，當作『慥』，據《十三經注疏·禮記正義》改。

〔四四二〕『倉』，《敦煌音義匯考》、《敦煌經部文獻合集》疑其爲『食』之僞。

〔四四三〕『齋』，《敦煌經部文獻合集》指出《中庸》有『齊明盛服』句，《釋文》出『齊』字，云：『側皆反，本亦作齋』，因此此條當在下文『洋』條之前。

〔四四四〕『航』，當作『耽』，據《十三經注疏·禮記正義》改。

〔四四五〕『髣』，當作『傍』，據《十三經注疏·禮記正義》改，『髣』爲『傍』之借字；『同』，當作『罔』，《敦煌經部文獻合集》據文義校改。

〔四四六〕『嚮』，當作『饗』，據《十三經注疏·禮記正義》改，『嚮』爲『饗』之借字。

〔四四七〕『役』，《敦煌經部文獻合集》指出經注無此字，字書亦無此字；《中庸》有『洋洋乎如在其上，如在其左右』句，鄭注『洋洋，人想思其傍僾之貌』，當爲『僾』字，據《十三經注疏·禮記正義》經注順序，此條當在前文『髣（傍）』條之後。

〔四四八〕『麤』，《敦煌經部文獻合集》釋作『鹿』，誤。

〔四四九〕『災』，當作『栽』，據《十三經注疏·禮記正義》改，『災』爲『栽』之借字，《敦煌經部文獻合集》指出經注無此字。

〔四五〇〕『倍』，《十三經注疏·禮記正義》作『培』，《敦煌經部文獻合集》指出『倍』、『培』均爲『陪』之借字。

〔四五一〕『赤』，當作『嘉』，據《十三經注疏·禮記正義》改。

〔四五二〕『慮』，當作『憲』，據《十三經注疏·禮記正義》改。

〔四五三〕『基』，《十三經注疏·禮記正義》作『期』。

〔四五四〕『逯』，《敦煌經部文獻合集》校改作『逮』，不必，『逯』同『逮』；『健』，《敦煌經部文獻合集》疑爲『撻』

之誤。

〔四五五〕底本『之』与『豉』之間有倒乙符號，但據『觶』之切語來看，此處不當倒乙。

〔四五六〕『𧒒』，《敦煌經部文獻合集》校改作『蜂』，不必，『𧒒』同『蜂』。

〔四五七〕『胘』，當作『眩』，據《十三經注疏·禮記正義》改。

〔四五八〕『塈』，當作『既』，據《十三經注疏·禮記正義》改，『塈』爲『既』之借字。

〔四五九〕『箸』，當讀作『著』。

〔四六〇〕『禛』，當作『禎』，據《十三經注疏·禮記正義》改，『禛』爲『禎』之借字；『真』，當作『貞』，據《十三經注疏·禮記正義》改，『真』爲『貞』之借字。

〔四六一〕『箸』，當作『著』，據《十三經注疏·禮記正義》改。

〔四六二〕『見』，《敦煌經部文獻合集》認爲此條當在前文『箸（著）』條之前。

〔四六三〕『惻』，當作『測』，據《十三經注疏·禮記正義》改，『惻』爲『測』之借字。

〔四六四〕『行』，與標目字『鱉』韻不合，疑爲『列』之誤。

〔四六五〕『值』，當作『殖』，據《十三經注疏·禮記正義》改，『值』爲『殖』之借字。

〔四六六〕『幸』，《十三經注疏·禮記正義》作『活』，《敦煌音義匯考》、《敦煌經部文獻合集》釋作『卒』；據《十三經注疏·禮記正義》經注順序，此條當在前文『見』條之後。

〔四六七〕《敦煌經部文獻合集》指出，『嗚呼』蓋標目字原作『於乎』，此脫『乎』字，恐不確，『嗚呼』可切『於』字。

〔四六八〕《敦煌經部文獻合集》指出經注此處無此字，疑底卷所據《禮記》『文王之德之純』下更有『假以溢我，我其收之』句。

〔四六九〕『五』，當作『亦』，據《十三經注疏·禮記正義》改。

〔四七〇〕『捊』，當作『悖』，據《十三經注疏·禮記正義》改。

〔四七一〕『壽』，當作『燾』，據《十三經注疏·禮記正義》改。

〔四七二〕『鋁』，《敦煌經部文獻合集》指出或爲『鋭』之脱筆。

〔四七三〕『袘』，當作『施』，據《十三經注疏·禮記正義》改。

〔四七四〕『貊』，當作『貊』，據《十三經注疏·禮記正義》改，『貊』爲『貊』之借字。

〔四七五〕『綺』，當作『倚』，據《十三經注疏·禮記正義》改，『綺』爲『倚』之借字。

〔四七六〕『七』，當作『之』，《敦煌經部文獻合集》據文義校改。

〔四七七〕『箸』，當讀作『著』。

〔四七八〕『舟』，當作『丹』，據《十三經注疏·禮記正義》改。

〔四七九〕『榇』，當作『探』，據《十三經注疏·禮記正義》改；『躭』，當作『耽』，《敦煌經部文獻合集》據文義校改。

〔四八〇〕『振』，《敦煌經部文獻合集》指出不可切『愧』字，當有誤。

〔四八一〕『麤』，《敦煌經部文獻合集》釋作『鹿』，誤。

〔四八二〕『絅』，《敦煌經部文獻合集》指出經注此處無此字，此條當在前文『箸』條之前。

〔四八三〕『爾』，當作『繭』，《敦煌經部文獻合集》據文義校改。

〔四八四〕『販』，當作『皈』，《敦煌經部文獻合集》據文義校改，《敦煌音義匯考》釋作『皈』。

〔四八五〕『黷』，當作『瀆』，據《十三經注疏·禮記正義》改，『黷』爲『瀆』之借字。

〔四八六〕『揄』，當作『偷』，據《十三經注疏·禮記正義》改。

〔四八七〕『抶』，當作『怢』，據《十三經注疏·禮記正義》改。

〔四八八〕『首』，當作『胥』，據《十三經注疏·禮記正義》改。

〔四八九〕「僇」，當作「戮」，據《十三經注疏·禮記正義》改，「僇」爲「戮」之借字。

〔四九〇〕「下」，當作「亓」，據音注體例改，《敦煌經部文獻合集》指出「下」爲「卞」之脫筆，「卞」爲「亓」之訛。

〔四九一〕「橬」，當作「憯」，據《十三經注疏·禮記正義》改。

〔四九二〕「怚」，當作「怛」，據《十三經注疏·禮記正義》改。

〔四九三〕「犯」，當作「杞」，《敦煌經部文獻合集》據文義校改。

〔四九四〕《敦煌經部文獻合集》指出底本标目字與音注字互倒。

〔四九五〕「治」，當作「始」，《敦煌音義匯考》、《敦煌經部文獻合集》據文義校改。

〔四九六〕「軒」，當作「靳」，《敦煌經部文獻合集》據文義校改。

〔四九七〕「兮」，《敦煌經部文獻合集》釋作「子」。

〔四九八〕「柜」，當作「秬」，據《十三經注疏·禮記正義》改，「柜」爲「秬」之借字。

〔四九九〕「暢」，當作「鬯」，據《十三經注疏·禮記正義》改，「暢」爲「鬯」之借字；《敦煌經部文獻合集》疑「樝」爲「榑」之誤。

〔五〇〇〕「鯇」，當作「擬」，據《十三經注疏·禮記正義》改；《敦煌經部文獻合集》指出經注無「鯇」、「度」、「慈」，據《十三經注疏·禮記正義》經注順序，此條當在前文「欃」條之後。

〔五〇一〕「度」，據《十三經注疏·禮記正義》經注順序，此條當在前文「昂」條之前。

〔五〇二〕「慈」，當作「孳」，據《十三經注疏·禮記正義》經注順序，此條當在前文「斃」條之前。

〔五〇三〕「蠱」，當作「藟」，據《十三經注疏·禮記正義》改。

〔五〇四〕「方」，《敦煌音義匯考》、《敦煌經部文獻合集》校作「萬」。

〔五〇五〕「惷」，當作「惷」，據《十三經注疏·禮記正義》改。

〔五〇六〕「香惡」，《敦煌經部文獻合集》指出「香惡」不可切「怢」，蓋有誤。

〔五〇七〕「乎」，當作「孚」，《敦煌經部文獻合集》據文義校改。

〔五〇八〕「交」，當作「文」，《敦煌經部文獻合集》據文義校改。

〔五〇九〕「閻」，當作「讇」，據《十三經注疏·禮記正義》改，「閻」爲「讇」之借字；《敦煌經部文獻合集》指出切上字「極」當有誤。

〔五一〇〕「且」，當作「旦」，據《十三經注疏·禮記正義》改。

〔五一一〕「賻」，《敦煌經部文獻合集》指出此條當在「費」條之前。

〔五一二〕「啖」，當作「淡」，據《十三經注疏·禮記正義》改，「啖」爲「淡」之借字。

〔五一三〕「窬」，當作「窬」，據《十三經注疏·禮記正義》改。

〔五一四〕「窖」，《十三經注疏·禮記正義》作「害」；《敦煌經部文獻合集》指出經注此處無「窖」字；底本音注「教」爲訛字音注，據《十三經注疏·禮記正義》經注順序，此條當在後文「齊」條之後。

〔五一五〕「拴」，當作「牷」，據《十三經注疏·禮記正義》改；據經注順序，此條當在前文「樂」條之前。

〔五一六〕「顯」條衍，據《十三經注疏·禮記正義》經注當删。

〔五一七〕「原」，當作「愿」，據《十三經注疏·禮記正義》改，「原」爲「愿」之借字。

〔五一八〕「餐」，當作「餐」，據《十三經注疏·禮記正義》改，底本音注「孫」爲「飧」之音注，《敦煌經部文獻合集》認爲「餐（餐）」爲「粲」之異文；據《十三經注疏·禮記正義》經注順序，此條當在前文「易」條之前。

參考文獻

Descriptive Catalogue of the Chinese Manuscripts from Tunhuang in the British Museum, p. 233；《敦煌古籍敘録》四八頁；

《北京大學五十周年紀念敦煌考古工作展覽概要》二四頁；《唐代長安與西域文明》二二二頁；《孔孟學報》一九七一年二二期，一一九頁；《東方學》五二輯，一九七六年，四六至六〇頁；《十三經注疏》一五三七至一六四七頁；《經典釋文彙校》一三五頁；《經典釋文》一九七至二一一頁；《敦煌寶藏》一五冊，五七六至五八二頁（圖）；《敦煌古籍敘録新編》三冊，四〇至六六頁（圖）；《英藏敦煌文獻》三卷，二一八至二二五頁（圖）；《曉傳書齋集》七一頁；《敦煌研究》一九九一年二期，八五至九一頁（研）；《敦煌研究》一九九八年三期，一四六至一五〇頁；《敦煌音義匯考》二四三至三〇二頁；《敦煌文獻叢考》一七九至一九八頁、一九九至二一三頁；《敦煌學》二一輯，七一至七八頁；《敦煌經籍敘録》二一六至二一八頁；《敦煌典籍與唐五代歷史文化》四〇頁；《敦煌經部文獻合集》九冊，四五八三至四六五一頁（録）。

斯二〇五三背　二　籯金卷第二

釋文

（前缺）

著自連山之卦〔一〕；省方巡陟，形於大麓之篇〔二〕。瓘臺逸夏帝之遊，飛轂瑤池〔三〕，賞翫周王之宴〔四〕；八駿騰鑣，共賞芳林之興〔五〕。亦有訪道襄城，幾勞軒駕；尋仙姑射〔六〕，屢暢堯心〔七〕。奔雷以（與）鳳軫争喧〔八〕，飛霓共虹旗競颺〔九〕。千乘萬騎〔一〇〕，命風伯以清塵；雷動雲移〔一一〕，先雨師而灑路。高皇入沛，還興猛士之歌；武帝遊汾，即動秋風之詠。集八屯之羽騎〔一二〕，嶽鎮泉停〔一三〕；駈（駈）七華之雄皃〔一四〕，天行星陣。轟轟礚礚，隱隱填填〔一五〕。

刺史篇弟（第）廿二〔一六〕

刺史古曰太守〔一七〕，今曰刺史，諸侯之任也〔一八〕。〔移〕〔風〕〔易〕〔俗〕〔一九〕，〔爲〕〔天〕〔子〕〔之〕〔耳〕〔目〕〔矣〕〔二〇〕。〔千〕〔里〕〔二一〕〔刺〕〔史〕所管千里施用也〔二二〕。百城〔二三〕刺史管百城也。六篠

（條）〔二四〕《漢書》：薛宣爲刺史〔二五〕，上六條政教以養百姓〔二六〕：一先戒心〔二七〕；二敦教化；三舉賢良〔二八〕；四分地利；五恤刑獄〔二九〕；六均戶役〔三〇〕。刺史行此六條政教〔三一〕，則百姓活也〔三二〕。

二天 漢時刺史蘇章爲冀州刺史〔三三〕，初到鎮〔三四〕，招故人〔三五〕，故人喜〔三六〕。良牧爲刺史兼（廉）〔三七〕，百姓悉賀重得蘇息，號曰『二天』。

十部 出《漢書》〔三八〕。刺史有十部之藉也〔三九〕。

部竹 漢時刺史以竹爲符使用也〔四〇〕。

分符分竹〔四一〕《漢書》曰：符者，印也。若今之木契也。

捐駒 後漢孔奮爲涼州刺史〔四二〕，將課馬到涼州〔四三〕，後官滿歸去之時，只將課馬而迴〔四四〕，所生馬駒留下，涼州吏人隨後送上，孔奮曰：『馬駒，涼州所生〔四五〕，非奮所有〔四六〕。』終不肯收。州中軍吏衆斂牛馬送路，都不取〔四七〕。清廉如此，天子聞之，拜爲三公也。

棄犢 後漢苗偶爲淮南太守〔四八〕，秩滿，家有牛犢，棄之而去。

全羊 漢宋均爲太守，郡內煞羊淫祀鬼神〔四九〕，若有人輒喫其肉者〔五〇〕，病作羊聲而死〔五一〕。均至任〔五二〕，悉斷煞羊〔五三〕，神鬼不能爲害〔五四〕。

伐枳〔五五〕後漢岑遐爲太守，有政績〔五六〕，德化大行〔五七〕。百姓歌曰：『我有枳棘，岑君伐之。』百姓快活也〔五八〕。

留棠 邵公理陝〔五九〕，坐於棠木樹下〔六〇〕。及邵公死，陝州百姓至今不伐其樹〔六二〕。今甘棠驛是。

佩犢 龔遂爲太守，俗皆尚帶劍〔六一〕，百姓賣牛以買劍〔六三〕。遂至任，即須牓〔六四〕，令賣劍而買牛〔六五〕，長令佩犢〔六六〕。百姓因此方富〔六七〕，家給人足也〔六八〕。

去獸 後漢劉琨（昆）爲刺史〔六九〕，虎狼不住境內，皆背負男女渡河，出其境落，不害百姓也〔七〇〕。

移蝗 漢左俊爲荊州太守〔七一〕，而蝗蟲大下〔七二〕，獨不入荊州。

甘雨 後漢百里嵩爲太守〔七三〕，時人曰〔七四〕：千乘車巡撫管內〔七五〕，所至皆有甘雨〔七六〕，隨刺史而降。

仁風 後漢袁宏爲太守〔七七〕，友人謝安贈扇與宏〔七八〕，宏曰〔七九〕：『奉揚仁風〔八〇〕，慰彼黎庶〔八一〕。』宏後爲三公〔八二〕。

來暮 後漢廉範，字叔度〔八三〕，爲蜀郡太守〔八四〕。西川頻遭荒歉〔八五〕，百姓貧窮〔八六〕，衣不蓋刑（形）〔八七〕，食不充口，苦甚也〔八八〕。自廉公到任〔八九〕，設法存養百姓〔九〇〕，百姓歌曰：『廉叔度，來何暮〔九一〕，昔日無襦今五袴。』言如今再著五重袴衣也〔九二〕。

攀轅、臥轍 前漢黃霸爲太守〔九三〕，有德化，官滿，將皈京師〔九四〕，百姓共惜〔九五〕，攀其車轅〔九六〕，臥於車轍。帝許再任三年〔九七〕。

去思 後漢劉陶爲太守〔九八〕，恩化大行〔九九〕，後罷官歸闕〔一〇〇〕，百姓思之，悒然不樂〔一〇一〕，皆云〔一〇二〕：『思我留（劉）君〔一〇三〕，不覺涕泣〔一〇四〕。』

徙雹 後漢韓稜爲太守〔一〇五〕，雹子獨不入韓稜之境〔一〇六〕，以其法令有政〔一〇七〕，不枉法煞人〔一〇八〕。天酬其恩〔一〇九〕，固（故）無風雹之災〔一一〇〕。

麟鳳來遊 漢荀恂爲太守，陳州界內鳳凰降於梧桐，麒麟遊於界內〔一一一〕。百姓樂業〔一一二〕，共惜荀君〔一一三〕，由（猶）如父母〔一一四〕。後去〔一一五〕，官滿歸京，百姓再留不住，人皆涕泣。

白鹿扶箱〔一一六〕後漢鄭弘爲太守，風化大行，每出遊行〔一一七〕，長（常）有兩個白鹿扶車而行也〔一一八〕。

褰帷 後漢賈琮爲太守，不置屏障，大開帷幄。百姓有事，直入相見，亦不令門人通報〔一一九〕，所以人無冤屈〔一二〇〕，後拜三公〔一二一〕。

還珠 漢孟常爲合浦太守〔一二二〕，郡臨江岸〔一二三〕，有浦出真珠〔一二四〕。前刺史濫濁〔一二五〕，珠悉移去〔一二六〕。後孟常爲刺史〔一二七〕，清廉不蓄財寶〔一二八〕。其真珠自然歸迴〔一二九〕，依舊滿浦〔一三〇〕。故曰『還珠』也。

附枝桑、兩岐麦（麥）〔一三一〕後漢張堪爲漁揚（陽）太守〔一三二〕，百姓歌曰〔一三三〕：『桑無附枝，麦（麥）秀兩岐；張公爲政〔一三四〕，樂不可思。』張堪清直〔一三五〕，固（故）有祥瑞〔一三六〕。**熊軾**刺史車畫其熊羆也〔一三七〕。**隼旟**旟者，刺史旗幡之名〔一三八〕。**貪泉**晉吳隱〔之〕任廣州太守〔一三九〕，郡界有泉，名曰『貪泉』。官人喫着此水〔一四〇〕，例皆貪濁〔一四一〕。吳隱〔之〕到郡〔一四二〕，故往飲之，乃爲詩曰：『古人憎此水〔一四三〕，一酌直千金〔一四四〕，縱使夷齊飲，終當不改心。』吳隱〔之〕越更清慎〔一四五〕，終不貪亂。天子聞之，拜爲司徒。**龐翼**翼爲荊州太守，清廉如水鏡，感聖草仙芝生於境內〔一四六〕。有人死經三日〔一四七〕，以聖草灌（汁）汁（灌）之〔一四八〕，即活〔一四九〕。皇帝賜金一百斤也〔一五〇〕。**史慈**慈作[江]州刺史〔一五一〕，感得香風入界〔一五二〕，百姓死者〔一五三〕，遇風皆活。事出《吳志》〔一五四〕。**鄧艾**艾作吳州太守〔一五五〕，有德政，感魚銜書〔一五六〕，出於河上，以表艾之德應也〔一五七〕。出《晉書》〔一五八〕。**吳大忠**〔一五九〕爲晉州〔刺〕史〔一六〇〕，漢昭帝時天下里（黑）風起〔一六一〕，人多死亡，獨不入大忠之界〔一六二〕。天子歎其德化〔一六三〕，徵拜三公〔一六四〕。**犬不夜吠**《〔後〕漢書》〔一六五〕：劉寵爲太守，清正，只務養人。典吏懼威〔一六六〕，不敢取受〔一六七〕。人無犯夜〔一六八〕，犬故不夜吠，是也〔一六九〕。**三不惑**酒、色、財，謂之『三惑』〔一七〇〕，太守最須避之〔一七一〕，則清慎愛民〔一七二〕。**避四知**漢陽（楊）震任荊州刺史〔一七三〕，舉薦王密爲秀才。後震罷官〔一七四〕，路經昌邑〔一七五〕，其王密感賀震之舊恩〔一七六〕，乃夜後將金百兩〔一七七〕，私送與震。震曰：『吾必不受子金〔一七八〕。』王密曰：『請收納〔一七九〕，夜後無人知覺。』震曰：『天知〔一八〇〕、地知、汝知、我知，已是四知，何[謂]無人知也〔一八一〕。』今故曰：『清廉之人，尚避四知，可不慎哉！』**黃霸**爲潁州（川）太守〔一八二〕，感鳳凰集於境內〔一八三〕，嘉禾生於府中。宣帝賜金卅斤〔一八四〕，拜爲三公〔一八五〕。**剖符、分竹、列郡、專城、千里、五馬**已上並太守策名相稱之號〔一八六〕。

敘曰：位惣專城，佐治之官尤重；職臨方嶽，代工之寄寔隆〔一八七〕。潔清者，囊冊所稱〔一八八〕；濫濁者，前經所貶。至若風隨轉扇，袁太守之仁風；雨逐行軒，百里君之甘雨。清逾置水〔一八九〕，德感還珠。徙雹而著仁恩〔一九〇〕，移槎而彰善迹。棄戟捐矛之頌〔一九一〕，兩岐五袴之謠，犲狼出境之奇，麟鳳翔遊之異，河西振捐駒之美〔一九二〕，淮南流棄犢之規，永留郟（陝）郡之棠〔一九三〕，幾遇郊迎之竹，梟鏡[感]恩而反哺〔一九四〕，虬虺沐化而悛毒，豈直臥轍攀轅，去思來晚！褰帷而視露，彰[郭]冕以遐觀〔一九五〕。坐息飛蝗，行駈渡獸，三惑四知之政，六十步之妙。能驚熊軾以稜威〔一九六〕，建隼旟而布惠〔一九七〕。賢臣獻訟〔一九八〕，王袁錫八座之班；仙草陳方，龐翼授千金之賜。去檻則烏兔避境，下車則白鹿扶箱〔一九九〕。匪惟守宰之良〔二〇〇〕，詎得奇靈若此？靜而披鑑〔二〇一〕，〔詎〕〔覩〕〔其〕〔仁〕〔二〇二〕？豈不然乎〔二〇三〕！

別駕、長史、司馬篇弟（第）廿三〔二〇四〕

龐統統爲令〔二〇五〕，人曰：『龐士元，良驥也。』驥〔二〇六〕，龍馬之名也。若爲治中〔二〇七〕，方展其足〔二〇八〕。治中者〔二〇九〕，別駕策名也〔二一〇〕。毗贊毗，助也。贊，佐也。言別駕〔二一一〕、長史佐輔刺史，同治百姓也。王祥祥〔二一二〕，字林(休)徵〔二一三〕，瑯瑯人也。爲海州長史，多有政績〔二一四〕。本州刺史舉祥爲別駕〔二一五〕，事多能解〔二一六〕。百姓歌曰：『海沂之康，實賴王祥〔二一七〕；邦國不空，別駕之功。』汲黯爲睢州長史〔二一八〕。盜賊屏息〔二一九〕。人語曰〔二二〇〕：『淮南之政，汲黯之功也〔二二一〕。』盧耽《晉書》曰：耽爲長史，有政能〔二二二〕。耽出行境內〔二二三〕，每有雙白鶴隨耽而飛〔二二四〕。仲辟《晉書》曰：恒仲，處士也。長沙太守鄧粲迎辟爲〔長〕〔史〕〔二二五〕，〔感〕〔其〕〔原〕〔化〕〔二二六〕，〔乃〕〔起〕〔應〕〔命〕〔二二七〕。〔仲〕〔亦〕〔終〕〔而〕〔辭〕〔去〕〔二二八〕。〔陳〕〔仲〕〔蕃〕〔二二九〕〔後〕〔漢〕〔人〕〔二三〇〕，〔周〕〔景〕〔爲〕〔預〕(豫)〔州〕〔太〕〔守〕〔二三一〕，〔諫〕(薦)〔陳〕〔仲〕〔蕃〕〔爲〕別駕〔二三二〕，蕃辭而不就〔二三三〕。周景乃題別駕與(輿)曰〔二三四〕：此是陳仲蕃座〔二三五〕。不復更辟，蕃感懼〔二三六〕，乃出就職〔二三七〕，以副景意〔二三八〕。龐士元《襄楊(陽)傳》曰〔二三九〕：耒陽縣令〔二四〇〕，在縣，慢於公事。太守曰〔二四一〕：可舉龐士元爲別駕，到(則)變理也〔二四二〕。任文公《益州傳》曰：文公爲西川別駕〔二四三〕，時天旱〔二四四〕。文公多會星文異覽〔二四五〕，忽有所見，乃白刺史曰〔二四六〕：五月一日，必有大水漲天〔二四七〕，可速造舟船〔二四八〕，以備水災〔二四九〕。刺史不聽〔二五〇〕。文公自造得大船兩艘〔二五一〕。及至五月一日平旦〔二五二〕，果有大水漫山而至，平地水十丈，刺史、百姓數萬家皆死，文公獨存。

敘曰：貳職百城〔二五三〕，既有刺史，須有判官，故言貳職。必資良佐〔二五四〕。刺史必藉良能之人爲輔佐，即其州必霸。贊毗千里〔二五五〕，贊亦佐也。刺史管千里〔二五六〕，必賴賢能相佐理也。務藉賢寮〔二五七〕，得賢者昌，失賢者亡。化鶴稱奇〔二五八〕，盧耽政理，有鶴隨車。題輿美政〔二五九〕，陳仲蕃題輿也。盧耽之術，展驥旌異，半刺光車〔二六〇〕。車，音居也。半刺者，別駕半刺史之位。旌，信也。龐統之能，海沂之康，王祥黎頌，著休禎之績；淮南之政，盱謠彰長孺之功〔二六一〕。息盜表人明之流（鑑）〔二六二〕，斷鑄〔二六三〕屠牛、鑄錢，天下禁斷。揚恩威之列（烈）〔二六四〕。

（後缺）

說明

此件抄於《漢書》卷背，首缺，尾部原未抄完，上下沿略殘，起『之卦』，訖『揚恩威之列（烈）』，中題『刺史篇弟（第）廿二』、『別駕、長史、司馬篇弟（第）廿三』。參照同類文書，可知此件爲李若立《籯金》卷第二『駕幸』、『刺史』及『別駕』三篇的部分内容。據王三慶研究，《籯金》書成於武后時至文宗開成年間，全書共百篇，分成五卷，晚唐五代時期，此書傳入敦煌地區，沙州文人張球多有抄録（參見《敦煌類書》，麗文文化事業股份有限公司，一九九三年，九九至一〇七頁）。此件前抄有《禮記音》，首殘，尾部原未抄完。但《籯金》並非接續《禮記音》抄寫，而是從正面《漢書・蕭望之傳》卷首倒書向卷尾抄寫。《籯金》和《禮記音》之間尚有大約三紙空白。

敦煌文獻中發現的《籯金》殘卷，現有九個寫本，可以分爲四個系統：第一是伯三三六三李若立《籯金》原本；第二是《略出籯金》，包括伯二五三七、伯三六五〇；第三是《籯金》删節本，包括伯二九六六、斯五六〇四、伯三九〇七、伯四八七三和此件；第四是斯四一九五（二）《籯金字書》（鄭炳林、李强《敦煌寫本〈籯金研究〉》，《敦煌學輯刊》二〇〇六年二期，一至二〇頁）。以往認爲斯七〇〇四亦爲《籯金》，但據近年研究，應屬失名類書（魏迎春、劉全波《敦煌寫本類書S. 7004〈樓觀宮闕篇〉校注考釋》，《敦煌學輯刊》二〇一〇年一期，五一至五七頁）。其中伯二五三七和伯二九六六對此件具有校勘價值，但其雙行小字部分與底本文字有差異。伯二五三七有界欄，分欄抄寫，首題『略出籯金一部并序，小室山處士李若立撰』，現存兩卷，第一卷共十七篇，第二卷存『忠諫篇弟（第）十八』至『父母篇弟（第）卅』；伯二九六六亦有界欄，分欄抄寫，首題『籯金卷弟（第）二』，起『駕幸篇弟（第）廿一』之『宣遊』，訖『刺史篇弟（第）廿二』之『伐枳』。

以上釋文以斯二〇五三背爲底本，用對其有校勘價值的伯二五三七（稱其爲甲本）、伯二九六六（稱其爲乙本）參校。

校記

〔一〕『著自連山』，據甲、乙本補；甲本此句注釋爲『《易》曰：之卦占連山子出巡也』，乙本此句注釋爲『夏名亦爲連山。占天子，出卦，雲爲頓止，豫幸之卦』。

〔二〕甲本此句注釋爲『老君五千言之所制度』，乙本此句注釋爲『山書之名』。

〔三〕『飛轂瑤池』，據甲、乙本補。

〔四〕『賞翫周王之宴』，據乙本補，甲本無『賞』字。

〔五〕『賞』，甲本同，乙本作『寄』。

〔六〕『姑』，甲本同，乙本作『始』，誤。

〔七〕『暢堯心』，據甲、乙本補。

〔八〕『以』，甲本同，當作『與』，據乙本改，『以』爲『與』之借字。

〔九〕『共虹旗』，乙本同，甲本作『虹旌而』，《敦煌寫本李若立〈籯金〉殘卷研究》釋作『共虹旌而』；『競颺』，甲本同，乙本脱。

〔一〇〕『騎』，乙本同，甲本作『乘』。

〔一一〕『雲』，據甲、乙本補。

〔一二〕『羽』，甲本同，乙本作『明』，誤。

〔一三〕『停』，甲本同，乙本作『渟』，『渟』爲『停』之借字。

〔一四〕『駈』，當作『駈』，據甲、乙本改，《敦煌類書》釋作『驅』，『駈』同『驅』。

〔一五〕『塡塡』，甲本同，乙本脱第二個『塡』字。

〔一六〕『篇』，據甲、乙本補；『弟』，甲、乙本同，當作『第』，據文義改，『弟』爲『第』之本字。底本此句採用雙行夾注形式抄寫，與甲、乙本不同。

〔一七〕『太守』，據甲本補；『古曰太守』及下句『今曰刺史』，甲本作『今之刺史，古曰太守』，乙本作『古者刺史謂之諸侯，所封千里，分符專城』。

〔一八〕『任也』，甲本作『任』。

〔一九〕『移風易俗』，據甲本補。

〔二〇〕『爲天子之耳目矣』，據甲本補。

〔二一〕『千里』，據甲本補，乙本無『千里』條，其『刺史』條下有『所封千里，分符專城』兩句，蓋爲『千里』之注。

〔二二〕『刺史』，據甲本補；『施用也』，甲本無。

〔二三〕『百城』，乙本同，甲本作『千里百城』。本條注釋，甲本作『刺史所管千里百城之長爲其軌範者也』，乙本作『刺史管一百之城，以象天之雷也』。

〔二四〕『篠』，當作『條』，據甲、乙本改。

〔二五〕『史』，乙本同，甲本脱。

〔二六〕「政教以養百姓」，甲本作「教以爲謀準」，乙本作「政校以理人民」，「校」爲「教」之借字。
〔二七〕「戒」，乙本同，甲本作「自戒」；「心」，據甲、乙本補。
〔二八〕「三舉賢良」，乙本寫於「四分地利」之後。
〔二九〕「恤」，甲本同，乙本作「㘡」，誤；「刑」，乙本同，甲本作「形」，「形」爲「刑」之借字。
〔三〇〕「戶」，甲本同，乙本作「賦」；「役」，據甲、乙本補。
〔三一〕「行」，甲本作「若行」；「政教」，甲本作「教」。此句乙本作「謂六條教」。
〔三二〕「活」，甲本同，《敦煌類書》校作「治」；「也」，甲本作「矣」。此句乙本作「天子賞之」。
〔三三〕「漢時」，甲本作「漢」，乙本作「前漢」；第二個「刺史」，甲本同，乙本作「太守」。
〔三四〕「到鎮」，甲本作「到任」，乙本作「之郡」。
〔三五〕「招故」，甲本作「乃使人召故」，「召」、「招」均可通，乙本作「乃招古」，「古」爲「故」之借字。
〔三六〕「故」，甲本同，乙本作「古」，「古」爲「故」之借字；「喜」，甲、乙本作「至」；此句以下至「號曰二天」，甲本作「深居齋室，莫非理人，去姦吏，養百姓，故曰「二天」。天，養也。」乙本作「莫非同之，共求百姓之患，仁人喜荷，故號「二天」，言重天。」
〔三七〕「兼」，當作「廉」，據文義改。
〔三八〕「出《漢書》」，甲本同，乙本無。
〔三九〕「藉也」，甲本作「術養人」，此句乙本作「里郡有十部政教以人民也」。
〔四〇〕「時」，甲本無；「使用也」，甲本作「以示百姓」；此句乙本作「亦政教也」。
〔四一〕「分符分」，據甲、乙本補；此條注釋，甲本作「漢以分符爲理，符即印也，若今之木契，爲職之本」，乙本作「並佩印之説，二事體同」。

〔四二〕『後』，甲、乙本無；『史』，甲本同，乙本作『史清廉』。

〔四三〕此條以下諸句，甲本作『乃生一駒，及奮徵赴闕廷，乃留下馬，郡吏送還，奮曰：「涼州之駒，非奮所有。」人吏衆斂牛馬餞行，終亦不受，拜三公』，乙本作『下任之日，留下其駒在槽。人吏送之，奮曰：「吾來時無此馬駒，此屬涼州，吾終不要。」百姓所率牛馬餞送，一無所取，並還人吏而去』。

〔四四〕『課』，《敦煌寫本李若立〈籯金〉殘卷研究》釋作『騍』，雖義可通而字誤。

〔四五〕『生』，據文義補。

〔四六〕『非奮所有』，據甲本補。

〔四七〕『都不取』，《敦煌寫本李若立〈籯金〉殘卷研究》釋作『終不收』，誤。

〔四八〕『僞』，甲本作『蔿』，乙本脱，《敦煌寫本李若立〈籯金〉殘卷研究》釋作『蔿』；此條以下諸句，甲本作『家牛生犢，棄之而去。出《良吏傳》』，乙本作『袟滿，家牛生犢，留付所由而去』。

〔四九〕『煞』，乙本同，甲本作『多煞』；『鬼』，甲本同，乙本作『於』；『神』，據上下文義及乙本補；乙本此條注文前後順序錯亂，此處逕行乙正。

〔五〇〕『若』，底本僅存下半『口』部，據上下文義及甲本補；『人』，甲本無，《敦煌寫本李若立〈籯金〉殘卷研究》漏録；『者』，甲本無；此句乙本作『人若先嘗肉者』。

〔五一〕『聲』，甲本同，乙本作『鳴』；『而死』，甲、乙本無。

〔五二〕『均』，甲本同，乙本無；『任』，甲、乙本作『郡』。

〔五三〕『悉斷煞羊』，甲本作『禁斷淫祀』，乙本作『下令禁斷煞羊淫祀』。

〔五四〕『神鬼不能爲害』，甲本作『鬼不能爲』，乙本作『百姓初怨，後神不能爲禍』。

〔五五〕乙本止於『伐枳』二字。

〔五六〕『有』，甲本作『郡内有』。
〔五七〕『德化大行』，甲本無。
〔五八〕『百姓快活也』，甲本作『我有子弟，岑君教之』。
〔五九〕『陜』，甲本作『剌』，誤。
〔六〇〕『棠木樹下』，甲本作『甘棠之下，而正風化』。
〔六一〕『陜州百姓至今不伐其樹』及下句『今甘棠驛是』，甲本作『百姓不伐不翦也』。
〔六二〕『劍』，甲本作『斂』，誤。
〔六三〕『牛』，甲本作『犢』；『以』，甲本作『而』；『劍』，甲本作『斂』，誤。
〔六四〕『頒』，據殘筆劃及文義補，《敦煌寫本李若立〈籯金〉殘卷研究》釋作『出』；『即頒牓』，甲本無。
〔六五〕『令』，甲本作『令百姓』；『劍』，甲本作『斂』，誤；『而』，甲本無。
〔六六〕『長令佩犢』，甲本作『令佩其犢』，『犢』，《敦煌寫本李若立〈籯金〉殘卷研究》釋作『牘』，誤。
〔六七〕『百姓因此方富』，甲本作『期年之後，百姓乃富』。
〔六八〕『足也』，據殘筆劃及上下文義補。此句甲本無。
〔六九〕『琨』，當作『昆』，據甲本改，『琨』爲『昆』之借字。
〔七〇〕『虎狼不住境内』至『不害百姓也』，甲本作『虎狼負子渡河而去』。
〔七一〕『漢』，甲本無；『荊州』，甲本無。
〔七二〕『而蝗蟲大下』及下句『獨不入荊州』，甲本作『蝗蟲不入其境，有政也』。
〔七三〕『漢百里』，據甲本補；『太守』，據甲本補。
〔七四〕『曰』，甲本作『皆有甘雨曰』。

〔七五〕『千』，甲本作『百』；『撫』，甲本作『幸』。
〔七六〕『皆有甘雨』，甲本無。
〔七七〕『太守』，甲本作『刺史初欲赴任』。
〔七八〕『扇與宏』，甲本作『宏一扇』。
〔七九〕『曰』，甲本作『敬受，謂安曰』。
〔八〇〕『奉揚仁風』，甲本作『願秦（奉）風化以揚於仁政』。
〔八一〕『庶』，甲本作『庶矣』。
〔八二〕『宏後爲三公』，甲本無。
〔八三〕『字叔度』，據甲本補。
〔八四〕『爲蜀郡』，據甲本補。
〔八五〕『頻遭荒歉』，底本僅存『頻』字左上半部，據甲本補。
〔八六〕『窮』，甲本作『弊』。
〔八七〕『刑』，當作『形』，據甲本及文義改，『刑』爲『形』之借字。
〔八八〕『苦甚也』，甲本無。
〔八九〕『到』，甲本作『主』，誤。
〔九〇〕『設法存養百姓』，甲本作『去不速之務，謹守法綱，基（期）年民遂蘇息』。
〔九一〕『暮』，甲本同，《敦煌寫本李若立〈籯金〉殘卷研究》釋作『母』，校作『暮』，不必。
〔九二〕『言如今再著五重袴衣也』，甲本作『言其衣食重暖也』。
〔九三〕『霸爲太守』，底本僅存『霸』字上半部，據甲本補。

〔九四〕『將皈』，據甲本補。
〔九五〕『共惜』，甲本作『慕其清政』。
〔九六〕『攀其車轅』及下句『臥於車轍』，甲本作『遂於道上臥於轍，攀於轅』。
〔九七〕『帝』，甲本作『天子聞』；『許再任三年』，甲本作『借留三年矣』，甲本『借』字，《敦煌類書》釋作『備』。
〔九八〕『太守』，甲本作『政有德』。
〔九九〕『恩化大行』，甲本無。
〔一〇〇〕『後罷官歸闕』，甲本作『既孝滿皈闕』。
〔一〇一〕『悒然不樂』，甲本無。
〔一〇二〕『皆云』，甲本作『人人相謂』。
〔一〇三〕『留』，當作『劉』，據甲本改，『留』爲『劉』之借字；『君』，甲本作『公』。
〔一〇四〕『不覺』，甲本作『皆』。
〔一〇五〕『稜爲太守』，據甲本補。
〔一〇六〕『入韓稜』，據甲本補。
〔一〇七〕『有政』，甲本作『正』，均可通。
〔一〇八〕『法』，甲本無；『枉』，甲本作『柱』，誤。
〔一〇九〕『天酬其恩』，甲本作『天所以酬其德也』。
〔一一〇〕『固』，當作『故』，據文義改，『固』爲『故』之借字。此句甲本無。
〔一一一〕『界内』，甲本作『境洛』。
〔一一二〕『樂業』，甲本作『仰之』。

〔一一三〕『共惜苟君』，甲本無。
〔一一四〕『由』，當作『猶』，據文義改，『由』爲『猶』之借字。
〔一一五〕『後去』以下至『人皆涕泣』諸句，甲本作『官罷將去，百姓涕泗於祖席，終而不住』。
〔一一六〕『箱』，甲本同，《敦煌類書》校作『廂』，疑誤。
〔一一七〕『遊行』，甲本無。
〔一一八〕『長』，當作『常』，據文義改，『長』爲『常』之借字；此句甲本作『即有白鹿一雙，挾箱而行』。
〔一一九〕『令門人』，甲本無。
〔一二〇〕『所以』，甲本無；『屈』，甲本作『濫』。
〔一二一〕『後拜三公』，甲本無。
〔一二二〕『漢』，甲本作『前漢』。
〔一二三〕『江岸』，甲本無。
〔一二四〕『有浦出真珠』，甲本作『合浦中有珠泉』。
〔一二五〕『濁』，甲本無；甲本此句下還有『多所採取』一句。
〔一二六〕『悉』，甲本作『乃』。
〔一二七〕『常爲刺史』，甲本作『子爲郡』。
〔一二八〕『清廉不蓄財寳』，甲本作『但務清儉』。
〔一二九〕『其真珠自然歸迴』，甲本作『珠乃却還浦内』。
〔一三〇〕『依舊滿浦』及下句『故曰還珠也』，甲本並無。
〔一三一〕『麦』，甲本同，當作『麥』，據文義改，《敦煌類書》逕釋作『麥』；以下『麦』字同，不另出校。

〔一三二〕『揚』，當作『陽』，據甲本改，『揚』爲『陽』之借字。
〔一三三〕『歌』，甲本作『謌』，『謌』同『歌』。
〔一三四〕『政』，甲本作『正』，『正』爲『政』之借字。
〔一三五〕『張堪清直』及下句『固有祥瑞』，甲本並無。
〔一三六〕『固』，當作『故』，《敦煌寫本李若立〈籯金〉殘卷研究》逕釋作『故』，『固』爲『故』之借字。
〔一三七〕『刺史車畫其能羆也』，甲本作『古法，刺史車畫熊羆（羆）爲飾』。
〔一三八〕『幡之名』，甲本作『幟畫鷹隼也』；『幡』，《敦煌寫本李若立〈籯金〉殘卷研究》釋作『幟』。
〔一三九〕『之』，《敦煌寫本李若立〈籯金〉殘卷研究》據相關典籍校補，以下吴隱之的『之』字同此，不另出校；
『廣』，甲本作『西川廣』。
〔一四〇〕『官人喫着此水』，甲本作『飲此水者』。
〔一四一〕『例皆貪濁』，甲本作『即貪，不知足』。
〔一四二〕『到』，甲本作『之』；『郡』，甲本脱。
〔一四三〕『古』，甲本作『故』，『故』爲『古』之借字。
〔一四四〕『酌』，甲本作『飲』；『直』，甲本同，《敦煌類書》校作『值』。
〔一四五〕『吴隱〔之〕越更清慎』，甲本作『隱之在任，唯清慎』；此句以下『終不貪亂。天子聞之，拜爲司徒』三句，
甲本並無。
〔一四六〕『仙』，甲本作『靈』。
〔一四七〕『有人』，甲本作『人有』；『經』，甲本無。
〔一四八〕『以』，甲本作『乃以』；『灌』，當作『汁』，據文義改；『汁』，甲本無，當作『灌』，據文義改。

〔一四九〕「即活」，甲本作「復生」。
〔一五〇〕「一」，甲本無；「也」，甲本無。
〔一五一〕「江」，據殘筆劃及甲本補。
〔一五二〕「界」，甲本作「境」。
〔一五三〕「百姓」，甲本作「人有」。
〔一五四〕「事」，甲本無。
〔一五五〕「艾」，甲本無。
〔一五六〕「感魚銜書」及下句「出於河上」，甲本作「感魚出水銜書」。
〔一五七〕「表」，甲本作「顯」；「德應也」，甲本作「功德」。
〔一五八〕「出《晉書》」，甲本無。
〔一五九〕「忠」，甲本作「中」。
〔一六〇〕「刺」，據甲本補。
〔一六一〕「漢」，《敦煌寫本李若立〈籝金〉殘卷研究》漏録；「里」，當作「黑」，據甲本及文義改；「起」，甲本無。
〔一六二〕「忠」，甲本作「中」；「界」，甲本作「境」。
〔一六三〕「德」，甲本作「風」。
〔一六四〕「徵拜三公」，甲本作「以贈金」。
〔一六五〕「後」，《敦煌寫本李若立〈籝金〉殘卷研究》據文義校補，茲從之。
〔一六六〕「懼」，甲本作「畏」。
〔一六七〕「不敢取受」，甲本作「莫敢犯者」。

〔一六八〕『人無犯夜』及下句『犬故不夜吠，是也』，甲本作『百姓夜不閉户，犬亦不吠』。
〔一六九〕『是也』二字疑爲補白。
〔一七〇〕『惑』，甲本作『或』，均可通。
〔一七一〕『太』，甲本作『大』；『最』，甲本作『輒』；『須』，甲本無。
〔一七二〕『清慎愛民』，甲本作『何患之有』，《敦煌寫本李若立〈籯金〉殘卷研究》釋作『清慎者也』。
〔一七三〕『陽』，當作『楊』，據甲本及文義改，『陽』爲『楊』之借字；『任』，甲本同，《敦煌寫本李若立〈籯金〉殘卷研究》釋作『爲任』，誤；『刺史』，甲本作『太守』。
〔一七四〕『後』，甲本無。
〔一七五〕『經』，甲本無。
〔一七六〕『其』，甲本無；『賀震之舊』，甲本作『其宿』。
〔一七七〕『後』，甲本無；『將』，甲本同，《敦煌寫本李若立〈籯金〉殘卷研究》釋作『持』。
〔一七八〕『必』，甲本無。
〔一七九〕『請收納』及下句『夜後無人知覺』，甲本作『夜静無人，願君受也』。
〔一八〇〕『天知』以下至『可不慎哉』，甲本作『子知、我知、天知、地知，豈不四知。終不納』。
〔一八一〕『謂』，據殘筆劃及文義補。
〔一八二〕『州』，甲本同，當作『川』，《敦煌類書》據文義校改。
〔一八三〕『感』，甲本無；『凰』，甲本作『鳥』。
〔一八四〕『宣』，甲本無。
〔一八五〕『爲』，甲本無。

〔一八六〕『太守』，甲本作『刺史』；『相稱之號』，甲本作『之稱』。
〔一八七〕『寔』，甲本同，《敦煌寫本李若立〈籯金〉殘卷研究》釋作『實』。
〔一八八〕『冊』，甲本作『策』。
〔一八九〕『置』，甲本作『致』。
〔一九〇〕『徙』，甲本作『從』，誤；『恩』，甲本作『風』。
〔一九一〕『捐』，甲本作『損』，誤。
〔一九二〕『捐』，甲本作『損』，誤。
〔一九三〕『郟』，甲本同，當作『陝』，據文義改。
〔一九四〕『感』，據甲本補。
〔一九五〕『郭』，據殘筆劃及甲本補；『冕』，甲本同，《敦煌寫本李若立〈籯金〉殘卷研究》釋作『冤』。
〔一九六〕『軾』，甲本作『式』，『式』爲『軾』之借字。
〔一九七〕『建』，甲本同，《敦煌寫本李若立〈籯金〉殘卷研究》釋作『遠』。
〔一九八〕『訟』，甲本同，《敦煌類書》釋作『頌』。
〔一九九〕『則』，甲本作『乃』；『箱』，甲本同，《敦煌類書》校作『廂』，疑誤。
〔二〇〇〕『惟』，甲本作『唯』，均可通。
〔二〇一〕『鑑』，甲本作『覽』，《敦煌寫本李若立〈籯金〉殘卷研究》釋作『欄』，校作『覽』，不必。
〔二〇二〕『詎覩其仁』，據甲本補。
〔二〇三〕『豈不然乎』，甲本無。
〔二〇四〕『弟』，甲本同，當作『第』，據文義改，『弟』爲『第』之本字。

〔二〇五〕甲本「統爲令」下有「足政能者大節操」。
〔二〇六〕「驥」及下句「龍馬之名也」，甲本無。
〔二〇七〕「治」，甲本作「活」，誤。
〔二〇八〕「其」，甲本作「驥」。
〔二〇九〕「治中者」及下句「別駕策名也」，甲本作「足龍駒日行千里之比也」。
〔二一〇〕「策」，《敦煌寫本李若立〈籯金〉殘卷研究》釋作「榮」。
〔二一一〕本句及以下兩句，甲本作「長史、別駕佐刺史之理，亦半刺也」。
〔二一二〕「祥」，甲本無。
〔二一三〕「林」，甲本同，當作「休」，據《晉書·王祥傳》改；「徵」，甲本作「貞」，「貞」爲「徵」之借字。
〔二一四〕「多有政績」，甲本無。
〔二一五〕「本州刺史舉祥爲別駕」，甲本作「刺史以公之能薦爲別駕」。
〔二一六〕「事多能解」，甲本無。
〔二一七〕「賴」，甲本作「藉」。
〔二一八〕「長史」，甲本作「刺史治中」。
〔二一九〕「盜賊」，甲本作「賊盜」。
〔二二〇〕「人」，甲本作「百姓」。
〔二二一〕「也」，甲本無。
〔二二二〕「有」，甲本作「多」。
〔二二三〕「眈出行境內」，甲本作「若出巡境」。

〔二二四〕『每有雙白鶴隨軑而飛』，甲本作『有雙白鶴隨之』。
〔二二五〕『長史』，據甲本補。
〔二二六〕『感其原化』，據甲本補。
〔二二七〕『乃起應命』，據甲本補。
〔二二八〕『仲亦終而辭去』，據甲本補。
〔二二九〕『陳仲蕃』，據甲本補。
〔二三〇〕『後漢人』，據甲本補。
〔二三一〕『周景爲預州太守』，據甲本補；『預』，當作『豫』，據上下文義改，『預』爲『豫』之借字。
〔二三二〕『諫陳仲蕃爲』，據甲本補；『諫』，當作『薦』，據文義改，『諫』爲『薦』之借字。
〔二三三〕『而』，甲本無。
〔二三四〕『與』，甲本同，當作『輿』，據文義改，『與』爲『輿』之借字。
〔二三五〕『是』，甲本作『合』；『座』，甲本作『坐』，『坐』通『座』。
〔二三六〕『懼』，甲本作『之』。
〔二三七〕『出』，甲本作『起』。
〔二三八〕『以副景意』，甲本無。
〔二三九〕『楊』，當作『陽』，據甲本改，『楊』爲『陽』之借字。
〔二四〇〕『陽』，甲本作『楊』，『楊』爲『陽』之借字，『縣』，甲本無。
〔二四一〕『太守』，甲本作『刺史』。
〔二四二〕『到』，當作『則』，據甲本及上下文義改；『燮理也』，甲本作『正』。

〔二四三〕『文』，甲本無；『别駕』，甲本作『駕别』，誤。

〔二四四〕『旱』，甲本作『大旱』。

〔二四五〕『文公多會星文異覽』及下句『忽有所見』，甲本作『文公以上天象』。

〔二四六〕『乃』，甲本作『因』；『曰』，甲本無。

〔二四七〕『漲天』，甲本作『爲災』。

〔二四八〕『舟船』，甲本作『舩栰』；甲本『栰』字，《敦煌類書》釋作『筏』。

〔二四九〕『以備水災』，甲本作『以爲先備』。

〔二五〇〕『聽』，甲本作『應』。

〔二五一〕『得大船兩艘』，甲本作『二舟』。

〔二五二〕『及至五月一日平旦』以下至『文公獨存』，甲本作『至時果有大〔水〕，高數十丈，刺史以百數萬人死，文〔公〕獨存』。

〔二五三〕『貳職百城』夾注『既有刺史，須有判官，故言貳職』，甲本無。

〔二五四〕『必資良佐』夾注『刺史必藉良能之人爲輔佐，即其州必霸』，甲本無。

〔二五五〕『贊毗千里』夾注『贊亦佐也。刺史管千里，必賴賢能相佐理也』，甲本無。

〔二五六〕『千』，《敦煌寫本李若立〈籝金〉殘卷研究》釋作『一千』，不必。

〔二五七〕『務藉賢寮』夾注『得賢者昌，失賢者亡』，甲本無。

〔二五八〕『化鶴稱奇』夾注『盧耽政理，有鶴隨車』，甲本無。

〔二五九〕『題輿美政』夾注『陳仲蕃題輿也』，甲本無。

〔二六〇〕『半刺光車』夾注『車，音居也。半刺者，别駕半刺史之位。旌，信也』，甲本無。

〔二六一〕『長』，甲本作『貞』。

〔二六二〕『流』，當作『鑑』，據甲本改。

〔二六三〕『斷鑄』夾注『屠牛、鑄錢，天下禁斷』，甲本無。

〔二六四〕『列』當作『烈』，據甲本及文義改，『列』爲『烈』之借字。

參考文獻

《敦煌遺書總目索引》一四九頁；《敦煌古籍敘録》二〇八至二一一頁；《敦煌吐魯番文獻研究論集》一輯，一至五頁；《敦煌寶藏》一五冊，五八三至五八四頁（圖）；《敦煌叢刊初集》八冊，五三五至五六九頁；《敦煌古籍敘録新編》一一冊，四二至四四頁；《英藏敦煌文獻》三卷，二二六至二二七頁（圖）；《敦煌類書》九九至一〇七頁、四一〇至四一四頁（録）；《敦煌遺書總目索引新編》六二頁；《敦煌典籍與唐五代歷史文化》一四一至一四四頁；《敦煌學輯刊》二〇〇六年二期，一至二〇頁；《天水師範學院學報》二〇〇九年一期，一五至二一頁、一九至二〇頁（録）；《敦煌學輯刊》二〇一〇年一期，五一至五七頁；《敦煌學輯刊》二〇一一年一期，一五四頁；《敦煌學輯刊》二〇一一年三期，一至二〇頁、二至五頁（録）。

斯二〇五五　切韻箋注（序、卷一）

釋文

《切韻》序　陸法言撰

伯加一千字〔一〕

昔開皇初，有劉儀同臻、顔外史之推、盧武陽思道、魏著作彦淵、李常侍若、蕭國子該、辛諮議德原（源）〔二〕、薛史（吏）部道衡等八人同詣法言門宿〔三〕。夜永酒闌，論及音韻，以古今聲調既自有別，諸家取舍亦復不同。吴楚則時傷輕淺，燕趙則多涉重濁，秦隴則去聲爲入，梁益則平聲似去。又支章移反、脂旨夷反、魚語俱（居）反〔四〕、虞語俱反，共爲不韻〔五〕；先蘇前反、仙相然人（反）〔六〕、尤〔七〕、侯〔八〕，俱論是切。欲廣文路，自可清濁皆通。若賞知音，即須輕重有異。呂静《韻集》、夏侯詠《韻略》〔九〕、陽休之《韻略》〔一〇〕、李季節《音譜》、杜臺卿《韻略》等，各有乖互。江東取韻，與河北復殊。因論南北是非，古今通塞，欲更捃選精切，除削踈（疎）緩〔一一〕，顔外史、蕭國子多所決定。魏著作謂法言曰：『向來論難，疑處悉盡，何爲不隨口記之？我輩數人，定則定矣。』法言即燭下握筆，略記網（綱）紀〔一二〕。後博問英辯〔一三〕，殆得精華。於是更涉餘學，兼從薄宦〔一四〕，十數年間，不遑修集。今返〔初〕〔服〕〔一五〕，私訓諸弟〔一六〕。凡有文藻，即須聲韻。屏居山野，交遊阻絶，疑或之所〔一七〕，質問無從。亡者則生死路殊，空壞（懷）可作之歎〔一八〕；存者〔則〕貴賤禮隔〔一九〕，以報絶交之旨〔二〇〕。遂取諸家音韻、古今字書〔二一〕，以前所記者定之，爲《切韻》五卷。剖析毫氂，分別黍累。何煩泣王（玉）〔二二〕，柒（未）可懸金〔二三〕。藏之名山，昔怪馬遷之言大；持以蓋醬，今歎揚〔雄〕之口吃〔二四〕。非是少（小）子專輒〔二五〕，乃述群賢遺意。寧敢施行人世？直欲不出戶庭。於時歲次辛酉，大隨（隋）仁壽元年也〔二六〕。

訥言謂陸生〔曰〕〔二七〕：〔此〕〔製〕〔酌〕古訟（沿）今〔二八〕，推而言之，無以加也。然苦傳之已矣（久）〔二九〕，〔多〕失本〔源〕〔三〇〕，〔差〕〔之〕〔一〕〔點〕〔三一〕，詎唯千里！弱冠嘗覽顔公《字樣》，見『灸』從『肉』，〔莫〕〔究〕〔厥〕〔由〕〔三二〕，輒意形聲，固當從『夕』。及其晤矣，彼乃乖斯〔三三〕，〔若〕〔靡〕〔憑〕〔焉〕〔三四〕，他皆倣此。須（頃）以佩（諷）經之隟〔三五〕，沐雨之餘，揩其紕繆，疇茲得〔失〕〔三六〕。〔銀〕鉤捌閲〔三七〕，晋家成群。盪（璗）櫛行披〔三八〕，魯魚盈貫。遂乃廣徵金篆，遐泝石渠，略題會意之訶（詞）〔三九〕，仍絶（記）所由之典〔四〇〕。亦有一文兩體，不復備陳；數字同歸，唯其擇善。勿謂有增有減，更（便）慮不同〔四一〕。一點一撇，咸資則（別）據〔四二〕。又加六百字，用補闕遺。其〔有〕〔類〕雜〔四三〕，并爲訓解。但稱按者，俱非舊説。傳之弗謬，遮（庶）〔埒〕箋云〔四四〕。於時歲次〔丁〕丑〔四五〕，大唐儀鳳二年也。

切韻弟（第）一 平聲上〔四六〕 廿六韻

一德紅東、二都宗冬、三職容鍾、四古雙江、五章移支、六旨夷脂、七止而之〔四七〕、八無非微、九語居魚、十語俱虞、十一莫胡模、十二（二）俱（徂）嵇齊〔四八〕、十三古膎佳、十四古諧皆、十五呼恢灰、十六呼來咍、十七職鄰真、十八側詵臻、十九武分文、廿於斤殷〔四九〕、廿一愚袁元〔五〇〕、廿二戶昆魂〔五一〕、廿三戶恩痕〔五二〕、廿四胡安寒、廿五所姦（姦）刪〔五三〕、廿六所間山。

一東 德紅反。二〔五四〕。按《説文》〔五五〕：春方也，動也。〔從〕〔木〕〔五六〕，從日。又云〔從〕日在水（木）中〔五七〕。 涷 水名〔五八〕。 同 徒紅反。十八。 童 古作僕〔五九〕，今爲童子。〔按〕〔《説文》〕〔六〇〕：從辛（辛）〔六一〕。辛（辛）〔六二〕，丘士（山）反〔六三〕，本從千（干）〔六四〕。古者干字，頭向上曲而亂〔六五〕。辛（辛）非辛也〔六六〕。男有罪曰奴，奴曰童，女曰妾。從辛（辛）〔六七〕，重〔省〕〔聲〕〔六八〕。妾字亦從辛（辛）〔六九〕。 僮 古作童子，今爲僕也〔七〇〕。 銅 按《説文》青鐵也〔七一〕。 桐 木名。准上。又人姓。 峒 崆峒。 狪 獸名，以（似）豕〔七二〕，出秦（泰）山〔七三〕。 硐 磨。 𦨴 舡。 烔 烔烔，熱貌。 曈 曈曨，日欲明。 筒 竹名。 瞳 目子。 㼧 瓦。 罿 車上網。又尸（尺）容反〔七四〕。 犝 牛無角。 筩 竹名（筩）〔七五〕。 潼 水名；關名。又佗紅、昌容二反〔七六〕。 中 按《説文》和也〔七七〕。陟隆反。又陟仲反。三。 哀（衷） 按《説文》裏褻衣也〔七八〕。 忠。 蟲 按《説文》有足〔謂〕〔之〕蟲〔七九〕。直隆反。四。 沖 和。 种 稚。亦人姓。 盅 按《説文》更有此一字。《老子》曰：『道蟲（盅）而用之。』〔八〇〕盅，器虛。 終 按《説文》絿絲也。今爲終始字。職隆反。十。 衆 又之仲反。 泈 水名，在襄陽。 〔柊〕〔木〕〔名〕〔八一〕。 潨 小水入大水。又在冬反。 𣧩 殁。 螽 按《説文》秋蟲也〔八二〕。 𩅧 小雨。 鼨 豹文鼠〔八三〕。 蔠 蔠葵，蘩露也。 忡 憂也。初（勑）中反〔八四〕。一。 崇 按《爾疋（雅）》重也〔八五〕，商（高）也〔八六〕，充也。劒（鋤）隆反〔八七〕。二。 𠞊 鍤屬〔八八〕。 嵩 息隆反。四。按《説文》山名。又高。 娀 有娀，契母。 菘 〔菜〕〔名〕〔八九〕。 〔崧〕 山〔九〇〕。 戎 而隆反。四。 茙 蜀蔡（葵）〔九一〕。 㭜 木名。 駥 八尺馬。 弓 居隆反。四。按説《易》〔九二〕：『絃木爲弧』，即弓也。 躬 按《説文》作此『躳』也。 宮 室也。 㴐縣名，在酒泉。融餘隆反。二。和也。長也。《説文》〔炊〕氣上出也〔九三〕。彤祭名。又勑林反。雄羽隆反。二。熊獸。瞢目不開〔九四〕。莫中反。三。夢又武仲反。鄸邑名，在曹。穹去隆反。二。芎芎藭。藭渠隆反。三。芎藭也。《説文》作此營。竆羿封。竆。馮扶隆反。三。姓也。邑也。汎浮。又浮（孚）劒也反〔九五〕。芃草〔木〕〔盛〕貌〔九六〕。風方隆反。二。按《説文》從凡（虫）〔九七〕，虫（凡）聲〔九八〕。楓木名。豐敷隆反。六。按《説〔文〕》豆之滿者也〔九九〕，從豆。鄷邑名。按《説文》周王所都〔一〇〇〕，在京兆杜陵西南。蘴無（蕪）菁〔一〇一〕。灃水名，在咸陽。寷大屋。麷責〔麥〕〔一〇二〕。充處隆反。三。玩（琉）玩（琉）身（耳）〔一〇三〕。茺茺蔚，草。隆力中反。三。癃病。鼜鼓聲。空若（苦）紅反〔一〇四〕。七。涳涳濛字。埪土埪。箜箜篌。崆崆峒，山名。硿硿青，石〔一〇五〕。椌（椌）稻桿（稈）〔一〇六〕。公古紅反。七（八）〔一〇七〕。按《説文》從厶、八。功。工。功（攻）治也〔一〇八〕，擊也。疘下病。蚣蜈蚣，蟲。玒玉。釭車釭。又古雙反。蒙玉（王）女〔一〇九〕，草。《説文》從月，亡保反。莫紅反。十一加二。濛。朦。儚（矇）〔一一〇〕。艟（艨）□〔一一一〕。豅大谷。櫳檻也，養禽獸所。瓏玲瓏，玉聲。巃巃嵸，高貌。櫳囚房〔一一二〕。朧月〔欲〕明〔一一三〕。龐大聲。巃馬巃頭。瀧瀧涷，治（沾）漬（漬）〔一一四〕。聾。䡁軸頭。礱斵〔一一五〕。嚨喉嚨。穠黍穠。蘢草名。洪胡籠反。十一加一。訌詯。釭（鉷）弩牙〔一一六〕。紅。虹又古巷反。鴻。葓草名。葒草名。仜身肥大。鉷大鑿。粠赤米。洚水不遵道。一曰洚下也，出《説文》。藂古作叢，草生也。徂紅反。一加一。叢聚。翁烏紅反。四。按《説文》頸毛也。螉蠮螉，蟲。鰫鰫魚。蓊蓊鬱，菜（草）木盛貌〔一一七〕。忩古作悤，倉紅反。八加一。葱。樬擔〔一一八〕。輚艦〔車〕〔一一九〕，戰（載）囚〔一二〇〕。聰。緫色青黃。又細絹。騘馬色。鍃鍵也。𢈢屋譜（階）中會也〔一二一〕，出《説文》。通他紅反。四。蓪蓪草，藥名。侗大。恫痛。葼木細支（枝）〔一二二〕。子紅反。十二加一。椶栟櫚。緵縷。嵸巃嵸。㚇飛而斂足。丈（又）則貢反〔一二三〕。鬷釜屬。峻九嵕，山。猣〔犬〕〔生〕〔三〕〔子〕〔一二四〕。〔猣〕豕生三子〔一二五〕。鯼石首魚。揔揔滅。騣馬騣。俗作騌。堫按《説文》種也。一曰內其中。蓬薄紅反。四。篷（筝）車篷（筝）〔一二六〕。芃芃芃。篷織竹以編若（箬）〔一二七〕，以霞（覆）蓋船車〔一二八〕。烘火貌。呼同反。三。魟河魚，以（似）鱉〔一二九〕。䆵風貌。檧蘇公反。小籠。又先孔反。二。般緩之音入冬韻〔一三〇〕。峣（峣）山廣貌〔一三一〕。五公反。一。

二冬都宗反。二。苳草名。彤赤。徒冬反。二（六）〔一三二〕。疼痛。佟姓。炵火盛貌。也（又）他冬反〔一三三〕。鴤鳥名，出《山海經》。鼕鼓聲。賨西域（戎）〔稅〕〔一三四〕。在宗五（反）〔一三五〕。反（五）〔一三六〕。琮玉名。悰慮。〔一〕曰樂〔一三七〕。漎小水入大水〔一三八〕。又職隆反。淙水聲。農奴東（冬）反〔一三九〕。三。按《説文》又作此農，從晨，未聞。膿血。儂我。恭駒東（冬）反〔一四〇〕。四。龔按《説文》結（給）也〔一四一〕，古字與上同。供。珙璧。蜙蜙蝑，蟲。先恭反。二。淞水名，山（出）吳都（郡）〔一四二〕。樅木名。七恭反。二。鏦短矛。攻伐。古冬反。二〔一四三〕。碚碚礲，石落聲。戶冬反。一。礲力宗反。一。宗作綜（琮）反〔一四四〕。二〔一四五〕。鬃（鬆）鬃鬆〔一四六〕，亂貌。私宗反。一。

三鍾湏（酒）器〔一四七〕。職容反。九加一〔一四八〕。鐘樂器。蚣蟲名。忪蟲心動〔一四九〕。笗長節。伀征伀，行貌。妐夫兄。松小褌。龍力鍾反。四。瓏圭，爲龍文。躘躘蹱，小（兒）行貌〔一五〇〕。鸗鳥名。舂〔書〕〔容〕〔反〕〔一五一〕。〔四〕〔一五二〕。〔摏〕摏撞〔一五三〕。踳蹋。鶺鷛（鷫）鶺〔一五四〕，鳥名。松羊（詳）容反〔一五五〕。二。訟又徐用反。衝尸（尺）容反〔一五六〕。五。罿網。憧往來貌。䡴陷陣車。艟戰船。容餘封反。十四。溶水貌。滽水名，在（出）宜蘇山〔一五七〕。庸。墉垣〔一五八〕。鏞大鍾。鄘國名。傭傭賃。又丑凶反。鷛鳥名。㼿甖。鱅魚名。鏞（鎔）鏞（鎔）鑄〔一五九〕。蓉芙蓉。封府容反。二。犎野牛。胷許容反。七。凶。銎柄孔。洶水勢。恟懼。兇惡。訩衆語。顒魚容反。二〔一六〇〕。鰅魚名。喁噞喁。邕於容反。十一〔一六一〕。噰鳥鳥（鳴）〔一六二〕。灉水名，在宗（宋）〔一六三〕。又以侯反〔一六四〕。𡖖𡖖𡖖（𡖩）〔一六五〕，多貌。甕汲器。癰〔疽〕〔一六六〕。〔廱〕辟（辟）廱〔一六七〕。饔熟食。《說文》作此饔（饔）〔一六八〕。鶅鶅鷄，鶅鳥名。壅（壅）塞〔一六九〕。又於隴反。醲厚酒。女容反。四。𡖩𡖖𡖩。穠花貌〔一七〇〕。穠華字。又而容反。濃厚。重治容反。二加一。種晚熟。緟按《說文》曾益也〔一七一〕。從疾容反。一。蹤（蹱）躘蹱〔一七二〕。丑凶反。三〔一七三〕。傭均直。逢符容反。四〔一七四〕。縫紩（紩）〔一七五〕。漨水名〔一七六〕。峯敷容反。九。鋒刃端。丰丰茸。又扶風反。按《說文》作此〔丯〕〔一七七〕，草木盛丯也。從生而上下達（達）〔一七八〕。妦好。蜂蠆。按《說文》從蚰，作此蠭。〔敷〕〔容〕反三〔一七九〕。蘴菜。又敷隆反。桻木上。一云木名。夆甹夆（夆）〔一八〇〕，掣曳。甹字，普經反。烽火。按《說文》作此㷭。縱縱橫。即容反。〔又〕字（子）用反〔一八一〕。三。蹤跡。蹤車跡。茸草生貌。而容反。五。䩸䩸毛也。髶髮多。䇯竹頭有文。穠花貌〔一八二〕。蛩蛩蚷。渠用（容）反〔一八三〕。六加一〔一八四〕。邛臨邛，縣〔一八五〕。舼小船。筇竹〔一八六〕。輁軸，所以支棺〔一八七〕。𦬕萁莢實。𥑮水島（邊）石也〔一八八〕，出《說文》。鱅魚名〔一八九〕。蜀容反。二。慵嬾。

四江古雙反〔一九〇〕。五〔一九一〕。扛〔舉〕〔鼎〕〔一九二〕。〔杠〕旌旗餝〔一九三〕。一曰牀前橫〔一九四〕。茳茳蘺〔一九五〕。釭又（鐙）〔一九六〕。燈（又）古紅反〔一九七〕。痝（厖）厚大〔一九八〕。莫江反。六

〔一九九〕。按《説文》從〔厂〕〔二〇〇〕。䮚墨（黑）馬貌（白）面〔二〇一〕。狵犬。今《説文》單作〔尨〕〔二〇二〕。浝水名。哤語雜亂曰哤。犛牛白黑雜。⿰耳農耳中聲。女紅（江）反〔二〇三〕。〔二〕〔二〇四〕。毦（髶）髮多〔二〇五〕。

窓楚江反。二加一〔二〇六〕。按《説文》作此囪。又從穴，作此窗。稯稯種〔二〇七〕。摐打鍾鼓。窻按《説文》通孔也〔二〇八〕。邦博江反〔二〇九〕。一。棒棒雙，帆〔二一〇〕。〔下〕江反〔二一一〕。四。跭跭⿰足雙，胡豆。降降伏。又古巷反。按《説文》作此降（降）〔二一二〕。釭甖類。按《説文》作此坈（瓨）〔二一三〕，二同。膖膖脈（脹）〔二一四〕。也（匹）江反〔二一五〕。二〔二一六〕。韸鼓聲。瀧南人名湍〔二一七〕。呂江反。一。雙所江反。四。按《説文》作此雙（雙）〔二一八〕。⿰足雙豆。⿰忄雙《左傳》馬（駟）氏雙〔二一九〕。艭帆。龐薄江反。二。胮胮肛，脹巳（貌）〔二二〇〕。肛許江反。一。腔羊腔。苦江反。五。控控（打）〔二二一〕。悾信貌。跫蹋地聲〔二二二〕。淙直流。幢幡幢。宅江反。三。橦木名。又徒東反。花可爲布。撞撞突。戇愚。丑江反，又丑龍、丑用二反。二。䚢直視，目不明〔二二三〕。椿橛。都江反。二（一）〔二二四〕。

五支章移反。十〔二二五〕。按《説文》去竹之枝也，從又持半竹。巵（卮）圓器也〔二二六〕。一名觛，所以節飲食，出《説文》。枝。疧病。衹適。又巨支反。觶本音寘，今作奉觶字。肢體。按《説文》又作此胑。禔福。梔梔木（子）〔二二七〕，林蘭也。鳷鵲，帝觀也。移戈（弋）支反〔二二八〕。十加一〔二二九〕。按《説文》遷也。作此迻。從禾者，禾名。暆東（東）暆縣〔二三〇〕，在樂浪。迤逶迤。貖獸名，似犬，見則有大兵〔二三一〕。栘扶栘，木名。撕撕廝，手相弁（弄）〔二三二〕。又以遮反。廝字，以周反。酏酒汁，與㐌（酏）同〔二三三〕。匜杯也，似稀（桸）〔二三四〕。又羊氏反。計與匜〔同〕〔二三五〕。椸衣一架〔二三六〕。栘加〔二三七〕。䔟按《説文》萎䔟。爲薳支反。又薳（于）以周反嗎（僞）反〔二三八〕。二。潙〔二三九〕。〔嬀〕姓〔二四〇〕。居爲反。一。麾許爲反。二（三）〔二四一〕。撝謙。按《説文》裂也。一曰手指撝。嗎口不正。逶於爲反。五加一。《説文》作嗎（蝸）〔二四二〕。痿枯死。又草木萎。萎按《説文》食牛也。亦〔草〕木萎〔二四三〕。〔又〕一睡反〔二四四〕。⿰木委田器。魏（覣）好視〔二四五〕。倭慎貌也。《詩》曰『周道倭遲』也。糜糜粥。靡爲反。四加一〔二四六〕。縻縻爵。按《説文》牛轡。或作此縿，二同。麋麋爛。醾（蘼）醾（蘼）無（蕪）〔二四七〕。又武悲反。麋鹿屬。又武悲爲（反）〔二四八〕。隳毁。許規反。三加一。《説文》此（作）作（此）隳（墮）〔二四九〕。又作此隓。眭盱，健貌。盱字，旭俱反。觿角錐，童子佩之。睢仰目。出《説文》。鬌（⿱髟垂）髮落〔二五〇〕。直垂反。二。錘八兩〔二五一〕。又馳僞反。垂是爲反。三。按《説文》人（又）作垂〔二五二〕，遠邊也。陲邊。按《説文》危也。倕重。又神晨（農）時巧人名〔二五三〕。羸力爲反。一。吹昌爲反。又尺僞反。二加一。炊蒸。龡按《説文》籥音理（律）管〔壎〕之樂也〔二五四〕。鈹普羈反。五。《説文》大針。〔一〕〔曰〕刃（劍）如刀〔裝〕〔也〕〔二五五〕。帔又普髮（髲）反〔二五六〕。鮍魚名〔二五七〕。披披尋〔二五八〕。⿰田皮耕。陂彼爲（反）〔二五九〕。反四（四）〔二六〇〕。詖辯辭。碑碑銘。羆熊屬。隨旬爲反。二。隋國名。虧去爲反。一。闚去隨反。一。《説文》小視也，作此窺，二同。奇渠羈反。又居宜反。六。琦玉名。騎馬〔二六一〕。又奇寄也（反）〔二六二〕。

鴾似烏，三首六尾。魃小兒鬼。碕曲岸。反（又）巨機反〔二六三〕。祇地神。巨支反。九加二。衹衹被（枝）〔二六四〕。鞁弓鞭（鞕）〔二六五〕。岐山名。又渠羈〔反〕〔二六六〕。岐（歧）岐（歧）路〔二六七〕。

郊邑。按《說文》周文王所都，在右扶風美陽中外（水）鄉也〔二六八〕。或從山也。馶勁。疷病。《詩》云：『俾我疷兮。』軝軧。按《說文》作此軝，長轂之軝也，以朱約之。《詩》曰：『約軝錯衡。』汥水都也，出《說文》。趀《說文》滲（緣）木貌〔二六九〕；行貌

也。犧許羈反。八。羲按《說文》氣也，從兮，〔義〕聲〔二七〇〕。曦赫曦。啖啖欰，貪者見食貌。桸杓。巇儉（險）〔二七一〕。𨞪地名，在魏。𣽌水名，在新豐。攲不正。去奇反。五〔二七二〕。欹欹器。崎崎嶇。

觭角一府（俯）一仰〔二七三〕。踦脚跛。宜魚羈反。〔五〕〔二七四〕。按《說文》作此宜，從宀〔之〕下〔二七五〕，一〔之〕〔上〕〔二七六〕，多省聲，所安也。儀容儀。䣡地名，在徐。鸃鵔鸃。轙車上環，轡所貫。按《說文》或作此钀。皮符羈反。三。疲。

郫郫氏縣，在蜀。提飛。是支反。又弟堤反。四加一〔二七七〕。堤封〔二七八〕，頃畝。匙。恀愛。䓝草按也〔二七九〕，出《說文》。兒汝移反。一。按《說文》作此兒。離呂移反。十三加一。籬。〔醨〕酒〔薄〕〔二八〇〕。

罹心憂。璃琉璃。𪍑陳。䍦羃䍦。驪馬。𪕬小兒（鼠）〔二八一〕，相銜行。樆山梨。鸝鳥（鸝）黃〔二八二〕，鳥。縭婦人香纓。蘺茳離（蘺）〔二八三〕。按《說文》即蘪蕪。䕻草木附地生貌。疵疾移

反。二（三）〔二八四〕。骴鳥鼠（獸）殘骨〔二八五〕。玼玉病。貲貲則（財）〔二八六〕。即移反。七。髭口上毛。按《說文》作此頿。鴜水鳥。又疾移反〔二八七〕。䶄鼠，似貌（鷄）〔二八八〕。訾思也；量也。鮆魚名。

鄑城名，在北海。羈馬絡頭。居宜反。六。畸殘田。羇寄。掎〔二八九〕。攱（攲）攱（攲）取物〔二九〇〕。四行全無〔二九一〕。釃下酒。祈（所）宜反〔二九二〕。又山爾反。三〔二九三〕。

簁下物。𩏼革（鞍）鞘〔二九四〕。一曰〔垂〕貌〔二九五〕。山垂反。一。痿濕病〔二九六〕。一曰兩足不能相及，人垂反。〔又〕於侯（佳）一（反）〔二九七〕。反（一）〔二九八〕。厜厜㕒，山巔狀。姊規反。三。觜星〔二九九〕。纗細繩〔三〇〇〕。

槻木名，堪作弓。居隨反。四。規圓。鬹三足釜，有柄。規（雉）鸛規（鳺）別名〔三〇一〕。劑券。觜隨反。又在細反。一。衰楚危反。一。腄瘢胝。竹垂反。二（一）〔三〇二〕。𧳬戈（弋）〔垂〕〔反〕〔三〇三〕。〔一〕〔三〇四〕。

䮔子垂反。馬小貌。又子累反。一。

六脂旨夷反。三。按《說文》載（戴）角名脂〔三〇五〕，無角名膏。祗敬。砥石。姨以脂反。十二〔三〇六〕。彝彝倫。按《說文》又宗廟常器也。象形。糸，綦也。廾（廾）〔三〇七〕，持；〔米〕〔三〇八〕，器中實（寶）〔三〇九〕。此與爵相似。互（彑）聲

也〔三一〇〕。《周禮》：『〔六〕彝〔三一一〕：鷄〔彝〕〔三一二〕、〔蟲〕〔彝〕〔三一三〕、黃〔彝〕〔三一四〕、虎彝、隹彝、〔斝〕〔彝〕〔三一五〕，以待祼爵（將）之礼〔三一六〕。』寅按《說文》作此寅〔三一七〕。夷按《說文》從弓聲〔三一八〕，作此夷，上亦通。痍瘢。𦙶豬𦙶。恞悅樂。

陝隇陝。荑莛荑。桋木名。蛦螔蛦。胂（胰）夾脊骨〔肉〕〔三一九〕。師踈（疎）脂反〔三二〇〕。二。鰤老魚。毗房脂反。十三〔三二一〕。比又必履、婢四、扶必三反。琵琵琶。

梶楣。又方奚反。芘蔾芘，荊藩。阰。沘水名，在楚。貔獸〔三二二〕。膍牛百葉。蚍蚍蜉〔三二三〕。枇枇杷。仳仳倠，醜女〔三二四〕。舭艕舭。咨即脂反。八。與諮同。《說文》謀事也。資〔三二五〕。粢祭飯。按《說文》作此穧（齋）〔三二六〕。又作此𥻳（粢）〔三二七〕。齋齋衰〔三二八〕。諮諮謀〔三二九〕。姿儀。齍黍稷在器。《說文》從血（皿）〔三三〇〕。澬水名，在邵陵。飢居指反〔三三一〕二。飢（餓）也〔三三二〕。肌〔三三三〕。鴟鳥。三。處指反〔三三四〕。胵膍胵。魠魚名。絺丑指反〔三三五〕。三。辴唤（笑）貌〔三三六〕。〔又〕勑辰反〔三三七〕。欷〔三三八〕。郪縣名，在廣陵。取私反。三加一〔三三九〕。趑趑趄（趄）〔三四〇〕。䈬却車邸（抵）階〔三四一〕。趚（趀）按《說文》倉卒〔三四二〕。茨疾脂反。七。瓷瓷瓦。薋蒺莉（藜）〔三四三〕。《說文》草多貌。按餈飯餅〔三四四〕。垐以土增道。穦積。𧓉𧓉蠐〔三四五〕。尼女指反〔三四六〕。三。從匕。柅木名。怩忸怩。墀直尼反。六加一〔三四七〕。坻小堵（渚）〔三四八〕。泜水名，陳餘死處。遟又直利又（反）〔三四九〕。《說文》從辛。又作此迡。按蚔蟻卵。岻山名。謘按《說文》倉卒〔三五〇〕。私息指反〔三五一〕。二加一〔三五二〕。錗平木器。䒤按《說文》茅秀。尸式指反〔三五三〕。四。鳲鳲鳩〔三五四〕。屍死屍。蓍蓍草。鬐馬項上鬐。渠指反〔三五五〕。六。耆耆老。鍺衛鑯（軸）軸（鑯）〔三五六〕。鰭魚脊上骨。鮨鮓。《說文》魚指（脂）醬〔三五七〕。一日魚名。祁盛貌。又縣名，在太原。又市支反。伊於指反〔三五八〕。三。咿咿喔〔三五九〕。蛜蛜蝛。梨力指反〔三六〇〕。七加三〔三六一〕。《說文》作此梨（棃）〔三六二〕，菓。鑗剺同〔三六三〕，直破。按《說文》金屬也。一日剥。穲禾二把，長沙云。秜稻死來年更生。蜊蛤。蔾蒺蔾。棃（犁）牛駁（駮）〔三六四〕。𢡟按《說文》恨也。一日怠也。𪎭（𤼵）微畫也〔三六五〕。准上。𤼵（𪎭）引也〔三六六〕。准上。葵渠惟反〔三六七〕。四。鄈鄈丘，地名，在陳留。又地名，在河東，漢葵（祭）后土處〔三六八〕。楑柊楑。鮧魚名。追莎（陟）佳反〔三六九〕二。按《說文》作追。䨨雷，出《韓詩》〔三七〇〕。蕤儒住（隹）反〔三七一〕。三加一〔三七二〕。《說文》草木〔華〕垂貌〔三七三〕。緌冠纓〔三七四〕。桵白桵，木名。撋相著。衰所追返（反）〔三七五〕。三。微也。榱屋橑。《說文》秦名爲椽，周謂〔之〕榱〔三七六〕，齊〔謂〕之桷也〔三七七〕。瘣病。惟以佳反。八。旞旌〔三七八〕。壝埒。維語端。琟石，似玉。遺又于季反〔三七九〕。濰水名，在琅琊〔三八〇〕。唯獨也〔三八一〕。灅水名。力追反。七。蘽蔓。纍纍索。作縲。又樏山行乘樏也〔三八二〕。𤛮求子牛。嫘嫘祖，黃帝妻〔三八三〕。𡾋㟪𡾋。力罪反。又綏安。息遺反。六加一〔三八四〕。雖按《說文》從唯（虫）〔三八五〕，出（唯）聲〔三八六〕。荾胡荾，香菜。又作此浽浽溦〔三八七〕，小雨。睢水名，在梁郡〔三八八〕。又許葵反。䅗禾四把，長沙云。夊狐兔行貌。《詩》曰『雄狐夊夊』，合作此夊字也。今從綏字，誤矣。逵渠追反。五。蘷夔龍，俗作憂（夒）〔三八九〕。按《說文》作此夔。騤馬行貌。馗《說文》與此逵義同〔三九〇〕。戣兵器〔三九一〕。眉古作𥄾〔三九二〕。武悲反。九〔三九三〕。湄水湄〔三九四〕。楣戶楣。按《說文》秦名屋櫋聯也，周齊謂之檐，楚謂之梠。瑂石，以（似）玉〔三九五〕。矀伺視。薇竹名。又無非反。黴黴蔾（黧）〔三九六〕，垢腐貌。又草（莫）背反〔三九七〕。麋〔三九八〕。蘪蘪蕪（蕪）〔三九九〕。悲府眉反。一。錐止推反〔四〇〇〕。六。隹按《說文》鳥之短尾惣名。䴥鹿一歲。鵻小鳥〔四〇一〕。騅馬名〔四〇二〕。

萑木名，似桂。按《説文》草多貌〔四〇三〕。誰視隹反。二。脽坐處。帷洧悲反。一。邳下邳（邳）〔四〇四〕，縣。蒲悲反〔四〇五〕。四加一〔四〇六〕。岯山。魾魾鱗〔四〇七〕。䫜《説文》短項（須）髮貌〔四〇八〕。鉟姑鉟〔四〇九〕。

丕普悲反〔四一〇〕。五。大也。伾有力。秠黑黍。䫠大面〔四一一〕。駓桃花馬色〔四一二〕。《説文》從（馬）否（丕）〔聲〕〔四一三〕。倠仳倠。許維反。一。鎚直追反。三加一〔四一四〕。槌按《説文》作此椎，擊也。頧頭亞。⿰王追玉。

推尺隹（隹）反〔四一五〕。一。胝皮厚。陟夷反〔四一六〕。二。秖穀始熟。紕繒欲壞。疋夷反。一。嗺高貌。醉綏反。二。檇以木有所擣。《春秋》：越敗吴於檇李。巋小山而衆。丘追反。又丘誄反。一。狋火（犬）怒貌〔四一七〕。牛肌反〔四一八〕。又巨員反。一〔四一九〕。

七之止而反。二。芝芝草〔四二〇〕。飴與之反。十二加二〔四二一〕。怡按《説文》悦樂也。又有此嫛〔四二二〕，圯圯橋名〔四二三〕。從土，巳聲。貽貺遺。頤篆文從貞（頁）〔四二四〕，籀文作䪿，《説文》作臣，顩（頷）也〔四二五〕，象形。詒詒言。⿰王𦣞玉名。宧室東北隅〔四二六〕。慎（按）《説文》無穴作此宧〔四二七〕，養也，食所居。沶水名。⿰月𦣞豕之息肉〔四二八〕。⿰魚𦣞魚名。妃（姬）王妻別稱〔四二九〕。洍水名。一曰《詩》：『江有洍。』嫛悦。時市之反。三。塒鑿垣棲〔雞〕〔四三〇〕。鼭鼠。疑語基反。二。《説文》從疑（匕）〔止〕聲〔四三一〕。嶷九嶷山〔四三二〕。思息兹反。九。《説文》從〔心〕〔四三三〕，囟〔聲〕〔四三四〕。

司按《説文》臣司事於外者也。從反后。罳罘罳。絲絲絹。伺候。緦緦麻。楒相楒木。䈞竹有毒，傷人即死。禗不安欲去意〔四三五〕。輜楚治反。又側治反。二。颸風。其渠之反。十八加一〔四三六〕。按《説文》作此丌，舉也。期限〔四三七〕。旗旌旗〔四三八〕。萁豆莖（莖）〔四三九〕。騏馬青色〔四四〇〕。⿱其虫繫（蟿）⿱其虫〔四四一〕，似蟹。琪王（玉）〔四四二〕。綦履飾。《説文》未嫁女所服之。麒麒麟〔四四三〕。淇水名〔四四四〕。鶀鳥名。藄紫藄，似錤（蕨）〔四四五〕。錤鎡錤。古作兹其。棊弈。璂弁飾。鯕編（鯿）魚〔四四六〕。祺福祥。綨白倉色。碁石。詩書之二（反）〔四四七〕。反（二）〔四四八〕。⿰而阝池（地）名〔四四九〕。而如之反。十二。《説文》頰毛而也〔四五〇〕。《周禮》曰：『作其鱗之而。』然作此而亦通俗也。栭木名，子似栗而細。一曰梁上柱也〔四五一〕。檽木耳。陑地名。人（又）峻坂〔四五二〕。《説文》作陾，築墻聲，音仍。轜車。《説文》作此輀。胹煑熟。洏漣洏，涕流貌。鮞魚子。《説文》魚之美者，有東海之鮞也。耏多毛。今按《説〔文〕》作爲而字〔四五三〕，二同。咡吻。䰰丸之熟〔四五四〕。諆誘。欺詐。去其反。五。

娸姓。一曰醜。⿰鬼頁大頭。䫏方相〔四五五〕。今作魌頭。僛舞貌〔四五六〕。姬居之反。九〔四五七〕。朞今按《説文》古從今（日）〔四五八〕，日（今）從月〔四五九〕，二同。基基址〔四六〇〕。箕簸箕〔四六一〕。萁，菜似蕨。⿱竹𦣞可以取蟣。諆諆（謀）〔四六二〕，《詩》云：『周爰諮諆。』詞似兹反。五〔四六三〕。祠二月祭〔四六四〕。柌鎌柄〔四六五〕。辭理訟〔四六六〕。辤讓而不受。釐理。一曰福。里之反〔四六七〕。七加二〔四六八〕。貍貓貍〔四六九〕。氂十毫。嫠無夫〔四七〇〕。剺剥，從刀。梩從（徙）土輂〔四七一〕，字出《六韜》。又都皆反。李作杞〔四七二〕，從木己聲〔四七三〕。犛牛。又莫交反。慦按《說文》楚顯（潁）之間愁（謂）謂（愁）憂云〔四七四〕。斄強曲毛，可以褚衣。甾側持反。九〔四七五〕。按《說文》東楚名也正（缶）曰甾〔四七六〕。又不耕田也。或作此菑字。淄水名。輜車。又楚治反。錙錙銖。菑（菑）樹不（立）死爲菑（菑）〔四七七〕。又音哉。緇黑繒。鶅東方爲雉〔四七八〕。椔木立死。緇（鯔）魚名〔四七九〕。僖樂。許其反。十二。歖卒喜。熙和。《說文》又燥也。嬉美。一曰遊。譆痛聲。禧福。熹盛。《說文》炙也。𢿙拆。瞦目精。焟火盛也〔四八〇〕。嘻噫嘻。吹喜笑〔四八一〕。毉於其反。二。噫恨聲。癡丑（丑）之反〔四八二〕。三。齝牛吐食。笞打。治直之反。二。持攜持〔四八三〕。蚩（蚩）蟲名〔四八四〕。赤之反。三〔四八五〕。《說文》作此蚩。從屮，非山。嗤笑。媸妍媸字。慈疾之反。三。《說文》從竹，作此慈也〔四八六〕。磁石。鶿鸕鶿，鳥也〔四八七〕。茲子之反。九加一〔四八八〕。《說文》草木多益也，作此蕬〔四八九〕。孶息。嵫崦嵫〔四九〇〕。孜篤愛。滋多。或作稵。嗞嗞嗟，憂聲。𪑇染黑。鎡鋤之别名。鼒小鼎〔四九一〕。鰦鯛（鯽）〔四九二〕。孖雙生。仔克。茌士之反。〔茬〕平〔四九三〕，縣名。一。漦俟淄反〔四九四〕。龍次。又順流。一從沫。一。

八微無非反。妙。通、俗作微。六〔四九五〕。微隱行。薇竹名。又武悲反。薇菜。鐖縣物鉤。輝許歸反。光。亦作煇、暉。十〔四九六〕。揮奮〔四九七〕。徽美。翬飛貌。褘后祭服。鰴魚有力。暉（瀈）竭〔四九八〕。旛動。樿梨（犂）頭〔四九九〕。幑幟。幃王悲（非）反〔五〇〇〕。香囊。十三〔五〇一〕。闈宮中〔五〇二〕。圍周合〔五〇三〕。韋皮〔五〇四〕。𩏼束。違乖〔五〇五〕。湋水名。潿不流濁。鍏臿。韍戾。褘（禈）重衣〔五〇六〕。褢裏。霏芳非反。雰。或作霏。七〔五〇七〕。妃女官〔五〇八〕。人（又）並（普）佩反〔五〇九〕。菲芳。又芳尾、符未二反。𣯇細毛貌。斐斐，往來貌。一曰醜。騑驂馬。𥉂大目。之（又）芳小（巾）反〔五一〇〕。斐（斐）匪肥反〔五一一〕。斐（斐）豹〔五一二〕，見在《左傳》。〔八〕〔五一三〕。飛翔〔五一四〕。扉戶扉。緋赤色〔五一五〕。非不是〔五一六〕。𤛘似羊（牛）〔五一七〕，一目白首〔五一八〕。鯡〔五一九〕。〔騛〕騛兔〔五二〇〕，馬而兔（逸）是（足）〔五二一〕。肥符非反。豐肥（肌）〔五二二〕。正作肥。八〔五二三〕。腓脇（脚）腨腸〔五二四〕。䈅竹。𤸳飛（風）病〔五二五〕。或作痱。淝淝水〔五二六〕。𨙸縣名，在何（河）東聞喜〔五二七〕。蟦蠐螬。蜚負蠜，蟲。威於非反。可畏。七〔五二八〕。葳葳蕤。嵔嵔𡽫。又於鬼、於罪二反。隇隇陝，艱危〔五二九〕。㖡（蝛）螗（蛜）蝛〔五三〇〕，蟲。媁美貌。楲決塘。祈渠希反。求。十〔五三一〕。頎長好。旂旗〔五三二〕。𩴾鬼俗。畿王畿。或作圻。崎水傍曲岸〔五三三〕。亦作圻〔五三四〕。又渠羈反。刉似（以）血塗門〔五三五〕。嘰危。又公哀反。𦡀頰肉。又居希、古亥二反。肵俎。獮犬生一子。機居希反。〔鐖〕具〔五三六〕。十四〔五三七〕。譏誹。蘄縣名，在譙郡。今音祈。嘰小食。璣珠不圓〔五三八〕。幾微〔五三九〕。𦿆菹，草〔五四〇〕。磯大石激水〔五四一〕。
鞿繫馬。饑穀不熟。禨祥。亦作僟〔五四二〕。𧗾血器。鐖鉤金。刉斷。希虛機反。少。八〔五四三〕。晞日氣乾。莃莃葵。鵗北方名雉。睎視。稀稀穊。𧼮走。桸木汁，可食。依於機反。
倚。六〔五四四〕。衣服裳〔五四五〕。譩痛聲〔五四六〕。㳖方（天）㳖縣〔五四七〕，在酒泉。悘念痛。郼殷國。沂魚機反。水名。一。蘬丘韋反。馬蓼，似蓼而大。一。歸俱韋反。還。亦作歸（歸）〔五四八〕。
〔一〕〔五四九〕。巍語韋反。闕。二。魏（犩）牛〔五五〇〕。又牛畏反。

〔九〕魚語居反〔五五一〕。水蟲。六。漁水名，在魚（漁）陽〔五五二〕。𢿌捕魚。或作瀂、魰。齬齒不相值，又魚（齒）不住（正）〔五五三〕。又魚舉反〔五五四〕。鋙鉏鋙〔五五五〕。䮪馬目貌（白）〔五五六〕。
魰魰獵。初楚魚反。一。按《說文》始也。從刀，裁衣之始。書傷魚反。六。鵨鳥名，似鳧。璖玉。舒展〔五五七〕。紓緩。𨛫地名，在廬江。居舉魚反。六加一〔五五八〕。按《說文》從几，作此凥。据手病。《詩》云：『予手拮据。』〔五五九〕裾
衣裾〔五六〇〕。琚玉。䝬貯。鶋雞（鶢）鶋〔五六一〕，鳥。涺水名，出《說文》。渠強魚反。十三加一〔五六二〕。𨏖輞。𦂮履緣。璩玉名〔五六三〕。磲硨磲，次玉。蕖芙蕖。籧籧篨。簴牛匡。淭
淭挐之淭〔五六四〕。醵合錢飲酒。腒鳥腊。鵌鶋鵌，鳥名〔五六五〕。𧆑獸。虡按《說文》從虎（虍）征豕〔五六六〕，小聲〔五六七〕。虎豕之鬭不相余（舍）也〔五六八〕。余與魚反。十九。《說文》從八，作余。蜍蜘蛛。
餘殘餘。輿又與庶反。旟旟〔五六九〕。鵌同穴鳥。璵魯寶玉〔五七〇〕。艅艅艎。畬田二歲。澦水名。歟按《說文》安氣也。又與庶反。礜又與據反〔五七一〕。嬩女字〔五七二〕。舁對舉。按
《說文》又〔作〕此舉〔五七三〕，義略同。妤婕好。今按《說文》婦官也。作伃。𪊍山驢。予又餘佇反。與余同。𤞞語助，與與同〔五七四〕。鸒馬行貌。胥息魚反。七。按《說文》蟹醢也。又相也。䱬魚名。䈝竹名〔五七五〕。
湑汎。楈木名。蝑蜙蝑，蟲。稰落。疽癰疽。七余反。十一。岨石山戴土。苴履中藉草〔五七六〕。按《說文》子與反。趄趑趄。沮水名，在北地。又慈與〔反〕〔五七七〕。按《說文》沮出漢中，此瀘出北地，并水名。狙猨。按《說
文》一曰狙，犬，暫齧人。一曰不潔（齧）人〔五七八〕。又七庶反也。雎鳩。蛆蟲在肉中。蒩苞蒩。䢹鄉名，在鄠縣。蛆俗作蟲（蛆）〔五七九〕。蛆（蟲）〔五八〇〕。鋤助魚反。一加一〔五八一〕。按《說文》作鉏。豠按《說文》豕屬也。攄舒。勑居反。
三〔五八二〕。樝惡木。摴摴蒲，今作攄。踈（疎）色魚反〔五八三〕。四。綀綀葛之綀〔五八四〕。蔬蔬菜〔五八五〕。梳櫛。虛許魚反。五。驢駏驢，畜。歔歔欷。嘘氣嘘〔五八六〕。魖
稅（秏）鬼〔五八七〕。徐似魚反。三。𨚗地名。𦍩野羊。扵央魚反〔五八八〕。五。《說文》從（作）於〔五八九〕。箊䉛箊，竹名。淤淤泥。菸菸邑，茹熟貌。唹笑貌。豬陟魚反。三。又作猪。櫫楬櫫，有所表識。

瀦水所停。臚皮臚。又鴻臚。力魚反。十。鬛毛鬛〔五九〇〕。閭里閭〔五九一〕。櫖倚（寄）櫖〔五九二〕。蘆漏蘆，藥名。驢畜〔五九三〕。櫚栟櫚〔五九四〕。蘆蘆蘩。閭菴閭□爈火燒山界（冢）〔五九五〕。諸章魚反。衆也。五。櫧木名。瀦水名，〔在〕北嶽〔五九六〕。藷藷蔗，目（甘）蔗〔五九七〕。䃴礠䃴，青礪。除直魚反。七。去也。躇躊躇。儲糧儲〔五九八〕。涂水名，在堂邑〔五九九〕。又直胡反。亦水名，在建寧。篨籧篨。藸薵藸，菍名。宁門屏間。如汝魚反。四。蘩蘆（蘆）蘩〔六〇〇〕。洳水名，〔在〕南郡〔六〇一〕。又人慮反。在晉。鴽鴾〔六〇二〕。且子魚反。三。從目、一聲〔六〇三〕。正〔作〕〔且〕〔六〇四〕。砠山。《説文》又作此岨。蛆蝍蛆，食蛇蟲。蝍字，子結反。墟去魚反。五。笶飯器。袪袖。又袪惑。阹依山谷爲牛馬圈。椐木名。菹側魚反。二〔六〇五〕。《説文》作此葅。沮（俎）姓〔六〇六〕。蜍蟾蜍〔六〇七〕。署魚反。二。稌署預，藥名。又音杜。袽《易》曰：「衣有袽。」女余反。三。按《説文》又作此絮。帤幡巾。毠犬多毛。又作挐。

説明

此件首尾完整，正背接續抄寫，原未抄完，所存内容爲《切韻箋注》（序、卷一）。其後空白處有倒書《鍾馗驅儺文》。此件起首有陸法言《切韻》原序及唐高宗儀鳳二年（六七七年）長孫訥言的箋注序。序文後爲平聲上二十六韻韻目，次爲正文平聲一東、二冬、三鍾、四江、五支全部字及六脂『葵，渠惟反。四』條，計一〇五行；背面自六脂『渠惟反』小韻第二條『鄈』字起至七之、八微、九魚全韻，計七十四行。據《敦煌經部文獻合集》考證，底本所據抄之原本已殘，抄寫者對殘缺之處或用文字注明，或用他本補足殘缺文字。

此件抄寫體例不一，周祖謨教授認爲係以唐長孫納言箋注本《切韻》爲底本、以王仁昫《刊謬補缺切韻》配補而成。王國維先生曾對原卷進行精細摹寫過録。《敦煌經部文獻合集》對其做過精細録校。

與此件序文相關的敦煌文書有四件：伯二〇一七、伯四八七九+伯二〇一九、伯二一二九、伯二六三八。北京故宮博物院藏王仁昫《刊謬補缺切韻》、宋本《廣韻》載有陸序及長孫箋注序；北京故宮博物院藏裴務濟正字本《刊謬補缺切韻》載有長孫箋注序。

與此件音韻相關的文書有：斯二〇七一，存平上入四卷，其中平聲上存三鍾到廿六山等二三韻字；伯二〇一七，存陸序、平上去入四聲韻目及東韻部分字；Дx. 五五九六，存平聲鍾、江二部殘字，計七行。

以上釋文以斯二〇五五爲底本，以斯二〇七一（稱其爲甲本）、伯二〇一七（稱其爲乙本）、Дx. 五五九六（稱其爲丙本）爲參校本。參校本缺少底本相對應文字時，酌情參考北京故宮博物院藏王仁昫《刊謬補缺切韻》（稱其爲《王二》）、北京故宮博物院藏裴務濟正字本《刊謬補缺切韻》（稱其爲《裴韻》）。以上各寫本於所收韻字下或先音注後訓解，或先訓解後音注，此屬抄寫體例之別，爲省篇幅，均不出校。各本所收韻字多有不同，悉以底本爲據，概不增減；因此而形成的每紐字數之不同，概以底本爲准，但在校記説明。每韻字之音注，凡切語用字與他本不同者，悉出校記説明；他本有又音而底本無者，於韻字本字下出校記説明。韻字之訓解，各本詳略差異較大，義同而行文不同者，屬表述差異，不出校；若義項有別者，於韻字本字下出校説明；引《説文》等增訓者，不出校。徵引他書文字説明義項者，僅在校記中註明。

校記

〔一〕『伯加一千字』，《敦煌經部文獻合集》認爲『伯』是人名之末字，『伯加一千字』即某某伯所加字。

〔二〕「原」，當作「源」，據《王二》改，「原」爲「源」之借字。
〔三〕「史」，當作「吏」，據《王二》改。
〔四〕「俱」，當作「居」，據乙本改，「俱」爲「居」之借字；「反」，乙本無。
〔五〕「不」，乙本同，《敦煌經部文獻合集》指出《廣韻》作「一」，合於文本之前後語境。
〔六〕「入」，乙本存殘劃，當作「反」，據《王二》改，《敦煌經部文獻合集》逕釋作「反」。
〔七〕「尤」，《敦煌經部文獻合集》認爲當有反切注音，據底本體例補三個脱字符。
〔八〕「侯」，《敦煌經部文獻合集》認爲當有反切注音，據底本體例補三個脱字符。
〔九〕「詠」，乙本脱。
〔一〇〕「略」，乙本脱。
〔一一〕「踈」，乙本同，「踈」爲「疎」之訛，「疎」同「疏」。
〔一二〕「網」，當作「綱」，據乙本改。
〔一三〕「後博問英辯」，乙本作「即須問辯」。
〔一四〕「宦」，乙本作「官」。
〔一五〕「初服」，底本留有空白，據乙本補。
〔一六〕「弟」，乙本同，《敦煌經部文獻合集》指出諸本有「子弟」與「弟子」之異，「弟」可兼指「弟子」，而爲駢儷之需，故省「子」字。
〔一七〕「或」，乙本作「惑」，均可通。
〔一八〕「壞」，當作「懷」，據乙本改，《敦煌經部文獻合集》逕釋作「懷」。
〔一九〕「則」，據乙本補。

〔二〇〕「以」，乙本作「已」。

〔二一〕「字書」，乙本作「書字」。

〔二二〕「王」，當作「玉」，據乙本改，《敦煌經部文獻合集》逕釋作「玉」。

〔二三〕「柒」，當作「未」，據乙本改。

〔二四〕「今」，底本有兩「今」，一在行末，一在下一行行首，此爲當時之換行添字抄寫體例，第二個「今」字應不讀；「雄」，據乙本補。

〔二五〕「少」，當作「小」，據乙本改。

〔二六〕「隨」，當作「隋」，據乙本改，「隨」爲「隋」之借字；「也」，乙本同，《敦煌經部文獻合集》以爲乙本無，誤。

〔二七〕「曰」，底本此條及下一條合計留有約四字空白，據《裴韻》補。

〔二八〕「此製酌」，據《裴韻》補；「訟」，當作「沿」，據《裴韻》改。

〔二九〕「矣」，當作「久」，據《裴韻》改。

〔三〇〕「多」，據《裴韻》補；「源」，底本留有空白，據《裴韻》補。

〔三一〕「差之一點」，底本留有空白，據《裴韻》補。

〔三二〕「莫究厥由」，底本留有空白，據《裴韻》補。

〔三三〕「乃」，底本作「及」形，《敦煌經部文獻合集》指出細審捺筆較短，且有一點，當以刪除符號視之。

〔三四〕「若靡憑焉」，底本留有空白，據《裴韻》補。

〔三五〕「須」，當作「頊」，《敦煌經部文獻合集》據《廣韻》校改；「佩」，當作「諷」，據文義改，《敦煌經部文獻合集》校作「佩」。

〔三六〕「失」，底本留有空白，據《裴韻》補。

〔三七〕『銀』，底本留有空白，據《裴韻》補。
〔三八〕『盪』，當作『盪』，據《廣韻校勘記》改。
〔三九〕『訶』，當作『詞』，據《裴韻》改。
〔四〇〕『絕』，當作『記』，據《裴韻》改。
〔四一〕『更』，當作『便』，據《裴韻》改。
〔四二〕『則』，當作『别』，據《裴韻》改。
〔四三〕『有類』，據《裴韻》補。
〔四四〕『遮』，當作『庶』，據《裴韻》改；『埒』，底本留有空白，據《裴韻》補。
〔四五〕『丁』，據《裴韻》補。
〔四六〕『弟』，當作『第』，據文義改，『弟』爲『第』之本字。
〔四七〕『而』，底卷旁有倒乙符號，《敦煌經部文獻合集》失察。
〔四八〕『一』，乙本同，當作『二』，據前後數字排序改；『俱』，當作『徂』，據乙本改。
〔四九〕『於』，底本爲草書，《敦煌經部文獻合集》釋作『不』，校作『於』。
〔五〇〕『袁』，《敦煌經部文獻合集》釋作『表』，校作『袁』，
〔五一〕『魂』，乙本脱。
〔五二〕『廿三戶恩』，乙本脱。
〔五三〕『蓤』，當作『姦』，據乙本改。
〔五四〕『二』，乙本作『二加一』，底本實收『東』、『涷』二字，乙本實收『東』、『涷』、『涷』三字。
〔五五〕『按』，乙本無，《敦煌經部文獻合集》釋作『桉』，指出『桉』字同『案』，用與『按』同，後不一一出校説明。

〔五六〕「從木」，據乙本補。
〔五七〕「從」，據乙本補；「水」，乙本同，當作「木」，《敦煌經部文獻合集》據文義校改。
〔五八〕「水名」，乙本在其後有「又瀧涷，霑也」。
〔五九〕「僕」，乙本作「僮僕」。
〔六〇〕「按」，據底本體例補；「《説文》」，據乙本補。
〔六一〕「辛」，當作「辛」，據今本《説文》改。
〔六二〕「辛」，乙本無，當作「辛」，《敦煌經部文獻合集》據文義校改。
〔六三〕「士」，當作「山」，據乙本改，《敦煌經部文獻合集》將此字與下文「反」合二爲一釋作「麥」，并校改作「山反」；乙本「反」字以下至「曲」字殘缺。
〔六四〕「千」，當作「干」，據《裴韻》及下文「古者干字」改，《敦煌經部文獻合集》逕釋作「干」。
〔六五〕「亂」，乙本作「亂也」。
〔六六〕「辛」，當作「辛」，《敦煌經部文獻合集》據文義校改；「非辛」，乙本無。
〔六七〕「辛」，當作「辛」，《敦煌經部文獻合集》據文義校改。
〔六八〕「省聲」，據《裴韻》補，《敦煌經部文獻合集》未補。
〔六九〕「辛」，當作「辛」，《敦煌經部文獻合集》據文義校改。
〔七〇〕「僕也」，乙本作「僮僕」。
〔七一〕「青鐵」，今本《説文·金部》作「赤金」。
〔七二〕「以」，當作「似」，據《王二》改。
〔七三〕「秦」，當作「泰」，據《裴韻》改。

〔七四〕『尸』，當作『尺』，據《王二》改。
〔七五〕『名』，當作『箒』，據《王二》改。
〔七六〕『佗』，《敦煌經部文獻合集》釋作『他』。
〔七七〕『中』，乙本注文作『陟隆反。三。中央；和。又陟仲反，當』。
〔七八〕『哀』，當作『衷』，據乙本改；乙本注文作『善；又衷衣』。
〔七九〕『謂之』，據今本《説文・蟲部》補。
〔八〇〕『蟲』，當作『蛊』，據《裴韻》改。
〔八一〕『柊』及注文『木名』，據乙本補。
〔八二〕『螽』字注文，今本《説文・蟲部》作『蝗也』。
〔八三〕『文』，乙本無。
〔八四〕『初』，當作『築』，據《王二》改。
〔八五〕『疋』，當作『雅』，據《韻會》改。
〔八六〕『商』，當作『高』，據《裴韻》改。
〔八七〕『劒』，當作『鋤』，據《王二》改。
〔八八〕『剬』，《敦煌經部文獻合集》釋作『剁』。
〔八九〕『菜名』，據《裴韵》補。
〔九〇〕『崧』，據《裴韵》補。
〔九一〕『蔡』，當作『葵』，據《裴韻》改。
〔九二〕『説』字衍，按文例當删。

〔九三〕「炊」，據《裴韻》補。

〔九四〕「開」，《敦煌經部文獻合集》校作「明」。

〔九五〕「浮」，當作「孚」，據《王二》改；「也」字衍，據文義當删。

〔九六〕「木盛」，據《裴韻》補。

〔九七〕「凡」，當作「虫」，據今本《説文·風部》改。

〔九八〕「虫」，當作「凡」，據今本《説文·風部》改。

〔九九〕「文」，據文義補。

〔一〇〇〕「周王」，《敦煌經部文獻合集》認爲應作「周文王」，疑底卷脱「文」字。

〔一〇一〕「無」，當作「蕪」，據文義改。

〔一〇二〕「麥」，據《裴韻》補。

〔一〇三〕第一個「玩」，當作「琓」，據《裴韻》改；第二個「玩」，當作「琓」，據文例改；「身」，當作「耳」，據《裴韻》改。

〔一〇四〕「若」，當作「苦」，據《王二》改，《敦煌經部文獻合集》逕釋作「苦」。

〔一〇五〕「石」，《敦煌經部文獻合集》釋作「石□」，「□」校改作「聲」，底本「硿青，石」可通。

〔一〇六〕「椌」，當作「硿」，據《裴韻》改，「椌」爲「硿」之借字；「桿」，當作「稈」，據《裴韻》改，「桿」爲「稈」之借字。

〔一〇七〕「七」，當作「八」，據文例改，底卷實收「公」、「功」、「工」、「功（攻）」、「疘」、「蚣」、「玒」、「釭」八字。

〔一〇八〕「功」，底本作爲注文抄在上字「工」下，現恢復作字頭，當作「攻」，據《裴韻》改，「功」爲「攻」之借字。

〔一〇九〕「玉」，當作「王」，據《説文·艸部》改。

〔一一〇〕「儫」，當作「矇」，據《王二》改，「儫」爲「矇」之借字。

〔一一一〕「艟」字下至行末底卷留有空缺，且「艟」爲「鍾」韻字，《敦煌經部文獻合集》指出因「艨艟」一詞而致訛；「艟（艨）」、「襱」二條間的内容底卷無法確定。

〔一一二〕「櫳」，與本小韻前一字頭「櫳」相同，按體例不應分立，《敦煌經部文獻合集》認爲是「龒」的俗字，訓解當作「房櫳」。

〔一一三〕「欲」，《敦煌經部文獻合集》疑底卷脱，據文義校補。

〔一一四〕「治」，當作「沽」，據《王二》改；「瀆」，當作「濆」，據《王二》改。

〔一一五〕「斳」，同「齗」，「齗」爲「𧿹」之或體，《敦煌經部文獻合集》逕釋作「𧿹」。

〔一一六〕「釭」，當作「鉷」，據《王二》改。

〔一一七〕「菜」，當作「草」，據《裴韻》改。

〔一一八〕「擔」，《敦煌經部文獻合集》釋作「檐」，據文義當做「擔」。

〔一一九〕「車」，據《王二》補。

〔一二〇〕「戰」，當作「載」，據《王二》改。

〔一二一〕「諧」，當作「階」，據《裴韻》改。「諧」原抄在雙行夾注左行之首，疑乃抄手誤抄，今從《裴韻》及《説文》將其移至「屋」字之後。

〔一二二〕「支」，當作「枝」，據《王二》改，「支」爲「枝」之借字。

〔一二三〕「丈」，當作「又」，據《裴韻》改。

〔一二四〕「犬生三子」，據《裴韻》補。

〔一二五〕「㹐」，據《裴韻》補。

〔一二六〕第一個「篷」，當作「箺」，據《裴韻》改；第二個「篷」，當作「箺」，據文例改。
〔一二七〕「若」，當作「箬」，據文義改。
〔一二八〕「覆」，當作「覆」，據文義改。
〔一二九〕「以」，當作「似」，據文義改。
〔一三〇〕「之」，《敦煌經部文獻合集》釋作「六」。
〔一三一〕「峵」，當作「峵」，據文義改。
〔一三二〕「二」，當作「六」，據文例改，本小韻實收「彤」、「疼」、「佟」、「炵」、「螐」、「鼕」六字，《敦煌經部文獻合集》逕釋作「六」。
〔一三三〕「也」，當作「又」，據《裴韻》改。
〔一三四〕「域」，當作「戎」，據《裴韻》改；「稅」，據《裴韻》補。
〔一三五〕「五」，當作「反」，據文例及《裴韻》改。
〔一三六〕「反」，當作「五」，據文例及《裴韻》改。
〔一三七〕「一」，據文例及《裴韻》補。
〔一三八〕「潨」，前文「東」韻「在冬反」已經出現一次。
〔一三九〕「東」，當作「冬」，據《王二》改，「東」爲「冬」之借字。
〔一四〇〕「東」，當作「冬」，據《裴韻》改，「東」爲「冬」之借字。
〔一四一〕「結」，當作「給」，據今本《説文·共部》改。
〔一四二〕「山」，當作「出」，據《裴韻》改；「都」，當作「郡」，據《裴韻》改，《敦煌經部文獻合集》逕釋作「郡」。
〔一四三〕「二」，底本此小韻實收一字，《敦煌經部文獻合集》校改作「一」，不妥，因爲底卷小韻標數字作「二」，實收一字，可能存在漏抄可能，因此無需校改。

〔一四四〕『綜』，當作『琮』，據《裴韻》改，『綜』爲『琮』之借字。

〔一四五〕『二』，底本此小韻實收一字，《敦煌經部文獻合集》校改作『一』，不妥，因爲底卷小韻標數字作『二』，實收一字，可能存在漏抄可能，因此無需校改。

〔一四六〕第一個『鬆』，當作『鬆』，據文義改。

〔一四七〕『湏』，當作『酒』，據《裴韻》改。

〔一四八〕本小韻標數字作『九加二』，實收『鍾』、『鐘』、『蚣』、『忪』、『彸』、『衳』、『妐』、『衳』八字。

〔一四九〕『蟲』字衍，據《裴韻》當刪。

〔一五〇〕『兒』，據《裴韻》補。

〔一五一〕『書容反』，據《裴韻》補。

〔一五二〕『四』，據文例補。

〔一五三〕第一個『摏』，據伯三七九八《切韻》補；第二個『摏』，底本原作代字符號，並與『撞』同作爲前條『舂』字的注文，底本誤糅『舂』、『摏』二條爲一。

〔一五四〕『鱅』，當作『鱅』，據《裴韻》改。

〔一五五〕『羊』，當作『詳』，據《裴韻》改。

〔一五六〕『尸』，當作『尺』，據《裴韻》改。

〔一五七〕『在』，當作『出』，據《裴韻》改。

〔一五八〕『垣』下《敦煌經部文獻合集》認爲當補『犝』字及注文『似牛，領有肉』，與本小韻標數字『十四』吻合。

〔一五九〕第一個『鏞』，當作『鎔』，據《裴韻》改；第二個『鏞』，當作『鎔』，據文例改。

〔一六〇〕『二』，底本此小韻實收『顒』、『鰅』、『喁』三字，《敦煌經部文獻合集》校改作『三』。

〔一六一〕『二』下《敦煌經部文獻合集》認爲當補『雍』字及注文『又於用反』，與本小韻標數字『十一』吻合。

〔一六二〕第二個『鳥』，當作『鳴』，據《王二》改。

〔一六三〕『宗』，當作『宋』，據《裴韻》改。

〔一六四〕『以侯』，《敦煌經部文獻合集》認爲當作『於用』。

〔一六五〕第三個『䭢』，當作『醲』，據後文『醲』條注文及《王二》改，《敦煌經部文獻合集》未校改。

〔一六六〕『疸』，據《裴韻》補。

〔一六七〕第一個『廱』，據《裴韻》補；『壁』，當作『辟』，據《裴韻》改。

〔一六八〕『饔』，當作『饔』，據《裴韻》改。

〔一六九〕『癰』，當作『壅』，據《裴韻》改。

〔一七〇〕『貎』字下底本留有空白。

〔一七一〕『曽』，當讀作『增』。

〔一七二〕『蹤』，當作『蹱』，據注文及《裴韻》改。

〔一七三〕『三』，底本此小韻實收『蹤（蹱）』、『傭』二字，《敦煌經部文獻合集》校改作『二』，不妥，因爲底卷小韻標數字作『三』，實收二字，可能是漏抄，因此無需校改。

〔一七四〕『四』，甲本作『三』，底本實收『逢』、『縫』、『漨』三字，缺一字，甲本存『縫』、『漨』二字，殘『逢』字及注文。

〔一七五〕『絏』，當作『紩』，據甲本改。

〔一七六〕『名』，甲本無。

〔一七七〕『丯』，底本留有空白，據後引文補。

〔一七八〕『違』，當作『達』，據今本《説文·生部》改；《敦煌經部文獻合集》逕釋作『達』。

〔一七九〕『敷容』，據今本《説文·蚰部》補；『反』，《敦煌經部文獻合集》認爲是衍文，誤；『三』字衍，此小韻前已有標數字『九』，據文例當删。

〔一八〇〕『峯』，當作『夆』，據《王二》改。

〔一八一〕『又』，據甲本補；『字』，當作『子』，據甲本改，『字』爲『子』之借字。

〔一八二〕『穠』，此大韻前文『女容反』已出現一次。

〔一八三〕『用』，甲本同，當作『容』，據《王二》改。

〔一八四〕『六加一』，甲本作『六』，底本收『蛩』、『邛』、『舼』、『筇』、『輁』、『茾』、『䂬』七字，甲本存『邛』、『舼』、『筇』、『輁』、『茾』五字，殘一字。

〔一八五〕『縣』，甲本作『縣名』。

〔一八六〕『竹』，甲本作『筇竹』。

〔一八七〕『棺』，甲本作『官』，『官』爲『棺』之借字。

〔一八八〕『島』，當作『邊』，據今本《説文·石部》改。

〔一八九〕『鱅』，此大韻前文『餘封反』已出現一次。

〔一九〇〕『江』，丙本訓解作『河也』。

〔一九一〕『五』，甲本同，丙本作『七』，存『江』、『杠』、『扛』三字。

〔一九二〕『舉鼎』，據甲本補。

〔一九三〕『杠』，據甲、丙本補；『鎊』，甲本作『鈁』。

〔一九四〕『牀』，甲本作『於』，誤；『横』，甲本同，丙本作『横木』。
〔一九五〕第一個『茳』，底本此處抄寫者初寫作『忹』，後又將『忹』的『忄』字邊改作『氵』。
〔一九六〕『又』，當作『鐙』，據甲本改。
〔一九七〕『燈』，當作『又』，據甲本改。
〔一九八〕『痝』，當作『庬』，據丙本改。
〔一九九〕『六』，丙本作『十』，存『庬』、『尨』、『駹』三字。
〔二〇〇〕『厂』，據今本《説文·厂部》補。
〔二〇一〕『墨』，當作『黑』，據丙本改；『貌』，當作『白』，據丙本改。
〔二〇二〕『尨』，據今本《説文·犬部》及上下文義補。
〔二〇三〕『紅』，當作『江』，據甲、丙本改。
〔二〇四〕『二』，此小韻實收二字，據文例及甲本補；丙本作『四』，收『醲』、『氄』、『襛』、『饛』四字。
〔二〇五〕『氈』，當作『氄』，據《裴韻》改。
〔二〇六〕『二加一』，甲本作『三』，但是底本實收『窓』、『稯』、『摐』、『窻』四字，甲本收『窓』、『稯』、『摐』三字，《敦煌經部文獻合集》校作『三加一』，不妥，底卷屢見標數字與實收字數不吻合的情況。
〔二〇七〕第一個『稯』，甲本作『椶』。
〔二〇八〕『按』，丙本無；『也』，丙本無。
〔二〇九〕『邦』，丙本訓解作『邦國』。
〔二一〇〕『帆』，《敦煌經部文獻合集》釋作『机』，再校作『帆』，底本實爲『帆』的俗寫，『木』旁與『巾』常混用。
〔二一一〕『下』，據《王二》補。

〔二一二〕「降」，當作「降」，據文例改。

〔二一三〕「垙」，當作「瓨」，據今本《説文·缶部》改。

〔二一四〕「脈」，當作「脹」，據甲、丙本改。

〔二一五〕「也」，當作「匹」，據甲、丙本改。

〔二一六〕「二」，丙本此字之前有又音「又彭江反」，之後還有訓解「又痒」，并且音注「也（匹）江反」在訓解「脝脈（脹）」之前。

〔二一七〕「名湍」，甲本作「湍名」。

〔二一八〕「雙」，當作「雙」，據文例改。

〔二一九〕「馬」，當作「駟」，據《裴韻》改。

〔二二〇〕「巳」，當作「貌」，據文義改。

〔二二一〕第二個「控」，當作「打」，據甲本改。

〔二二二〕「蹋」，甲本作「踏」，「蹋」爲「踏」之本字。

〔二二三〕「明」，甲本作「用」。

〔二二四〕「二」，當作「一」，底本此小韻實收「樁」一字，據底本體例及甲本改。

〔二二五〕「十」，甲本作「九」，底本收「支」、「庀（巵）」、「枝」、「疺」、「秖」、「觶」、「肢」、「禔」、「梔」、「鳷」十字，甲本存「支」、「巵」二字，殘七字。

〔二二六〕「庀」，當作「巵」，據甲本改。

〔二二七〕「木」，當作「子」，據《王二》改。

〔二二八〕「戈」，當作「弋」，據甲本改。

〔二二九〕『十加一』，甲本作『十』，底本收『移』、『暆』、『迤』、『㺯』、『栘』、『擨』、『酏』、『㐌』、『椸』、『栘』、『𦲵』十一字，甲本存『暆』、『迤』、『㺯』、『栘』、『榹』五字，殘二字。

〔二三〇〕『東』，當作『東』，據甲本改。

〔二三一〕『見』，甲本作『現』，『見』爲『現』之古字。

〔二三二〕『弁』，當作『弄』，據《王二》改。

〔二三三〕『㐌』，當作『酏』，據文義改。

〔二三四〕『稀』，當作『桸』，據《裴韻》改，『稀』爲『桸』之借字。

〔二三五〕『計』字衍，據文義當刪；『同』，據文例補。

〔二三六〕『一』字衍，據甲本當刪。

〔二三七〕『加』，作爲解釋意義的注文與字頭『栘』不符。此小韻標數字爲『十加一』，『加』表示『栘』爲新加。

〔二三八〕『薳』，當作『于』，據甲本改；『以周反』衍，據甲本當刪；『噅』，當作『僞』，據甲本改。

〔二三九〕甲本注文爲『水名，出新陽』。

〔二四〇〕『媯』，據甲本補。

〔二四一〕『二』，當作『三』，據底本體例及甲本改；底本實收『麾』、『撝』、『噅』三字，甲本存『麾』、『噅』二字，殘一字。

〔二四二〕『噅』，當作『蟡』，據今本《說文·辵部》改。

〔二四三〕『草』，據《裴韻》補。

〔二四四〕『又』，據《裴韻》及文例補。

〔二四五〕『魏』，當作『覣』，據甲本改。

〔二四六〕『四加一』，甲本作『四』，底本收『糜』、『縻』、『𪎭』、『醾』、『麋』五字，甲本收『糜』、『縻』、『縻』、『𪎭』四字。

〔二四七〕『醾』，當作『蘼』，據今本《説文·艸部》改，《敦煌經部文獻合集》未校改；『無』，當作『蕪』，據今本《説文·艸部》改，《敦煌經部文獻合集》未校改。

〔二四八〕『爲』，當作『反』，據文例改。

〔二四九〕『此』，當作『作』，據文例改；『作』，當作『此』，據文例改；『隳』，當作『墮』，據文義改。

〔二五〇〕『鬢』，當作『鬐』，據《裴韻》改。

〔二五一〕『兩』，甲本作『銖』。

〔二五二〕『人』，當作『又』，據文例改。

〔二五三〕『晨』，當作『農』，據《裴韻》改。

〔二五四〕『理』，當作『律』，據今本《説文·龠部》改；『壎』，據今本《説文·龠部》補。

〔二五五〕『一曰』，據《裴韻》補；『刃』，當作『劎』，據《裴韻》改；『装也』，據《裴韻》補。

〔二五六〕『髮』，當作『髲』，據《裴韻》改。

〔二五七〕『名』，甲本作『鮍』。

〔二五八〕『披尋』，甲本作『散』。

〔二五九〕『四』，當作『反』，據甲本及文例改。

〔二六〇〕『反』，當作『四』，據甲本及文例改。

〔二六一〕『馬』，甲本作『跨馬』。

〔二六二〕『也』，當作『反』，據甲本改。

〔二六三〕第一個「反」，當作「又」，據《裴韻》改。

〔二六四〕「被」，當作「枝」，據《裴韻》改。

〔二六五〕「鞕」，當作「鞭」，《敦煌經部文獻合集》據文義校改。

〔二六六〕「反」，據文例及《王二》補。

〔二六七〕第一個「岥」，當作「歧」，據《裴韻》改；第二個「岥」，當作「歧」，據文例改。

〔二六八〕「外」，當作「水」，據今本《説文·邑部》改。

〔二六九〕「湪」，當作「緣」，《敦煌經部文獻合集》據文義校改。

〔二七〇〕「義」，據今本《説文·兮部》補。

〔二七一〕「儉」當作「險」，據《王二》改。

〔二七二〕「五」，甲本作「四」，底本收「鼭」、「攲」、「崎」、「觭」、「踦」五字，甲本收「鼭」、「攲」、「崎」、「觭」四字。

〔二七三〕「府」，當作「俯」，據甲本改，「府」爲「俯」之借字。

〔二七四〕「五」，本小韻實收五字，據文例補。

〔二七五〕「之」，據今本《説文·宀部》補。

〔二七六〕「之上」，據今本《説文·宀部》補。

〔二七七〕「四加一」，甲本作「三」，底本收「提」、「堤」、「匙」、「恀」、「堤」五字，甲本收「提」、「匙」、「堤」三字。

〔二七八〕「封」，甲本作「堤封」。

〔二七九〕「按」字衍，據文義當删。

〔二八〇〕「醨」，據《王二》補；「薄」，據《王二》補。

〔二八一〕『皃』，當作『鼠』，據甲本改。

〔二八二〕『鳥』，當作『鸓』，據甲本改。

〔二八三〕『離』，當作『蘺』，據文義改。

〔二八四〕『二』，當作『三』，本小韻實收三字，據文例改。

〔二八五〕『鼠』，當作『猒』，據今本《説文·骨部》改。

〔二八六〕『則』，當作『財』，據《王二》改。

〔二八七〕『疾』，甲本作『病』；『反』，甲本無。

〔二八八〕『貌』，當作『鶏』，據甲本改。

〔二八九〕『掎』，《敦煌經部文獻合集》據文例補『□□』。

〔二九〇〕第一個『皷』，當作『敧』，據《王二》改；第二個『皷』，當作『敧』，據文例改；底本把注文『皷取物』誤抄在上字『掎』下，據《王二》改。

〔二九一〕『四行全無』，是指抄手所據底本此處缺四行，疑其估算有誤，參見《敦煌經部文獻合集》。

〔二九二〕『祈』，當作『所』，據甲本改。

〔二九三〕『三』，甲本作『二』，底本此小韻實收『醿』、『簁』二字，甲本同，《敦煌經部文獻合集》校改作『二』，不妥，因爲底卷小韻標數字作『三』，實收二字，可能是漏抄，因此無需校改。

〔二九四〕『革』，當作『鞍』，據甲本改。

〔二九五〕『垂』，據甲本補。

〔二九六〕『濕』，甲本作『腄』。

〔二九七〕『又』，據文例補；『侯』，當作『隹』，據甲本改；『一』，當作『反』，據文例及甲本改。

〔二九八〕『反』，當作『一』，據文例及甲本改。

〔二九九〕『星』，甲本作『星名』。

〔三〇〇〕『細』，甲本作『糿』，《敦煌經部文獻合集》釋作『糿』。

〔三〇一〕第一個『規』，當作『雉』，據甲本改；第二個『規』，當作『鴙』，據甲本改。

〔三〇二〕『二』，當作『一』，據底本體例及甲本改；底本此小韻實收『腄』一字，甲本同。

〔三〇三〕『戈』，當作『弋』，據《裴韻》改；『垂反』，據《裴韻》補。

〔三〇四〕『一』，據文例補。

〔三〇五〕『載』，當作『戴』，據《裴韻》改。

〔三〇六〕『十二』，甲本作『十一』，底本收『姨』、『彝』、『寅』、『夷』、『痍』、『胒』、『恞』、『陝』、『荑』、『桋』、『蛦』、『胂（胰）』十二字，甲本收『姨』、『彝』、『寅』、『夷』、『痍』、『恞』、『陝』、『荑』、『桋』、『蛦』、『胂（胰）』十一字。

〔三〇七〕『㫕』，當作『廾』，據今本《説文·糸部》改。

〔三〇八〕『米』，據今本《説文·糸部》補。

〔三〇九〕『實』，當作『寶』，據今本《説文·糸部》改。

〔三一〇〕『互』，當作『彑』，據今本《説文·糸部》改。

〔三一一〕『六』，據今本《説文·糸部》補。

〔三一二〕『彝』，據今本《説文·糸部》補。

〔三一三〕『蟲彝』，據今本《説文·糸部》補。

〔三一四〕『彝』，據今本《説文·糸部》補。

〔三一五〕「罕彝」，據今本《説文·糸部》補。

〔三一六〕「爵」，當作「將」，據今本《説文·糸部》改。

〔三一七〕「寅」，底本字頭作「寅」，注文中之「寅」字介於「寅」、「寅」之間，據此件體例，保留字頭俗字「寅」，注文則逕釋作「寅」。以下同類情況仿此。

〔三一八〕「從弓聲」，今本《説文·大部》「夷」作「從大從弓」。

〔三一九〕「胂」，「胰」之正字，但從本大韻所收字來看，當作「胰」，據文例改；「肉」，據今本《説文·肉部》補。

〔三二〇〕「踈」，當作「疎」，「踈」爲「疎」之訛，「疎」同「疏」。

〔三二一〕「十三」，甲本作「十二」，底本收「毗」、「比」、「琵」、「榌」、「芘」、「阰」、「沘」、「貔」、「膍」、「蚍」、「枇」、「仳」、「舭」十三字，甲本收「毗」、「比」、「琵」、「榌」、「芘」、「阰」、「貔」、「膍」、「蚍」、「枇」、「仳」、「舭」十二字，但是從注文來看，應補「沘」字。

〔三二二〕「獸」，甲本作「豹蜀（屬）。省作豼。」

〔三二三〕底本此條下至行末留有約五個大字的空白，原因不詳。

〔三二四〕「女」，甲本作「貌」。

〔三二五〕「資」，甲本訓解作「財」。

〔三二六〕「穄」，當作「𪗉」，據今本《説文·禾部》改。《敦煌經部文獻合集》校作「餈」。

〔三二七〕「深」，當作「秶」，據今本《説文·禾部》改。

〔三二八〕「齋衰」，甲本作「喪衣」。

〔三二九〕「諮謀」，甲本作「問」。

〔三三〇〕「血」，當作「皿」，據今本《説文·皿部》改。

〔三三一〕『指』，甲本作『脂』。
〔三三二〕『飢』，當作『餓』，注文用本字爲訓，不合文例，據《王二》、《裴韻》改。
〔三三三〕『肌』，甲本訓解作『肥』。
〔三三四〕『指』，甲本作『脂』。
〔三三五〕『指』，甲本作『脂』。
〔三三六〕『唤』，當作『笑』，據甲本改。
〔三三七〕『又』，據甲本補。
〔三三八〕『欷』，甲本作『郗』。
〔三三九〕『三加一』，甲本作『三』，底本收『鄿』、『趑』、『䈕』、『趚（趑）』四字，甲本收『鄿』、『趑』、『䈕』三字。
〔三四〇〕『趧』，當作『趄』，據甲本改。
〔三四一〕『邸』，甲本同，當作『抵』，據文義改。
〔三四二〕『趚』，當作『趑』，據《王二》改。
〔三四三〕『莉』，當作『蔾』，據甲本及後文『蔾』字注文改。
〔三四四〕『飯餅』，甲本作『餅飯』。
〔三四五〕『螬』，甲本作『齏』。
〔三四六〕『指』，甲本作『脂』。
〔三四七〕『六加一』，甲本作『六』，底本收『墀』、『坻』、『泜』、『遅』、『蚔』、『岻』、『謘』七字，甲本收『墀』、『坻』、『泜』、『遅』、『蚔』、『岻』六字。
〔三四八〕『堵』，當作『渚』，據甲本改。

〔三四九〕「利」，甲本作「吏」；第二個「又」，當作「反」，據甲本改。

〔三五〇〕「倉卒」，今本《说文》作「語諄譯也，从言屖聲」。

〔三五一〕「指」，甲本作「脂」。

〔三五二〕「二加一」，甲本作「二二」，底本收「私」、「鋖」、「菘」三字，甲本收「私」、「鋖」二字。

〔三五三〕「指」，甲本作「脂」。

〔三五四〕「鳲鳩」，甲本作「鳲鳩，獲穀」。

〔三五五〕「指」，甲本作「脂」。

〔三五六〕「鐵軸」，當作「軸鐵」，據甲本改。

〔三五七〕「指」，當作「脂」，據今本《説文·魚部》改。

〔三五八〕「指」，甲本作「脂」。

〔三五九〕「咿喔」，甲本作「喔咿」。

〔三六〇〕「指」，甲本作「脂」。

〔三六一〕「七加三」，甲本作「七」，底本收「棃」、「𪏭（鑗）」、「䅻」、「秜」、「蜊」、「蔾」、「犁（犂）」、「黎」、「𪒛（𪒛）」、「𪒛（𪒛）」十字，甲本收「棃」、「剓」、「䅻」、「秜」、「蜊」、「蔾」、「犁（犂）」七字。

〔三六二〕「梨」，當作「棃」，據文例改。

〔三六三〕「剓同」，甲本無。

〔三六四〕「犁」，甲本同，當作「犂」，據《裴韻》改；「騵」，當作「駁」，據甲本改。

〔三六五〕「𪒛」，當作「𪒛」，據《王二》改。

〔三六六〕「𪒛」，當作「𪒛」，據《王二》改。

〔三六七〕「惟」，甲本作「隹」。

〔三六八〕「葵」，當作「祭」，據甲本改。

〔三六九〕「莎」，當作「陟」，據甲本改。

〔三七〇〕此條下底本疑有脱抄小韻，內容不能確定。

〔三七一〕「住」，當作「隹」，據甲本改。

〔三七二〕「三加一」，甲本作「三」，底本收「蕤」、「緌」、「桵」、「撋」四字，甲本收「蕤」、「緌」、「桵」三字。

〔三七三〕「華」，據《裴韻》補。

〔三七四〕「冠」，甲本無。

〔三七五〕「衰」，甲本訓解作「微」；「返」，當作「反」，據甲本及文例改，「返」爲「反」之借字。

〔三七六〕「之」，據文義補。

〔三七七〕「謂」，據文義補。

〔三七八〕「旜」，甲本作「穨」，《敦煌經部文獻合集》釋作「旜」。

〔三七九〕「遺」，甲本訓解作「失」，無又音。

〔三八〇〕「耶」，甲本作「耶」。

〔三八一〕「也」，甲本無。

〔三八二〕「也」，甲本無。

〔三八三〕「妻」，甲本作「妻也」。

〔三八四〕「六加一」，甲本作「六」，底本收「綏」、「雖」、「荾」、「浽」、「睢」、「稄」、「夂」七字，甲本收「綏」、「葰」、「雖」、「浽」、「睢」、「稄」六字。

〔三八五〕『唯』，當作『虫』，據今本《説文·虫部》改。
〔三八六〕『出』，當作『唯』，據今本《説文·虫部》改。
〔三八七〕『湀瀓』，甲本作『微』。
〔三八八〕『郡』，甲本無。
〔三八九〕『憂』，當作『聂』，據甲本改。
〔三九〇〕『馗』，甲本訓解作『神名』。
〔三九一〕『器』，甲本作『名』。
〔三九二〕『古』，甲本作『又』。
〔三九三〕『九』，甲本同，底本實收『䅋』、『滄』、『楣』、『瑲』、『矘』、『篠』、『黴』、『麋』、『蘪』九字，甲本實收『䅋』、『滄』、『瑲』、『矘』、『篠』、『黴』、『麋』、『蘪』八字。
〔三九四〕第二個『湄』，甲本作『名』。
〔三九五〕『以』，當作『似』，據甲本改。
〔三九六〕『藜』，當作『黧』，據甲本改。
〔三九七〕『草』，當作『莫』，據甲本改。
〔三九八〕『麋』，甲本訓解作『鹿屬』。
〔三九九〕『無』，當作『蕪』，據甲本改，『無』爲『蕪』之借字。
〔四〇〇〕『止推』，甲本作『職追』。
〔四〇一〕『小』，甲本無。
〔四〇二〕『馬名』，甲本作『馬倉白雜』。

〔四〇三〕「多」，《敦煌經部文獻合集》釋作「名」，校改作「多」。

〔四〇四〕「祁」，當作「邳」，據甲本改。

〔四〇五〕「蒲」，甲本作「苻」。

〔四〇六〕「四加一」，甲本作「三」，底本收「邳」、「岯」、「魾」、「額」、「鉟」五字，甲本收「邳」、「岯」、「魾」三字。

〔四〇七〕第二個「魾」，甲本作「大」。

〔四〇八〕「項」，當作「須」，據《王二》改。

〔四〇九〕「姑鉟」，《敦煌經部文獻合集》疑爲「靈姑鉟」。

〔四一〇〕「普」，甲本作「敷」。

〔四一一〕「碩」，甲本作「碩」。

〔四一二〕「桃花馬色」，甲本作「馬桃花色」。

〔四一三〕「馬」，據今本《説文・馬部》補；「否」，當作「丕」，據今本《説文・馬部》改；「聲」，據今本《説文・馬部》補。

〔四一四〕「三加一」，甲本作「三」，底本收「鎚」、「槌」、「頧」、「瑭」四字，甲本收「鎚」、「槌」、「頧」三字。

〔四一五〕「住」，當作「隹」，據甲本改。

〔四一六〕「陟夷」，甲本作「丁私」。

〔四一七〕「火」，當作「犬」，據甲本改。

〔四一八〕「肌」，甲本作「飢」。

〔四一九〕「一」，甲本無。

〔四二〇〕第二個「芝」，甲本作「瑞」。

〔四二一〕「十二加二」，甲本作「十二」，底本收「飴」、「怡」、「圯」、「貽」、「頤」、「詒」、「瑻」、「宧」、「沶」、「脭」、「鮔」、「妃」、「洍」、「嬰」十四字，甲本收「飴」、「怡」、「圯」、「貽」、「頤」、「詒」、「瑻」、「宧」、「沶」、「脭」、「鮔」、「姬」十二字。

〔四二二〕「怡」，甲本訓解作「悦」。

〔四二三〕第二個「圯」字，甲本同，疑爲衍文，據文義當刪。

〔四二四〕「頤」，甲本訓解作「卦」；「貞」，當作「頁」，據今本《説文·𦣞部》改。

〔四二五〕「顩」，當作「頷」，據今本《説文·口部》改。

〔四二六〕「𥦘」，甲本作「宧」。

〔四二七〕「慎」，當作「按」，據文例改。

〔四二八〕「之」，甲本無。

〔四二九〕「妃」，當作「姬」，據甲本及文例改。

〔四三〇〕「棲」，甲本作「西」，誤；「雞」，甲本亦脱，據《王二》補。

〔四三一〕「疑」，當作「𠤕」，據《説文·子部》段注改；「止」，據《説文·子部》段注補。

〔四三二〕「山」，甲本無。

〔四三三〕「心」，據今本《説文·思部》補。

〔四三四〕「聲」，據今本《説文·思部》補。

〔四三五〕「欲去意」，甲本作「意欲去」。

〔四三六〕「十八加一」，甲本作「十八」，底本收「其」、「期」、「旗」、「萁」、「騏」、「藄」、「琪」、「綦」、「麒」、「淇」、「鶀」、「綦」、「錤」、「棊」、「璂」、「䱈」、「祺」、「綨」、「朞」十九字，甲本收「其」、「期」、「旗」、「萁」、

『騏』、『萁』、『琪』、『綦』、『麒』、『淇』、『鵋』、『藄』、『錤』、『棊』、『璂』、『鯕』、『祺』、『綨』十八字。

〔四三七〕『限』，甲本作『至』。

〔四三八〕第二個『旗』，甲本無。

〔四三九〕『豆茥』，甲本作『萊』；『茥』，當作『莖』，據今本《説文·艸部》改。

〔四四〇〕『青』，甲本作『青黎』。

〔四四一〕『鬃』，當作『鬐』，據甲本改。

〔四四二〕『王』，當作『玉』，據甲本改。

〔四四三〕『麒麟』，甲本作『獸』。

〔四四四〕『名』，甲本無。

〔四四五〕『錤』，當作『蕨』，據甲本改。

〔四四六〕『編』，甲本同，當作『鯿』，據《王二》改。

〔四四七〕『書』，甲本作『所』；『二』，當作『反』，據甲本改。

〔四四八〕『反』，當作『二』，據甲本改。

〔四四九〕『池』，當作『地』，據甲本改。

〔四五〇〕『而』字衍，據今本《説文·而部》當删。

〔四五一〕『也』，甲本無。

〔四五二〕『人』，當作『又』，據甲本改。

〔四五三〕『文』，據《王二》補。

〔四五四〕『熟』，甲本作『塾』。

〔四五五〕『䫰』，甲本訓解作『作魌』。

〔四五六〕『舞貎』，甲本無。

〔四五七〕『九』，甲本作『七』，底本此小韻實收『姬』、『朞』、『基』、『箕』、『萁』、『箆』、『諆』七字，甲本同。

〔四五八〕『朞』，甲本無訓解；第一個『今』字衍，據文義當删，《敦煌經部文獻合集》疑之爲『會』字；第二個『今』，當作『日』，據《説文・月部》及文義改。

〔四五九〕『日』，當作『今』，據今本《説文・月部》及文義改。

〔四六〇〕『基』，甲本無訓解。

〔四六一〕『箕』，甲本無訓解。

〔四六二〕第二個『諆』，當作『謀』，據甲本及文例改。

〔四六三〕『五』，甲本作『四』，底本收『詞』、『祠』、『柌』、『辭』、『辞』五字，甲本收『詞』、『祠』、『柌』、『辭』四字。

〔四六四〕『二月』，甲本無。

〔四六五〕『柄』，甲本無。

〔四六六〕『辭』，甲本訓解作『又作辞』。

〔四六七〕『里』，甲本作『理』。

〔四六八〕『七加二』，甲本作『七』，底本收『釐』、『貍』、『氂』、『嫠』、『斄』、『梩』、『犛』、『憼』、『罄』九字，甲本收『釐』、『貍』、『氂』、『嫠』、『斄』、『梩』、『犛』七字。

〔四六九〕『貓貍』，甲本作『似貙』。

〔四七〇〕『無夫』，甲本作『寡』。

〔四七一〕『從』，當作『徙』，據今本《説文・木部》『相』字注文改；『轝』，甲本作『舆』，《敦煌經部文獻合集》釋作『輂』。
〔四七二〕『李作杞』，甲本無。
〔四七三〕『從木己聲』，甲本無。
〔四七四〕『顯』，當作『頴』，據今本《説文・心部》『憖』字注文改；『愁』，當作『謂』，據今本《説文・心部》『憖』字注文改；『謂』，當作『愁』，據今本《説文・心部》『憖』字注文改。
〔四七五〕『九』，甲本作『八』，底本收『甾』、『淄』、『輜』、『錙』、『菑（葘）』、『緇』、『鶅』、『椔』、『緇（鯔）』九字，甲本收『甾』、『淄』、『輜』、『錙』、『緇』、『鶅』、『鯔』七字，脱一字。
〔四七六〕『也』字衍，據文義當刪；『正』，當作『缶』，據今本《説文・甾部》『甾』字注文改。
〔四七七〕第一個『菑』，當作『葘』，據文義改；『不』，當作『立』，據文義改；第二個『菑』，當作『葘』，據文義改。
〔四七八〕『鶅』，甲本無訓解。
〔四七九〕『緇』，當作『鯔』，據甲本改，『緇』爲『鯔』之借字。
〔四八〇〕『也』，甲本無。
〔四八一〕『蚗』，甲本作『欪』，《敦煌經部文獻合集》釋作『欪』，校作『蚗』。
〔四八二〕『土』，當作『丑』，據甲本改。
〔四八三〕『持』，甲本訓解作『杖』。
〔四八四〕『蚩』，當作『蚩』，據甲本改。
〔四八五〕『三』，甲本作『二』，底本收『蚩（蚩）』、『嗤』、『媸』三字，甲本收『蚩』、『嗤』二字。

〔四八六〕『慈』，今本《説文》無此字。

〔四八七〕『也』，甲本作『名』。

〔四八八〕『九加一』，本小韻實收『茲』、『孳』、『嵫』、『孜』、『滋』、『嗞』、『⿰黑茲』、『鎡』、『鼐（鼒）』、『鰦』、『孖』、『仔』十二字，比標數字多出二字，甲本作『九』，收『茲』、『孳』、『⿰山慈』、『孜』、『滋』、『嗞』、『⿰黑茲』、『鎡』、『鼐（鼒）』九字。

〔四八九〕『蕬』，今本《説文》無此字。

〔四九〇〕第一個『嵫』，甲本作『⿰山慈』；第二個『嵫』，甲本作『⿰山慈』。

〔四九一〕『鼐』，甲本作『鼒』。

〔四九二〕『鯛』，當作『鯝』，據《王二》改。

〔四九三〕『茬』，據甲本補。

〔四九四〕『𣻃』，甲本訓解作『泡沫』。

〔四九五〕『六』，甲本作『四』，底本實收『黴』、『微』、『⿱竹微』、『薇』、『⿰金微』五字，缺一字，甲本收『黴』、『溦』、『⿱竹微』、『薇』四字。

〔四九六〕『十』，甲本作『七』，底本收『輝』、『揮』、『徽』、『翬』、『褘』、『徽』、『⿰氵翬』、『旟』、『楎』、『黴』十字，甲本收『輝』、『暉』、『揮』、『徽』、『翬』、『褘』、『徽』七字。

〔四九七〕『奮』，甲本作『張』。

〔四九八〕『暉』，當作『⿰氵翬』，底本抄手誤抄『暉』作字頭，又在注文末尾抄寫正字『⿰氵翬』，據《王二》改。

〔四九九〕『梨』，當作『犂』，據《王二》改。

〔五〇〇〕『悲』，當作『非』，據甲本改。

〔五〇一〕「十三」，甲本作「七」，底本實收「幃」、「闈」、「圍」、「韋」、「𩏅」、「違」、「湋」、「潿」、「鍏」、「韍」、「禕（褌）」、「褱」十二字，甲本收「幃」、「闈」、「圍」、「韋」、「𩏅」、「違」、「湋」七字。

〔五〇二〕「宮中」，甲本作「門内」。

〔五〇三〕「周合」，甲本作「繞」。

〔五〇四〕「皮」，甲本作「姓」。

〔五〇五〕「乖」，甲本作「遲」。

〔五〇六〕「禕」，當作「褌」，據《王二》改；本小韻標數字爲「十三」，實收十二字，《王二》「褌」與「褱」之間有「褱，衺」一條。

〔五〇七〕「七」，甲本作「六」，底本收「霏」、「妃」、「菲」、「𩇕」、「婓」、「騑」、「暃」七字，甲本收「霏」、「妃」、「菲」、「𩇕」、「婓」、「騑」六字。

〔五〇八〕「女官」，甲本作「美女」。

〔五〇九〕「人」當作「又」，據《王二》改；「並」，當作「普」，據《王二》改。

〔五一〇〕「之」，當作「又」，據《王二》改；「小」，當作「巾」，據《王二》改。

〔五一一〕「奜」，當作「婓」，據甲本改。

〔五一二〕「奜」，當作「婓」，據甲本改。

〔五一三〕「八」，本小韻後文「𣯫」、「騑」合二條爲一條，因此實收八字，據文例補。

〔五一四〕「飛」，甲本無訓解。

〔五一五〕「赤色」，甲本作「緋」。

〔五一六〕「是」，甲本無。

〔五一七〕『羊』，當作『牛』，據甲本改。

〔五一八〕『一目白首』，甲本作『一曰（目）白頭』。

〔五一九〕『緐』，甲本訓解作『魚』。

〔五二〇〕第一個『騄』，據甲本補。

〔五二一〕『而』，甲本同，據文義係衍文，當刪；『兔』，甲本同，當作『逸』，據今本《説文·馬部》改；『是』，當作『足』，據甲本改。

〔五二二〕『肥』，當作『肌』，據文義改。

〔五二三〕『八』，甲本作『五』，底本收『肥』、『腓』、『簆』、『痝』、『淝』、『蜚』、『蟦』、『蜰』八字，甲本收『肥』、『腓』、『簆』、『痝』、『淝』五字。

〔五二四〕『脚』，當作『脚』，據甲本改。

〔五二五〕『飛』，當作『風』，據甲本改。

〔五二六〕第二個『淝』，甲本無。

〔五二七〕『何』，當作『河』，據文義改，『何』爲『河』之借字。

〔五二八〕『七』，甲本作『五』，底本收『威』、『葳』、『崼』、『隇』、『喊（蝛）』、『媁』、『椷』七字，甲本收『威』、『葳』、『崼』、『隇』、『蝛』五字。

〔五二九〕『艱』，《敦煌經部文獻合集》釋作『難』，校改作『艱』。

〔五三〇〕『喊』，當作『蝛』，據甲本改；『螗』，當作『蚺』，據甲本改。

〔五三一〕『十二』，甲本作『九』，底本收『祈』、『頎』、『旂』、『蟣』、『畿』、『崎』、『刏』、『蟣』、『膹』、『肵』、『獑』十二字，甲本收『祈』、『頎』、『旂』、『蟣』、『畿』、『崎』、『刏』、『蟣』、『膹』九字。

〔五三二〕「旗」，甲本作「幡槊」。

〔五三三〕「水」，甲本作「山」。

〔五三四〕「亦」，甲本作「又」。

〔五三五〕「似」，當作「以」，據甲本改。

〔五三六〕「織」，據《王二》補。

〔五三七〕「十四」，甲本作「十一」，底本收「機」、「譏」、「蘄」、「嘰」、「璣」、「幾」、「⿱艹幾」、「磯」、「鞿」、「饑」、「禨」、「畿」、「鐖」、「刏」十四字，甲本收「機」、「譏」、「蘄」、「嘰」、「璣」、「幾」、「⿱艹幾」、「磯」、「鞿」、「饑」、「禨」十一字。

〔五三八〕「不圓」，甲本無。

〔五三九〕「微」，甲本作「數」。

〔五四〇〕「草」，甲本作「⿱艹幾草」。

〔五四一〕「水」，甲本無。

〔五四二〕本條底本原作注文小字，接寫於前「饑」字注文後，原文作「祥亦禨作僟」，據甲本分作兩條。

〔五四三〕「八」，甲本作「六」，底本收「希」、「晞」、「莃」、「鵗」、「睎」、「稀」、「⿺走幾」、「桸」八字，甲本收「希」、「晞」、「莃」、「鵗」、「睎」、「稀」六字。

〔五四四〕「六」，甲本作「五」，底本收「依」、「衣」、「譩」、「⿰阝衣」、「⿱依心」、「郼」六字，甲本收「依」、「衣」、「譩」、「⿰阝衣」、「⿱依心」五字。

〔五四五〕「衣」，甲本無訓解。

〔五四六〕「聲」，甲本無。

〔五四七〕「方」，當作「天」，據甲本改。
〔五四八〕「歸」，當作「𢖍」，據《王二》改。
〔五四九〕「一」，據《王二》補。
〔五五〇〕「魏」，當作「犩」，據《王二》改。
〔五五一〕「九」，據文例補；「凥」，甲本作「居」，「凥」同「居」。
〔五五二〕「魚」，當作「漁」，據《王二》改，「魚」爲「漁」之借字。
〔五五三〕「魚」，當作「齒」，據《玉篇·齒部》「齟」字注文改；「住」，当作「正」，據《玉篇·齒部》「齟」字注文改。
〔五五四〕「魚舉」，甲本作「舉魚」。
〔五五五〕第二個「鋙」，甲本作「脚」。
〔五五六〕「貌」，當作「白」，據甲本改。
〔五五七〕「展」，甲本作「開」。
〔五五八〕「六加一」，甲本作「六」，底本收「居」、「据」、「裾」、「琚」、「䝬」、「鶋」、「涺」七字，甲本收「居」、「据」、「裾」、「琚」、「䝬」、「鶋」六字。
〔五五九〕「予」，甲本無。
〔五六〇〕第二個「裾」，甲本作「衿」。
〔五六一〕「雞」，當作「鷄」，據甲本改。
〔五六二〕「十三加一」，甲本作「十三」，底本收「渠」、「𨌲」、「䋪」、「璩」、「磲」、「蕖」、「籧」、「簴」、「淭」、「醵」、「腒」、「髞」、「鼁」、「豦」十四字，甲本收「渠」、「𨌲」、「䋪」、「璩」、「磲」、「蕖」、「籧」、「簴」、「淭」、

『醵』、『腒』、『鱢』、『蟲』十三字。

〔五六三〕『名』，甲本無。

〔五六四〕『拏』，《敦煌經部文獻合集》釋作『挐』。

〔五六五〕『名』，甲本無。

〔五六六〕『虎』，當作『虍』，據今本《説文·豕部》改；『征』字衍，據文義當删。

〔五六七〕『小聲』衍，據文義當删。

〔五六八〕『余』，當作『舍』，據今本《説文·豕部》改；『也』，《敦煌經部文獻合集》釋作『之』，校作『也』。

〔五六九〕『旗』，甲本作『旌幡』。

〔五七〇〕『璵』，甲本訓解作『璠』，按甲本體例應與字頭連讀爲『璵璠』。

〔五七一〕『與』，甲本作『以』。

〔五七二〕『字』，甲本作『子』。

〔五七三〕『作』，據文例補；此按語今本《説文》無。

〔五七四〕『⿰犭與』，甲本無訓解。

〔五七五〕『名』，甲本作『器』。

〔五七六〕『草』，甲本無。

〔五七七〕『反』，據甲本補。

〔五七八〕『潔』，當作『⿱㓞犬』，據今本《説文·犬部》改。

〔五七九〕『蟲』，當作『蛆』，據文義改。『俗作蟲（蛆）』，甲本無。

〔五八〇〕『蛆』，當作『蟲』，據文義改。

〔五八一〕『一加一』，甲本作『一』，底本收『鋤』、『狙』二字，甲本收『鋤』一字。
〔五八二〕『三』，甲本作『二』，底本收『攄』、『榑』、『摴』三字，甲本收『攄』、『榑』二字。
〔五八三〕『踈』，甲本同，當作『疎』，『踈』爲『疎』之訛，『疎』同『疏』。
〔五八四〕『之綀』，甲本無。
〔五八五〕『蔬菜』，甲本作『菜』，按甲本體例應與字頭連讀爲『蔬菜』。
〔五八六〕『嘘』，甲本無訓解。
〔五八七〕『稅』，當作『秏』，據甲本改。
〔五八八〕『扵』，甲本作正字『於』。
〔五八九〕『從』，當作『作』，據文例改；『《說文》從（作）於』，甲本無。
〔五九〇〕第二個『髗』，甲本無。
〔五九一〕『里閭』，甲本作『門』。
〔五九二〕『倚』，甲本作『小屋』，當作『寄』，據今本《說文・广部》改。
〔五九三〕『驢』，甲本無訓解。
〔五九四〕『栟櫚』二字底本誤抄作大字字頭，據文例改爲注文小字。
〔五九五〕『界』，甲本同，當作『冢』，據《王二》改。
〔五九六〕『在』，據甲本補。
〔五九七〕『目』，當作『甘』，據甲本改。
〔五九八〕第一個『儲』，甲本無訓解。
〔五九九〕『在』，甲本無。

〔六〇〇〕『蘆』，當作『蘆』，據甲本改。『蘆蔾』二字底本誤抄作大字字頭，據文例改爲注文小字。

〔六〇一〕『在』，據甲本補。

〔六〇二〕『鴿』，甲本作『鴿』。

〔六〇三〕『聲』字衍，據文義當刪。

〔六〇四〕『作且』，據文例補。

〔六〇五〕『二』，甲本作『三』，底本收『葅』、『沮（組）』二字，甲本收『葅』、『組』二字，缺一字。

〔六〇六〕『沮』，當作『組』，據甲本改。

〔六〇七〕第一個『蜍』，甲本無訓解。

參考文獻

《唐代長安與西域文明》二一二頁；《瀛涯敦煌韻輯新編》一九九頁；《東方學》六二輯，一一頁；《唐五代韻書集存》一四九至一六七頁（圖、録）；《一九八三年全國敦煌學術討論會文集·文史遺書編》下，三二〇頁；《敦煌學概論》六四頁；《漢學研究》一九八六年四卷二期（敦煌學國際研討會論文專號），四一一頁；《敦煌研究》一九八六年三期，八二頁；《敦煌學論文集》三二五、三六七、三九九、四〇六、四一五、四一八、四二〇、四三八、四五五、四七一、六九四頁注二、七七九頁；《周祖謨語言文史論集》二二六頁；《英藏敦煌文獻》三卷，二二八至二三五頁（圖）；《瀛涯敦煌韻書卷子考釋》四七、一四七頁；《中國古代韻書》一九頁；《中國敦煌學史》三四、五九、六三、一四五、三〇〇、三〇九頁；《全國敦煌學研討會論文集》三一頁；《漢語俗字研究》二八七、三四五頁；《敦煌俗字研究》四頁；《敦煌俗字研究導論》四四、一〇八頁；《中國典籍與文化論叢》三輯，三八〇頁注三九；《周紹良先生欣開九秩慶壽文集》七八頁；《中國敦煌學百年文庫·文獻卷（一）》，二六三頁；《劫塵遺珠：敦煌遺書》五八頁；《敦煌：偉大的文化寶藏》一三七頁；《敦煌研究》一九九九年四期，一四五頁；《中國敦煌學百年文庫·語言文字卷》一，三一二頁；《中國敦煌學百年文庫·綜述卷》一，三一四頁；《敦煌史話》一八一頁；《敦煌文學論集》二六二頁；《華戎交會的都市：敦煌與絲綢之路》一〇九頁；《漢語俗字叢考》四三、三三一、八〇五、一一五三頁；《敦煌學簡明教程》四二頁；《敦煌莫高窟年表》二四六頁；《姜亮夫全集》九，九五頁；《姜亮夫全集》一三，三六二頁；《善本碑帖論集》三二三、三三四頁；《敦煌研究》二〇〇三年二期，八〇頁；《敦煌學》二五輯，三二二頁；《敦煌學輯刊》二〇〇五年二期，二三三頁；《敦煌學大辭典》三四四、五一二、七八三頁；《南京師範大學文學院學報》二〇〇七年一期，一七七至一七九頁；《敦煌經部文獻合集》五册，二六〇一至二六六九頁（録）。

斯二〇五五背　鍾馗驅儺文

釋文

青楊（陽）隘（溢）節〔一〕，萬物咸宜。春龍欲騰波海，以（異）端（瑞）乞敬今時〔二〕：大王福如山嶽，門興壹宅光輝。今夜新受節義（？）（儀）〔三〕，九天龍奉（鳳）俱飛〔四〕。五道將軍親至，虔領十萬罷（羆）熊〔五〕。衣領銅頭鐵額〔六〕，魂（渾）身惣著豹皮〔七〕。發（髮）使朱砂染赤〔八〕，咸稱我是鍾馗。捉取浮遊浪鬼，積郡（群）掃出三峗〔九〕。學郎不才之慶〔一〇〕，敢請宮（恭）奉音聲〔一一〕。

説明

此件抄於《切韻》之後，原爲倒書，首尾完整，雖僅有八行文字，但却是研究敦煌驅儺習俗的重要文獻，黄徵、吴偉《敦煌願文集》，譚蟬雪《敦煌歲時文化導論》均有校録，可參看。

此件無標題，《敦煌願文集》擬題爲《兒郎偉》，《英藏敦煌文獻》定名爲《除夕鍾馗驅儺文》。從敦煌文獻中保存的《驅儺文》來看，敦煌的驅儺活動多在除夕。但此件中有『今夜新受節儀』，似指節度使的授節儀式。如是，其時間就不一定是在除夕，而『青陽』似指『萬物咸宜』的春季。故暫擬名爲《鍾馗驅儺文》。文中有『大王福如山嶽』，説明此件應在曹議金稱大王以後的曹氏歸義軍時期。

校記

〔一〕『青』，《敦煌願文集》釋作『正月』，誤；『楊』，當作『陽』，《敦煌願文集》據文義校改，『楊』爲『陽』之借字；『隘』，底本原作『稽』，後於其旁改寫『隘』，《敦煌歲時文化導論》認爲『稽』爲衍文，《敦煌願文集》在正文中將『隘』釋作『春扫』，並將『扫』校改作『佳』，而在校記中則校作『佳』，按『隘』，似當作『溢』，據文義改，《敦煌歲時文化導論》釋作『發』，『隘』爲『溢』之借字。

〔二〕『以』，當作『異』，《敦煌願文集》據文義校改，『以』爲『異』之借字；『端』，當作『瑞』，據文義改，《敦煌願文集》逕釋作『瑞』。

〔三〕『義』，當作『儀』，《敦煌願文集》據文義校改，『義』爲『儀』之借字。

〔四〕『奉』，當作『鳳』，《敦煌願文集》據文義校改，『奉』爲『鳳』之借字。

〔五〕『虔』，《敦煌願文集》釋作『虎』，認爲『虎』與『步』手寫形近而誤，『步領』即『部領』；『罷』，《敦煌願文集》釋作『能』，當作『羆』，《敦煌願文集》據文義校改。『羆熊』，《敦煌願文集》校改作『熊羆』，按『羆熊』亦見於記載，不過從韻腳看，似以『熊羆』義勝。

〔六〕『衣』，《敦煌歲時文化導論》釋作『長』，誤。

〔七〕『魂』，當作『渾』，《敦煌願文集》據文義校改，『魂』爲『渾』之借字。

〔八〕『發』，當作『髮』，據文義改，『發』爲『髮』之借字，《敦煌願文集》、《敦煌歲時文化導論》釋作『教』，誤。

〔九〕『郡』，當作『群』，據文義改。

〔一〇〕『慶』，《敦煌願文集》校作『器』。

〔一一〕『宮』，當作『恭』，《敦煌願文集》據文義校改，『宮』爲『恭』之借字。《敦煌願文集》疑此句中之『音聲』二字乃全篇結束之標誌語，應與上文分隔，單獨斷句。並疑其前應脱二字，或爲『尚書』。《敦煌歲時文化導論》亦將『音聲』單獨斷句，而將其前文字釋作『敢請恭壽』，誤。

參考文獻

《敦煌寶藏》一五冊，五九八頁（圖）；《敦煌吐魯番文獻研究論集》三輯，四二〇頁、四二三頁（録）；《第二届敦煌學國際研討會論文集》四六五、六三〇頁；《敦煌研究》一九九二年四期，五一頁；《英藏敦煌文獻》三卷，二三五頁（圖）；《敦煌社會文書導論》一〇頁；《敦煌民俗資料導論》一七七、二六一頁；《法國學者敦煌學論文選萃》二三九、二五八、二六三頁（録）；《敦煌研究》一九九三年二期，一一一、一二一頁（録）；《九州學刊》一九九三年四期，六三、一〇九頁（録）；《文史》二九輯，二九〇頁（録）；《敦煌語文叢説》六四三頁；《敦煌研究》一九九四年三期，一三一頁；《敦煌研究》一九九五年二期，一九五頁；《敦煌願文集》九六三至九六四頁（録）；《敦煌歲時文化導論》三九七、四二四頁（録）；；《敦煌藝術宗教與禮樂文明》四六八頁；《敦煌研究》一九九七年二期，五九頁；《雲謠集研究彙録》一八八頁；《敦煌俗文化學》二二七頁；《中國敦煌學百年文庫・綜述卷》（一），三一四頁；《中國敦煌學百年文庫・歷史卷》（二），四四四頁；《敦煌吐魯番研究》五卷，二二一頁；《敦煌研究》二〇〇三年一期，四七頁；《敦煌曲子詞地域文化研究》一〇三頁。

斯二〇五六背　大漢三年楚將季布罵陣漢王羞耻群臣拔馬收軍詞文

釋文

大漢三年楚將季布罵陣漢王羞耻群臣妭（拔）罵（馬）收軍詞文〔一〕。
昔時楚漢定西奏（秦）〔二〕，未辯龍蛇立二君〔三〕。
連年戰敗江海沸〔四〕，累歲相持日月昏。
漢下謀臣真似雨，楚家猛將恰如雲。
各佐本王争社稷，數載交鋒未立尊。
後至三年冬十月〔五〕，沮（睢）水河邊再舉軍〔六〕。
楚漢兩家排陣訖，觀風占氣勢相吞〔七〕。
罵（馬）勒鑾珂人繫甲〔八〕，各憂勝敗在逡巡〔九〕。
楚家季布能詞說，官爲御史大夫身。
遂奏霸王誇辯捷，稱有良謀應吉辰。
『臣見兩軍排陣訖〔一〇〕，虎鬬龍争必損人〔一一〕。

臣罵漢王三五口，不施弓弩遣抽軍〔一二〕。』
霸王聞奏如斯語：『據卿所奏大忠臣！
戈戟相銜（衝）猶不退〔一三〕，如何聞罵肯抽軍〔一四〕？
卿既舌端懷辯捷〔一五〕，不得妖言悞寡人〔一六〕！』
季布既蒙（？）王許罵，意似獰龍擬吐雲〔一七〕。
遂喚上將鍾離末（眛）〔一八〕，各將輕騎後隨身。
出陣抛旗強百步，駐馬攢蹄不動塵〔一九〕。
腰下狼牙定西（四）羽〔二〇〕，臂上烏毫（號）掛六鈞〔二一〕。
順風高綽低牟熾（幟）〔二二〕，逆箭長垂鏁甲裙。
遙望漢王招手罵〔二三〕，發言可以動乾坤。
高聲直噉呼『劉季〔二四〕，公是徐州豐縣人。
母解緝麻居村墅，父能牧放住鄉村。
公曾泗水爲停（亭）長〔二五〕，久於闤闠受飢貧。
因接秦家離亂後〔二六〕，自號爲王假亂直（真）〔二七〕。
鵶鳥如何披鳳翼，黿鼉争敢掛龍鱗〔二八〕！
百戰百輸天不祐〔二九〕，士卒三分折二分〔三〇〕。

何不草繩而自縛〔三一〕，歸降我主乞寬恩〔三二〕。
更若執迷誇鬬敵，活捉生擒放沒因〔三三〕。』
鼙鼓未施旗未播〔三四〕，語大高（言）言（高）一一聞〔三五〕。
漢王被罵牽宗祖〔三六〕，羞看左右恥君（群）臣〔三七〕。
鳳怯寒鴉嫌樹鬧〔三八〕，龍怕凡魚避水昏（渾）〔三九〕。
妭（拔）罵（馬）揮鞭而便走〔四〇〕，陣似山崩遍野塵〔四一〕。
走到下坡而憩歇〔四二〕，重勑（整）戈牟問大臣〔四三〕：
『昨日兩家排陣戰〔四四〕，忽聞二將語芬芸〔四五〕。
陣前立馬搖鞭者，罵詈高聲是甚人？』
問訖蕭何而奏曰〔四六〕：『昨日二將騁頑嚚〔四七〕，
凌毀大王臣等辱〔四八〕，罵觸龍威天地嗔〔四九〕。
駿馬凋（彫）鞍穿鏁甲〔五〇〕，旗下衣（依）衣（依）忍（認）得真〔五一〕。
只是季布鍾離末（眛）〔五二〕，終諸更不是徐（餘）人〔五三〕。』
漢王聞〔語〕深懷怒〔五四〕，拍桉頻眉叵耐嗔〔五五〕。
『不能助漢餘（除）狂寇〔五六〕，假政匡邦毀寡人〔五七〕。
寡人若也無天分，公然萬事不言論〔五八〕。

若得片雲遮頂上，楚將投未（來）惣安存〔五九〕。
唯有季布鍾離末（眛）〔六〇〕，火炙油煎未是迍〔六一〕。
卿與寡人同記著，抄名録姓莫因循。
忽期（其）南面稱尊日〔六二〕，活投（捉）粉骨細颺塵〔六三〕。』
後至五年冬十月〔六四〕，會垓滅楚靜煙塵。
項羽烏江而自刎，當時四寒（塞）絕芬芸〔六五〕。
楚家敗將來投漢，漢王與賞盡垂恩。
唯有季布鍾離末（眛）〔六六〕，始之（知）口是禍之門〔六七〕。
不敢顯名於聖代〔六八〕，分頭逃難自藏身〔六九〕。
是時漢帝興皇業，洛陽登極獨稱尊〔七〇〕。
四人樂業三邊靜〔七一〕，八表來蘇〔萬〕姓忻〔七二〕。
聖德巍巍而偃武〔七三〕，皇恩蕩蕩盡修文。
心念未能誅季布〔七四〕，常是龍顏眉不分。
遂令出勑於天下，遣投（捉）艱（奸）兇搜逆臣〔七五〕。
投（捉）得賞金官萬戶〔七六〕，藏隱封刀斫一門〔七七〕。
旬日勑文天下遍，不論州縣配鄉村。

季布得知皇帝恨，驚狂莫不喪神魂。
唯嗟世上無藏處，天寬地窄大愁人。
遂入歷山溪谷內〔七八〕，偷生避死隱藏身。
夜則村墅偷飡饌〔七九〕，曉入山林伴獸群〔八〇〕。
嫌日月，愛星辰，晝潛暮出怕逢人〔八一〕。
大丈夫兒遭此難，都緣不識聖明君。
如斯旦名（夕）愁危難〔八二〕，時時危（自）難（歎）氣如雲〔八三〕。
一自漢王登九五，黎鹿（庶）朝（昭）蘇萬姓忻〔八四〕。
唯我罪濃憂姓（性）命〔八五〕，究竟如何向此身。
自刎他誅應有日，沖天入地也無囚（因）〔八六〕。
忍飢受渴終難過〔八七〕，須投分義舊情親〔八八〕。
初更乍黑人行少〔八九〕，越牆直入馬坊門。
更深潛至堂堦下，花藥薗中影樹身。
周氏夫妻飡饌次，須臾咸（感）得動精神〔九〇〕。
罷飲停飡驚耳熱，捻筯横匙怪眼瞤〔九一〕。
忽然起立望門問〔九二〕：『堦下於當是鬼神〔九三〕？

若是生人須早語，忽然是鬼莽（奔）丘墳〔九四〕。
問著不言驚動僕〔九五〕，利劒剄（鋼）刀必損君〔九六〕！』
季布暗中輕報曰〔九七〕：『可想堦前無鬼神〔九八〕！
只是舊時親分義〔九九〕，夜送千金與（來）來（與）君〔一〇〇〕。』
周謚（氏）笑貌而問曰〔一〇一〕：『凡是（受）千（人）金須有恩〔一〇二〕。
記（既）道遠來酬分義〔一〇三〕，此語應虛〔莫〕再論〔一〇四〕。
更深越牆來入宅〔一〇五〕，夜靜無人但說真〔一〇六〕。』
季布低聲而對曰：『切莫高義（語）動四鄰〔一〇七〕。
不問未能諮說得〔一〇八〕，既蒙垂問即申陳〔一〇九〕。
夜深不必盤明（名）姓〔一一〇〕，僕是去年馬（罵）陣人〔一一一〕！』
周氏便知是季布〔一一二〕，下堦迎接敘寒溫〔一一三〕。
乃問『大夫自隔闞（闊）〔一一四〕，寒暑頻移度數春〔一一五〕。
自從有勑交（教）尋投（捉）〔一一六〕，何處藏身更不問（聞）〔一一七〕。』
季布聞聲而啼泣〔一一八〕：『自往艱危切莫論〔一一九〕。
一從罵破高皇陣〔一二〇〕，潛山伏草受〔艱〕新（辛）〔一二一〕。
似鳥在羅憂翅羽〔一二二〕，如魚向鼎惜岐（鰭）鱗〔一二三〕。

特將殘命投人（仁）弟〔一二四〕，如何垂分乞安存〔一二五〕。』
周氏見其言懇切〔一二六〕：『大夫請不下心神〔一二七〕。
一自結交如官（管）鮑〔一二八〕，宿素情深舊拔塵〔一二九〕。
今受困危天地窄〔一三〇〕，更向何邊投莽人〔一三一〕？
九族潘連（遭）爲（違）勑罪〔一三二〕，死生相爲莫憂身〔一三三〕。』
執手上堂相對坐〔一三四〕，索飯同食酒數巡〔一三五〕。
周氏向妻申子細〔一三六〕，還道『情濃舊故人〔一三七〕。
今遭國難來投僕〔一三八〕，輒莫談揚聞四鄰〔一三九〕。』
季布遂藏覆壁內〔一四〇〕，鬼神難知人莫聞〔一四一〕。
周氏身名緣在縣，每朝巾情（幘）入公門〔一四二〕。
處分交（教）妻盤送飯〔一四三〕，禮周（同）公伯好供勤〔一四四〕。
争那高皇酬（讎）恨切〔一四五〕，扇開簾倦（捲）問大臣〔一四六〕：
『朕遣諸州尋季布〔一四七〕，如何累月音不聞〔一四八〕？
應是官寮心怠慢〔一四九〕，至今逆賊未藏身〔一五〇〕。』
遂遣師（使）司重出勑〔一五一〕，改條換格轉精勤〔一五二〕。
白土拂牆交（教）畫願（影）〔一五三〕，丹青畫影更邈真〔一五四〕。

所在兩家圓（團）一保〔一五五〕，察有知無具狀申〔一五六〕。
先坼重棚除覆壁〔一五七〕，後交（教）簸土更颺塵〔一五八〕。
尋山遂水薰巖穴〔一五九〕，踏草搜林塞墓門〔一六〇〕。
察貌勘名摛（擒）投（捉）得〔一六一〕，賞金賜玉拜官新〔一六二〕。
藏隱一湌停一宿〔一六三〕，滅族誅家陣（斬）六親〔一六四〕。
仍差朱解爲齊使〔一六五〕，面別天堦出國門〔一六六〕。
驟馬搖鞭旬日到〔一六七〕，望投（捉）姧兇貴子孫〔一六八〕。
來到濮陽公館下〔一六九〕，具述天心宣勑文〔一七〇〕。
州官縣宰皆憂懼，捕投（捉）〔惟〕愁失帝恩〔一七一〕。
其時周氏文（聞）宣勑〔一七二〕，由（猶）如大石陌心珍（鎮）〔一七三〕。
自隱時多藏在宅〔一七四〕，骨寒毛豎失精神〔一七五〕。
歸到壁前看季布〔一七六〕，面而（如）土色結眉頻〔一七七〕。
良久沉吟無別語，唯言難禍〔在〕〔逡〕〔巡〕〔一七八〕。

（以下原缺文）

説明

此件抄寫於佛經律部『雜小抄』卷背，首部完整，尾部原未抄完，首題『大漢三年楚將季布罵陣漢王羞耻群臣拔馬收軍詞文』。敦煌文獻中保存的《季布罵陣詞文》共有一一件，除此件外，另有斯八四五九、斯一一五六背、斯五四三九、斯五四四〇、斯五四四一、伯二六四八、伯二七四七、伯三一九七、伯三三八六、伯三六九七，其中伯二七四七、伯二六四八、伯三三八六可以綴合。斯八四五九首殘尾缺，分欄抄寫，起『院長不須相恐嚇』，訖『朱解忽然來賣口』，存詞文四十八句。其他寫卷的抄寫情況，王重民《敦煌本〈捉季布傳文〉》（《敦煌遺書論文集》，中華書局，一九八四年，二三一至二三二頁）、項楚《敦煌變文選注》（巴蜀書社，一九八九年，一四二至一四三頁）、潘重規《敦煌變文集新書》（文津出版社，一九九四年，一〇〇九至一〇一〇頁）與黃征、張涌泉《敦煌變文校注》（中華書局，一九九七年，九九頁）以及本書第五卷（社會科學文獻出版社，二〇〇六年，一六〇頁），均有介紹，可以參看。

以上釋文以斯二〇五六背爲底本，用對此件有校勘價值的伯三六九七（稱其爲甲本）、斯五四四一（稱其爲乙本）、伯二七四七+伯二六四八+伯三三八六（稱其爲丙本）、斯五四四〇（稱其爲丁本）、伯三一九七（稱其爲戊本）、斯五四三九（稱其爲己本）參校。

校記

〔一〕第一個『罵』，甲、乙本同，《敦煌變文校注》釋作『駡』，『駡』同『罵』；『妭』，當作『拔』，據甲、乙本改，『妭』爲『拔』之借字；第二個『罵』，當作『馬』，據甲、乙本及文義改。甲、乙本此句前有標題『捉季布傳文一卷』。

〔二〕『奏』，當作『秦』，據甲、乙本及文義改。

〔三〕『辯』，乙本同，甲本作『辨』，『辯』同『辨』。

〔四〕『海』，甲本作『河』，乙本作『何』，『何』爲『河』之借字。

〔五〕『三』，乙本在其旁復書『三』；『十月』，乙本在其旁復書『十月』。

〔六〕『沮』，甲、乙本同，當作『睢』，《敦煌變文選注》據《史記·項羽本紀》校改。

〔七〕『占』，乙本在其旁復書『占』。

〔八〕『罵』，當作『馬』，據甲、乙本及文義改。

〔九〕丙本始於此句。

〔一〇〕『軍』，乙本同，甲、丙本作『家』。

〔一一〕『損』，乙、丙本同，甲本作『捐』，誤。

〔一二〕『弩』，乙、丙本同，甲本作『努』，『努』爲『弩』之借字；『抽』，甲、乙本同，丙本作『收』。

〔一三〕『銜』，當作『衝』，據甲、乙、丙本改。

〔一四〕『罵』，甲、丙本同，《敦煌變文選注》、《敦煌變文校注》釋作『罵』，『罵』同『罵』，乙本作『馬』，誤；『抽』，甲、乙本同，丙本作『收』。

〔一五〕『辯』，乙、丙本同，甲本作『辨』，『辨』爲『辯』之借字。

〔一六〕『妖』，甲、丙本同，乙本作『枖』，『枖』爲『妖』之借字；『悮』，甲、丙本同，乙本『忄』部寫作『扌』，此二部首古本常混用，故亦作『悮』，《敦煌變文集新書》釋作『誤』。

〔一七〕『吐』，甲、丙本同，乙本作『土』，『土』爲『吐』之借字。

〔一八〕『未』，乙本同，甲、丙本作『末』，當做『昧』，據文義改，『未』、『末』均爲『昧』之借字。
〔一九〕『馬』，甲、丙本同，乙本作『罵』，誤；『動』，甲、丙本同，乙本作『敵』，並在其旁復書『敵』。
〔二〇〕『狼』，甲、丙本同，乙本作『郎』，『郎』爲『狼』之借字；『定』，甲、乙、丙本作『椗』，誤；『西』，當作『四』，據甲、乙、丙本改。
〔二一〕『毫』，當作『號』，據甲、乙、丙本改，『毫』爲『號』之借字；『鈞』，甲、乙本同，丙本作『匀』，『匀』爲『鈞』之借字。
〔二二〕『低牟』，《敦煌變文校注》校作『鞮鍪』，《敦煌變文選注》指出『低牟』爲『鞮鍪』之同音借字；『熾』，甲、乙本同，當作『幟』，《敦煌變文集》據文義校改，『熾』爲『幟』之借字。
〔二三〕『罵』，甲、乙本同，《敦煌變文校注》釋作『駡』，『駡』同『罵』。
〔二四〕『譈』，甲、乙、丙本作『嗷』，誤；『劉』，甲、乙本同，丙本作『季』；『季』，甲本同，乙本作『鬼』，丙本作『布』。
〔二五〕『停』，乙本同，當作『亭』，據甲、丙本改，『停』爲『亭』之借字。
〔二六〕『秦』，甲、丙本同，乙本作『奏』，誤。
〔二七〕『號』，甲、乙本同，丙本作『無』，誤；『王』，甲本同，乙、丙本作『主』；『直』，當作『真』，據甲、乙、丙本改。
〔二八〕『鱗』，甲、丙本同，乙本脱。
〔二九〕第二個『百』，甲、丙本同，乙本作『不』，誤；『不』，甲、乙本同，丙本作『下』，誤；『祐』，甲、丙本同，乙本作『有』，『有』爲『祐』之借字。
〔三〇〕『卒』，甲、乙本作『率』，誤；『二』，甲、乙本同，丙本作『五』。

〔三一〕「縛」，乙、丙本同，甲本作「纏」。

〔三二〕「降」，甲、丙本同，乙本作「除」，誤；「主」，丙本同，甲、乙本作「王」。

〔三三〕「擒」，乙、丙本同，甲本作「摛」，誤；「放」，甲、丙本同，乙本作「施」，誤。

〔三四〕「施」，甲、乙本同，丙本脱。

〔三五〕「高言」，當作「言高」，據甲、乙、丙本改。

〔三六〕「被」，甲、丙本同，乙本作「披」，「披」爲「被」之借字；「罵」，乙、丙本同，甲本作「馬」，誤。

〔三七〕「君」，甲、乙、丙本同，當作「群」，《敦煌變文選注》據文義校改。

〔三八〕「鵶」，甲、乙、丙本同，《敦煌變文選注》釋作「鴉」，「鴉」同「鵶」。

〔三九〕「昏」，甲、乙、丙本同，當作「渾」，《敦煌變文選注》據文義校改。

〔四〇〕「妭」，當作「拔」，據甲、乙、丙本改，「妭」爲「拔」之借字；「罵」，當作「馬」，據甲、乙、丙本改。

〔四一〕「似」，甲、丙本同，乙本作「死」，「死」爲「似」之借字。

〔四二〕「下」，甲、丙本同，乙本作「卜」，誤；「坡」，甲、丙本同，乙本作「波」，「波」爲「坡」之借字。

〔四三〕「勑」，當作「整」，據甲、乙、丙本改；「牟」，甲、乙、丙本同，《敦煌變文校注》校作「矛」，按「鍪」通作「牟」，不改似亦可通。

〔四四〕「家」，甲、乙、丙本同，《敦煌變文選注》釋作「軍」，誤。

〔四五〕「芬芸」，丙本同，甲、乙本作「紛紜」。

〔四六〕「而」，乙、丙本同，甲本作「如」，「如」通「而」。

〔四七〕「日」，甲、乙、丙本作「朝」。

〔四八〕「凌」，甲本同，乙本作「淩」，「淩」爲「凌」之借字；「大」，甲本同，乙本作「臣」；「王臣」，甲、丙本同，乙本作『大王』。

〔四九〕『觸』，乙、丙本同，甲本作『髑』，『髑』爲『觸』之借字；『威』，丙本同，甲、乙本作『顔』。

〔五〇〕『凋』，當作『彫』，據甲本改，『凋』爲『彫』之借字，乙、丙本作『剮』，亦可通。

〔五一〕『衣衣』，乙本同，當作『依依』，據甲、丙本改，『衣』爲『依』之借字；『忍』，當作『認』，據甲、乙、丙本改，『忍』爲『認』之借字。

〔五二〕『鍾』，甲、乙本同，丙本作『中』，『中』爲『鍾』之借字；『末』，甲、乙、丙本同，當作『昧』，據文義改，『末』爲『昧』之借字。

〔五三〕『諸』，乙、丙本同，甲本作『之』，均可通；『徐』，乙本作『鉢』，當作『餘』，據甲、丙本改。

〔五四〕『語』，據甲、乙、丙本補；『怒』，甲、丙本同，乙本作『努』，『努』爲『怒』之借字。

〔五五〕『拍』，甲、乙本同，丙本作『怕』，誤；『桉』，甲、乙、丙本同，《敦煌變文選注》釋作『按』，校作『案』，《敦煌變文校注》釋作『案』，『桉』同『案』，《敦煌變文集新書》釋作『按』。

〔五六〕『餘』，甲、乙、丙本同，當作『除』，《敦煌變文選注》據文義校改；『狂』，乙本同，甲、丙本作『枉』，『枉』爲『狂』之借字；『寇』，乙、丙本同，甲本作『口』，『口』爲『寇』之借字。

〔五七〕『邦』，甲、乙本同，丙本作『君』；『毁』，甲、乙本同，丙本作『獸』，誤。

〔五八〕『事』，甲、丙本同，乙本作『是』，『是』爲『事』之借字。

〔五九〕『未』，當作『來』，據甲、乙、丙本改。

〔六〇〕『鍾』，甲、乙本同，丙本作『中』，『中』爲『鍾』之借字；『未』，甲、乙、丙本作『末』，當作『昧』，據文義改，『未』、『末』爲『昧』之借字。

〔六一〕『火炙油煎未是迍』以下至『唯有季布鐘離末（昧）』，乙本脱。

〔六二〕「期」，甲、丙本同，當作「其」，《敦煌變文字義通釋》據文義校改，「期」爲「其」之借字。

〔六三〕「投」，當作「捉」，據甲、丙本改；「粉」，甲本作「紛」，「紛」爲「粉」之借字。

〔六四〕「十」，甲本同，丙本作「三」。

〔六五〕「寒」，當作「塞」，據甲、丙本改。

〔六六〕「鍾」，甲本同，丙本作「中」，「中」爲「鍾」之借字；「末」，甲、丙本同，當作「昧」，據文義改，「末」爲「昧」之借字。

〔六七〕「之」，當作「知」，據甲、乙、丙本改，「之」爲「知」之借字。

〔六八〕「顯」，甲、丙本同，乙本作「懸」，「懸」爲「顯」之借字；「代」，原當作「世」，應係避唐諱而改。

〔六九〕「頭」，乙、丙本同，甲本作「投」，「投」爲「頭」之借字；「頭逃」，乙本作「逃頭」。

〔七〇〕「洛陽」，甲、乙、丙本同，《敦煌變文選注》逕釋作「長安」，《敦煌變文集新書》釋作「洛陽」，校作「長安」，按《漢書·高帝紀》載劉季初都洛陽。

〔七一〕底本「四」字之上有兩筆劃；「人」，原當作「民」，應係避唐諱而改。

〔七二〕「萬」，據甲、乙、丙本補。

〔七三〕「巍巍」，甲、乙本同，丙本作「魏魏」，「魏魏」爲「巍巍」之借字。

〔七四〕「誅」，乙、丙本同，甲本作「追」。

〔七五〕「投」，當作「捉」，據甲、乙、丙本改；「艱」，甲、乙、丙本同，當作「奸」，《敦煌變文選注》據文義校改，「艱」爲「奸」之借字。

〔七六〕「投」，當作「捉」，據甲、乙、丙本改。

〔七七〕「斫」，丙本同，甲、乙本作「斬」，均可通。

〔七八〕『嵠』，甲、丙本同，乙本作『傒』，『傒』爲『嵠』之借字，《敦煌變文集新書》釋作『磎』，《敦煌變文集校注》釋作『谿』，『嵠』、『磎』均同『谿』。

〔七九〕『村墅』，甲、丙本同，乙本作『墅村』；『湌』，甲、乙、丙本同，原卷均寫作『飡』，據《韻會》係『湌』之俗字，《敦煌變文校注》認爲是『餐』之俗字，《敦煌變文集》釋作『飱』，『飱』爲『飧』之俗寫。按『湌』、『餐』、『飧』均可通。以下『湌』字同此，不另出校。

〔八〇〕『山林』，甲、乙本同，丙本作『林中』；『伴』，乙、丙本同，甲本作『半』，『半』爲『伴』之借字；『獸』，甲、丙本同，乙本作『戰』，誤。

〔八一〕『晝』，甲、丙本同，乙本作『書』，誤。

〔八二〕『名』，當作『夕』，據甲、乙、丙本改。

〔八三〕『危難』，當作『自歎』，據甲、乙、丙本改。

〔八四〕『鹿』，當作『庶』，據甲、乙、丙本改；『朝』，丙本同，當作『昭』，據甲、乙本改，『朝』爲『昭』之借字。

〔八五〕『姓』，當作『性』，據甲、乙、丙本改，『姓』爲『性』之借字。

〔八六〕『沖』，甲、乙、丙本同，《敦煌變文校注》釋作『沖』，校作『衝』；『也』，甲、乙、丙本作『若』；『囚』，當作『因』，據甲、乙、丙本改。

〔八七〕『忍』，甲、丙本同，乙本作『怱』，誤。

〔八八〕丙本伯二七四七號止於此句。

〔八九〕丙本伯二六四八號始於此句。

〔九〇〕『咸』，甲、丙本作『敢』，乙本作『憨』，當作『感』，據文義校改。

〔九一〕『筋』，乙、丙本同，甲本作『助』，『助』爲『筋』之借字；『匙』，甲、丙本同，乙本作『是』，『是』爲『匙』

之借字。

〔九二〕『問』，甲、乙本同，丙本作『間』，誤。

〔九三〕『於』，甲、乙、丙本同，《敦煌變文校注》校作『爲』，不必，『於』通『爲』。

〔九四〕『忽』，甲、乙、丙本同，己本作『儻』；『莽』，乙、丙本同，當作『奔』，據甲、己本改；『丘』，甲、丙本同，乙本作『立』，己本作『近』，均誤。己本始於此句。

〔九五〕『言驚動』，甲、乙、丙本同，己本作『語莫驚』；『僕』，甲、乙、丙本同，己本存『僕』之『亻』部。

〔九六〕『剄』，己本同，甲、乙、丙本作『鏗』，『鏗』同『剛』，『剄』爲『剛』之或體，當作『鋼』，據文義改；『損』，乙、丙、己本同，甲本作『捐』，誤；『君』，甲、乙、丙本同，己本作『軍』，『軍』爲『君』之借字。

〔九七〕『暗中輕報』，甲、乙、丙本同，己本作『情忠而對』。

〔九八〕『想』，乙、丙、己本同，甲本作『相』，『相』爲『想』之借字；『堦』，甲、乙、丙本同，己本作『廳』；『無』，甲、乙、丙本同，己本作『有』。

〔九九〕『只是舊時親分義』，甲、乙、丙本同，己本作『僕是生人酬公義』。

〔一〇〇〕『與來』，甲、乙、丙本同，當作『來與』，據己本改。

〔一〇一〕『謚』，甲、乙、丙本同，己本作『低』，當作『氏』，《敦煌變文校注》據文義校改，『謚』爲『氏』之借字；『笑貌』，甲、乙、丙本作『按聲』，己本作『接聲』。

〔一〇二〕『是千』，甲、乙、丙本同，當作『受人』，據己本改；『有』，甲、乙、己本同，丙本作『在』。

〔一〇三〕『記』，甲、乙、丙本同，己本作『忽』，當作『既』，《敦煌變文校注》據文義校改，『記』爲『既』之借字；『分』，甲、乙、丙本同，己本作『公』。

〔一〇四〕『應』，甲、乙、丙本同，己本作『多』；『莫』，據甲、乙、丙本補，己本作『文』；『再』，己本作『真』，誤。

〔一〇五〕『更深越墻來入宅』，甲、乙、丙本同，己本作『君且是誰投僕宅』。

〔一〇六〕『靜』，甲、乙、丙本同，己本作『淺』；『但』，甲、乙、丙本同，己本作『請』。

〔一〇七〕『切』，甲、乙、丙本同，己本作『小』；『莫』，甲、乙本同，丙、己本作『語』；『高』，甲、乙本同，丙、己本作『莫』；『義』，甲、乙、丙本作『高』，己本作『交』，當作『語』，據文義改。

〔一〇八〕『不問未能諮說得』，己本作『不敢未能言啓得』。

〔一〇九〕『既』，甲、乙、丙本同，己本作『記』，『記』爲『既』之借字；『蒙』，甲、乙、丙本同，己本作『言』；『垂』，甲、乙、丙本同，己本作『重』，誤；『問』，甲、丙本同，乙本脱，己本作『聞』，『聞』爲『問』之借字。

〔一一〇〕『明』，當作『名』，據甲、乙、丙本改，『明』爲『名』之借字。此句己本作『伏惟不必盤佶次』。

〔一一一〕『去』，甲、乙、丙本同，己本作『前』；『馬』，當作『罵』，據甲、乙、丙、己本改。

〔一一二〕『便』，甲、乙、丙本同，己本作『即』。

〔一一三〕『下堦』，甲、丙、己本同，乙本作『堦下』；『迎接』，甲、乙、丙本同，己本作『而拜』。己本此句後另有『先曾契義爲兄弟，義重過爲骨肉親』二句。

〔一一四〕『問』，甲、丙本同，乙本作『門』，誤；『自隔』，甲、乙、丙本同，己本作『遭契』；『闕』，乙本同，當作『闊』，據甲、丙、己本改。

〔一一五〕『數』，甲、乙、丙本同，己本作『幾』。

〔一一六〕『交』，甲、乙、丙、己本同，當作『教』，《敦煌變文選注》據文義校改；『投』，己本同，乙本作『足』，當作『捉』，據甲、丙本改。

〔一一七〕「身」，甲、乙、丙本同，己本作「來」，誤；「問」，當作「聞」，據甲、乙、丙、己本改，「問」爲「聞」之借字。

〔一一八〕「聞」，乙、丙、己本同，甲本作「問」，「問」爲「聞」之借字；「聲」，甲、乙、丙、己本作「言」；「啼」，甲、乙、丙、己本作「渧」，「渧」同「啼」。

〔一一九〕「往艱危切」，甲、乙、丙本同，己本作「住厄難有」。

〔一二〇〕「一」，甲、乙、丙本同，己本作「自」。

〔一二一〕「草受」，甲、乙、丙本同，己本作「海度」；「艱」，據甲、乙、丙本補，己本作「新」；「新」，當作「辛」，據甲、乙、丙本改，「新」爲「辛」之借字，己本作「懃」。

〔一二二〕「翅羽」，甲、乙、丙本同，己本作「羽翼」。

〔一二三〕「鼎」，甲、乙、丙本同，己本作「日」；「惜」，甲、丙、己本同，乙本作「昔」，「昔」爲「惜」之借字；「岐」，甲、乙、丙本同，己本作「鬐」，當作「鰭」，《敦煌變文選注》據文義校改，「岐」爲「鰭」之借字；「鱗」，甲、丙、己本同，乙本作「鄰」，「鄰」爲「鱗」之借字。

〔一二四〕「人」，乙、己本同，當作「仁」，據甲、丙本改，「人」爲「仁」之借字。

〔一二五〕「分乞」，甲、乙、丙本同，己本作「恩爲」；「存」，甲、丙、己本同，乙本作「在」。

〔一二六〕「其」，甲、乙、己本同，丙本脱；「言懇」，甲、乙、丙本同，己本作「情怨」。

〔一二七〕「請不下心」，甲、乙、丙本同，己本作「不必下精」。

〔一二八〕「一」，甲、乙、丙本同，己本作「幸」；「官」，當作「管」，據甲、乙、丙、己本改，「官」爲「管」之借字。

〔一二九〕「宿素」，甲、乙、丙本同，己本作「契義」；「拔」，甲、乙、丙本同，己本作「擁」，《敦煌變文校注》校作「跋」。

〔一三〇〕『今』，甲、丙本同，乙、己本作『金』，『金』爲『今』之借字；『困』，乙、丙、己本同，甲本作『因』，誤；『危』，甲、乙、丙本同，己本作『厄』；『窄』，甲、乙、丙本同，己本作『側』。

〔一三一〕『邊』，甲、乙、丙本同，己本作『方』；『莽』，甲、乙、丙本同，己本作『甚』。

〔一三二〕『連』，當作『遭』，據甲、乙、丙、己本改；『爲』，丙本同，當作『違』，據甲、乙、己本改，『爲』爲『違』之借字。

〔一三三〕『死生』，甲、乙、丙本同，己本作『生死』。

〔一三四〕『堂』，甲、乙、己本同，丙本作『當』，誤。

〔一三五〕『食』，甲、乙、丙、己本作『湌』；『酒數』，甲、乙、丙本同，己本作『喫一』。

〔一三六〕『申』，甲、乙、丙本同，己本作『言』。

〔一三七〕『道』，甲、乙、丙本同，己本作『説』。

〔一三八〕『國難來投僕』，甲、乙、丙本同，己本作『厄難投僕宅』。

〔一三九〕『談』，甲、乙、丙本同，己本作『史』，誤；『揚』，乙、丙本同，甲本作『量』，己本作『楊』，『揚』、『量』均可通，『楊』爲『揚』之借字。『聞』，甲、乙、丙本同，己本作『向』。

〔一四〇〕『覆』，甲、丙、己本同，乙本作『復』，均可通；『壁』，甲、丙、己本同，乙本作『避』，『避』爲『壁』之借字。

〔一四一〕『鬼神』，甲、乙、丙本同，己本作『神鬼』；『莫』，乙、丙、己本同，甲本作『不』。

〔一四二〕『每』，甲、乙、丙本同，己本作『早』；『情』，丙本同，乙本作『債』，己本作『裹』，當作『幘』，據甲本改。己本此句後有『如思（斯）藏隱經旬日，不交失所意常均』二句。

〔一四三〕『處分』，甲、乙、丙本同，己本作『每日』；『交』，甲、乙、丙本同，己本作『遣』，當作『教』，《敦煌變文選注》據文義校改；『盤送』，甲、乙、己本同，丙本作『送盤』。

〔一四四〕『禮』，甲、乙、丙本同，己本作『只』；『周』，己本同，當作『同』，據甲、乙、丙本及文義改；『公』，己本同，甲、乙、丙本作『翁』；『伯』，甲、丙、己本同，乙本作『百』，『百』爲『伯』之借字；『勤』，甲、乙、丙本作『懃』，『勤』同『懃』，己本作『丞』。

〔一四五〕『那』，甲、丙本同，乙本作『般』，誤；『酬』，甲、乙、丙本同，當作『讎』，據文義改；『恨』，甲、丙本同，乙本脱。此句己本作『高皇直爲讎（讎）分（恨）切』。

〔一四六〕『倦』，甲、乙、丙本同，當作『捲』，據己本改，『倦』爲『捲』之借字，《敦煌變文校注》釋作『蓋』，誤；『大』，甲、乙、丙本同，己本作『群』。

〔一四七〕『諸』，乙、丙、己本同，甲本作『之』，『之』爲『諸』之借字；『尋』，甲、乙、丙本同，己本作『搜』。

〔一四八〕『聞』，乙、丙本同，甲本作『問』，『問』爲『聞』之借字。此句己本作『因何累月絕音雲』。

〔一四九〕『寮』，甲、乙、丙本同，己本作『寮』，『寮』爲『寮』之借字；『怠』，甲、乙、丙本同，己本作『大』，『大』爲『怠』之借字。

〔一五〇〕『至』，甲、乙、丙本同，己本作『致』，均可通；『今』，甲、乙、丙本同，己本作『金』，『金』爲『今』之借字；『逆』，甲、丙本同，乙本作『送』，誤。

〔一五一〕『師』，乙、己本作『所』，當作『使』，據甲、丙本改，『師』爲『使』之借字。

〔一五二〕『格』，甲、丙、己本同，乙本作『恪』，『恪』爲『格』之借字；『勤』，乙本同，甲、丙、己本作『懃』，『勤』同『懃』。

〔一五三〕『拂』，甲、乙、丙本同，己本作『掃』；『交』，甲、乙、丙、己本同，當作『教』，《敦煌變文選注》據文義校改；『願』，當作『影』，據甲、乙、丙、己本改。

〔一五四〕『丹青畫影更邈真』，甲、乙、丙本同，己本作『單筆圖刑（形）令寫真』。

〔一五五〕『圓』，甲、丙本作『圃』，當作『團』，據乙、己本改。

〔一五六〕『知』，甲、乙、丙本同，己本作『尋』；『具』，甲、乙、己本同，丙本作『且』，誤。

〔一五七〕『拆』，甲、乙、丙本同，己本作『惟』，誤；『覆』，甲、乙、丙、戊、己本同，《敦煌變文選注》校作『複』，不必；『壁』，甲、丙、戊、己本同，乙本作『塵』，誤。戊本始於此句。

〔一五八〕『交』，甲、乙、丙、己本同，當作『教』，《敦煌變文選注》據文義校改，『交』爲『教』之借字；『簸』，己本同，甲、丙本作『播』，乙本作『潘』，誤；『更』，甲、乙、丙本同，己本作『及』。

〔一五九〕『遂』，甲、乙、丙本作『逐』；『薫』，甲、乙、丙本同，戊、己本作『勳』，『勳』爲『薫』之借字；『穴』，甲、乙、丙本同，戊、己本作『窟』。

〔一六〇〕『草』，甲、乙、丙本同，己本作『墓』；『塞』，甲、乙、丙本同，戊、己本作『惟』，誤；『墓』，甲、丙、戊、己本同，乙本作『暮』，『暮』爲『墓』之借字；『門』，甲、乙、丙本同，戊、己本作『墳』。

〔一六一〕『摛』，甲本同，當作『擒』，據乙、丙、戊、己本改；『投』，乙、戊、己本同，當作『捉』，據甲、丙本改。

〔一六二〕『玉』，甲、乙、戊、己本同，丙本作『王』，誤；『官新』，甲、乙、丙本同，戊、己本作『公勳』。

〔一六三〕『滄』，甲、乙、丙本同，戊、己本作『食』。

〔一六四〕『誅家』，甲、乙、丙本同，戊、己本作『須誅』；『陣』，丙本同，甲本作『盡』，當作『斬』，據乙、戊、己本改。

〔一六五〕『仍』，甲、乙、丙本同，戊、己本作『及』；『差』，甲、丙、戊、己本同，乙本作『若』，誤。

〔一六六〕『堦』，甲、乙、丙本同，戊、己本作『恩』。

〔一六七〕『驟馬搖』，甲、乙、丙本同，戊、己本作『上馬揮』。

〔一六八〕「投」，戊、己本同，當作「捉」，據甲、乙、丙本改；「姧兇」，甲、乙、丙本同，戊、己本作「雠（讎）人」。

〔一六九〕「來到」，甲、乙、丙本同，戊、己本作「到來」；「濮陽」，甲、乙、丙本同，戊本作「僕陽」，己本作「僕揚」，「僕」爲「濮」之借字，「揚」爲「陽」之借字。

〔一七〇〕「具」，甲、乙、丙、戊、己本同，丁本作「且」；「天心」，甲、乙、丙、丁本同，戊、己本作「心添」，誤；「文」，甲、丙、戊、己、丁本同，乙本脱。丁本始於此句。

〔一七一〕「捕」，甲、丙、丁、戊、己本同，乙本作「布」，「布」爲「捕」之借字；「投」，當作「捉」，據甲、乙、丙、丁、戊、己本改；「惟」，據甲、乙、丙、丁、戊、己本補；「帝」，甲、丙、丁、戊、己本同，乙本作「皇」；「恩」，甲、乙、丙、丁本同，戊、己本作「因」，誤。

〔一七二〕「氏」，甲、乙、丙、丁、己本同，戊本作「低」，誤；「文」，戊、己本同，當作「聞」，據甲、乙、丙、丁本改，「文」爲「聞」之借字。

〔一七三〕「由」，甲、乙、丙、丁、戊、己本同，當作「猶」，《敦煌變文選注》據文義校改，「由」爲「猶」之借字；「珍」，甲、乙、丙、丁、戊、己本同，當作「鎮」，《敦煌變文校注》據文義校改，「珍」爲「鎮」之借字。

〔一七四〕「時多」，甲、乙、丙、丁本同，戊、己本作「多時」。

〔一七五〕「骨寒毛豎失精神」，甲、乙、丙、丁本同，戊、己本作「寒毛槁豎失精魂」。

〔一七六〕「壁」，甲、丙、丁、戊、己本同，乙本作「壥」，誤。

〔一七七〕「而」，當作「如」，據甲、乙、丙、丁、戊、己本改，「而」爲「如」之借字；「結」，甲、乙、丙、丁本同，戊、己本作「皺」。

〔一七八〕「難禍」，甲、乙、丙、丁、戊、己本作「禍難」；「在逡巡」，據甲、乙、丙、丁、戊、己本補。

參考文獻

Mair, *Chinoperl Papers*, No. 10 (1981), p. 50；《北平圖書館館刊》一九四六年二卷一期，一至三〇頁；《史學集刊》一九三七年三期，九七至一二一頁；《敦煌變文集》五一至八四頁（録）；《敦煌寶藏》一五册，六〇二至六〇四頁（圖）；《敦煌遺書論文集》二二八至二六五頁（録）；《和光大學人文學部紀要》一九號，一九八四年，四三至五二頁；《敦煌學輯刊》一九八五年一期，六九至七三頁；《遼寧大學學報》一九八六年三期，四五至四九頁；《魏晉南北朝隋唐史資料》八輯，一九八六年，二〇至二五頁；《敦煌變文選注》一三九至一五八頁（録）；《英藏敦煌文獻》三卷，二二六至二三七頁（圖）；《敦煌變文集新書》九八九至一〇二七頁（録）；《敦煌文書校讀研究》六至九頁；《敦煌變文校注》九一至一二七頁（録）；《敦煌學輯刊》二〇〇二年二期，二三至二九頁；《郭在貽文集·敦煌變文集校議》二卷，六三至七七頁；《英藏敦煌社會歷史文獻釋録》五卷，一五九至一六〇頁；《敦煌典籍與唐五代歷史文化》六八〇至六八一頁。

伯二五九四＋伯二八六四＋斯二〇六〇＋伯三二三七＋伯二五七七＋伯三二七七

七　道德真經李榮注

釋文

（前缺）

神得一以虚（靈）〔一〕，谷得一以盈，萬物得一以生，侯王得一以爲天下正。一，元氣也，未分無二，故言一也。天地雖大，所稟者元一。萬物雖富，所資者沖和。王侯雖貴，所賴者真道。是以清澄以廣覆，寧静以厚載，變化以精虚（靈）〔二〕，空豁以盈滿〔三〕，安樂以全生，無爲而正定，何以致其然？皆得於一道也〔四〕。其致之，道無興癈（廢）〔五〕，物有得失。得之者益如前，失之者損如後。天無以清將恐裂，地無以寧將恐發，神無以靈將恐歇，谷無以盈將恐竭，萬物無以生將恐滅，侯王無以貴將恐蹷。真一之道，不可失也。失之，成象恐之於破裂，成形恐之於動發，不測將恐以絶歇，虚間將恐以枯竭，生虚（靈）將恐以死滅〔六〕，尊貴將恐於顛蹷。故貴以賤爲本，此則國以人爲本，亦言從賤以至貴也。高以下爲基。九重之臺，起於累土。是以侯王自謂孤、寡、不穀。孤、寡、不穀，王侯之謙稱，此亦不忘於本也。此其以賤爲本耶？非〔乎〕〔七〕？言貴實以賤爲本也。故致數譽無譽。王侯實貴而以賤爲名者，此有道之君也。歌謡頌德，不以爲譽，此則數譽。懸謗從諫，不以爲數（毁）〔八〕，此則數毁也。明體道君子外寵辱，得失不驚，心忘毁譽，憘慍不形色也。不欲琭琭如玉，硌硌如石〔九〕。玉琭琭少故貴，而〔石〕硌硌多故賤〔一〇〕。賤者人所惡，貴者物可致，俱不安也。處貴而謙退，不欲如玉之被致。在賤而惡齊，不欲如石之被棄。得之以一，處之以中，唯上與下無不安。反者道之動，弱者道之用。道以柔弱爲用，動皆反俗，以剛強在心，舉皆失道也。天下之物生於有，有生於無。有者，天地有形故稱有。天覆地載，物得以生，故言生於有。無，道也。道非形相，理本清虚，故曰無。天地從道生，有生於無也，故曰虚者天地之根，無者萬物之源。迷者失道，不識本元。聖人垂教，明於祖始，若能道超生死而出有無，必其昏俗，淪有無而繫生死。形神合而見相，故言生於有。形神散而無體，故言有生於無。

上士聞道，勤能行。信道彌篤，強行有志，寒暑變而不革其心，金石銷而不移其操，始終常一，確乎不拔。勤行〔也〕〔一一〕。中士聞道，若存若亡。素絲無恒，遂玄黄而改色〔一二〕。中士不定，隨好惡而異心。聞真道，存身以安國，則存道而忘俗。見財色，悦性以娱情，則存俗而忘道。下士聞道，大笑之。心迷得失，知近不知遠，情昏真僞，識淺不識深，但悦塵垢之小行，反笑清虚之大道。不笑不足以爲道。道深甚奥，上（下）士之所難知〔一三〕。微妙玄道（通）〔一四〕，下愚故非易識。今笑之，不能令真使混濁，適足彰道之清遠也。是以建言有之：物情不〔一〕〔一五〕，取捨異心。聖人設法，無教無不教，凡情向背，有信有不信也。明道若昧，智無不周，明。光而〔不〕耀〔一六〕，昧。〔進〕〔道〕〔若〕〔退〕〔一七〕，〔聞〕〔道〕勤行〔一八〕，進〔也〕〔一九〕。夷道若類，緬平一等，夷道也。和光同塵，若類〔也〕〔二〇〕。上德若谷〔二一〕，無不容也。大白若辱，廉而不穢，大白也。混若於濁，若辱也。廣德若不足，大滿若沖。建德若偷，潛行密被。質真若偷（渝）〔二二〕。偷（渝）〔二三〕，變也。性無染濁〔二四〕，體實常存，質真也。忘死生，合變化，若偷（渝）也〔二五〕。大方無隅，寰寓（寓）有象〔二六〕，有方也。至道無形，無隅也。大器晚成，積習生常，美成在久，故知倏心倏行，非一朝一日可以致。大音希聲，鴻鍾應節而鳴〔二七〕，玄教隨機而作。大象無形，虚無羅於有象，故言大象。大象無象，故曰無形。〔形〕不可覩〔二八〕，故言道隱。道隱無名。絕於稱謂，故曰無名也。夫唯道，善貸生。夫進而若退，進無進也。若退而進，〔退〕〔無〕退也〔二九〕。明若昧，非明也。昧若明，非昧也。至真之道，非進非退，非明非昧，無色無聲，無形無名。雖復無名，亦何名而不立？雖復無象，亦何象而不見？是故布氣施化，貸生於萬有，爲而不將（恃）〔三〇〕，付之於自然。

道生一，虚中動氣，故曰道生。元氣未分，故言一也。一生二，清濁分，陰陽著。二生三，軍（運）二氣〔三一〕，稱三材。三生萬物。圓天覆於上，方地載於下，人主統於中，何物不生也。萬物負陰而抱陽，沖氣以爲和。陽氣熱孤，亦不能生物，陰氣冷單，亦不足成形，故因大道以通之，借沖氣以和之，所以得生也。人之所惡，唯孤、寡、不穀，而王公以自名。抱沖和之氣，無好無惡。失一元之道，有愛有憎。但敦富貴之名，不悦孤寡之稱。唯有道王公，卑以自牧，義存謙退，以爲名也。故物或損之而益，或益之而損。有道以富貴而稱孤、寡，損也。謙光日新，益也。無德處貴，自以爲益。材下位高，必至傾覆，損也。人之所教，亦我義教。人聞（間）所行之教〔三二〕，理歸仁義，事剄強。然剄強者死之類，仁義者道之華。亦我義教之者，欲使去剄強而存柔弱，遠仁義而安道德也。亦言聖人是於能教，衆生是於所〔教〕〔三三〕，緣教得宜。義者，宜也。強梁者不得其死，吾將以爲學父。不從君父之命，不順聖人之教，貪榮而守勝，尊己以陵人，強梁也。違科犯法，不盡天年，中道而夭，不得其死也〔三四〕。物皆合道，聖人元〔不〕設教〔三五〕。凡情失理，化主所以興言。由仁義之華，彰道德之實，因強梁之性，演柔弱之法。父，本也，以強梁爲教本也。

天下之至柔，馳騁天下之至堅。有象之至柔者，水也。無形之至柔者，道也。水至柔而能消金穿石，破彼堅強。道至柔而能貴（遺）彼忘我〔三六〕，破茲固執。言人若能鑒之於水，體之於道，足然洞之於人我，經之於丘山，微妙玄通，都無滯礙，此謂馳騁之至堅。無有入無間，水無有礙，道無有形。有間無間，無處不入。是以知無爲有益。道無形，物得成；聖無爲，人得化。此乃無爲之益也。不言之教，無爲之益，前稱無爲之益，未知何曰無爲。行不言之教，教即忘言。任因循之事，事即無事。君安於上〔三七〕，臣悅於下，此〔無〕爲之益也〔三八〕。天下希及之。行有爲者多，及無爲者少。

名與身孰親？身與貨孰多？得與亡孰病？名者，外之稱譽。貨，俗之財帛。身爲忠孝之本，抑德之基，理須外名利，存身神，反無爲，脩至道，而弱喪者不反，逐欲者失真，遂爲名以教（殺）身〔三九〕，因財而割（害）己〔四〇〕。迷淪者衆，聖人懷之，故詳問云爲得利爲病，爲失名失利爲病。俗以得名利爲善，而得之則身亡；失之爲惡，亡之則己立。得失病利，誰然定乎？已（亡）〔四一〕，失也。是故甚愛必大費，爲名以教（殺）身〔四二〕，斯大費。多藏必厚亡。爲則（財）以傷己〔四三〕，斯厚亡。知足不辱，不分外以求名，遠恥辱。知止不殆，不非理以規財，無危殆。可以長久。外之於名利，遠之於危殆，理國可以長存，脩身可以久視。

大成若缺，其用不弊。道圓德備，名曰大成。猶如不足〔四四〕，故云若缺。然大壑酌之而不竭，明鏡應之而忘庋（疲）〔四五〕，不弊。大滿若沖，其用不窮。四達是方而俱照，六通無幽而不燭，斯大滿。不以照爲照，不以盈爲盈，若沖也。用不以心，故無極。大直若屈，直同正道，大直。以欲從人，若屈也。大巧若拙，匠成萬物，大巧。似不能爲，若拙。大辯若納（訥）〔四六〕。談天暢理，大辯。言即無言，若訥也。躁勝寒，靜勝熱。陰陽二氣，遞相爲用。陽氣躁而熱，陰氣靜而寒。陽氣盛則〔熱〕〔勝〕〔而〕〔寒〕〔劣〕〔四七〕，〔陰〕〔氣〕〔盛〕〔則〕靜勝而躁劣〔四八〕。此則氣序遷移，平爲勝劣。夫大成若缺，大滿若沖，則盛無盛也。其用不弊，其用不窮，則衰無衰也。不盛不衰，不寒不熱，遺成而不敗，忘勝而無劣。清靜爲天下正。爲陰陽之所寒熱，未清也。爲生死之所流動者，不靜也。明聖人生死無變於己，寒熱下（不）累於身〔四九〕，清靜也。有輪轉，處生死皆爲邪也〔五〇〕。無輪轉，絶生死爲天下正也。

天下有道，却走馬以糞。君上有道，除奔命之馬。臣下無爲，糞桑田之業。脩真者去馳騁之浮情〔五一〕，糞身神以道德。務學者絶飄蕩之懈惰，糞心虛（靈）以藝文也〔五二〕。天下無道，戎馬生於郊。生，起也。不用道而脩文〔五三〕，專飾兵而好武，四郊多壘，五兵斯起，戎馬生於郊也。內明心王無道，馳六識之馬，遍萬境之中，得失紛紜，是〔非〕交爭也〔五四〕。罪莫大於可欲，禍莫大於不知足，咎莫〔大〕於欲得〔五五〕。有道之人，遺情去欲，禍自除。無之（識）識（之）徒〔五六〕，縱性任心，殃咎斯至。善積成慶，幽顯咸享。惡積成殃，存亡俱累。罰止一身，罪也。下及子孫，禍也。上悞先祖〔五七〕，咎。知足之足，常足。除可欲則外無所求，清本性則內無所乏，故言知足，動皆合道，事無不圓之足也。無不足之時，常足也。

不出戶，知天下；觀之以道，則理無不達，照之以智，則事無不知，所謂不行而知者。不窺牖，見天道。二景麗天，五皇（星）耿漢〔五八〕，寧須窺牖，方始見乎內明。窺牖者，穿鑿求解也。天道者，自然之理。不假筌蹄得魚兔，無勞言教悟至理，此不窺牖見天道。其出彌遠，其知彌少。跡周於宇宙，來（未）識山川〔五九〕，覽遍於經籍，寧知至理，此謂無知。是以聖人不行而知〔六〇〕，獨悟也。不見而名，玄覽也。不爲而成。自然就也〔六一〕。

爲學日益，增之以卷軸，長之以見聞，利之以名聲，加之以嗜欲。爲道日損。行不言之教，文理雙忘。體虛玄之道，物我同遣。爲無〔爲〕百爲兼喪〔六二〕，事無事萬事都損。豈惟嬌盈奢侈也〔六三〕。損之又損之，以至於無爲。捨有歸無，損之者也。有去無忘，又損之者也。有去，無也。理冥真寂，至無爲也。無爲無不爲。夫欲去有累，所以歸無爲，而惑者聞無爲，兀然常拱手，以死灰爲火（大）道〔六四〕，土塊爲至心，理恐其封執無爲不能懸解，故云無爲而無不爲也。不爲非無爲也，有爲而歸無爲，非有爲也。此則爲學爲道，道學皆忘，唯動與寂，寂動俱息者也。取天下常以無事，及其有事，不足以取天下。取，攝也。忘則無捨無不捨，用則有可有不可。若以無爲攝天下，無有而不可皆可也。若以有事取天下，無有而不可皆不可也。

聖人無心，以百姓心爲心。君上無心於有爲，任百姓之自化。聖人無情以分別，逐萬有而感通也。善者吾善之，不善者吾亦善之，得善。若有心分別，有善善有不善〔六五〕，有不善不得以爲善〔六六〕。今既無心分別，非唯善於善，亦善於不善，善與不善皆善，是以謂之得善。信者吾信之，不信者吾亦信之，得信。信，順也。物情既有可有不可，從事則〔有〕順有不順〔六七〕。有順有不順，不得以爲俱順。今聖人無可無不可，皆可；無順無不順，皆順，是以名爲大順。聖人在天下，慄慄爲天下混其心。慄慄，不任（住）也〔六八〕。凡情分別，見善見不善，信（有）有（信）信（有）不信〔六九〕。聖人慄慄不住，泛泛隨機，混其分別之心，齊其是非之意也。百姓注其耳目，聖人皆孩之。百姓不能以性制情，而乃縱心逐欲，注耳目於聲色，專鼻口於香味，因茲惛或〔七〇〕，以此聾盲。聖〔人〕逐病行毉〔七一〕，隨機演教，因心救物，說已化他，乃云我止如嬰孩赤子，不知聲色悅於可（耳）日（目）〔七二〕。

出生入死。從幽至顯名出生，自有歸無稱之入死也。生之徒十有三，死之徒十有三。九竅四關爲十三也。若能絕欲則爲生之類，必其放蕩，則爲死之徒也。人之生，動之死地，十有三。所以流死地者，由十三種造過。夫何故？以其生生之厚。何爲得至於死地？言用之九竅，運之四關，多取有爲之生業，愛養無常之生死，後（厚）過其分〔七三〕，動之死地也。

蓋聞善攝生者，陸行不遇兕虎，入軍不被甲兵。不能養性，內爲情欲之所傷，外爲毒蟲之所害。善攝者不耽染，性不傷，無毒心，物無害。兕無所駐其角，虎無所措其爪，兵無所容其刃。言養生以道，積善以行，是故前顯不與惡過（遇）〔七四〕，今明雖過（遇）無傷〔七五〕。夫何故？以其無死地。夫生我者神，殺我者心。我殺由心，心爲死地。若能灰心息慮，不構有爲，無死他（地）〔七六〕。

道生之，德畜之，物形之，孰成之。至道運而無壅，何適而不能？玄德動而不滯，何事而不可？今約事分用，通生則理歸於道，長畜則義在於德。生畜於物，物各有形。既秀而不實曰孰，生畜俱全曰成也〔七七〕。是以萬物莫不尊道而貴德。父母所生，天地覆載，誠可尊也。今道德恩隆於父母，功蓋於天地，理當尊貴人也。道尊德貴，夫莫之爵而常自然。道德虛忘，自然尊貴，非由爵命方見敬重也。故道生之畜之，長〔之〕育之〔七八〕，成之孰之，養覆之。此廣明道德生畜之義也。進益曰長，撫卹曰育，構立曰成，圓足曰孰，資給曰養，衣被曰覆〔七九〕。生而不有，爲而不恃，長而不宰，是謂玄德。夫伐其功者，非至功也。恃其德者，非大德。今既生既長，不恃不宰，深妙之德也。

天下有始，以爲天下母。道爲物本，故云始。德能畜養，故云母。既得其母，以知其其子〔八〇〕。道德生畜，母之義也。物從道生，子可知也。既知其子，復守其母，沒身不殆。子從親生，必須孝於親；物從道生，必須守於道。子孝於母，母慈於子，通天地，感神明，物無傷也。人守於道，道愛於人，積功行，著幽顯，物無害者，故言不殆也。此明母子相守，本末相收。能行此者，家國安也。塞其兌，閉其門，終身不勤。掩目閉口，外患不生。既無疲勞，又絕勤苦。無名之始，歸有名之母，脩身之道也〔八一〕。會開其兌，濟其事，終身不救。失道滯俗，去本行末，通六情之兌，開五欲之門，雖成有累之事，終失無爲之道。亡沒此身，難可救拔。見小曰明，用柔曰強。禍亂初起爲小，預能防患曰明，順道無違曰柔，始終不損曰強也。用其光，復歸其明，無遺身殃。智能照機，以之防禍，用其光也。覩見未萌，皎然無失〔八二〕，內視反照，復歸其明。以不罹患，無與身強（殃）也〔八三〕。是謂襲常。放情極欲，違本殉末〔八四〕，患難斯至，歸無常也。塞兌閉門，守母依始，潔身入道，襲真常也。

使我介然有知，行於大道，唯施甚畏。老君傷時王不從夷路，唯履嶮塗〔八五〕，服文綵而帶利劍，厭飲食而積貨財，農田荒穢，倉廩空虛，此乃誇盜之人，豈純粹之行。若使我微知政事，必行無爲之大道，不涉有爲之小徑，有所施爲事，尤畏不行。大道甚夷，其人好徑。正道平而易，邪徑儉（險）而難〔八六〕。理國者多履其難〔八七〕，脩身者少從其易〔八八〕。斥無道。朝甚除，田甚蕪，雕牆峻宇，除故造新。下人妨農，良田蕪穢。殉名好利，棄少求多，道業不脩〔八九〕，丹田荒廢也。倉其（甚）虛〔九〇〕。年登則稟（廩）實〔九一〕，農廢則倉虛；行薄則業虛，德充則道實。服文綵，帶利劍，捐素以事華，賤文而貴武。

脩真者内不存於道德〔九二〕，外唯飾以威儀，毒意未祛〔九三〕，帶利劒也。厭飲食，資貨有餘，夫味無味者，飲和浴德。爲無爲者，禮士愛賢。鄙芻豢以簞食爲樂，散貨財以不貪爲寶，此則内外無不可也。而厭之以芳鮮，積之以殊（珠）玉〔九四〕，是盜誇之行，非家國之基。是謂盜誇。盜誇非道！取不足，積有餘，盜之謂也。愛文綵，事貪侈，誇之義也。唯盜與誇，俱非道行。

善建不拔，善抱不脱，子孫祭祀不輟。能立行於至道之境，則根深而不拔；妙樹功於玄德之鄉，則華（蒂）固而不脱〔九五〕。爲國則百代宗廟而常安〔九六〕，爲家則萬葉蒸嘗而不絶。師資結影於真氣，授繼響於玄風。脩之身〔九七〕，其德能真；脩之家〔九八〕，其德有餘；脩之鄉〔九九〕，其德能長；脩之國〔一〇〇〕，其德能豐；脩之天下〔一〇一〕，其德能普。夫道不可不脩〔一〇二〕，德不可不立。立德脩道〔一〇三〕，自家形國，何往不安。死生無變曰真，慶及後昆曰餘，跡（邇）安遠至〔曰〕長〔一〇四〕，物皆自然（足）曰豐〔一〇五〕，惠無不周曰普也。故以身觀身，以家觀家，〔以〕〔鄉〕〔觀〕〔鄉〕〔一〇六〕，以國觀國，以天下觀天下。至道之源，實自無善無惡。建德之始，理須知是知〔非〕〔一〇七〕。知〔非〕者則去惡慮不遠〔一〇八〕，知是者則就善恐不及。察邪察正，照存照亡。脩道之身則歸真〔一〇九〕，不脩道者則入僞〔一一〇〕；脩道之家則有餘〔一一一〕，不脩道者則不足〔一一二〕；脩道之鄉則久長〔一一三〕，不脩道則短促〔一一四〕；脩道之國則豐大〔一一五〕，不脩道則窮儉〔一一六〕；脩道之天下則周普〔一一七〕，不脩則缺少也〔一一八〕。吾何以知天下之然？以此。如何得知脩道者昌〔一一九〕，不脩道者亡〔一二〇〕？觀一身則百身可知矣，觀一國〔則〕萬國斯覩矣〔一二一〕，豈唯三代乎也！

含德之厚，比於赤子。懷道抱德，積行深厚，氣專精固，絶欲無貪，不散真童，類於赤子也。毒蟲不螫，猛獸不據，玃鳥不搏〔一二二〕。以毒曰螫，以足曰據，以爪曰搏，孾兒所以無害者，一爲内無毒意，二爲慈母加護，故不傷也。含德之人，既其無復惡心，又以天靈垂祐，是以毒蟲不得流其毒，猛獸無以施其猛也。骨弱筋柔而握固。孾兒筋骨弱，而握拇指牢固者，非由力也，本爲心專。人雖欲開，開不可得也〔一二三〕。含德之人，屈身以順物，柔心以從道，可欲不能開，全真自然固也。未知牝牝（牡）之合而酸（峻）祖雷反之。作〔一二四〕，精之至；牝牝（牡）之合〔一二五〕，即陰陽之會也。酸（峻）〔一二六〕，小兒陰也。作，動也。赤子未知男女之禮而動作者，至精不散也。精散則身枯，身枯則命竭。含德之人，外情欲而愛其精，去勞弊而實其氣。無心於動，動不妨寂，虚己於寂，寂不妨動。寂不妨動，雖動而非動；動不妨寂，雖寂而非寂。非動非寂，精之至也。終日號而不嗄，於葛反之。和之至。啼極無聲曰嗄。赤子旦夕恒啼而聲不極（嗄）者〔一二七〕，和氣未散也。含德之人，演玄言而不疲，流法音而無絶，此抱沖和之所致也。知和曰常，知常曰明。亡精損氣歸無常，知和不死深（保）真常〔一二八〕。含德既知和理，又體常義〔一二九〕，物無不可（照）〔一三〇〕，故曰明也。益生曰祥，心使氣曰強。祥，善也。強，盛也。此明流俗有爲之徒，不能周（同）赤子之握固〔一三一〕，似含德之知和。逐欲喪其精，運力傷其氣，益生以滋味，補氣以藥石，中心欲使氣盛而不衰，體善而不惡，其可得乎？故曰皆知善之爲善，斯不善已。物壯則老，謂之非道，非道早已。物極則反，體盛則衰，此時（是）俗塵之恒累〔一三二〕，豈虛寂之常道。老君痛衆生未解知常，不能受氣，以有爲益生，益之損，既乖至理，戒以止哉也。

知者不言，得意忘言，悟理遺教。言者不知。多言則喪道，執教則失真。塞其兌，閉其門。杜欲路，絕禍源。挫其銳，解其忿，折貪欲之鋒，釋是非之爭。和其光，同其塵，是謂玄同。爭得失則或可或不可，競是非則一彼一此。今和光則無知無分，同塵亦共愚不別，通萬有而齊致，亦何法而不同人（也）〔一三三〕。故不可得親，不可得踈（疎）〔一三四〕；不可得利，不可得害；不可得貴，不可得賤；故爲天下貴。天有遠近則親踈（疎）明矣，存得失則害利生矣，定上下則貴賤成矣。今解忿挫銳，和光同塵，愛憎平等，親踈（疎）不能不能入〔一三五〕，毀譽齊一；利害不能干，榮辱同忘，貴賤無由得。能行此者，可以爲天下貴也。

以政理國，養百姓者，妙在於平均；宣風化者，要歸於正直。此所謂諸侯牧宰導德齊禮，文之教之也。以奇用兵，奇，變詐也。臨難制變，兵不厭詐。三略六奇，九政（攻）百勝〔一三六〕，上將軍師，靜難息寇，武之功。以無事取天下。明君之攝化天下，論道宣風則賢相，守方討逆則名將。垂旒坐朝於萬國〔一三七〕，塞耳凝神於九重也。吾何以知天下之然？以此。何以得知無事可以取天下？即以此下文云我無爲人自化，我無事人自富也。天下多忌諱，而人彌貧；忌諱多端，政煩納（網）密〔一三八〕。煩則人勞，密則人懼，從法妨業，焉得不貧也！人多利器，國家滋昏；機權不可多與人，兵器不可家皆有。家有兵器思爲賊，人多執摧（權）恐至亂也〔一三九〕。人多知巧，奇物滋起；多奇巧，異物生；上玩物，下起欲也。法物滋彰，盜賊多有。珍好之物爲法物也。多貴金玉，盜賊斯起也。亦言法所以息盜盜更多，禮所以整亂而亂作。故聖人云：我無爲人自化，我無事人自富，我好靜人自正，我無欲人自樸。前忌諱下是四種有爲之病，是故聖人說四種無爲之藥。欲令除亂得化，去動之靜，家安佁樂〔一四〇〕，無事無爲，付自然之運曰化，人皆知足曰富〔一四一〕，履道無偏曰正，遺華處實曰樸也。

其政悶悶，其人醇醇；其政寬，其人悅；上恬靜，下淳也〔一四二〕。其政察察，其人缺缺。其政急而煩，其人困而之（乏）〔一四三〕。禍，福之所倚；福，禍之所伏。倚，用（因）也〔一四四〕。伏，匿也。言人在苦而思樂，改惡而從善，因禍以得福。若處樂而荒〔淫〕〔一四五〕，在貴而驕縱，則禍匿於福中矣。孰知其極？行善惡之因，得禍福之果，輪迴苦樂之境，來去誰知窮極也。其無正。正復爲奇，善復爲訞。奇，異也；訞，惡也。善惡往還之業，此並是邪！寂寞立之真始乃正。言人多積塵垢之行，少有清虛之基，故云其無正。事邪者衆，從正者寡。設命爲正，正不常正，俄然變異，故曰爲奇。並皆行惡，不肯脩善〔一四六〕，設令爲善，善不恒善，還即造〔惡〕〔一四七〕，故曰爲訞也。人之迷，其日故久。迷禍福之源，或邪正之路〔一四八〕，此非旦夕，其日故久。是以聖人方而不〔割〕〔一四九〕，方，正也。割，傷也。邪行則物我俱傷，正道則彼此無割也。廉而不穢，凡情貪而濁，聖道廉而清。直而不肆，大直若屈，不顯正以示人。光而不耀。明道若昧也。前標得失之政，次指禍福之門，而沒溺者既多，昏迷者已〔久〕〔一五〇〕。訞奇則繁（繫）果（累）之境〔一五一〕，倚伏悲（非）懸解之場〔一五二〕。是以廉而不穢，始體清虛之道；光而不耀，方識惠源之路。寡得失〔一五三〕，何禍何福乎？混是非，孰邪孰正于（乎）〔一五四〕？泛兮無繫無不繫，蕭然無可無不可也。

治人及（事）天〔一五五〕，莫若式。下理於人，上事於天，莫過以道，用爲法式。夫唯式，是以早伏。以道爲式，物先以歸。早伏謂之重積德。道輕德薄，人不依，重積深厚，物自伏也。重積德則無不克，德重仁深，無不勝。克，勝也。無不克，莫知其極。四夷賓伏，國無邊，與道玄同，有何窮極。莫知其極，可以有國。境土無邊，德無際，始可以有於家國。有國之母，可以長久。有道則國安，無道則國危，國由道生，道爲國母。以道爲母，所以久長。是以深根固蔕〔一五六〕，長生久視之道。夫根枯則拔，蔕朽則落〔一五七〕。今理國以道爲根，則根深。脩身以德爲蔕〔一五八〕，則蔕固。帶（蔕）固則長生〔一五九〕，根深則久視。天人之式，家國之要也。

治大國，若烹小鮮。鮮，魚也。烹鮮不撓，撓則魚爛。故曰：理國煩則下亂，脩身煩則精散也〔一六〇〕。以道莅天下，其鬼不神；君上用道臨下，鬼不見其精靈以害人也。非其鬼不神，其神不傷人；非其鬼無精靈，而不害人，由上用於正道，所以邪不爲害。非其神不傷人，聖人亦不傷人。非其神鬼不能害人，但聖人在上，德被幽明，鬼神無害，由聖不傷也。又能利物〔一六一〕，亦自不傷。夫兩不相傷，故德交歸。鬼神聖人，兩者也，俱能利物，不相傷也。聖人慈善，鬼〔神〕正真（直）〔一六二〕，慈善處顯而光潤，正直在幽以潛資，俱以德澤交歸衆人。

大國者下流，天下之交。交，會也。海在乎衆流之下，百川於是交歸。理國者自視缺然，萬國所以同會。天下之交，牝常以靜勝牝（牡）〔一六三〕。牝雌而靜，牝（牡）雄而動〔一六四〕。夫靜可以制動，陰可以屈陽，故知謙撝伏誇企〔一六五〕，柔弱勝剛強也。故大國以下小國，則取小國；小〔國〕以下大國〔一六六〕，則聚大國〔一六七〕。以謙爲德，則可以容入（人）〔一六八〕。未能卑退，不可取聚。故或下而取，或下而聚。結二國也。夫大國不過欲兼畜人，小國不過〔欲〕入事人〔一六九〕。國之大也，必欲遠扇於皇風。境之小焉，不過遐歛於道化也。夫兩者各得其所欲，故大者宜爲下。扇皇風者，遠覃於聲教。歛道化者，來服於禮儀。俱稱所懷，各得所欲。衣冠是一，文軌丈（大）同〔一七〇〕，仍恐大者蔑小〔一七一〕，貴者陵賤，重誡大者以爲下也〔一七二〕。

道者萬物之奧，善〔人〕〔之〕〔寶〕〔一七三〕，〔不〕〔善〕人之所不寶（保）〔一七四〕。寶，重也。道本無形，理唯虛寂，無形苞之於有象，虛寂納之於動殖，故言萬物之奧也。叔（淑）人君子〔一七五〕，體正可以重真，不肖下愚，從邪於焉輕道，故有寶〔不〕〔寶〕也〔一七六〕。美言可以市，尊行可以加人。體道忘言，信言不美。飾非之辯，未可契真。喪寶之言，豈足稱道。華辭感衆〔一七七〕，飾僞以爲真。浮説亂人，以惡而善。適爲可用之於市肆，焉能建德而懷道也〔一七八〕。達至德者，忘之於彼我。悟自然者，混之於和同。豈可尊己而卑人，是我而非彼，自加於物上也。人之不善，奚棄之有？聖教所設，本以開曉於無知；妙道遐通，亦乃匠成於未悟。欲使善、不善而皆善，知、不知而共知，常善救〔人〕〔一七九〕，寧容有〔棄〕〔一八〇〕。故立天子，置三公。上古至淳，賢愚平等，身不失道，行合自然，人皆寶道也。逮乎三五已降，物漸澆離（漓）〔一八一〕，無君不可尊（導）人〔一八二〕，有主方能化物。故上樹垂拱之君，下設論道之官，示之以好惡，誡之以禮〔律〕〔一八三〕，化彼不善，陶此淳風。雖有拱璧以先駟馬，不如坐進此道。古之徵士，先退（進）以璧〔一八四〕，次進以馬，故言以先駟馬也。夫倒置之徒，必須撥（發）之以蒙蘖〔一八五〕。抱愚之者，亦宜耀之於智矩（炬）〔一八六〕。作君上之心腹，爲元首之股肱，義在匡救其惡，易宣風教。然而尚名者不安其分，妄規非次之榮。好寵者不以其道，唯希高貴之爵。驕奢自貽伊戚，遂至危云（亡）之禍〔一八七〕，未若增脩至道〔一八八〕，寵辱不驚也。古之所以貴此道者何？不日求以得，有罪以勉（免）〔一八九〕，故爲天下貴。自昔至今，重於此道者何謂也？求之非一日而得，行之勉（免）百年之禍〔一九〇〕，保於福祿，絶於危亡，今古同尊，天人並貴也。

爲無爲，事無事，味無味。息噪（躁）動〔一九一〕，凝神於安靜。絶繁務，虛己於自然。除嗜欲，耽之於玄妙。大小多少，報怨以德。怨之生，或大或小。仇之起也，乍也少乍多〔一九二〕。涉有事之境，即拘斯累，怨怨相報，無有盡期。若能歸無爲之大道，保自然之無累，遣茲混濁，味此清虛，咎過不生，怨讎不起，此報怨〔以〕德也〔一九三〕。圖難於易〔一九四〕，爲大於細。天下難事，必作於易，大事必作於小。作，起也。事之起也，必自易成難。物之生也，亦因（因）小至大〔一九五〕。所謀欲除難罪，必息於易。所慮欲除大惡，先折於小。根本若除，枝葉自喪也。夫輕諾必寡信，多易必多難。定辭必信，輕諾必虛。難於所爲罪業，生死皆易。爲〔非〕法之事〔一九六〕，終始皆難。是以聖人猶難之，故終無難。輕爲惡事，動入罪田（因）〔一九七〕。聖人叡哲聰明，猶尚難於有爲之事，故得終始無難〔一九八〕。況盲瞑之徒，不能重慎，欲免禍難，其可得乎也。

其安易持，其未兆易謀，安，靜也。未兆，機不動也。患難防，惡難止。思除其惡，制之於未動。慮息其患，持之於安靜。惡兆無由得起，不謀自然無患，此謂上士防患。其脆易破，其微易散。罪小易滅，惡長難除。不能防之於未動，必須制之於微脆，此〔中〕士除患也〔一九九〕。爲之於未有，所謂其安易持也。治之於〔未〕亂〔二〇〇〕。所謂微脆易破。合抱之木，生於豪末〔二〇一〕；九重之臺，起於累土；千里之行，始於足下。爲者敗之，執者失之。合抱之木，自小而成大。九重之臺，因下以至高。千里之行，從近以及遠。若制之以靜，豪末之罪不生〔二〇二〕，止之於〔微〕〔二〇三〕，一壇之基易破〔二〇四〕。安然不動，千里之行無至，若不能爲之於未有，治之於未亂，爲有爲而不已，必至敗亡。執惡行以爲是，終歸喪失。此謂下士闇於成事〔二〇五〕，以至敗亡。是以聖人無爲故無敗，無執故無失。凡庸闇之於即事，故有敗失之非。聖人玄鑒於機前，無復有爲之患。人之從事，常於幾成而敗之。慎終如始，則無敗事。幾，近也，凡人爲惡，不能早除，惡事近成，自然已破。若能同聖，去危求安，始不爲非，終不獲罪，無得無失，何敗何成。是以聖人欲不欲，不貴難得之貨；學不學，備衆人之所過。凡情逐欲，賤道貴財。聖人不貪，沉珠擲玉。若也脩不爲己〔二〇六〕，學乃爲人。貪利則過生，爭名則咎至。聖人無欲則遺利，絶學則忘名，不耀一己之能，防備衆人之過也。以輔萬物之自然而不敢爲。物之性也，本乎自然，欲者以染愛累真，學者以分別妨道，遂使真一之源不顯，至道之性難明，不入於無爲，但歸於敗失。聖人順自然之本性〔二〇七〕，輔萬物以保真，不敢行於有爲，導之以歸虚靜也。

古之善爲道者，非以明人，將以愚之。欲教今俗，先引古人。古人用道脩身理國〔二〇八〕，不將姧智役心眩物，此非以明人也。含光藏耀，全真抱樸，分別智息，將以愚之也。人之難治，以其多知。居（君）上守質〔二〇九〕，臣下歸淳。未假威形（刑）〔二一〇〕，自然順化。若也不行虚寂道德，唯用姧巧智慧，智多亂甚，故難理也。故以智治國，國之賊；不以智治國，國之德。智慧姧巧傷害人深，國之賊也。質樸無知，任物自化，各事其業，俗樂家安，物我無〔傷〕〔二一一〕，君臣俱泰，國之德也。知此兩者亦楷式。常知楷式，是謂玄德。玄德深遠，與物反，然後迺至大順。用智不用智，兩者也。用之則賊害，不用則無傷。能知百姓無傷，此知理國楷模法式也。能知法式，本固邦寧，德之妙也。德妙不測曰深，尋求不逮曰遠。人皆用智，此獨用愚，學與物反也。不逆物性，任之自然，斯大順也。亦言道本虚玄，俗便滓穢〔二一二〕，順俗求道，失之於真，反俗脩德〔二一三〕，入之於妙。入妙則無可無不可，歸真則無通〔無〕〔不〕〔通〕〔二一四〕。既其虚應無方，故能大順平等。

江海所以能爲百谷王者，以其善下之，故能爲百谷王。此舉喻也。但海處卑下，故能爲百谷之王。明聖人謙虚，爲萬國之主也。是以聖人欲上民，以其言下之；欲先民，以其身後之。是以處上而人不重，處前而民不害。謙居物不（下）有德〔二一五〕，故推之以爲上。退身度人懷道，故尊之以在先。百姓樂戴，不以爲重，人皆忠孝，誰有害心也。是以天下樂推而不厭。以其無爭，故天下莫能與之爭。無德，物所同厭。有道，人皆樂推。行揖讓之風，順萬物之化，誰當與爭？

天下皆以我大，不肖。夫唯大，故不肖。若肖久，其細。老君道尊德貴，誠可以爲大也。然晦跡同塵，隱顯不測，不似於智，不似於愚，故言不肖不似。唯當大聖之人，故無所似。若形有定質，智有常分，的有所似，道有所封〔二一六〕，此乃細碑（碎）之小人〔二一七〕，豈是虛通之大聖也。

我有三寶，寶而持之。一曰慈，二曰儉，三曰不敢爲天下先。俗存於利，貴之以七珍。道在於真，重之以三寶。三寶之義，未是外求。若能仁惠於萬物，好生而惡煞，慈之義。薄賦輕傜，謹身節用〔二一八〕，不奢不侈，儉之義也。忘己濟物，退身度人，不敢爲天下先。持行脩身〔二一九〕，用此三者，安國寧家，寶之大。

夫慈，故能勇；儉，故〔能〕廣〔二二〇〕；不敢爲天下先，故能成器長。慈心於物，物無害者〔二二一〕。物既無害，自無前敵，以無敵故，故言勇也。用之奢侈，於事不足，行之儉約，處理有餘，周於遠大，故言廣。尚之於謙退，守之於雌柔，其德能普，謙光日新，爲物所尊，故能成器長也。

今捨其慈且勇，捨其儉且廣，捨其後且先，死矣。前明得三寶者，處慈而得勇，守儉而致廣，居後以至先。今明失三寶者，必竟不能行慈，苟且後知好勇；節行不能履儉，無度但當廣費，朱（未）解卑身處後〔二二二〕，銳意欲在物先。好勇而不仁則〔亡〕〔二二三〕，〔用〕廣而不節則困〔二二四〕，無德而居物先則危，故云死矣也。

夫慈，以陣則勝，以守則固。天將救之，以慈衛之。以慈爲用，不失其道。在於戰陣，必克前敵，故勝也。以之守固，無復傾危〔二二五〕，遂言固也。以慈爲心，玄天所以加護，故曰救之。至道於焉保守〔二二六〕，故曰衛之。內明是非交戰爲陣，解能破或〔爲〕勝〔二二七〕，身不失道爲守。與道同久曰固。自然無害，天將救也。外物不傷，道之衛也。

古之善爲士者不武，以慈來物，以德伏人，無鬬以力〔二二八〕，不好以勇，無爲而化，斯不武也。善戰不怒，能息寇亂，善戰。救物用慈，不怒。善勝敵不爭，道濟天下，四海來王。德綏寓內，五丘（兵）不作〔二二九〕。物則靡之而不刃，故言勝敵。無心自然自受推，故言不爭。善用人爲下。使人不失方員之器，任物各得文武之材，善用。寬則得衆，謙則無咎，故言爲下也。是謂不爭之德，此結上不武不怒而能勝敵也。是謂用人之力，此結善用人爲下，人爲之盡力也。是謂配天，古之極。懷物以道，來遠用文。不戰而自勝，無爭而獨尊。其德高大，近之上天。其化淳和，比之極古。內明虛心實腹，坐忘合道，不假威權，無勢勇猛，故言善爲士者不武。滑（泯）是非之情〔二三〇〕，除愛憎之見，善戰不怒。物無害我，順而不逆，善勝敵不爭。心王既靜，志在沖虛，耳目無擾，手足不勞，善用人爲下。合自然之理，故曰配天。契昔之真〔二三一〕，際古之極也〔二三二〕。

用兵有言：引古兵法。吾不敢爲主而爲客，在國先舉爲主，在陣先動爲主。先舉先動，嬌（驕）盈必危〔二三三〕，今欲保全，故云不敢爲主〔二三四〕。和而不唱，後而不先，故言而爲客也。不敢進寸而退尺。不以兵強外侵，故不云進寸〔二三五〕。而以積德內守，故云退尺也。是謂行無行，兵由彼起，我實不行，應物而行，無心而動，行無行也。攘無臂，怒而行兵，用兵所以攘臂，爲客退尺，不假臂以攘之，故言攘無臂。執無兵。傷彼無道，爲此執兵。兵以息兵，形（刑）期無形（刑）〔二三六〕。未失慈義，慕道自歸，無兵可執也。禍莫大於海（侮）敵〔二三七〕，海（侮）敵則幾亡吾

伯二五九四+伯二八六四+斯二〇六〇+伯三二三七+伯二五七七+伯三二七七

寶〔二三八〕。〔兵〕〔主〕於煞不可常行於有事〔二三九〕，道貴幽靜，是故制物以無爲，務在安人，不令有害。若退失無〔爲〕之道〔二四〇〕，進無靜寇之兵，輕侮前敵，國破人〔亡〕〔二四一〕，禍之大也。國實人富，主聖臣賢，是名得實（寶）〔二四二〕。人亡粟盡，臣辱主危，近失吾寶。故

抗兵相若，則哀者勝。兩邊舉衆，名曰抗兵。多少均齊，故云相若。輕敵無備，貪而好煞者，劣也。靜必依道，動皆以律，不失於慈，慈能制物，哀者勝也。內明煩惱多端，非智不破，欲陳其法，故法云用兵有言〔二四三〕。爲主必雄強，作客多雌弱。行人欲息動歸靜，知雄守雌，故云不敢爲主而爲客也。明道若昧，進道若退，學無所學，脩無所修〔二四四〕，不敢進寸而退尺也。識因緣之皆假，達理教之俱空，行無行也。非唯萬境虛寂，抑亦一身空淂（淨）〔二四五〕，攘無臂也。內忘智慧，執無兵也。外絶情塵，仍無敵也。放情極欲，失道喪身，〔亡〕吾實也〔二四六〕。智慧煩惱，二種恒隨，椀（抗）兵相若也〔二四七〕。方便〔用〕於智慧〔二四八〕，微妙不失慈悲，漏盡或祛，蕭然無累，哀者勝。

吾言甚易知，甚易行。聖人設教，詞約理舉，照然義見，易知也。抱〔一〕絶於多或〔二四九〕，無爲斷於有累，故易行也。天下莫能知，莫能行。凡情不遵於玄教，守愚未聞（開）於智慧〔二五〇〕，不識此道，莫能知也。迷倫有欲，弗習無爲，棄正從邪，莫能行。言有宗，事有君。宗，本也。君，主也。以道德爲本，其實易知。以無爲爲主，其實易行。失本逐末者多矣，不體真宗〔二五一〕，放情違性者衆焉。寧知君舉衆並皆如此，故去（云）天下莫能知行〔二五二〕。

夫唯無知，是以不吾知。物皆闇或，內無一豪之鑒，故云無知。迷理失道，外無萬境之智，故不吾知也。迷知我者希，則我者貴。役役之輩，所重者名。喪（區）喪（區）之徒〔二五三〕，所愛者利。少能體道，故言知我者希。若喪不歸，歸之由於正路；漂浪不返，返之入彼真源，道也。是以聖人披褐懷玉。順俗同塵，外示羸服，披褐也。玄德無染，純白光生，懷玉也。

知不知，上；不知知，病。慧徹空有，智通真俗，知也。所照之境，觸境皆空，能鑒之智，無智不寂，能所俱泯，境智同忘，不知也。照然知如無照，知如不知，此爲上德也。不知強知，多知多失，傷身損命，知之病也。是

以聖人不病，以其病病，是以不病。聖本遺知，是以不病。痛彼衆生有強知之病，以其病病也。痛惜衆生雖爲軫慮而分別，塵累不染，聖人是以不病也〔二五四〕。亦言以其病病者，言衆人爲分別之病所病也，故言是以不病也。

民不畏威，則大威至。威，形（刑）法也〔二五五〕。若不畏於小罪，積惡不休，犯納（網）觸羅〔二五六〕，亡身損命，大威至也。內明不懼塵累，縱欲不止，欲縱則精散形穢，形穢則神離，〔神〕〔離〕則形敗〔二五七〕，精散則體枯。人真道而無緣，爲生死之所害，大威至。無狹其所居，無厭其所生。人以所生爲樂，受〔生〕爲貴〔二五八〕，不能閑居以養生，脩善以防死〔二五九〕，流宕失鄉，愛他處爲廣大，以本鄉爲狹陋，此狹其所居也。長惡傷行，縱欲傷身，動之死地。不存久視，厭其生也。勸言無者，莫令如此也。夫唯不厭，是以不厭。道生由道，成形藉神。若能愛道存神，故云夫唯不厭。除垢止欲，志靜形清，神既附人，道亦愛己，故言是以不厭也。是以聖人自知不自見，

自愛不自貴。故去彼取此。凡情失道，乃爲無識。聖智達理，故曰自知。忘於人我，泯於聞見，故曰不自見。寶神惜氣，固精志道，不輕此生，故云自愛。不自貴大以賤小，不尊行以忘於高下，故言不自貴。自知自愛者悟理，自見自貴者迷方。聖人說己化物，使物知皈，去彼自見自貴之忏物，取此自知自愛以全真。

勇於敢則煞，勇於不敢則活。不懼爲勇，必果爲爲敢〔二六〇〕。白刃交於前，視死若生者，列（烈）士之勇也〔二六一〕。然智非計策，力異驍雄，貪利而前，必喪身命，故言則煞。義不爭，心以慈〔二六二〕，或以道德來人，或以智策伏物，於物無害，在我全身，故言則活。內明勇於聲色者煞身，不敢於情塵者治（活）己〔二六三〕。此兩者，或利或害。謂煞活也。天之所惡，孰知其故？言天道好生〔惡〕煞〔二六四〕，人多不能就利違害〔二六五〕，此乃〔不〕識天之意故〔二六六〕。天之道，不爭而善勝，天道無心，與物不競〔二六七〕，自然尊貴，而居物先。不言而善應，不召而自來，春生冬謝，寒往暑來，往者既非所遣，來者亦非命召。坦然而善謀。大道甚夷，故曰大道甚夷故曰坦然〔二六八〕。圖人之得失，賞罰無差〔二六九〕，鑒人之善惡，災祥不爽，故曰善謀。天網恢恢，踈（疎）而不失。羅之以太虛，網之於有象，既寬且大，故曰恢恢。罪有公私〔二七〇〕，愆之（無）大小〔二七一〕，微著皆盡，踈（疎）密無遺，故言不失。

民不畏死，奈何以死懼之？時逢有道，物皆愛生，代屬無爲，人咸惜死。若不能綏之以至德，而制之以嚴形（刑）〔二七二〕，人不聊生，故言人〔不〕畏死〔二七三〕。人不畏死，本由罰酷，宜須在宥，用德忘形（刑）〔二七四〕。如何還以酷法理人，欲懼之於死，此試當也（時）之失〔二七五〕。若使常不畏死而爲奇，吾執得而煞之，孰敢？奇者，詭異亂群也。若時王用道，人盡全生，名爲畏死也。其有強梁之者，亂群之人爲於罪業，彌更奇異，天不長惡，故執得煞之。懼死自無爲過之人，脩生孰敢爲非之者也〔二七六〕。常有司煞者煞。司，主也。賞罰之理是常，生煞之官有主，不可以爲〔非〕〔二七七〕，犯法者合死，而欲擅代煞之。夫代司煞者，是代大匠斲〔二七八〕。代大匠斲，希不傷其手。天道雖遠，玄鑒死（孔）明〔二七九〕，賞善罰惡，著在於宜（冥）同（司）〔二八〇〕。春生夏長，鄣（彰）之於見代〔二八一〕。時政不能任之以天理，而代之以人功，亦失之於道也。然則視（頑）人少能從化〔二八二〕，姧點（黠）多有難防〔二八三〕，隨時定宜，制之法令，自有司形（刑）之職〔二八四〕，主煞之官。若推之不以其司，煞之不由其主，而擅煞者猶拙夫之代巧匠，必有傷手之憂，少有不傷，所傷多矣也。

人之飢，以其上食稅之多，是以飢。百姓飢窮，四民困乏，非他由也，稅重賦多〔二八五〕。人之難治，以其上有爲，是以難治。有爲撓物，所以難理。無爲正身，自煞（然）易化也〔二八六〕。人之輕死，以其生生之厚，是以輕死。重生之人，利浮情於正性，輕死之士，溺邪識於愛流。取彼有生命，以養虛假之生身，故言生生之厚。厚者，積也，多也。事積則亂心，味多則爽口，不能重慎以保長生。縱欲喪身，輕死之地也。夫唯無以生爲者，是賢於貴生。夫以生爲有，而厚養過其分，遂致傷生，此未能重生也。達至道者，觀身非有〔二八七〕，悟理無生，不見虛假之形，自祛染愛之累，與虛淨而合德，共至道而同根，雖不養生而生自養，此所謂能重生也。賢，能也。貴，重也。

人之生柔弱，其死堅強。天下柔弱莫過於氣，氣莫柔弱於道。是以人之受生，必資道氣，氣存則屈申由己，道在則動靜任神。順心無逆，從事靡違，故言柔弱。不能保氣，氣竭則身亡，未解怡神，神逝命殞。命殞身亡，不能轉動，故曰堅強也。**萬物草木生之柔脆，其死枯槁。**無情之物，有氣故生，無氣故死，是知有識之類，得道於焉柔弱，失道所以堅強也。**故堅強者死之徒，柔弱者生之徒。**結上有識無情，生死二理，各有徒類。**是以兵強則不勝，木強則共。**不以德而固，乃恃兵爲強。暴於天下好煞，物之所惡。聚寡爲衆，扶弱〔爲〕〔強〕〔二八八〕，反共攻之〔二八九〕，則有不勝。是以木之強也也〔二九〇〕，枝葉共生其上；柱之強也，梁棟鎮之於下。以下以斯曉喻，欲令務脩德以柔弱，不飾兵以堅強。**故堅強居下，柔弱處上。**生者人之所欣，柔弱者生之徒，豈非上耶？死者物之所慼，堅強者死之徒，寧非下耳〔二九一〕？

天之道，其猶張弓。人事近而淺，面之而不測其情；天道遠而深，仰之豈觀其理。迷徒莫曉，正道難明，故借彼張弓以爲之喻。**高者抑之，下者舉之，有餘者損之，不足者與之。**用弓之道，高者恐過，故抑之令不高。下者不及，故舉之令不下。不高不下，中前期也。爲國之者，損有餘之富，益不足之貧，貧被益而不貧，富經損而不富，不貧不富，中於爲國之政也。太高恐於邀空，抑之令不空也。極下慮之滯也有〔二九二〕，舉之令不有也。不有不空，合於中道也。**天之道，損有餘補不足。**檡（釋）天道以合喻〔二九三〕。**人道則不然，損不足奉有餘。**言人爲行與天道反，未能〔損〕強益弱〔二九四〕，而乃減貧增富。**孰能有餘以奉天下？唯有道者。**誰能法天道以爲行，損盈益謙，唯有道之君，當能知此。**是以聖人爲而不恃，成功不處，斯不貴賢。**聖人爲德不賴其報，成物不處其功。所以爾者，欲隱其聖德，晦其賢才。上既如此，下自法之。爭名之患自除，尚賢之愆不作也。

天下柔弱莫過於水，而攻堅強莫之能先，其無以易之。觀之於一切，摠之於萬有〔二九五〕，柔弱之至者，水之爲最也也〔二九六〕。銷之金石，破之丘陵，無能過水，水最勝也。破堅強法水，既爲勝，故不可易之。理國者若能以謙爲德，以道爲用，必可破之於強敵，摧之雄而道最爲先，故無易於道也。脩身者能守雌柔之至道〔二九七〕，自破剄強之人我，解宅虛靜之至理，妙絕是非之交爭。唯道爲勝，無以代之也。**故柔勝強，弱勝剄。**此結上文。**天下莫能知，莫能行。**多好剄強，少存柔弱，不能謙退，競處物先。**是以聖人言：受國之垢，是謂社稷主；受國不祥，是天下王。正言若〔反〕**〔二九八〕。體柔弱之道，則物無不苞。悟幽玄之境，則事每無不納〔二九九〕。含非過惡，受國之垢也。罪己責躬，受國不祥也。適可以爲物主，故言天下王也。此言反於俗而含（合）於道〔三〇〇〕，故云正言若反也。垢，穢也。祥，善也。脩身者〔三〇一〕，雖復歷之於穢淨，淨穢兼忘，經之於善惡，惡善同捨。照一理之元寂，達萬境之皆空，可以成道，爲法王也。俗以垢淨善惡，咸以爲有，以道觀之，並悉是空，故云反也。

和大怨，必有餘怨，安可以爲善？物我齊一，則是非不起。彼此糾紛〔三〇二〕，則怨讎斯作。故禮有報怨之義，法有償死之形（刑）〔三〇三〕。怨往怨來不可息，思欲息怨和之〔三〇四〕，令去逆以順平之，使反惡而爲善。然口善而心不善，面從而意不從，不善不從餘恨，此則更起於惡，何得用之爲善？欲得爲善，未若元不爲怨。元不爲怨，何須和順，亦無忓（忤）逆〔三〇五〕。逆順斯忘，怨讎自息。不知善之爲善，始可名爲至善也。**是以聖人執左契，不責於人。**

古者聖人刻木爲契，君執於左，臣執於右爲信，含（合）之符契〔三〇六〕，不復制之以法律，於物無罰，故言不責於人。

故有德司契，無德司撤（徹）〔三〇七〕。司，主也。契，合也。撤（徹），離也。有德之所主，上合無爲之道，混然寡（冥）一〔三〇八〕，下爲萬物所歸，信之符契。若其無德，不能行善，非唯不契於道，抑亦衆離散也。內明有德合理，故云司契。無德乖真，故云司撤（徹）也。

天道無親，常與善人。天道平等，無有親踈（疎），惡人遠道，致有踈（疎）名。善者近真，故生親稱。至理爲語，不踈（疎）不親，但以善人行善，天乃〔福〕〔之〕〔三〇九〕，故云與善人也。然善不與不善，是知輔德不輔無德。若能行於德善，善德自然歸之也。

小國寡民，使有什伯之器而不用，聖人理國，用無爲之道，所有軍戎器械或少或多，若伯若千，皆悉不用。小國猶爾，況大國乎也。使人重死而不遠徙。政有事，物乃輕生。化屬無爲，人皆重死。父既保子，妻不失夫，各得樂業安居，無復流亡遷徙也。雖有舟輿，無所乘之。夫水〔行〕用舟〔三一〇〕，陸行用輿，無爲之代，山無蹊隧，澤無舟梁，本絕去來，何乘乘（之）有〔三一一〕。雖有甲兵，無所陳之。兵以討逆，武以靜亂。上既行道，下乃好德。自然從化，何事陳兵也。使民復結繩而用之。古者書契未作，結繩爲政。文字既興，澆薄滋甚，人設聖教，義在無爲。欲使反澆還淳，去華歸實。甘其食，美其服，安其居，樂其俗。物情不悅，食玉衣錦不以爲美；人心既適，飯蔬披（被）褐〔三一二〕，足可爲甘。令陶聖化過大鈞〔三一三〕，人無貴賤，所食者皆甘也。服無好惡，所衣者〔皆〕美也〔三一四〕。家無貧富，所居者皆安也；鄉無豐儉，所住者皆樂也。既無遠徙之者，自絕弱喪之人也。鄰國相望，雞狗之聲相聞，使人至老死，不相往來。兩國爲鄰，望之在日（目）〔三一五〕，雞鳴狗吠，聽之耳聞。從始至終，以少及老，不相往來，人人皆自足，家家俱有。故曰人相忘〔於〕道術〔三一六〕，魚相忘於江湖，其斯之謂者也。

信言不美，〔美〕言不信〔三一七〕。言以宣心，非關忘（妄）作〔三一八〕，務存實理，不在華詞，故云信言不美。甘言失真，輕諸寡信，故云美言不言（信）也〔三一九〕。善者不辯，辯者不善。大辯若訥，無勞詞費，善者不辯也。偏詞過當，多言數窮，辯者不善。知者不博，博者不知。子能知一，萬事畢，知者不博也。文滅質博，博溺心迷，至理不知也。既以爲人己逾有，既以與人己逾多。日月流輝，照臨萬寓〔三二〇〕，物得以見，轉益光華，猶聖人智徹於物，法施無窮也。江海灑潤，善利萬物，物得以生而源流不竭，亦猶聖人則（財）施不盡也〔三二一〕。天之道利而不害，聖人之道爲而不爭。天道施生，利也。常善救〔人〕〔而〕〔不〕〔害〕也〔三二二〕，爭由心起，爲因事生。聖人無心，自然〔無〕爭〔三二三〕。事既無事，爲亦無爲也。

道常無爲而無不爲。至道玄寂，真際不動，道常無爲也。應物斯動，化被萬方，隨類見形，於何不有，種種方便而無不爲也。無爲而爲則寂不常寂，爲而不爲則動不常動。動不常動，息動以歸寂；寂不常寂，從寂而起動。寂既動也，不成於寂；動復寂焉，不成於動。至理爲語，不寂爲化。衆生能動能寂，須知動與不動，非動非不動。宜識此爲非爲，非爲非不爲也。王侯若能守，萬物將自化〔三二四〕。德能伏物，道在則尊。皇王守道，不令白（自）均〔三二五〕。公侯懷德，不嚴自化。化而欲作，吾將鎮之以無名之樸。作，起也，言有不能從化，欲起有爲之心。當以無名之樸鎮之，有爲之心自息。保道畜常，見素抱樸也。無名之樸，亦將不欲。理本空虛〔三二六〕，體非無有。無真無真，無俗何捨。但以起有之心者是病，以聖人將無名之樸爲藥，藥本除病，病去藥忘，故云無名之樸，亦將不欲也。亦言無名之樸者〔三二七〕，何裁不欲是也。無欲以靜，天下自正。用智理國國之賊，有爲撓物物恒動。在上若能無欲守靜，百姓不須整理而自齊，萬國無煩教令而自正也。內明若捨茲有累，歸彼無名，有歸還成有欲。若其有欲則非安靜，則失正道。今不見有累之可捨，不見無名之可取，取捨既忘，則情欲不起。情欲不起，自然安靜。無心欲合於道，云將正道相合，故云天下自正也。

老子德經卷下

說明

此件由伯二五九四、伯二八六四、斯二〇六〇、伯三二三七、伯二五七七、伯三二七七等六件文書綴合而成。伯二五九四首缺，起「神得一以虛（靈）」，訖「聖人元」；伯二八六四起「不設教」，訖「理國者多履」；斯二〇六〇起「其難」，訖「則聚大國」之「則聚」；伯三二三七起「則聚大國」之「大國」，訖「無復傾危」之「無」；伯二五七七起「無復傾危」之「復傾危」，訖「反共攻之」之「反共攻」；伯三二七七起「反共攻之」之「之」，終於尾題「老子德經卷下」。據王卡先生研究，此件爲唐高宗時道士李榮注本《道德經》。經文用《五千文》本，大字單行書寫，注文則用雙行小字，有數行注文因紙張黏貼而被覆蓋。此件字體工整，但有不少脱、誤。卷中所抄經文，起於《道德經》第三九章「神得一以靈」句，至八一章末，後又接抄第三七章。其中卷首所缺三八章及三九章部分文字，可據《道藏》所收強思齊《道德真經玄德纂疏》引文補足，大致可以復原久已失傳的李榮《道德經》注文（參看《敦煌道教文獻研究——綜述·目録·索引》，中國社會科學出版社，二〇〇四年，一七四至一七五頁）。《中華道藏》收録了此件釋文，由周國林點校、王卡復校（張繼禹主編《中華道藏》九册，華夏出版社，二〇〇四年，三一五至三三五頁）。

校記

〔一〕『神』，《中華道藏》釋作『地』，誤；『虚』，當作『靈』，據《道德真經玄德纂疏》改，《中華道藏》逕釋作『靈』。

〔二〕『虚』，當作『靈』，據《道德真經玄德纂疏》改，《中華道藏》逕釋作『靈』。

〔三〕『空』，《中華道藏》釋作『虚』，誤。

〔四〕『於一』，《中華道藏》釋作『一於』，誤；『也』，《中華道藏》漏録。

〔五〕『癈』，當作『廢』，據《道德真經玄德纂疏》改，《中華道藏》逕釋作『廢』，『癈』爲『廢』之借字。

〔六〕『虚』，當作『靈』，據《道德真經玄德纂疏》改，《中華道藏》逕釋作『靈』。

〔七〕『乎』，《中華道藏》據文義校補。

〔八〕『數』，當作『毀』，據《道德真經玄德纂疏》改。

〔九〕『硌硌』，《中華道藏》釋作『落落』，誤。

〔一〇〕『石』，《中華道藏》據《道德真經玄德纂疏》校補；『硌硌』，《中華道藏》釋作『落落』，誤。

〔一一〕『也』，據《道德真經玄德纂疏》補。

〔一二〕『遂』，《中華道藏》釋作『逐』，誤。

〔一三〕『上』，當作『下』，《中華道藏》據《道德真經玄德纂疏》校改。

〔一四〕『道』，當作『通』，《中華道藏》據《道德真經玄德纂疏》校改。
〔一五〕『一』，《中華道藏》據《道德真經玄德纂疏》校補。
〔一六〕『不』，《中華道藏》據文義校補。
〔一七〕『進道若退』，據《道德真經玄德纂疏》補。
〔一八〕『聞道』，據《道德真經玄德纂疏》補。
〔一九〕『也』，據《道德真經玄德纂疏》補。
〔二〇〕『也』，據《道德真經玄德纂疏》補。
〔二一〕原有兩個『若』字，一在行末，一在次行行首，這是當時的一種抄寫習慣，可以稱爲『提行添字例』，第二個『若』字應不讀，故未録。
〔二二〕『偷』，當作『渝』，據《道德真經玄德纂疏》改。
〔二三〕『偷』，當作『渝』，據《道德真經玄德纂疏》改。
〔二四〕『染』，《中華道藏》釋作『潔』，誤。
〔二五〕『偷』，當作『渝』，據《道德真經玄德纂疏》改。
〔二六〕『寓』，當作『寓』，據《道德真經玄德纂疏》改，『寓』爲『寓』之借字。
〔二七〕『鴻』，《中華道藏》釋作『鳴』，誤。
〔二八〕『形』，據《道德真經玄德纂疏》補。
〔二九〕『退無』，據《道德真經玄德纂疏》補。
〔三〇〕『將』，當作『恃』，據《道德真經玄德纂疏》改，《中華道藏》逕釋作『恃』。
〔三一〕『軍』，當作『運』，據《道德真經玄德纂疏》改，《中華道藏》逕釋作『運』。

〔三二〕『聞』，當作『間』，據《道德真經玄德纂疏》改，《中華道藏》逕釋作『間』。

〔三三〕『教』，據《道德真經玄德纂疏》補。《中華道藏》將此句及下句斷作：『衆生，是於所緣教得宜。』

〔三四〕『其』，《中華道藏》釋作『真』，誤。

〔三五〕伯二五九四止於此句之『聖人元』，伯二八六四起於此句之『設教』。『元』，《中華道藏》釋作『無』，誤；『不』，據《道德真經玄德纂疏》補。

〔三六〕『貴』，當作『遺』，據《道德真經玄德纂疏》改。

〔三七〕『君』，《中華道藏》釋作『吾』，誤。

〔三八〕『無』，據《道德真經玄德纂疏》補。

〔三九〕『教』，當作『殺』，《中華道藏》據《道德真經玄德纂疏》校改。

〔四〇〕『割』，當作『害』，《中華道藏》據《道德真經玄德纂疏》校改。

〔四一〕『已』，當作『亡』，據《道德真經玄德纂疏》改，《中華道藏》逕釋作『亡』。

〔四二〕『教』，當作『殺』，據《道德真經玄德纂疏》改，《中華道藏》逕釋作『殺』。

〔四三〕『則』，當作『財』，據《道德真經玄德纂疏》改，《中華道藏》逕釋作『財』。

〔四四〕『猶』，《中華道藏》釋作『備』，誤。

〔四五〕『庋』，當作『疲』，據《道德真經玄德纂疏》及文義改，《中華道藏》逕釋作『疲』，『庋』爲『疲』之借字。

〔四六〕『納』，當作『訥』，據《道德真經玄德纂疏》改，《中華道藏》逕釋作『訥』。

〔四七〕『熱勝而寒劣』，據《道德真經玄德纂疏》補。

〔四八〕『陰氣盛則』，據《道德真經玄德纂疏》補。

〔四九〕『下』，當作『不』，據《道德真經玄德纂疏》改，《中華道藏》逕釋作『不』。

伯二五九四＋伯二八六四＋斯二〇六〇＋伯三二三七＋伯二五七七＋伯三二七七

〔五〇〕『邪』，《中華道藏》釋作『耶』，『耶』爲『邪』之俗寫。
〔五一〕『脩』，《中華道藏》釋作『修』，雖義可通而字誤。
〔五二〕『虚』，當作『靈』，據《道德真經玄德纂疏》改。
〔五三〕『脩』，《中華道藏》釋作『修』，雖義可通而字誤。
〔五四〕『非』，《中華道藏》據《道德真經玄德纂疏》校補。
〔五五〕『大』，據文義補，《中華道藏》據《道德真經玄德纂疏》校補作『甚』。
〔五六〕『之識』，當作『識之』，《中華道藏》據《道德真經玄德纂疏》校改。
〔五七〕『悮』，《中華道藏》釋作『誤』。
〔五八〕『皇』，當作『星』，據《道德真經玄德纂疏》改，《中華道藏》逕釋作『星』。
〔五九〕『來』，當作『未』，據《道德真經玄德纂疏》改，《中華道藏》逕釋作『未』。
〔六〇〕『知』，《中華道藏》釋作『行』，誤。
〔六一〕『然』，《中華道藏》釋作『内』，誤。
〔六二〕『爲』，《中華道藏》據文義校補。
〔六三〕『嬌』，《中華道藏》釋作『憍』，誤。
〔六四〕『火』，當作『大』，據《道德真經玄德纂疏》改，《中華道藏》逕釋作『大』。
〔六五〕第二個『善』，疑爲衍文，據文義當删。
〔六六〕『有不善』，《中華道藏》未能釋讀。
〔六七〕『有』，《中華道藏》據《道德真經玄德纂疏》校補。
〔六八〕『任』，當作『住』，據《道德真經玄德纂疏》及文義改，《中華道藏》逕釋作『住』。

〔六九〕『信有信』，當作『有信有』，據《道德真經玄德纂疏》改。

〔七〇〕『或』，《中華道藏》釋作『惑』，『或』本有『惑』義，『惑』爲後起字。

〔七一〕『人』，據《道德真經玄德纂疏》補；『毉』，《中華道藏》釋作『醫』，雖字誤而義可通。

〔七二〕『可日』，當作『耳目』，據《道德真經玄德纂疏》改，《中華道藏》逕釋作『耳目』。

〔七三〕『後』，當作『厚』，《中華道藏》據文義校改，『後』爲『厚』之借字。

〔七四〕『過』，當作『遇』，據《道德真經玄德纂疏》改，《中華道藏》逕釋作『遇』。

〔七五〕『過』，當作『遇』，據《道德真經玄德纂疏》改，《中華道藏》逕釋作『遇』。

〔七六〕『他』，當作『地』，據《道德真經玄德纂疏》改，《中華道藏》逕釋作『地』。

〔七七〕『俱』，《中華道藏》釋作『具』。

〔七八〕『之』，據《道德真經玄德纂疏》補。

〔七九〕『曰』，《中華道藏》釋作『日』，誤。

〔八〇〕第二個『其』，據《道德真經玄德纂疏》及文義爲衍文，當刪。

〔八一〕『脩』，《中華道藏》釋作『修』，雖義可通而字誤。

〔八二〕『晈』，《中華道藏》釋作『皎』。

〔八三〕『強』，當作『殃』，據《道德真經玄德纂疏》改，《中華道藏》逕釋作『殃』。

〔八四〕『違』，《中華道藏》釋作『遣』，誤；『殉』，《中華道藏》釋作『徇』，『徇』通『殉』。

〔八五〕『嶮』，《中華道藏》釋作『險』，按《集韻》云『險』或作『嶮』。

〔八六〕『儉』，當作『險』，據《道德真經玄德纂疏》改，《中華道藏》逕釋作『險』，『儉』爲『險』之借字。

〔八七〕伯二八六四止於此句之『理國者多履』；斯二〇六〇起於此句之『其難』。

〔八八〕『脩』，《中華道藏》釋作『修』，雖義可通而字誤。
〔八九〕『脩』，《中華道藏》釋作『修』，雖義可通而字誤。
〔九〇〕『其』，當作『甚』，據《道德真經玄德纂疏》及文義改，《中華道藏》逕釋作『甚』。
〔九一〕『稟』，當作『廪』，據《道德真經玄德纂疏》及文義改，《中華道藏》逕釋作『廪』，『稟』爲『廪』之借字。
〔九二〕『脩』，《中華道藏》釋作『修』，雖義可通而字誤。
〔九三〕『未』，《中華道藏》釋作『末』。
〔九四〕『殊』，當作『珠』，據《道德真經玄德纂疏》及文義改，《中華道藏》逕釋作『珠』。
〔九五〕『華』，當作『蒂』，《中華道藏》據《道德真經玄德纂疏》校改。
〔九六〕第二個『而』，《中華道藏》未能釋讀，據《道德真經玄德纂疏》及文義爲衍文，當刪。
〔九七〕『脩』，《中華道藏》釋作『修』，雖義可通而字誤。
〔九八〕『脩』，《中華道藏》釋作『修』，雖義可通而字誤。
〔九九〕『脩』，《中華道藏》釋作『修』，雖義可通而字誤。
〔一〇〇〕『脩』，《中華道藏》釋作『修』，雖義可通而字誤。
〔一〇一〕『脩』，《中華道藏》釋作『修』，雖義可通而字誤。
〔一〇二〕『脩』，《中華道藏》釋作『修』，雖義可通而字誤。
〔一〇三〕『脩』，《中華道藏》釋作『修』，雖義可通而字誤。
〔一〇四〕『跡』，當作『邇』，據《道德真經玄德纂疏》改，《中華道藏》逕釋作『邇』；『曰』，《中華道藏》據文義校補。
〔一〇五〕『然』，當作『足』，據《道德真經玄德纂疏》改。

〔一〇六〕「以鄉觀鄉」，據《道德真經玄德纂疏》及文義補。

〔一〇七〕「非」，據《道德真經玄德纂疏》補，《中華道藏》認爲底本「知非」二字均脱，實脱「非」字。

〔一〇八〕「非」，據《道德真經玄德纂疏》補。

〔一〇九〕「脩」，《中華道藏》釋作「修」，雖義可通而字誤。

〔一一〇〕「脩」，《中華道藏》釋作「修」，雖義可通而字誤。

〔一一一〕「脩」，《中華道藏》釋作「修」，雖義可通而字誤。

〔一一二〕「脩」，《中華道藏》釋作「修」，雖義可通而字誤。

〔一一三〕「脩」，《中華道藏》釋作「修」，雖義可通而字誤。

〔一一四〕「脩」，《中華道藏》釋作「修」，雖義可通而字誤。

〔一一五〕「脩」，《中華道藏》釋作「修」，雖義可通而字誤。

〔一一六〕「脩」，《中華道藏》釋作「修」，雖義可通而字誤。

〔一一七〕「脩」，《中華道藏》釋作「修」，雖義可通而字誤。

〔一一八〕「脩」，《中華道藏》釋作「修」，雖義可通而字誤。

〔一一九〕「脩」，《中華道藏》釋作「修」，雖義可通而字誤。

〔一二〇〕「脩」，《中華道藏》釋作「修」，雖義可通而字誤。

〔一二一〕「則」，據《道德真經玄德纂疏》及文義補。

〔一二二〕「玃」，《中華道藏》釋作「攫」。

〔一二三〕「開」，《中華道藏》漏録，疑爲衍字，據《道德真經玄德纂疏》當刪。

〔一二四〕第二個「牝」，當作「牡」，據《道德真經玄德纂疏》及文義改，《中華道藏》逕釋作「牡」；「畯」，當作

『峻』，據《道德真經玄德纂疏》改，《中華道藏》逕釋作『峻』。

〔一二五〕第二個『牝』，當作『牡』，據《道德真經玄德纂疏》及文義改，《中華道藏》逕釋作『牡』。

〔一二六〕『酸』，當作『峻』，據《道德真經玄德纂疏》改，《中華道藏》逕釋作『峻』。

〔一二七〕『極』，當作『嗄』，《中華道藏》據《道德真經玄德纂疏》校改。

〔一二八〕『深』，當作『保』，《中華道藏》據《道德真經玄德纂疏》校改。

〔一二九〕『又』，《中華道藏》釋作『人』，誤。

〔一三〇〕『可』，當作『照』，據《道德真經玄德纂疏》及文義改。

〔一三一〕『周』，當作『同』，據《道德真經玄德纂疏》改，《中華道藏》逕釋作『同』。

〔一三二〕『時』，當作『是』，據《道德真經玄德纂疏》改，『時』爲『是』之借字。

〔一三三〕『人』，當作『也』，據《道德真經玄德纂疏》改。

〔一三四〕『踈』，當作『踈』，據文義改，《中華道藏》釋作『疏』，『踈』爲『踈』之訛，『踈』同『疏』。以下同，不另出校。

〔一三五〕第二個『不能』爲衍文，《中華道藏》未能釋讀，據《道德真經玄德纂疏》及文義當删。

〔一三六〕『政』，當作『攻』，據《道德真經玄德纂疏》及文義改。

〔一三七〕『流』，《中華道藏》釋作『旒』，『流』同『旒』。

〔一三八〕『納』，當作『網』，據《道德真經玄德纂疏》改。

〔一三九〕『摧』，當作『權』，據《道德真經玄德纂疏》及文義改，《中華道藏》逕釋作『權』。

〔一四〇〕『佁』，《中華道藏》釋作『俗』。

〔一四一〕『足』，《中華道藏》釋作『之』，誤。

〔一四二〕『淳』，《中華道藏》釋作『淳一』。

〔一四三〕『之』，當作『乏』，據《道德真經玄德纂疏》及文義改，《中華道藏》逕釋作『乏』。

〔一四四〕『用』，當作『因』，據《道德真經玄德纂疏》及文義改。

〔一四五〕『淫』，據《道德真經玄德纂疏》及文義補。

〔一四六〕『脩』，《中華道藏》釋作『修』，雖義可通而字誤。

〔一四七〕『惡』，《中華道藏》據《道德真經玄德纂疏》校補。

〔一四八〕『或』，《中華道藏》釋作『惑』，『或』本有『惑』義，『惑』爲後起字。

〔一四九〕『割』，《中華道藏》據文義校補。

〔一五〇〕『久』，《中華道藏》據《道德真經玄德纂疏》校補。

〔一五一〕『繁果』，當作『繫累』，據《道德真經玄德纂疏》改，《中華道藏》逕釋作『繫累』。

〔一五二〕『悲』，當作『非』，據《道德真經玄德纂疏》改。

〔一五三〕『寡』，《中華道藏》釋作『冥』，誤。

〔一五四〕『于』，當作『乎』，據《道德真經玄德纂疏》及文義改，《中華道藏》逕釋作『乎』。

〔一五五〕『及』，當作『事』，據《道德真經玄德纂疏》及文義改。

〔一五六〕『蔕』，《中華道藏》釋作『蒂』，雖義可通而字誤。

〔一五七〕『蔕』，《中華道藏》釋作『蒂』，雖義可通而字誤。

〔一五八〕『脩』，《中華道藏》釋作『修』，雖義可通而字誤。

〔一五九〕『帶』，當作『蔕』，據文義改，《中華道藏》逕釋作『蔕』。

〔一六〇〕『脩』，《中華道藏》釋作『修』，雖義可通而字誤。

〔一六一〕『又』，《中華道藏》釋作『人』，誤。

〔一六二〕『神』，據《道德真經玄德纂疏》及文義補；『真』，當作『直』，據《道德真經玄德纂疏》及文義改，《中華道藏》逕釋作『直』。

〔一六三〕『牝』，當作『牡』，據《道德真經玄德纂疏》及文義改，《中華道藏》逕釋作『牡』。

〔一六四〕『牝』，當作『牡』，據《道德真經玄德纂疏》及文義改，《中華道藏》逕釋作『牡』。

〔一六五〕『誇』，《中華道藏》釋作『跨』，誤。

〔一六六〕『國』，據《道德真經玄德纂疏》及文義補。

〔一六七〕斯二〇六〇止於此句之『則聚』；伯三二三七起於此句之『大國』。

〔一六八〕『入』，當作『人』，據《道德真經玄德纂疏》改，《中華道藏》逕釋作『人』。

〔一六九〕『欲』，據《道德真經玄德纂疏》及文義補。

〔一七〇〕『丈』，當作『大』，據《道德真經玄德纂疏》改，《中華道藏》逕釋作『大』。

〔一七一〕底本原有兩個『大』字，一在雙行夾注之行末，一在次行行首，這是當時的一種抄寫習慣，可以稱爲『提行添字例』，第二個『大』字應不讀，故未録。

〔一七二〕『誠』，《中華道藏》釋作『誠』，誤。

〔一七三〕『人之寶』，據《道德真經玄德纂疏》補。

〔一七四〕『不善』，據《道德真經玄德纂疏》補；『寶』，當作『保』，據《道德真經玄德纂疏》改，『寶』爲『保』之借字。

〔一七五〕『叔』，當作『淑』，據《道德真經玄德纂疏》及文義改，《中華道藏》逕釋作『淑』，『叔』爲『淑』之借字。

〔一七六〕『不寶』，《中華道藏》據文義校補。

〔一七七〕『感』，《中華道藏》釋作『惑』，誤。
〔一七八〕『建』，《中華道藏》釋作『達』，誤。
〔一七九〕『人』，《中華道藏》據《道德真經玄德纂疏》校補。
〔一八〇〕『棄』，《中華道藏》據《道德真經玄德纂疏》校補。
〔一八一〕『離』，當作『漓』，據《道德真經玄德纂疏》及文義改，《中華道藏》逕釋作『漓』，『離』爲『漓』之借字。
〔一八二〕『尊』，當作『導』，據《道德真經玄德纂疏》及文義改，《中華道藏》逕釋作『導』。
〔一八三〕『律』，據《道德真經玄德纂疏》補。
〔一八四〕『退』，當作『進』，據《道德真經玄德纂疏》及文義改，《中華道藏》逕釋作『進』。
〔一八五〕『撥』，當作『發』，據《道德真經玄德纂疏》及文義改，《中華道藏》逕釋作『發』。
〔一八六〕『矩』，當作『炬』，據《道德真經玄德纂疏》及文義改，『矩』爲『炬』之借字。
〔一八七〕『至』，《中華道藏》釋作『並』，誤；『云』，當作『亡』，據《道德真經玄德纂疏》及文義改，《中華道藏》逕釋作『亡』。
〔一八八〕『脩』，《中華道藏》釋作『修』，雖義可通而字誤。
〔一八九〕『勉』，當作『免』，據《道德真經玄德纂疏》及文義改，《中華道藏》逕釋作『免』，『勉』爲『免』之借字。
〔一九〇〕『勉』，當作『免』，據《道德真經玄德纂疏》及文義改，《中華道藏》逕釋作『免』，『勉』爲『免』之借字。
〔一九一〕『噪』，當作『躁』，據《道德真經玄德纂疏》及文義改，《中華道藏》逕釋作『躁』，『噪』爲『躁』之借字。
〔一九二〕『也』，《中華道藏》未能釋讀，據《道德真經玄德纂疏》及文義爲衍字，當刪。
〔一九三〕『以』，據《道德真經玄德纂疏》補。
〔一九四〕『圖』，《中華道藏》釋作『啚』。

〔一九五〕『囙』，當作『因』，據《道德真經玄德纂疏》及文義改，《中華道藏》逕釋作『因』。

〔一九六〕『非』，《中華道藏》據《道德真經玄德纂疏》校補。

〔一九七〕『田』，當作『因』，據《道德真經玄德纂疏》，《中華道藏》逕釋作『因』。

〔一九八〕『夂』，《中華道藏》釋作『終』，『夂』爲『終』之古字。

〔一九九〕『中』，《中華道藏》據《道德真經玄德纂疏》校補。

〔二〇〇〕『未』，《中華道藏》據文義校補。

〔二〇一〕『豪』，《中華道藏》釋作『毫』，雖義可通而字誤。

〔二〇二〕『豪』，《中華道藏》釋作『毫』，雖義可通而字誤。

〔二〇三〕『微』，《中華道藏》據《道德真經玄德纂疏》校補。

〔二〇四〕『壙』，《中華道藏》釋作『曠』，雖義可通而字誤。

〔二〇五〕『士』，《中華道藏》釋作『土』，誤。

〔二〇六〕『脩』，《中華道藏》釋作『修』，雖義可通而字誤。

〔二〇七〕『順』，《中華道藏》釋作『顯』，誤。

〔二〇八〕『脩』，《中華道藏》釋作『修』，雖義可通而字誤。

〔二〇九〕『居』，當作『君』，據《道德真經玄德纂疏》改，《中華道藏》逕釋作『君』。

〔二一〇〕『形』，當作『刑』，據《道德真經玄德纂疏》改，《中華道藏》逕釋作『刑』，『形』爲『刑』之借字。

〔二一一〕『傷』，《中華道藏》據《道德真經玄德纂疏》校補。

〔二一二〕『便』，《中華道藏》釋作『使』，誤。

〔二一三〕『脩』，《中華道藏》釋作『修』，雖義可通而字誤。

〔二一四〕「無不通」，《中華道藏》據《道德真經玄德纂疏》校補。

〔二一五〕「不」，當作「下」，據《道德真經玄德纂疏》及文義改，《中華道藏》逕釋作「下」。

〔二一六〕「封」，《中華道藏》釋作「對」。

〔二一七〕「碑」，當作「碎」，據《道德真經玄德纂疏》改，《中華道藏》逕釋作「碎」。

〔二一八〕「謹」，《中華道藏》釋作「謙」，誤。

〔二一九〕「脩」，《中華道藏》釋作「修」，雖義可通而字誤。

〔二二〇〕「能」，據《道德真經玄德纂疏》及文義補。

〔二二一〕「者」，《中華道藏》釋作「身」，誤。

〔二二二〕「朱」，當作「未」，據《道德真經玄德纂疏》改，《中華道藏》逕釋作「未」。

〔二二三〕「亡」，《中華道藏》據《道德真經玄德纂疏》校補。

〔二二四〕「用」，《中華道藏》據《道德真經玄德纂疏》校補。

〔二二五〕伯三二三七止於此句之「無」；伯二五七七起於此句之「復傾危」。

〔二二六〕「保」，據《道德真經玄德纂疏》補。

〔二二七〕「或」，《中華道藏》釋作「惑」，「或」本有「惑」義，「惑」爲後起字；「爲」，據《道德真經玄德纂疏》及文義補。

〔二二八〕「鬬」，《中華道藏》釋作「鬥」。

〔二二九〕「丘」，當作「兵」，據《道德真經玄德纂疏》改，《中華道藏》逕釋作「兵」。

〔二三〇〕「湣」，當作「泯」，據《道德真經玄德纂疏》及文義改，《中華道藏》逕釋作「泯」，「湣」爲「泯」之借字。

〔二三一〕「昔」，《中華道藏》釋作「首」，誤。

〔二三二〕『際』，《中華道藏》釋作『源』，誤。

〔二三三〕『嬌』，當作『驕』，據《道德真經玄德纂疏》及文義改，《中華道藏》釋作『憍』，雖義可通而字誤，『嬌』爲『驕』之借字。

〔二三四〕『不』，《中華道藏》漏録。

〔二三五〕『不云』，《中華道藏》釋作『云不』。

〔二三六〕兩個『形』，均當作『刑』，據《道德真經玄德纂疏》及文義改，《中華道藏》逕釋作『刑』，『形』爲『刑』之借字。

〔二三七〕『海』，當作『侮』，據文義改，《中華道藏》逕釋作『侮』。

〔二三八〕『海』，當作『侮』，據文義改，《中華道藏》逕釋作『侮』。

〔二三九〕『兵主』，據《道德真經玄德纂疏》補。

〔二四〇〕『爲』，《中華道藏》據《道德真經玄德纂疏》校補。

〔二四一〕『亡』，《中華道藏》據《道德真經玄德纂疏》校補。

〔二四二〕『實』，當作『寶』，據《道德真經玄德纂疏》及文義改，《中華道藏》逕釋作『寶』。

〔二四三〕『法』，《中華道藏》漏録。

〔二四四〕『脩』，《中華道藏》釋作『修』，雖義可通而字誤。

〔二四五〕『淨』，當作『淨』，據《道德真經玄德纂疏》改，《中華道藏》逕釋作『淨』。

〔二四六〕『亡』，《中華道藏》據《道德真經玄德纂疏》校補。

〔二四七〕『椀』，當作『抗』，據《道德真經玄德纂疏》及文義改，《中華道藏》逕釋作『抗』。

〔二四八〕『用』，據《道德真經玄德纂疏》補。

〔二四九〕「一」，《中華道藏》據《道德真經玄德纂疏》校補。

〔二五〇〕「聞」，當作「開」，據《道德真經玄德纂疏》及文義改，《中華道藏》逕釋作「開」。

〔二五一〕「體」，《中華道藏》釋作「禮」，誤。

〔二五二〕「去」，當作「云」，據《道德真經玄德纂疏》及文義改，《中華道藏》逕釋作「云」。

〔二五三〕「喪喪」，當作「區區」，據《道德真經玄德纂疏》改；第二個「喪」，《中華道藏》釋作「衆」，誤。

〔二五四〕「也」，《中華道藏》漏録。

〔二五五〕「形」，當作「刑」，據《道德真經玄德纂疏》及文義改，《中華道藏》逕釋作「刑」，「形」爲「刑」之借字。

〔二五六〕「納」，當作「網」，據文義改，《中華道藏》逕釋作「網」。

〔二五七〕「神離」，《中華道藏》據《道德真經玄德纂疏》校補。

〔二五八〕「受」，《中華道藏》釋作「愛」，誤；「生」，據《道德真經玄德纂疏》補；「貴」，《中華道藏》釋作「真」，誤。

〔二五九〕「脩」，《中華道藏》釋作「修」，雖義可通而字誤。

〔二六〇〕「必」，《中華道藏》釋作「心」；第二個「爲」，《中華道藏》未能釋讀，據《道德真經玄德纂疏》及文義爲衍文，當删。

〔二六一〕「列」，當作「烈」，據《道德真經玄德纂疏》及文義改，「列」爲「烈」之借字。

〔二六二〕「心」，《中華道藏》釋作「必」，誤。

〔二六三〕「治」，當作「活」，據《道德真經玄德纂疏》及文義改，《中華道藏》逕釋作「活」。

〔二六四〕「惡」，《中華道藏》據《道德真經玄德纂疏》校補。

〔二六五〕「違」，《中華道藏》釋作「遣」，誤。

〔二六六〕『不』，據《道德真經玄德纂疏》及文義補；『故』，《中華道藏》釋作『故也』，原件實無『也』字。

〔二六七〕『競』，《中華道藏》釋作『竟』，誤。

〔二六八〕『大道甚夷故曰』，《中華道藏》未釋，據《道德真經玄德纂疏》及文義爲衍文，當刪。

〔二六九〕『賞』，《中華道藏》釋作『嘗』，誤。

〔二七〇〕『公』，《中華道藏》釋作『厶』，誤。

〔二七一〕『之』，當作『無』，據《道德真經玄德纂疏》改。

〔二七二〕『形』，當作『刑』，據《道德真經玄德纂疏》及文義改，《中華道藏》逕釋作『刑』，『形』爲『刑』之借字。

〔二七三〕『不』，《中華道藏》據文義校補。

〔二七四〕『形』，當作『刑』，據《道德真經玄德纂疏》及文義改，《中華道藏》逕釋作『刑』，『形』爲『刑』之借字。

〔二七五〕『試』，《中華道藏》釋作『嘆』，誤；『也』，當作『時』，據《道德真經玄德纂疏》改，《中華道藏》釋作『地』，又校改作『時』。

〔二七六〕『脩』，《中華道藏》釋作『修』，雖義可通而字誤。

〔二七七〕『非』，《中華道藏》據《道德真經玄德纂疏》校補。

〔二七八〕『斵』，《中華道藏》釋作『斲』，『斵』同『斵』，『斵』爲『斲』之或體。以下同，不另出校。

〔二七九〕『死』，當作『孔』，據《道德真經玄德纂疏》及文義改，《中華道藏》逕釋作『孔』。

〔二八〇〕『宜同』，當作『冥司』，據《道德真經玄德纂疏》及文義改，《中華道藏》逕釋作『冥司』。

〔二八一〕『鄣』，當作『彰』，據《道德真經玄德纂疏》改，『鄣』爲『彰』之借字。

〔二八二〕『視』，當作『頑』，據《道德真經玄德纂疏》及文義改，《中華道藏》逕釋作『頑』。

〔二八三〕『點』，當作『黠』，據《道德真經玄德纂疏》及文義改，《中華道藏》逕釋作『黠』。

〔二八四〕「形」，當作「刑」，據《道德真經玄德纂疏》及文義改，《中華道藏》逕釋作「刑」，「形」爲「刑」之借字。

〔二八五〕「賦」，《中華道藏》釋作「賊」，誤。

〔二八六〕「煞」，當作「然」，據《道德真經玄德纂疏》及文義改，《中華道藏》逕釋作「然」。

〔二八七〕「觀」，《中華道藏》釋作「視」，誤。

〔二八八〕「爲強」，《中華道藏》據《道德真經玄德纂疏》校補。

〔二八九〕伯二五七七止於此句之「反共攻」；伯三二七七起於此句之「之」字。

〔二九〇〕第二個「也」，《中華道藏》未能釋讀，據《道德真經玄德纂疏》及文義爲衍文，當刪。

〔二九一〕「耳」，《中華道藏》釋作「耶」，誤。

〔二九二〕「也」，《中華道藏》未能釋讀，據《道德真經玄德纂疏》及文義爲衍文，當刪。

〔二九三〕「檡」，當作「釋」，據《道德真經玄德纂疏》及文義改，「檡」爲「釋」之借字，《中華道藏》逕釋作「釋」。

〔二九四〕「損」，《中華道藏》據《道德真經玄德纂疏》校補。

〔二九五〕「摠」，《中華道藏》釋作「總」，誤。

〔二九六〕第二個「也」，《中華道藏》未能釋讀，據《道德真經玄德纂疏》及文義爲衍文，當刪。

〔二九七〕「脩」，《中華道藏》釋作「修」，雖義可通而字誤；「雌」，《中華道藏》釋作「唯」，誤。

〔二九八〕「反」，《中華道藏》據文義校補。

〔二九九〕「每」，《中華道藏》未能釋讀，據《道德真經玄德纂疏》及文義爲衍文，當刪。

〔三〇〇〕「含」，當作「合」，據《道德真經玄德纂疏》改，《中華道藏》逕釋作「合」。

〔三〇一〕「脩」，《中華道藏》釋作「修」，雖義可通而字誤。

〔三〇二〕「糾」，《中華道藏》釋作「紛」，誤。

〔三〇三〕『形』，當作『刑』，據《道德真經玄德纂疏》及文義改，《中華道藏》逕釋作『刑』，『形』爲『刑』之借字。
〔三〇四〕底本原有兩個『息』字，一在雙行夾注之行末，一在次行行首，這是當時的一種抄寫習慣，可以稱爲『提行添字例』，第二個『息』字應不讀，故未録。
〔三〇五〕『忏』，當作『忤』，據《道德真經玄德纂疏》及文義改，《中華道藏》逕釋作『忤』。
〔三〇六〕『含』，當作『合』，據《道德真經玄德纂疏》及文義改，《中華道藏》逕釋作『合』。
〔三〇七〕『撤』，當作『徹』，據《道德真經玄德纂疏》及文義改，《中華道藏》逕釋作『徹』，『撤』爲『徹』之借字。以下同，不另出校。
〔三〇八〕『寡』，當作『冥』，據《道德真經玄德纂疏》改，《中華道藏》逕釋作『冥』。
〔三〇九〕『福之』，《中華道藏》據《道德真經玄德纂疏》校補。
〔三一〇〕『行』，《中華道藏》據文義校補。
〔三一一〕『乘』，當作『之』，《中華道藏》據文義校改。
〔三一二〕『披』，當作『被』，據《道德真經玄德纂疏》及文義改，《中華道藏》逕釋作『被』。
〔三一三〕『令』，《中華道藏》釋作『今』。
〔三一四〕『皆』，《中華道藏》據文義校補。
〔三一五〕『日』，當作『目』，據《道德真經玄德纂疏》及文義改，《中華道藏》逕釋作『目』。
〔三一六〕『於』，據《道德真經玄德纂疏》及文義補。
〔三一七〕『美』，《中華道藏》據文義校補。
〔三一八〕『忘』，當作『妄』，據《道德真經玄德纂疏》及文義改，《中華道藏》逕釋作『妄』，『忘』爲『妄』之借字。
〔三一九〕第二個『言』，當作『信』，據《道德真經玄德纂疏》及文義改，《中華道藏》逕釋作『信』。

〔三二〇〕『寓』，《中華道藏》釋作『嵎』。

〔三二一〕『則』，當作『財』，據《道德真經玄德纂疏》改，《中華道藏》逕釋作『財』。

〔三二二〕『人而不害』，《中華道藏》據《道德真經玄德纂疏》校補。

〔三二三〕『無』，《中華道藏》據《道德真經玄德纂疏》校補；『爭』，《中華道藏》釋作『事』。

〔三二四〕『化』，《中華道藏》釋作『均』，誤。

〔三二五〕『白』，當作『自』，據《道德真經玄德纂疏》及文義改，《中華道藏》逕釋作『自』。

〔三二六〕『虛』，《中華道藏》釋作『靈』，誤。

〔三二七〕『無』，《中華道藏》釋作『與』，誤。

參考文獻

Descriptive Catalogue of the Chinese Manuscripts from Tunhuang in the British Museum, p. 218；《支那學》一九二七年三號；《敦煌寶藏》一五冊，六〇九至六一一頁（圖）；《敦煌寶藏》一二二冊，二〇八至二〇九頁（圖）、三四七至三四八頁（圖）；《敦煌寶藏》一二四冊，五五二至五五三頁（圖）；《敦煌寶藏》一二七冊，二〇七至二七一頁（圖）；《道藏》一三冊，四四八至四九八頁；《英藏敦煌文獻》三卷，一三七至一三八頁（圖）；《四川師範大學學報》一九九二年三期，七二至八〇頁（録）；《道書輯校十種》六一二至六六九頁（録）；《法藏敦煌西域文獻》一六冊，八一至八三頁（圖）、一六八至一六九頁（圖）；《法藏敦煌西域文獻》一九冊，一七八至一八〇頁（圖）；《法藏敦煌西域文獻》二二冊，二六六至二六八頁（圖）；《法藏敦煌西域文獻》二三冊，一至二頁（圖）；《中華道藏》九冊，三一五至三三五頁（録）；《中華道藏》一〇冊，九七至一九六頁；《敦煌道教文獻研究——綜述・目録・索引》一七四至一七五頁。

斯二〇六四　八婆羅夷經題記

釋文

歲次乙卯四月廿日　　苾芻悟真寫記〔一〕。

說明

此件中的『乙卯』，《中國古代寫本識語集録》推定爲公元八三五年，《英藏敦煌文獻》未收，現予補録。

校記

〔一〕『歲次乙卯四月廿日』，《敦煌遺書總目索引》漏録；『苾芻』，《敦煌遺書總目索引新編》未能釋讀。

參考文獻

Descriptive Catalogue of the Chinese Manuscripts from Tunhuang in the British Museum, p. 208（録）；《敦煌寶藏》一五冊，

六一七頁（圖）；《敦煌遺書總目索引》一五〇頁（録）；《中國古代寫本識語集録》三四二頁（録）；《敦煌遺書總目索引新編》六二頁（録）。

斯二〇六七　華嚴經卷第十六題記

釋文

延昌二年歲次水（癸）巳七月十九日〔一〕，敦煌鎮經生令狐永太寫此經成訖〔二〕。

用帋廿四張，

校經道人，

典經帥令狐崇哲〔三〕。

説明

此件鈐有墨印一方，印文待考。《英藏敦煌文獻》未收，現予補録。『延昌二年』即公元五一三年。

校記

〔一〕『二』，《敦煌遺書總目索引》、《敦煌遺書總目索引新編》釋作『三』，誤；『水』，當作『癸』，據文義改，《敦煌遺書總目索引》、《敦煌遺書總目索引新編》徑釋作『癸』。

〔二〕第一個『經』，*Descriptive Catalogue of the Chinese Manuscripts from Tunhuang in the British Museum* 釋作『寫』，誤；『永』，《敦煌遺書總目索引》、《敦煌遺書總目索引新編》釋作『禮』；『寫』，*Descriptive Catalogue of the Chinese Manuscripts from Tunhuang in the British Museum* 釋作『經』，誤。

〔三〕『帥』，*Descriptive Catalogue of the Chinese Manuscripts from Tunhuang in the British Museum*、《敦煌遺書總目索引新編》釋作『師』，《敦煌遺書總目索引》漏録。

參考文獻

Descriptive Catalogue of the Chinese Manuscripts from Tunhuang in the British Museum, p. 41（録）；《墨美》一一九號，五頁；《敦煌遺書總目索引》一五〇頁（録）；《敦煌寶藏》一五册，六四五頁（圖）；《敦煌譯叢》一輯，三〇頁；《莫高窟年表》一一八頁；《敦煌學》一五輯，九九頁；《敦煌遺書漢文紀年卷編年》七至八頁；《敦煌吐魯番學研究論文集》一三頁；《中國古代寫本識語集録》一〇四頁（録）；《敦煌文書學》一五八頁（圖）、（録）；《敦煌碎金》五九頁；《法藏敦煌書苑精華》六册，二三六至二三八頁；《魏晉南北朝敦煌文獻編年》一七五頁（録）；《敦煌遺書總目索引新編》六二頁（録）。

斯二〇六九　金有陀羅尼經一卷題記

釋文

鄧英寫〔一〕。

説明

《英藏敦煌文獻》未收，現予補録。

校記

〔一〕『英』，*Descriptive Catalogue of the Chinese Manuscripts from Tunhuang in the British Museum* 釋作『吳』。

參考文獻

Descriptive Catalogue of the Chinese Manuscripts from Tunhuang in the British Museum, p. 154（録）；《敦煌寶藏》一五册，六五七頁（圖）；《中國古代寫本識語集録》三九四頁（録）。

圖書在版編目（CIP）數據

英藏敦煌社會歷史文獻釋録．第9卷／郝春文等編著．
—北京：社會科學文獻出版社，2012.12（2022.7重印）
（敦煌社會歷史文獻釋録．第1編）
ISBN 978-7-5097-4194-8

Ⅰ.①英…　Ⅱ.①郝…　Ⅲ.①敦煌學-文獻-注釋
Ⅳ.①K870.6

中國版本圖書館CIP數據核字（2012）第316113號

敦煌社會歷史文獻釋録　第一編
英藏敦煌社會歷史文獻釋録　第九卷

編　　著／郝春文　周尚兵　陳于柱　董大學
　　　　　聶志軍　王曉燕　杜立暉

出 版 人／王利民
組稿編輯／宋月華　魏小薇
責任編輯／魏小薇
責任印製／王京美

出　　版／社會科學文獻出版社·人文分社（010）59367215
　　　　　地址：北京市北三環中路甲29號院華龍大厦　郵編：100029
　　　　　網址：www.ssap.com.cn
發　　行／社會科學文獻出版社（010）59367028
印　　裝／北京虎彩文化傳播有限公司

規　　格／開 本：889mm×1194mm　1/32
　　　　　印 張：12.25　字 數：265千字
版　　次／2012年12月第1版　2022年7月第2次印刷
書　　號／ISBN 978-7-5097-4194-8
定　　價／59.00圓

讀者服務電話：4008918866